井上幸治 著

古代中世の文書管理と官人

『古代中世の文書管理と官人』目次

目　次

序にかえて

本書の目的

本書は、十〜十三世紀の朝廷における実務官人の編成と文書（文簿）[1]管理についての研究を通して、古代から中世への国家組織の移行の一端を示したものである。これにより、中世公家政権成立史を探る一助としたい。

そこでまず、実務官人に対する研究史をふり返り、本書の課題を提示しておくが、本書で主対象とした太政官実務官人に限ることを断っておく。文書（文簿）管理の研究史については、第二部において触れる。

戦後の日本史学で、中世国家成立の主要因とされたのは、在地社会の変容であった。中世国家の成立については、在地領主制理論、王朝国家論、権門体制論などの議論が積み重ねられ、大きな成果があげられてきたが、いずれにおいても検討の中心となったのは在地社会であった。一方、中央の政治史においては、律令国家から摂関政治、そして院政へという流れの中で、権力中枢による意志決定の過程・機関に大きな関心が寄せられ、研究が深められていった。

このような研究段階では、中央官僚機構（特に文官）の研究は中世国家成立史の流れから外れていたこともあり、関心は低かったといわざるをえない。十世紀以降は律令制の解体期と見なされていたため、律令官僚制も衰退していくものという認識がなされていた。そのため、中世国家成立史にかかわってくる受領・家政機関職員や、平安期に新しく設けられた蔵人・検非違使は研究対象となったものの、「衰退」した律令官僚制の具体像は、検討する必要性に乏しいと考えられたのである。

とはいえ、そのような中でも土田直鎮・橋本義彦・藤木邦彦・山本信吉の各氏らによって儀式・政務・官衙に関する実証的研究が積み重ねられていた(2)。中でも橋本氏は、小槻氏が近江から平安京に本拠を移し、太政官弁官局で地歩を築き、大夫史を世襲して官務家という地位を確立させることを明らかにし、官厨家・官務文庫などの把握・形成によって、小槻氏が大夫史（官務）を世襲していくさまを描いた(3)。そしてその中では、世襲傾向の強まること、家業である算道との関係などが指摘され、以後の研究を導きだす下地がととのえられている。

その後、王朝国家論・権門体制論によって、中世公家政権にも積極的な評価が与えられると、その影響を受けて、徐々に朝廷官衙・実務官人へのアプローチも増えていった。たとえば中原俊章氏は、中世公家政権、特に権門による実務官人の編成について明らかにし(4)、曽我良成氏は、大夫史（官務）を世襲した小槻氏を取りあげ、小槻氏が大夫史（官務）を世襲しはじめる時期を特定し、その意義を王朝国家論の中に位置づけている(5)。曽我氏のこの研究は、小槻氏に関してだけではなく、実務官人という観点から国家論を説いたという点でも重要な位置を占めている。

こうして、律令官僚制は十世紀に衰退したとされ、その後については統一した全体像を提示することよりも個別の官衙・官人を検討することが優先されていく。

このような状況下であったがゆえに、一九八三年に佐藤進一氏によって「官司請負制(6)」が提唱された意味は大きい。ここにおいて佐藤氏は、先行する橋本義彦氏による官務小槻氏・官厨家の研究や王朝国家論を参照しながら、律令国家の制度・組織が変化していくさまや、古代から中世への変化に律令官僚制がいかに対応したかを論じ、全体像を提案したのである。

佐藤説によると、古代国家には律令にささえられた律令官僚制が布かれていた。古代国家が解体すると、中世国家の祖型である王朝国家が形成される。そこには「家業の論理」にささえられた官司請負制が存在し、十四世紀まで続いたとする。次いで、中世国家の第二の型として鎌倉幕府が誕生し、御成敗式目にささえられた御家人制が独自に発展したとされる。このようにして佐藤氏は、国家・法理・人的編成という三者が密接にかかわりながら存在していることを示し、①律令国家（古代国家）―律令法―律令官僚制、②王朝国家（中世国家1）―「家業の論理」―官司請負制、③鎌倉幕府（中世国家2）―御成敗式目―御家人制という三組の国家像を提示したのである。官司請負制は、このような中世国家像（中世複数国家論）を構成する一要素として提唱されていた。

律令官僚制の衰退期と評されることの多かったこの時期を、実態としてはもはや律令官僚制ではないととらえ、新たな人的編成を提唱した点は独創的であり、その点は高く評価すべきだろう。ただし論述においては細かい論証を省き、結論のみを提示するところも多かった。そのため、多くの問題点があらわれることとなる。くわしくは本書第三部を参照されたいが、佐藤説はわかりやすく受け入れられやすかった上、論述も簡略であったため、引用者が都合よくさまざまな解釈を付与できてしまったことは否めない。

反応は、公表直後から生じた。たとえば村井章介氏は、官司請負制が中央官僚機構（執行機関）には適合するものの、王権を核とする権力中枢（意志決定機関）には貫徹されていないなどの重要な指摘を行なっている(7)。そして適合しているとされた中央官僚機構においても、世襲を好まない非官司請負制的官衙の存在が桜井英治氏によって指摘され(8)、中原氏による世襲が指摘されていた十二～十三世紀の外記局については、松薗斉氏によって、複数の家系による持ち回りであって独占ではないことが明らかにされた(9)。

結果として、当初に佐藤氏が意図していたような官司請負制を中世国家の「主柱」と理解することは避けられ、全体像ではなく朝廷実務官人の一部に対してのみ該当する制度という理解が定着していった(10)。

このように、官司請負制という提案は多くの批判を受けたが、その後の研究動向には大きな影響を与えた。まずその一つとして、中世の官庁運営に対する研究があげられよう。これは、佐藤氏が官司請負制を「官職・官庁の世襲請負」としたものの、その内実にはほとんど触れていないこと、また中央官僚機構の変化と在地社会との関係が全く触れられていないことなどに対する不満に起因して、官司運営の研究が進められていったものといえよう。

そしてもう一つの傾向は、十世紀に衰退したとされていた諸官庁の制度・編成を、中世に至るまで明らかにするようになった点である。中世公家政権への積極的評価は、以前より権門体制論の提唱などによってなされていた。そのような姿勢をとることは、官司請負制も同様であった。また佐藤氏は、官司請負制の前提として「全官庁機構の再編成が進められたと推測」していたことから、その後の研究では、律令官僚制から中世公家政権への推移を、特定の部署・ポストについて解明する必要が認識されてきた。たとえば中原俊章氏は、権門体制論の立場から十〜十二世紀の支配構造について考察を進め、十世紀に太政官の実務部局が外記方・官方という組織へと再編されていく様子を考察している[(11)]。また玉井力氏は、十三〜十四世紀の六位外記が大外記の門生・門弟によって占められていることを考察している[(12)]。

このような諸論点を総合的に検討したのが、遠藤珠紀氏であろう[(13)]。遠藤氏は、中世的「家」の成立を十三世紀後半から十四世紀とされ、これにより「世襲請負」が定着していき、「知行官司制」が定着すると説く。この運営体制では、「家」内部で名目的請負主（帯官者）と実質的請負主（知行主）が分離し、あたかも国衙運営における国守と知行国主のような関係が官庁運営においても見いだせ、しかもそれが世襲されていくことを明らかにした。遠藤氏の特徴は、官司運営の観点から官司請負制的官庁・非官司請負制的官庁の双方に共通する制度を提示した点であろう。

一方、律令官僚制についての研究も、大きく進展している。関連するところのみを述べるなら、平安前中期の君臣関係や十世紀中葉における禄制の衰退などが具体的に明らかにされたことがあげられよう[14]。季禄の減少・廃止は、下級官人が天皇との君臣関係から排除されたことを意味し、下級官人は以後、権門によって編成され従属していくとする。こうして、律令官僚制が衰退していくさまが、要因とともに明らかにされていった。

ところで、王朝国家論では在地社会の変化に基づいて十世紀初頭を画期と見なしていた。だが、こうした近年の研究では、立場・評価は異なるもののいずれも十世紀半ばから後半を画期と見なしている。しかし下級官人（実務官人）については、いずれの立場からも諸司・権門への分属、王権への従属を述べるに止まっている。

このように、律令官僚制の研究からは十世紀後半が画期とみなされているが、官司請負制以後の中世実務官人研究では、十三世紀末～十四世紀にならないと知行官司制が確立しないことになっている。ではその間の十世紀後半から十三世紀半ばまでは、いかなる理解をすればよいのであろうか。そこで本書では、この期間を主たる対象とし、この間の朝廷実務官人の編成原理について考察する。

本書では、主に太政官を対象とした。太政官は律令制以来、朝廷事務の中枢に位置づけられ、官司請負制でも典型例として取りあげられ、中世公家政権でも局務・官務への関心は高い。加えて、中世に至っても特定の権門に従属するのではなく、中央官僚としての性格を残していると思われ、その点からも実務官人の基準として検討するにふさわしいと考える。

本書は、このような意識のもと、国家組織が時代の推移にどのような対応を見せ、存続していったのかを明らかにしたい。

本書の構成

太政官実務官人の編成を明らかにするために、まず必要となってくるのが、補任類の編纂作業である。該当するものとしては、「外記補任」が断続的に残されていた他、「二中歴」に大夫外記・大夫史らの歴名が記されていたため、従来からある程度は把握されていた。[15] しかし六位以下も含めた全体像となると断片的な情報に頼らざるをえず、官司請負制の形成過程が詳述されなかった一因ともなっていた。

だがこのような状況は、永井晋編著『官史補任』（続群書類従完成会、一九九八年）、拙編著『外記補任』（続群書類従完成会、二〇〇四年）によって、人的構成の基礎データが整えられ、大幅に改善された。これ以後、当該分野の研究は、非常に行ないやすくなったといえよう。[16]

そこで本書第一部では、前記の二補任に含まれない補任情報を整えるとともに、それに基づいて十〜十三世紀における外記・官史について検討した。表面的な構成員の推移を追うだけでなく、職務・朝廷経済との関係に注目し、変化の要因を考察した。これによって、十〜十三世紀の太政官実務官人が、いかなる制度の下で編成されていたかを長期的視野に立って考察する。

十世紀半ばに外記方・官方が成立したことにより、太政官実務部局は権力の執行機関という性格を薄め、年中行事遂行の事務中枢として機能していく。[17] この位置づけの変化は、太政官実務官人の職務にも影響を与え、時期による変遷も見られる。一方、一貫して担われ、非常に重要な位置づけが与えられているものとして、文簿保管（アーカイブズ）[18]があげられる。ただ時代の移りかわりにともない、保管の具体像は変化している。

そこで第二部では八〜十三世紀における文簿保管に関する論考をまとめ、太政官実務官人が担った職務の変容を分析する。これも表面的な変化を追うだけでなく、変化の要因を考察した。これによって、十〜十三世紀の太政官実務官人の職務について、長期的視野に立って考察する。
このような第一・二部の論述を承けて、第三部では「官司請負制」・家業という論点をあつかいながら、個別事例によって実務官人の移りかわりを論じる。例として、大夫外記（局務）・大夫史（官務）をあげ、十世紀以降に律令官僚制からの推移を描くとともに、「請負」の具体像についても検討を加えた。
最後に終章を付し、十〜十三世紀の推移について、私見をまとめた。

「実務官人」と「下級官人」

なお本書では、「実務官人」または「下級官人」という言葉を用いている。これらの言葉は、従来から広く用いられてきた。しかし、その指し示す対象については、論者によってさまざまなイメージが与えられているのが現状であろう。本書では、主に太政官を対象としているので、単に「実務官人」という場合、主に外記・官史以下の人々を、また「弁官局実務官人」と限定して用いる場合は、官史以下を想定した。一方、「下級」については、原則として六位以下の人々をさす。それゆえ、たとえば「太政官下級官人」と表現した場合には、大夫外記・大夫史を除いた六位の外記・官史と官掌・史生らを想定した。

註

（1）「文簿」については、第四章註（4）を参照されたい。
（2）土田『奈良平安時代史の研究』（吉川弘文館、一九九二年）、橋本『平安貴族社会の研究』（吉川弘文館、一九七六年）・『平安貴族』（平凡社、一九八六年）、藤木『平安王朝の政治と制度』（吉川弘文館、一九九一年）、山本『摂

関時代史論考』（吉川弘文館、二〇〇三年）など。

（3）橋本「太政官厨家について」（『平安貴族社会の研究』註2前掲。初出は一九五三年）・「官務家小槻氏の成立とその性格」（同。初出は一九五九年）。

（4）中原「中世随身の存在形態」（『ヒストリア』六七、一九七五年）・「〈侍〉考」（『ヒストリア』八三、一九七九年）。

（5）曽我「官務家成立の歴史的背景」（『王朝国家政務の研究』吉川弘文館、二〇一二年。初出は一九八三年）。

（6）佐藤『日本の中世国家』（岩波書店、一九八三年）。なお佐藤氏は、官庁の世襲請負について、既に『日本の歴史9　南北朝の動乱』（中央公論社、一九六五年）で触れているが、そこでは「官司請負制」という命名も、中世国家論における位置づけもなされていない。

（7）村井「書評　佐藤進一著『日本の中世国家』」（『史学雑誌』九三巻四号、一九八四年）。

（8）桜井「三つの修理職」（『遙かなる中世』八、一九八七年）。

（9）松薗「外記局の変質と外記日記」・「中世の外記―局務家の形成―」（『日記の家―中世国家の記録組織―』（吉川弘文館、一九九七年。初出は一九八七年・九四年）。

（10）本郷恵子『中世公家政権の研究』（東京大学出版会、一九九八年）。なお本郷氏は、「院政論」（『岩波講座日本歴史』第6巻中世1、岩波書店、二〇一三年）でも、官司請負制の再検討を行なっている。

（11）中原『中世王権と支配構造』（吉川弘文館、二〇〇五年）。

（12）玉井「官司請負制―鎌倉後期の少外記にみる―」（『朝日百科日本の歴史別冊　歴史を読みなおす3　天武・後白河・後醍醐』朝日新聞社、一九九四年）。

（13）遠藤『中世朝廷の官司制度』（吉川弘文館、二〇一一年）。なお本書では、知行官司制は、官司請負制と相反しないと考えている。佐藤氏はすでに『日本の中世国家』（註6前掲）において、請負主が名目・実質に分離する事例があることを指摘している（一八一～八二頁）。遠藤氏の指摘する「知行官司制」とは、佐藤氏の言うところの「職と家の結合」や「家産化」の具体的事例といえるのではないだろうか。

（14）吉川真司『律令官僚制の研究』（塙書房、一九九八年）など。

(15)「外記補任」は、天応元年(七八一)~寛弘六年(一〇〇九)・平治元年(一一五九)~建暦元年(一二一一)・建治元年(一二七五)~康暦元年(一三七九)が伝わっている(『続群書類従』四輯上・下)。なおこの他、『群書類従』・『続群書類従』には「楽所補任」「検非違使補任」「春宮坊官補任」など、『史籍集覧』新加別記類には「典薬頭補任次第」が収められ、他にも「少納言補任」などの存在が知られる。

(16)補任に関する基礎データは、太政官実務官人以外にも、続群書類従完成会・八木書店からは、宮崎康充編『国司補任』第一~五(一九八九~九一年)、同『検非違使補任』第一・二(一九九八・九九年)、市川久編『蔵人補任』(一九八九年)、同『近衛府補任』第一・二(一九九二・九三年)、同『衛門府補任』(一九九六年)、湯川敏治編『歴名土代』(一九九六年)、永井晋編『式部省補任』(二〇〇八年)、笠井純一編『八省補任』(二〇一〇年)などがまとめられている。

(17)中原俊章『中世王権と支配構造』(註11前掲)。

(18)文簿保管とアーカイブズとの関連については、第四章補註(2)を参照されたい。

第一部　公家官僚制への変化

第一章　太政官弁官局の実務職員（史）の変遷と背景

はじめに

律令国家の特質については、太政官の権限や構造・組織から分析する研究が成果を蓄積している。だが、それらの研究対象は、太政官のうち大臣・納言を中心とする公卿および弁官が多く、彼らのもとで実務を担っていた判官・主典級の官人に焦点を当てた研究は意外と少ない。太政官外記局においては、中野高行・笠井純一両氏による「外記補任」八・九世紀分（『続群書類従』第四輯上所収）の補訂と、それに基づいた人員構成の分析があげられ、拙稿もあげられる(1)。ところが、一方の弁官局には職員歴名の類が伝存せず、正暦元年（九九〇）以降は永井晋編『官史補任』（続群書類従完成会、一九九八年）によって復原が試みられてはいるものの、律令国家成立後十世紀末までの官史は、未着手の分野といってよい(2)。十四世紀半ばまでは外記と同様、官史にも補任表が存在していたようだが(3)、現在では失われており伝存しない。そこで本章では、まずその復原案を提示したい。本章では、その官史補任表復原案に続いて、職員構成の変化やその要因について私見を述べ、律令国家期から王朝国家期への推移の一側面を明らかにしたい。

第一節　復原補任表案

〔凡例〕

一、永祚元年（九八九）以前の左右大史・左右少史補任表の復原案である。

一、順に、年・官職・位階・姓名・期間（出典）を表示した。

一、位階や姓名の一部が不明の場合、その部分を—（ハイフン）で示した。

一、期間は初見・終見などの月日を、以下のように示した。

　～月日～　この日付にのみ所見

　月日～　この日付が初見

　～月日　この日付が終見

一、補任・昇進（転任）・叙爵・転出（遷任）の場合、月日に任・転・叙爵・遷を付した。月日のみの場合は、在任確認を示す。

一、出典には以下の略号を用いた。その他、類推されたい。

　「符」（『類聚符宣抄』）、「東南」（『東南院文書』）、「外記」（「外記補任」）、「平」（『平安遺文』）、「要」（『政事要略』）、「世紀」（『本朝世紀』）、「別」（『別聚符宣抄』）、「西」（『西宮記』）、「紀」（『続日本紀』『日本後紀』『続日本後紀』）、「録」（『日本文徳天皇実録』『日本三代実録』）、「古今」（「古今和歌集目録」『群書類従』第十六輯）

一、出典史料の巻数は漢数字で、文書番号・頁数はアラビア数字で示した。

一、出典史料中、明らかな誤字は改めた。正しい文字がわからない場合はそのままとし、その旨を注記した。

一、史料上で所見のない年でも、前後より在任が推定できる場合、（　）付で示した。

復原補任表案

〔年〕	〔官職〕	〔位階〕	〔姓名〕	〔期間・出典〕
和銅ころ	左大史	正六位上	荊　助仁	（『懐風藻』）
霊亀元～天平六	（所見なし）			
天平七	右大史	正六位下	葛井連諸会	九月廿八日（「紀」）～
		従六位下	板茂連安麻呂	～九月廿八日（「紀」）～
	右少史	正七位下	志貴連広田	～九月廿八日（「紀」）～
天平八	（左大史	―	葛井連諸会）	
天平九	（左）大史	―	葛［　　］	～十月廿七日（二条大路出土木簡『平城宮発掘調査出土木簡概報』二四の7頁）〈葛井諸会、天平八～十一年と推測〉
	右大史	従六位下	壬生使主―	～六月廿六日（「符」三）～
天平十～天平十九	（所見なし）			
天平廿	左大史	正六位上	文伊美吉―	～十月廿七日（内閣文庫所蔵「東大寺文書」128）～〈万侶か〉
	右大史	正六位上	秦伊美吉老	～五月廿日（「紀」）～
	左少史	正六位上	文忌寸万侶	～十一月廿三日（『東大寺要録』六）～〈左大史か〉

天平勝宝元　　　　（所見なし）
天平勝宝二　右少史　正七位下　百済　君　水通　～二月廿六日（『大日本古文書』編年二五の2頁）～
天平勝宝三　　　　（所見なし）
天平勝宝四　左大史　正六位上　坂上忌寸老人　～十月七日（「紀」）～
天平勝宝五～　　　　（所見なし）
天平宝字元
天平宝字二　左大史　―　美努　智万呂　～九月廿三日（『大日本古文書』編年二五の242頁）～
天平宝字三～　　　　（所見なし）
天平宝字七
天平宝字八　左大史　外従五位下　麻田　連　金生　～正月廿一日任（「紀」）～
天平神護元　左少史　正六位上　御船宿禰　―　～九月廿三日（「栄山寺文書」1）～〈偽文書と推察される〉
天平神護二　　　　（所見なし）
神護景雲元　右少史　正七位上　山部宿禰　―　～二月六日（「東南」551）～
神護景雲二　　　　（所見なし）
神護景雲三　左大史　外従五位下　堅部使主人主　六月廿四日（「紀」）～
宝亀元　左大史　外従五位下　堅部使主人主　～六月三日遷（「紀」）
宝亀二　左大史　正六位上　安倍志斐連東人　二月十三日（「造殿儀式」）～
宝亀三　左大史　（正六位上　安倍志斐連東人）

		正六位上	会賀臣真綱	十二月十九日（「天理図書館所蔵文書」）～
	左少史	正六位上	土師宿禰拖取	正月十三日～五月廿日（「吉田家旧蔵文書」）
宝亀四	左大史	正六位上	安倍志斐連東人	～三月九日（『大日本古文書』編年二一の282頁）
	左大史	正六位上	会賀臣真綱	
宝亀五	左大史	正六位上	会賀臣真綱	～七月廿三日（「神宮雑例集」1）
宝亀六～		（所見なし）		
宝亀十				
宝亀十一	右大史	正六位上	―	―（『小右記』長元四年九月五日条）
天応元～		（所見なし）		
延暦元				
延暦二	左少史	正六位上	衣枳首広浪	六月十七日（「東南」616）～
延暦三	左少史	外従五位下	高篠連広浪	八月十九日改姓（「紀」）／十二月二日叙爵（「紀」）
	右少史	正六位上	春原連田使	～七月十四日改姓（「紀」）～
延暦四	左大史	外従五位下	麻田連狎賦	七月六日任～十一月十二日遷（「紀」）
		外従五位下	高篠連広浪	～七月廿九日（「紀」）
延暦五～				
		（所見なし）		
延暦九				
延暦十	左大史	正六位上	文宿禰最弟	四月八日改姓（「紀」）～〈この後、更に浄野宿禰へ改姓〉

　　　　　　　　—　　　船木宿禰一麻呂　〜九月二日（『兵範記』仁安四年正月十二日条）〜
　　　　　　正六位上　大和宿禰梶長　〜十二月廿六日（『兵範記』仁安四年正月十二日条）〜
　　　右少史　—　　　良峰朝臣佐比雄　〜九月二日（『兵範記』仁安四年正月十二日条）〜
延暦十一　（左大史　正六位上　浄野宿禰最弟）
延暦十二　左大史　正六位上　浄野宿禰最弟　〜六月一日（「東南」203）
延暦十三　左少史　正七位下　武生宿禰真象　四月廿五日（「東南」210〈「平」11〉）
延暦十四　（　史　正七位下　武生宿禰真象）〈延暦廿四年までに正六位上に叙される〉
延暦十五　（　史　正七位下　武生宿禰真象）
延暦十六　（　史　正七位下　武生宿禰真象）
延暦十七　（　史　正七位下　武生宿禰真象）
延暦十八　（　史　正七位下　武生宿禰真象）
延暦十九　左大史　外従五位下　堅部使主広人　二月十六日（「外記」）〜
　　　　　（　史　正七位下　武生宿禰真象）
延暦廿　（左大史　外従五位下　堅部使主広人）
　　　　　（　史　正七位下　武生宿禰真象）
　　　　　右少史　—　　　上毛野公　頴人　十二月日任（「外記」）〜
延暦廿一　左大史　外従五位下　堅部使主広人
　　　　　（　史　正七位下　武生宿禰真象）

（史　―　上毛野公穎人）
延暦廿二　（左大史　外従五位下　堅部使主広人）
（史　正七位下　武生宿禰真象）
（史　―　上毛野公穎人）
延暦廿三　左大史　外従五位下　堅部使主広人　～十二月廿五日（「平」4300）
（史　正七位下　武生宿禰真象）
（史　―　上毛野公穎人）
左少史　正六位上　賀茂県主立長　九月廿二日（「東南」204）～
延暦廿四　左大史　正六位上　武生宿禰真象　～九月十一日（「平」4314）
左少史　正六位上　上毛野公穎人　二月十九日（「平」4310）
正六位上　賀茂県主立長
大同元　左大史　（正六位上）上毛野公穎人　四月日転右大史／～八月日転（「外記」）
正六位上　滋野宿禰船代　～七月十五日（「東南」206）～
左少史　正六位上　賀茂県主立長
大同二　左大史　正六位上　賀茂県主立長　～五月廿二日（「平」30）
左少史　正六位上　山田連弟分　～六月二日（「平」31）～
大同三　左大史　外従五位下　物部　敏久　正月廿五日叙爵（『類聚国史』九九）～三月十五日遷（「外記」）
大同四　左少史　朝野宿禰鹿取　四月任～六月十三日遷（『公卿補任』）

弘仁元　右少史　従七位下　佐太忌寸豊長　七月十六日（「平」4337）～
　　　　（　史　従七位下　佐太忌寸豊長）
弘仁二　右大史　正六位上　坂上忌寸今継　～十月十七日（『壬生家文書』1964〈「平」34〉）～
　　　　（　史　従七位下　佐太忌寸豊長）
弘仁三　左大史　正六位上　朝原宿禰諸坂　～二月廿二日（「紀」）～
　　　　左少史　従七位下　佐太忌寸豊長　～二月廿二日（「紀」）
弘仁四～　（所見なし）
弘仁六
弘仁七　左少史　正七位上　上村主豊田麻呂　～七月八日（「高野山官符」）～
弘仁八　（所見なし）
弘仁九　（所見なし）
弘仁十　左大史　―　住吉　氏継　～三月十三日（「要」八四）～
弘仁十一　（所見なし）
弘仁十二　（所見なし）
弘仁十三　右少史　―　猿女　副雄　七月廿二日（「要」八四）～〈この後に安道宿禰へ改姓か〉
弘仁十四　左少史　従七位　美努　連　清庭　十月十日（『東宝記』七）～〈従七位下か〉
　　　　（右少史　―　安道宿禰副雄）
天長元　右大史　従六位上　安道宿禰副雄　六月十六日（『東宝記』七・「灌頂御願記」〈『大日本仏教全書』

116）
（左少史　従七位下　美努　連　清庭）〈このころ従六位上に叙され、改姓す〉
右少史　正七位下　掃守　首　遠継　～九月廿七日（「神護寺旧記」）～
天長二　左大史　従六位上　美努宿禰清庭　四月八日（『東宝記』五）〈この後、再び改姓か〉
史　―　安道宿禰副雄　～九月十三日（『園城寺文書』36の10）〈右大史か〉
天長三　左大史　正六位上　御野宿禰清庭　～十二月廿七日（『類聚国史』一六五）
天長四　（所見なし）
天長五　右大史　正六位上　高丘宿禰潔門　三月十一日（「弘法大師行化記」）～
天長六　右大史　正六位上　高丘宿禰潔門　～十二月十三日（「符」四）
左少史　従六位下　佐伯部　永野　～十一月五日（「弘法大師行化記」）～
天長七　左少史　―　讃岐　公　永直　夏任右少史～／月日転（「録」貞観四年八月条）
右少史　―　長岑宿禰高名　二月日任（「録」天安元年九月三日条）～
天長八　（左少史　―　讃岐　公　永直）
（右少史　―　長岑宿禰高名）
天長九　（左少史　―　讃岐　公　永直）
―　長岑宿禰高名　正月日転（「録」天安元年九月三日条）
天長十　左大史　正六位上　秦　宿禰貞仲　～二月己卯日改姓（「紀」）～
―　長岑宿禰高名　十一月日転（「録」天安元年九月三日条）

承和元
右大史　正六位上　出雲宿禰全嗣　～正月廿二日（「符」八）～
左少史　従六位下　讃岐　公　永直　二月十五日（『令義解』序）
左大史　―　長岑宿禰高名　～正月七日叙爵（「紀」）
左少史　外従五位下　讃岐　公　永直
　　　　従七位下　菅野朝臣継門　～十二月十九日改姓（「紀」）～

承和二
左大史　外従五位下　長岑宿禰高名　正月七日叙爵（「紀」）／～正月廿三日（「東大寺初度具書」）
左少史　―　坂本　臣　鷹野　五月廿九日（「要」八四）～
右少史　―　善世宿禰豊永　二月十三日改姓（「紀」）～
　　　　―　清内　御薗　～八月十四日遷（「外記」）～

承和三
左大史　正六位上　坂本朝臣鷹野　三月七日／～三月十一日改姓（紀）
右大史　正六位上　山　直　池作　十二月五日（「紀」）～
左少史　―　善世宿禰豊永　八月十四日（「紀」）〈豊上とあり〉
右少史　―　讃岐朝臣永成　～三月十九日改姓（「紀」）～

承和四
（右大史　正六位上　山　直　池作）
（左少史　―　善世宿禰豊永）

承和五
（左大史　正六位上　山　直　池作）
（右大史　―　善世宿禰豊永）

承和六
左大史　正六位上　山　直　池作　四月十一日（『東宝記』七）／～十一月五日（「紀」）

	（右大史	―	善世宿禰豊永）	
承和七	左大史	正六位上	善世宿禰豊永	～十二月五日（『東宝記』七・「東大寺具書」）
	右少史	―	山代　氏益	正月日（「外記」）～
承和八	左少史	―	山代　氏益	二月転／～八月十四日遷（「外記」）
	右少史	―	伴良田 連 宗	月日任（「録」斉衡二年正月廿八日条）～
承和九	右大史	正六位上	山田宿禰文雄	四月一日（「紀」）～七月廿五日叙爵（『類聚国史』九九）
		正六位上	蕃良宿禰豊持	～三月廿八日（「紀」）～
	（左少史	―	伴良田 連 宗）	
承和十	左少史	従六位上	朝原朝臣良道	十二月九日（『東宝記』二・「東大寺具書」・「真言諸山符案」）～
	（	―	伴良田 連 宗）	
承和十一	左大史	正六位上	伴　宿禰良友	～六月十六日（『東宝記』一）～
	右大史	―	伴良田 連 宗	月日転（「録」斉衡二年正月廿八日条）
	左少史	従六位上	朝原朝臣良道	～正月十一日遷（「外記」）
承和十二	左大史	―	伴良田 連 宗	六月日転（「録」斉衡二年正月廿八日条）
	右少史	―	山口　豊道	六月八日任（「外記」）～
承和十三	左大史	―	伴良田 連 宗	
	（右少史	―	山口　豊道）	
承和十四	左大史	外従五位下	伴良田 連 宗	～正月日叙爵（「録」斉衡二年正月廿八日条）

承和年間　右大史　正六位上　桑田　連　安岑　三月七日（「平」83）〜
　　　　　右少史　従六位下　山口朝臣豊道　閏三月十五日改姓（「紀」）／〜十二月日遷（「外記」）
　　　　　―　―　紀　朝臣茂行　―（「古今」）
嘉祥元　（右大史　正六位上　桑田　連　安岑）〈「天台座主記」に第十代天台座主増命の父とあり〉
嘉祥二　（左大史　正六位上　桑田　連　安岑）
　　　　　左少史　正六位上　大窪　　益門　〜五月十二日（「紀」）〜
嘉祥三　左大史　外従五位下　桑田　連　安岑　〜正月七日叙爵（「紀」）
　　　　　　　　　正六位上　高階忌寸清貞　〜三月十一日（「平」96）〜
仁寿元　右大史　正六位上　山口宿禰稲麻呂　八月十九日（「太神宮諸雑事記」1）〜
仁寿二　　大史　（正六位上　山口宿禰稲麻呂）
　　　　　左少史　―　坂上忌寸能文　〜正月十五日遷（「外記」）〜
仁寿三　左大史　外従五位下　大窪　　益門　正月日叙爵
　　　　　　　　　正六位上　山口宿禰稲麻呂　〜十二月廿二日（『壬生家文書』1965〈「平」113〉「肯宿禰柏麻呂」）
　　　　　右少史　正七位上　河原　連　貞雄　四月十七日（「真言諸山符案」）〜
斉衡元　左大史　従六位上　秦　宿禰永幸　〜四月三日（『朝野群載』一六）〜
　　　　　左少史　―　家原　　縄雄　十一月十四日（『妙法院日次記』元禄十年閏二月廿四日条「綱維」）〜

（正七位上　河原　連　貞雄）〈この前後に正六位上に叙される〉
斉衡二　左大史　正六位上　家原宿禰縄雄　八月十五日改姓（「録」）
　　　　右大史　正六位上　広階宿禰貞雄　～八月十五日改姓（「録」）
　　　　　大史　正六位上　「奈男代海」　～八月十日（「太神宮諸雑事記」1）～
斉衡三　左大史　外従五位下　家原宿禰縄雄　～十一月三日叙爵（「録」）
　　　　右少史　―　秦　安雄　正月日任（「外記」）～
天安元　右少史　―　秦　安雄　～二月十六日遷（「外記」）
天安二　左大史　―　多米　弟益　～正月日遷（「外記」）～
　　　　　　　　外従五位下　都　宿禰御酉　～十一月七日叙爵（「録」）～
　　　　　　　　正六位上　三善宿禰清江　十二月廿五日（「東南」99〈「平」4482〉）～
貞観元　（左大史　正六位上　三善宿禰清江）
　　　　　　　　正六位上　菅野朝臣高松　九月廿一日～十一月十九日（「録」）
貞観二　左大史　外従五位下　三善宿禰清江　十一月十六日叙爵（「録」）
　　　　左少史　正六位上　讃岐朝臣時雄　四月廿九日（「録」）～
　　　　右少史　正六位上　志紀宿禰氏経　四月廿九日（「録」）～
貞観三　左大史　外従五位下　三善宿禰清江　～三月十四日（『東大寺要録』三〈御頭供養日記〉）
　　　　（　―　朝原宿禰高道）
　　　　（　正六位上　大神朝臣全雄）

（右大史　正六位上　賀陽朝臣宗成）
（　　　　―　　　　安墀宿禰雄継）
（左少史　―　　　　長峰宿禰恒範）
（　　　　正六位上　讃岐朝臣時雄）
（右少史　正六位上　志紀宿禰氏経）
（　　　　―　　　　葛井　連　宗之）

貞観四

左大史　外従五位下　朝原宿禰高道　～正月七日叙爵（「録」）～
　　　　正六位上　大神朝臣全雄　三月一日改姓（「録」）～
　　　　正六位上　賀陽朝臣宗成　三月四日（「録」）～
右大史　外従五位下　安墀宿禰雄継　～正月七日叙爵（「録」）～
（　　　　―　　　　長峰宿禰恒範）
（　　　　正六位上　讃岐朝臣時雄）
左少史　正六位上　志紀宿禰氏経　十月十五日（「平」134）〈左大史とあるは誤りか〉
（　　　　―　　　　葛井　連　宗之）
右少史　従六位上　宍人朝臣永継　四月十日（「要」八二）～
　　　　―　　　　菅野朝臣良松　正月日任（『魚魯愚抄』七）～

貞観五

左大史　外従五位下　大神朝臣全雄　正月七日叙爵／～二月十日遷（「録」）
（　　　　正六位上　賀陽朝臣宗成）

（　　　　—　　　長峰宿禰恒範）
（右大史　正六位上　讃岐朝臣時雄）
（　　　　正六位下　志紀宿禰氏経）
左少史　従六位上　葛井　連　宗之　九月五日（「録」）〜
　　　　—　　　都　宿禰文憲　十二月十八日（「西」六〈荷前〉）〜
右少史　—　　　菅野朝臣良松
　　　　従六位上　宍人朝臣永継

貞観六
左大史　外従五位下　賀陽朝臣宗成　〜正月七日叙爵（「録」）
（　　　　—　　　長峰宿禰恒範）
右大史　正六位上　和気朝臣時雄　八月十七日改姓（「録」）
　　　　正六位下　志紀宿禰氏経　九月八日（「平」145）
　　　　従六位下　菅野朝臣宗之　八月十七日改姓（「録」）
左少史　正六位上　都　宿禰文憲　〜正月廿七日（『壬生家文書』1958の1）
（　　　　—　　　菅野朝臣良松）
右少史　従五位下　宍人朝臣永継　〜正月七日叙爵（「録」）

貞観七
（左大史　—　　　長峰宿禰恒範）
（　　　　正六位上　和気朝臣時雄）
（右大史　正六位下　志紀宿禰氏経）

貞観八

（　　　　　従六位下　菅野朝臣宗之）
（左少史　　　―　　　菅野朝臣良松）
左大史　外従五位下　長峰宿禰恒範　～正月十三日遷（「録」）～
（　　　　正六位上　和気朝臣時雄）
（　　　　正六位下　志紀宿禰氏経）
右大史　外従五位下　菅野朝臣宗之　正月七日叙爵／～正月十三日遷（「録」）
　　　　正六位下　菅野朝臣良松　〈「天台座主記」に左大史とあり〉
（　　　　正六位上　坂上宿禰斯文）
左少史　　正六位上　広階宿禰八釣　閏三月十七日改姓（「録」）～
　　　　正六位上　刑部　造　真鯨　五月廿九日（「平」4494）～
（右少史　正六位上　大春日朝臣安永）

貞観九

左大史　外従五位下　和気朝臣時雄　正月七日叙爵／～正月十二日遷（「録」）
（　　　　正六位下　志紀宿禰氏経）
（　　　　　―　　　菅野朝臣良松）
右大史　　正六位上　坂上宿禰斯文　六月十一日（「安祥寺資財帳」）～
（　　　　正六位上　刑部　造　真鯨）
（左少史　正六位上　広階宿禰八釣）
（右少史　正六位上　大春日朝臣安永）

（　　　正六位上　長統朝臣河宗）
貞観十
左大史　外従五位下　志紀宿禰氏経　正月七日叙爵／～正月十六日遷（「録」）
　　　　正六位下　菅野朝臣良松　九月十五日（「平」4501）
　　　　正六位上　刑部　造　真鯨　～九月七日（「録」）
（右大史　正六位上　坂上宿禰斯文）
（　　　正六位上　広階宿禰八釣）
（左少史　正六位上　大春日朝臣安永）
（　　　正六位上　長統朝臣河宗）
（右少史　正六位上　伊部　造　豊持）
貞観十一
左大史　外従五位下　菅野朝臣良松　正月七日叙爵／～十一月廿日遷（「録」）
（　　　正六位上　刑部　造　真鯨）
（　　　正六位上　坂上宿禰斯文）
（右大史　正六位上　広階宿禰八釣）
左少史　正六位上　大春日朝臣安永　四月十三日（「録」）～
（　　　正六位上　長統朝臣河宗）
（右少史　正六位上　伊部　造　豊持）
（　　　正六位上　伴　連　貞宗）
貞観十二
（左大史　正六位上　刑部　造　真鯨）

（　　　　正六位上　坂上宿禰斯文）
右大史　　正六位上　広階宿禰八釣　～九月八日（「録」）
（　　　　正六位上　大春日朝臣安永）
（左少史　正六位上　長統朝臣河宗）
（　　　　正六位上　伊部　造　豊持）
（右少史　正六位上　伴　　連　貞宗）
（　　　　正六位上　小槻山　君　今雄）

貞観十三　左大史　正六位上　坂上宿禰斯文　～閏八月十四日（「東南」7）
（　　　　正六位上　広階宿禰八釣）
右大史　　正六位上　大春日朝臣安永　八月廿五日（「録」）
　　　　　正六位上　長統朝臣河宗　九月九日（『園城寺文書』46）～
（左少史　正六位上　伊部　造　豊持）
　　　　　正六位上　伴　　連　貞宗　八月十七日（「東南」158）～
（右少史　正六位上　小槻山　君　今雄）
（　　　　正六位上　山田宿禰超宗）

貞観十四　（左大史　正六位上　広階宿禰八釣）
　　　　　正六位上　大春日朝臣安永　～五月廿五日（「録」）〈安守とあるは誤りか〉
（右大史　正六位上　長統朝臣河宗）

（　　　正六位上　伊部　造　豊持）
左少史　正六位上　伴　　連　貞宗
（　　　正六位上　小槻山　君　今雄）
（右少史　正六位上　山田宿禰超宗）
（　　　正六位上　山口宿禰岑仁）
貞観十五　（左大史　正六位上　大春日朝臣安永）
正六位上　長統朝臣河宗　～十二月二日（「録」）〈右大史とあるが、『園城寺文書』47―3や『壬生家文書』1958―3には左大史とあり、誤りと考えられる〉
右大史　正六位上　伊部　造　豊持　十二月二日改姓（「録」）～〈飯高朝臣への改姓記事であるが、これ以後も伊部造を名乗っている。貞観十七年にも改姓記事があるので、誤入と考えられる〉
正六位上　伴　　連　貞宗　三月廿七日（「東南」115）
左少史　正六位上　小槻山　君　今雄　十二月二日（「録」）～
（　　　正六位上　山田宿禰超宗）
（右少史　正六位上　山口宿禰岑仁）
（　　　正六位上　清江宿禰貞直）
貞観十六　（左大史　正六位上　長統朝臣河宗）

正六位上　伴　連　貞宗　～六月廿七日（「東南」116）
（右大史　正六位上　伊部　造　豊持）
正六位上　小槻山　君　今雄　十一月廿九日（『壬生家文書』1569）
貞観十七　（左大史　正六位上　伴　連　貞宗）
正六位上　飯高朝臣豊持　四月廿八日／～十二月廿七日改姓（「録」）
右大史　正六位上　阿保朝臣今雄　～十二月廿七日改姓（「録」）
左少史　正六位上　良峰宿禰貞行　～十二月二日修理別当（「東大寺別当次第」28代玄津）～
貞観十八　右大史　正六位上　清江宿禰貞直　二月五日（「東南」117）～
左少史　正六位上　印南野　連　宗雄　三月七日（「東南」67）～
元慶元　左大史　外従五位下　山田宿禰超宗　～正月三日叙爵（「録」）～
外従五位下　山口宿禰岑仁　閏二月三日（「東南」68）～／十一月廿一日叙爵（「録」）
―　山　宿禰徳美　～六月十八日（「都氏文集」四）～
右大史　正六位上　時統宿禰当世　四月九日（「録」）～
正六位上　印南野　連　宗雄　十二月廿一日（「東南」161）
左少史　正六位上　秦　公　直宗　～四月一日（「録」）～
（　正六位上　興道宿禰春宗）
右少史　―　菅野朝臣有風　～正月廿九日遷（「外記」）～
（　正六位上　良枝宿禰貞行）

元慶二
（　　　　正六位上　間人宿禰良宗）
左大史　外従五位下　山口宿禰岑仁　～二月十五日遷（「録」）
（　　　　正六位上　清江宿禰貞直）
（　　　　正六位上　時統宿禰当世）
右大史　正六位上　印南野　連　宗雄　二月廿五日（『東寺文書』礼）
（　　　　正六位上　興道宿禰春宗）
（左少史　正六位上　間人宿禰良宗）
　　　　正六位上　良枝宿禰貞行　五月廿七日（「東南」162）～
（右少史　　―　　丸部　　百世）
　　　　　―　　山田宿禰時宗　二月日任（「外記」）～

元慶三
左大史　外従五位下　清江宿禰貞直　～正月七日叙爵（「録」）
　　　　外従五位下　時統宿禰当世　～十一月廿五日叙爵（「録」）
　　　　外従五位下　笠　朝臣宗雄　十月廿二日改姓／十一月廿五日叙爵（「録」）
右大史　正六位上　興道宿禰春宗　二月四日（「東南」9）～
（　　　　正六位上　間人宿禰良宗）
（左少史　正六位上　良枝宿禰貞行）
（　　　　　―　　丸部　　百世）
（右少史　正六位上　山田宿禰時宗）

元慶四

（　　　　正六位上　大神朝臣良臣）
左大史　外従五位下　笠　朝臣宗雄　〜三月廿九日（「東南」163）
（　　　　正六位上　興道宿禰春宗）
（右大史　正六位上　間人宿禰良宗）
（　　　　正六位上　良枝宿禰貞行）
（左少史　正六位上　丸部　百世）
　　　　　正六位上　山田宿禰時宗　正月日転（「外記」）
（右少史　正六位上　大神朝臣良臣）
（　　　　正六位上　善世宿禰有友）

元慶五

左大史　外従五位下　興道宿禰春宗　〜二月十四日叙爵（「録」）
（　　　　正六位上　間人宿禰良宗）
（　　　　正六位上　良枝宿禰貞行）
（右大史　―　丸部　百世）
　　　　　正六位上　家原朝臣高郷　八月十九日（「東南」12）〜
左少史　正六位上　山田宿禰時宗　〜二月日遷（「外記」）
（　　　　正六位上　大神朝臣良臣）
　　　　　―　高丘　五常　二月日任（「外記」）〜
（右少史　正六位上　善世宿禰有友）

（　　　正六位上　清内宿禰寔興）
元慶六　左大史　外従五位下　間人宿禰良宗　〜正月七日叙爵（「録」）〜
（　　　正六位上　良枝宿禰貞行）
　　　　正六位上　丸部　臣　百世　閏七月十七日（「東南」164）〜
（右大史　正六位上　家原朝臣高郷）
（　　　正六位上　大神朝臣良臣）
左少史　　—　　　高丘　　五常　〜八月十三日遷（「外記」）
（　　　正六位上　善世宿禰有友）
（　　　正六位上　清内宿禰寔興）
右少史　正六位上　丈部谷　直　光兼　〜七月十三日（「東南」123）〜
（　　　正六位上　秦　　宿禰安光）
元慶七　左大史　外従五位下　良枝宿禰貞行　〜正月七日叙爵（「録」）
　　　　正六位上　丸部　臣　百世
　　　　正六位上　家原朝臣高郷　三月四日（『東寺文書』礼）
（右大史　正六位上　大神朝臣良臣）
（　　　正六位上　善世宿禰有友）
（左少史　正六位上　清内宿禰寔興）
（　　　正六位上　丈部谷　直　光兼）

元慶八
右少史　正六位上　秦　宿禰安光　五月十二日（「録」）～　〈安兄とあるは誤りか〉
（　　　正六位上　文部谷　直　忠直）
左大史　外従五位下　丸部　臣　百世　～二月廿三日叙爵（「録」）
　　　　外従五位下　家原朝臣高郷　～十一月廿五日叙爵（「録」）
（　　　正六位上　大神朝臣良臣）
（右大史　正六位上　善世宿禰有友）
（　　　正六位上　清内宿禰寔興）
（左少史　正六位上　丈部谷　直　光兼）
（　　　正六位上　秦　宿禰安光）
（右少史　正六位上　文部谷　直　忠直）
　　　　正六位上　凡　直　春宗　五月廿九日（「録」）～

仁和元
左大史　正六位上　大神朝臣良臣　九月十四日（「符」四）～
（　　　正六位上　善世宿禰有友）
（右大史　正六位上　清内宿禰寔興）
（　　　正六位上　丈部谷　直　光兼）
（左少史　正六位上　秦　宿禰安光）
（　　　正六位上　文部谷　直　忠直）
右少史　正六位上　凡　直　春宗

仁和二　左大史　外従五位下　大神朝臣良臣　正月七日叙爵／～正月十六日遷（「録」）
正六位上　善世宿禰有友　九月五日（「録」）～
（　正六位上　清内宿禰寔興）
（右大史　正六位上　丈部谷　直　光兼）
正六位上　惟宗朝臣安光　～八月十四日（「録」）〈これ以前に改姓したものと思われる〉
（左少史　正六位上　文部谷　直　忠直）
正六位上　凡　直　春宗　六月廿九日（「符」四）
右少史　正六位上　春道宿禰新名　正月十六日任（元民部録、「古今」）～
仁和三　左大史　外従五位下　善世宿禰有友　正月七日叙爵（「録」）
（　正六位上　清内宿禰寔興）
（右大史　正六位上　丈部谷　直　光兼）〈光兼か安光のいずれかが叙爵・転出していると思われる〉
（　正六位上　惟宗朝臣安光）〈光兼か安光のいずれかが叙爵・転出していると思われる〉
正六位上　春淵朝臣忠直　七月十七日改姓（「録」）～九月十一日（「符」四）
（左少史　正六位上　凡　直　春宗）
右少史　正六位上　春道宿禰新名　正月廿二日（「東南」124）
（　正六位上　御船　弘方）
仁和四　（左大史　外従五位下　善世宿禰有友）
正六位上　清内宿禰寔興　～九月十三日（「東南」166）～

（右大史　正六位上　春淵朝臣忠直）～十月卅日（「要」三〇）
　　　　正六位上　凡　直　春宗
（左少史　正六位上　春道宿禰新名）
右少史　正六位上　御船　弘方　～二月十日遷（「外記」）～

寛平元
左大史　外従五位下　善世宿禰有友　～月日（「二中歴」二）
（左少史　正六位上　春道宿禰新名）

寛平二
（右大史　正六位上　春道宿禰新名）
左少史　正六位上　善道朝臣宗道　三月廿三日（「東南」13）～
右少史　正六位上　大原　史　氏雄　九月十五日（「東南」14）～

寛平三
（右大史　正六位上　春道宿禰新名）
（左少史　正六位上　善道宿禰宗道）
（　　　　正六位上　大原　史　氏雄）

寛平四
左大史　正六位上　春道宿禰新名　三月廿九日（「東南」167）
（右大史　正六位上　善道宿禰宗道）
（左少史　正六位上　大原　史　氏雄）

寛平五
（左大史　外従五位下　春道宿禰新名　正月十一日遷肥前介（「古今」））
（　　　　正六位上　善道宿禰宗道）
（右大史　正六位上　大原　史　氏雄）

　　　　　　　正六位上　壬生忌寸望材　正月廿二日（『壬生家文書』1958の5）～
　　　右少史　―　阿刀　連　春正　二月日任（「外記」）～
寛平六　（左大史　正六位上　善道宿禰宗道）
　　　　　　　正六位上　大原　史　氏雄　八月十四日（「東南」71）
　　　（右大史　正六位上　壬生忌寸望材）
　　　（右少史　―　阿刀　連　春正）
寛平七　左大史　正六位上　善道朝臣宗道　～六月廿八日（「東南」128）
　　　（　　　正六位上　大原　史　氏雄）
　　　　　　　外従五位下　壬生忌寸望材　七月十七日（「大安寺縁起」）
　　　右少史　従八位下　阿刀　連　春正
寛平八　左大史　外従五位下　壬生忌寸望材
　　　　　　　正六位上　大原　史　氏雄　～七月一日（『菅家文草』）
　　　左少史　従八位下　阿刀　連　春正　正月日転（「外記」）
　　　右少史　―　大春日朝臣晴蔭　六月九日（「西」三裏書）～〈斎（イ春）日とあり〉
寛平九　左大史　外従五位下　壬生忌寸望材　～四月八日（東山御文庫所蔵『周易抄』紙背文書）
　　　右大史　従七位上　阿刀　連　春正　七月日転（「外記」）
　　　右少史　―　大春日朝臣晴蔭　六月廿六日（『東宝記』八）
昌泰元　左大史　従六位下　阿刀　連　春正　正月日転（「外記」）

　　　　正六位上　家原朝臣良居　～七月八日（「東南」130）～

昌泰二

（左少史　―　大春日朝臣晴蔭）
右少史　正六位上　御船宿禰有方　八月八日（「東南」16）～
（左大史　従六位下　阿刀　連　春正）
（左少史　―　大春日朝臣晴蔭）
（右少史　正六位上　御船宿禰有方）
　　　　正六位上　阿保朝臣経覧　正月十一日任（元民部録、「古今」）～、三月廿八日（「東南」169）

昌泰三

（左大史　従六位下　阿刀　連　春正）
（右大史　―　大春日朝臣晴蔭）
左少史　正六位上　御船宿禰有方　四月廿七日（「平」184）
　　　　―　惟宗朝臣善経　八月十三日（「要」六一）～
右少史　正六位上　阿保朝臣経覧　五月十五日兼算博士（「古今」）

延喜元

左大史　外従五位下　阿刀　連　春正　正月七日叙爵（「外記」）
　　　　正六位上　菅野朝臣―　～十月廿八日（「東南」132）～
右大史　―　大春日朝臣晴蔭　～正月廿七日遷（「要」二二）
（　　　正六位上　御船宿禰有方）
左少史　正六位上　阿保朝臣経覧　三月十五日転（「古今」）

延喜二
（　　　　—　　　惟宗朝臣善経）
（右少史　正六位上　麻田宿禰連枝）
左大史　外従五位下　阿刀　連　春正
右大史　正六位上　御船宿禰有方　十一月廿七日（「要」五九）
（左少史　正六位上　阿保朝臣経覧）
（　　　　—　　　惟宗朝臣善経）
（右少史　正六位上　麻田宿禰連枝）

延喜三
左大史　外従五位下　阿刀　連　春正　〜正月日遷（「外記」）
右大史　正六位上　御船宿禰有方
　　　　正六位上　阿保朝臣経覧　正月十一日転（「古今」）
（左少史　—　　　惟宗朝臣善経）
（　　　　正六位上　麻田宿禰連枝）
右少史　正六位上　菅野朝臣正職　〜十月廿六日（『東寺文書』礼）〜

延喜四
左大史　正六位上　御船宿禰有方　〜二月十日（『江家次第』一七）
右大史　正六位上　阿保朝臣経覧　八月二日（「西」一一）
（　　　　—　　　惟宗朝臣善経）
（左少史　正六位上　麻田宿禰連枝）

延喜五
（左大史　正六位上　御船宿禰有方）

正六位上　阿保朝臣経覧　正月十一日転（「古今」）、四月廿八日（「東南」75）
（右大史　―　惟宗朝臣善経）
正六位上　麻田宿禰連枝　十二月廿六日（「東南」133）～
延喜六　右少史　正六位上　善道朝臣有行　七月一日（「西」一〇）～
左大史　正六位上　阿保朝臣経覧　～十二月十六日（「東南」134）
正六位上　菅野朝臣　―　～四月五日（「真言諸山符案」）～〈正職か〉
右大史　正六位上　惟宗朝臣善経　～七月十一日（「別」）
（　正六位上　麻田宿禰連枝）
（左少史　正六位上　善道朝臣有行）
延喜七　左大史（外従五位下　阿保朝臣経覧　正月七日叙位、二月廿九日遷主計助（「古今」））
正六位上　麻田宿禰連枝　～八月十一日（「別」）
右大史　正六位上　善道朝臣有行　月日（『類聚三代格』一）
左少史　―　小野朝臣常実　二月十六日（「別」）～
正六位上　物部　昔行　～七月四日（『東宝記』八）～〈門房・国宗と同一人物か〉
正六位上　伊福部宿禰邦弼　十二月十三日（『大日本古文書』編年一四の273頁）～十二月
廿二日（「東南」135）
延喜八　左大史　正六位上　善道朝臣有行　～八月十九日（「別」）
（　正六位上　丹波宿禰峰行）

（右大史　―　小野朝臣常実）
（左少史　正六位上　物部　昔行）
　正六位上　酒井　勝　人真　正月十二日任右少史、八月廿八日転（「古今」）
右少史　正六位上　大春日朝臣利風　三月五日（『朝野群載』一二）〜〈利用とあるは誤りか〉
延喜九
左大史　正六位上　丹波宿禰峰行　〜二月廿三日（「西」七裏書）〜
　従六位上　小野朝臣常実　四月廿七日（「東南」18）／〜十月十九日（「符」六）
（右大史　正六位上　布留宿禰有幹）
　正六位上　物部　門房　〜六月十五日（「東南」76）〜
左少史　正六位上　酒井　勝　人真　十月一日（「要」二三）〜〈この後、宿禰へ改姓か〉
（右少史　正六位上　大春日朝臣利風）
　正六位上　錦部　首　良助　二月廿三日（「西」七裏書）〜〈この後、錦宿禰へ改姓か〉
延喜十
（左大史　正六位上　小野朝臣常実）
　正六位上　布留宿禰有幹　六月廿五日（「東南」136）
（右大史　正六位上　物部宿禰門房）〈国宗と同一人物と思われる〉
　正六位上　酒井宿禰人真　正月十三日転（「古今」）、六月十四日（「東南」171）〈「古今」は右大史転任を延喜九年とするが、十年の誤りであろう〉
左少史　正六位上　大春日朝臣利風　八月九日（「東南」172）
（右少史　正六位上　錦　宿禰良助）

延喜十一
左大史　正六位上　布留宿禰有幹　〜十二月廿八日（「別」）
（　　　　正六位上　物部宿禰国宗）
（右大史　正六位上　酒井宿禰人真）
　　　　　正六位上　大春日朝臣利風　十一月九日（「別」）
（左少史　正六位上　錦　宿禰良助）
右少史　正六位上　菅野朝臣清方　月日任（「外記」）〜

延喜十二
左大史　正六位上　物部宿禰国宗　〜正月廿一日（「東南」19）
　　　　　正六位上　酒井宿禰人真　正月十五日転（「古今」）
右大史　正六位上　大春日朝臣利風
（　　　　正六位上　錦　宿禰良助）
左少史　正六位上　御船宿禰常方　十二月十五日（「東南」77）〜
（右少史　正六位上　菅野朝臣清方）

延喜十三
左大史　正六位上　酒井宿禰人真　二月廿五日（「要」五九）
　　　　　正六位上　大春日朝臣利風　〜八月廿九日（「別」）〈列□とあり〉
（右大史　正六位上　錦　宿禰良助）
左少史　正六位上　御船宿禰常方
　　　　　正六位上　菅野朝臣清方　正月日転（「外記」）
右少史　―　家原　実仁　〜四月日任（『魚魯愚抄』七）〜

延喜十四　左大史　正六位上　酒井宿禰人真　～八月十五日（「別」）
右大史　正六位上　錦　宿禰良助　六月十三日（「別」）
正六位上　御船宿禰常方　七月八日（「東南」137）
正六位上　菅野朝臣清方　正月日転（「外記」）
延喜十五　左大史（外従五位下　酒井宿禰人真　正月七日叙爵、十二日遷土佐守（「古今」））〈「古今」は叙爵・遷任を延喜十四年とするが、十五年の誤りであろう〉
正六位上　錦　宿禰良助　～十二月八日（「別」・「符」八）
（正六位上　御船宿禰常方）
右大史　正六位上　菅野朝臣清方
延喜十六　左大史　正六位上　御船宿禰常方　～二月廿八日（「東南」20）
正六位上　菅野朝臣清方　三月日転（「外記」）
延喜十七　左大史　外従五位下　菅野朝臣清方　十一月十七日叙爵（「外記」）
左少史　正六位上　丈部宿禰有沢　二月廿日（「東南」79）～
―　紀　宿禰高行　正月廿一日（「小野宮年中行事」）～
延喜十八　左大史　外従五位下　菅野朝臣清方
右大史　正六位上　凡　宿禰員秀　六月廿日（「要」六〇）～
左少史　正六位上　丈部宿禰有沢
（―　紀　宿禰高行）

延喜十九	左大史	外従五位下	菅野朝臣清方	
	右大史	正六位上	凡　宿禰員秀	七月十三日（「要」五三）
	（	正六位上	丈部宿禰有沢）	
	（左少史	—	紀　宿禰高行）	
		—	阿刀宿禰忠行	八月十七日（「符」六）〜
延喜廿	左大史	外従五位下	菅野朝臣清方	
	（	正六位上	凡　宿禰員秀）	
	右大史	正六位上	丈部宿禰有沢	十一月二日（「東南」80）
		—	阿刀宿禰忠行	十一月二日（「別」）〈左大史とあるは誤りか〉
		正六位上	紀　宿禰高行	〜三月廿二日（『朝野群載』一一）
		正六位上	秦　宿禰貞興	十月二日（「要」八一）〜
延喜廿一	左大史	従五位下	菅野朝臣清方	〜正月日叙位・遷（「外記」）
		外従五位下	凡　宿禰員秀	〜三月八日（「東南」175）
	（	—	阿刀宿禰忠行）	
		正六位上	丈部宿禰有沢	二月五日（「符」四）
	（右大史	正六位上	秦　宿禰貞興）	
延喜廿二	左大史	正六位上	丈部宿禰有沢	〜五月四日（「西」七）
		—	阿刀宿禰忠行	八月八日（「別」）

｜　坂上　高臣　～三月廿日（「符」六）～

延長元
右大史　正六位上　秦　宿禰貞興
（左大史　｜　阿刀宿禰忠行）
右大史　正六位上　秦　宿禰貞興
左少史　｜　錦部宿禰春蔭　五月四日（「別」）～
｜　小槻宿禰当平　～正月廿九日（「符」六）～

延長二
左大史　外従五位下　阿刀宿禰忠行　二月卅日（「東南」22）
右大史　正六位上　秦　宿禰貞興
（　｜　錦部宿禰春蔭）

延長三
左大史　外従五位下　阿刀宿禰忠行
右大史　正六位上　秦　宿禰貞興
｜　錦部宿禰春蔭　八月十日（「別」）

延長四
左大史　外従五位下　阿刀宿禰忠行
（　正六位上　秦　宿禰貞興）
（右大史　｜　錦部宿禰春蔭）

延長五
左大史　外従五位下　阿刀宿禰忠行　～十二月廿六日（『延喜式』序）
正六位上　秦　宿禰貞興　～十二月廿二日（「東南」82）
（右大史　｜　錦部宿禰春蔭）

延長六　左大史　正六位上　錦部宿禰春蔭　二月九日（「東南」23）
　　　　右大史　正六位上　物部宿禰本與　三月十九日（「東南」83）〜
延長七　（左大史　正六位上　錦部宿禰春蔭）
　　　　　　　　正六位上　出雲宿禰永実　五月廿二日（『醍醐寺要書』）〜五月廿六日（『醍醐雑事記』）
　　　　右大史　正六位上　物部宿禰本與
延長八　左大史　外従五位下　錦部宿禰春蔭　八月十五日（「要」五六）
　　　　右大史　正六位上　物部宿禰本與　〜二月六日（『醍醐寺要書』）
承平元　左大史　従五位下　錦部宿禰春蔭　五月五日（「東南」177）
　　　　　　　　―　内蔵朝臣―　〜十一月七日（「要」一三）〜
　　　　左少史　正六位上　坂上宿禰経行　二月一日（『貞信公記』）〜／五月廿三日（「別」）
承平二　左大史　従五位下　錦部宿禰春蔭　〜八月五日（「平」4560）
　　　　右大史　正六位上　坂上宿禰経行　八月廿三日（「別」）
　　　　　　　　―　尾張宿禰言鑒　四月十八日（『朝野群載』一一）〜
承平三　左大史　正六位上　坂上宿禰経行　正月廿日（『日本紀略』）
承平四　左大史　正六位上　坂上宿禰経行
　　　　　　　　―　尾張宿禰言鑒　五月一日（「要」六〇）
　　　　左少史　―　善道朝臣維則　閏正月八日（「符」六）〜
承平五　左大史　正六位上　坂上宿禰経行　〜五月九日（『東大寺要録』七）

―　尾張宿禰言鑒
左少史　―　善道朝臣維則
（　―　十市部宿禰春宗）
右少史　―　檜前宿禰忠明　六月十日（「世紀」）～
―　大窪宿禰則善　六月廿八日（「世紀」）～

承平六　左大史　―　尾張宿禰言鑒
右大史　正六位上　善道朝臣維則　十一月廿九日（「東南」26）
（左少史　―　十市部宿禰春宗）
正六位上　檜前宿禰忠明　十二月廿五日（「東南」85）
（右少史　―　大窪宿禰則善）

承平七　左大史　―　尾張宿禰言鑒
―　大蔵宿禰　―　～十月十六日（「要」二七）～
（右大史　正六位上　善道朝臣維則）
左少史　―　十市部宿禰春宗　七月廿三日（「九条年中行事」）～
正六位上　檜前宿禰忠明
右少史　正六位上　大窪宿禰則善

天慶元　（左大史　―　尾張宿禰言鑒）
正六位上　善道朝臣維則　～十月十三日（『貞信公記』）

右大史　―　十市部宿禰春宗　九月十五日（「世紀」）～
　　　　正六位上　檜前宿禰忠明　八月廿三日（「符」一）
左少史　正六位上　大窪宿禰則善　正月十四日（「別」）〈左大史とあるは誤り〉

天慶二
左大史　外従五位下　尾張宿禰言鑒　二月十五日（「要」五五）
　　　　―　十市部宿禰春宗　～二月十一日（「西」三裏書）
　　　　正六位上　檜前宿禰忠明　七月廿一日（「西」四）
（左少史　正六位上　大窪宿禰則善）
右少史　―　船　宿禰実平　二月十一日（「西」三裏書）～
　　　　―　御船宿禰済江　三月十七日（『貞信公記』）～

天慶三
左大史　外従五位下　尾張宿禰言鑒
（　　　正六位上　檜前宿禰忠明）
右大史　正六位上　大窪宿禰則善　八月廿七日（『宇佐託宣集』六）
左少史　―　船　宿禰実平　三月十一日（『九暦』）
（右少史　―　御船宿禰済江）

天慶四
左大史　外従五位下　尾張宿禰言鑒
（　　　正六位上　檜前宿禰忠明）
（右大史　正六位上　大窪宿禰則善）
左少史　―　船　宿禰実平　九月廿三日（「世紀」）

天慶五
　　正六位上　御船宿禰済江　七月十五日（「東南」27）
右少史　―　村主　益国　～九月十五日（「世紀」）～
左大史　外従五位下　尾張宿禰言鑒
　　外従五位下　檜前宿禰忠明　～閏三月一日叙爵・遷（「世紀」）
右大史　正六位上　大窪宿禰則善　～八月十四日（『醍醐寺要書』・『醍醐雑事記』三）
（　―　船　宿禰実平）
左少史　正六位上　御船宿禰済江

天慶六
左大史　外従五位下　尾張宿禰言鑒　～十月十一日（「東南」146）
（　正六位上　大窪宿禰則善）
右大史　正六位上　船　宿禰実平　十二月十七日（「別」）
（　正六位上　御船宿禰済江）
右少史　―　秦　安光　～八月日任（『魚魯愚抄』七）～

天慶七
左大史　正六位上　船　宿禰実平　四月廿八日（『小右記』寛仁元年八月廿六日条）
　　正六位上　御船宿禰済江　八月十九日（「東南」181）
左少史　正六位上　滋善宿禰　―　～三月七日（「東南」147）～
右少史　―　海　宿禰恒業　正月廿四日（『九暦』）～

天慶八
左大史　正六位上　船　宿禰実平　～八月十四日（『九暦』）
　　正六位上　御船宿禰済江　～三月八日（「符」八）

天慶九　（左少史　―　海　宿禰恒業）
　　　　左大史　正六位上　海　宿禰恒業　三月十三日右大史（「別」）／七月五日（「別」）
　　　　　　　　―　氷　宿禰方盛　～十二月七日（「要」五一）～
　　　　（右大史　―　物部宿禰広連）
　　　　左少史　従七位下　阿蘇　公　広遠　八月十三日（「別」）～
　　　　（　　　―　出雲宿禰蔭時）
　　　　右少史　正六位上　御立宿禰維宗　八月七日（「要」八二）～
　　　　（　　　―　栗前宿禰扶茂）
天暦元　左大史　正六位上　海　宿禰恒業
　　　　　　　　―　三国真人是隆　閏七月十六日（「要」五一）～
　　　　右大史　―　物部宿禰広連　十二月廿八日（「西」七）～
　　　　（　　　従七位下　阿蘇　公　広遠）
　　　　（左少史　―　出雲宿禰蔭時）
　　　　（　　　正六位上　御立宿禰維宗）
　　　　（右少史　―　栗前宿禰扶茂）
　　　　（　　　―　浅井　直　守行）
天暦二　左大史　正六位上　海　宿禰恒業
　　　　　　　　正六位上　三国真人是隆

（右大史　―　物部宿禰広連）
（　　　従七位下　阿蘇公広遠）
（左少史　―　出雲宿禰蔭時）
（　　　正六位上　御立宿禰維宗）
（右少史　―　栗前宿禰扶茂）
　　　―　浅井直守行　八月廿日（「符」七）〜

天暦三
左大史　外従五位下　海宿禰恒業　十二月七日（『醍醐寺要書』）
　　　正六位上　三国真人是隆　〜四月一日（「西」六裏書）
（　　　―　物部宿禰広連）
右大史　従七位下　阿蘇公広遠　三月廿三日（「西」七）〈俊広とあり、この後に宿禰へ改姓〉
（　　　―　出雲宿禰蔭時）
左少史　正六位上　御立宿禰維宗　正月廿七日右少史（「符」七）／六月十三日（「符」八）
右少史　―　栗前宿禰扶茂　七月廿二日（『北山抄』一）〜
（　　　―　浅井直守行）〈このころ宿禰へ改姓〉

天暦四
左大史　外従五位下　海宿禰恒業
（　　　―　物部宿禰広連）
（右大史　正六位上　阿蘇宿禰広遠）
（　　　正六位上　出雲宿禰蔭時）

（左少史　正六位上　御立宿禰維宗）
　　　　　正六位上　栗前宿禰扶茂　五月廿六日（「東南」28）
（右少史　正六位上　浅井宿禰守行）
　　　　　正六位上　山　直　文宗　十月十三日（「要」八二）～

天暦五
左大史　外従五位下　海　宿禰恒業
　　　　外従五位下　物部宿禰広連　～正月卅日遷（「要」一三三）
　　　　正六位上　阿蘇宿禰広遠　二月卅日転（「要」一三三）
右大史　正六位上　出雲宿禰蔭時　十月一日（「要」一三三）～
　　　　正六位上　御立宿禰維宗　二月卅日転（「要」一三三）
左少史　正六位上　栗前宿禰扶茂
　　　　正六位上　浅井宿禰守行　二月卅日転（「要」一三三）
右少史　正六位上　山　直　文宗
　　　　正六位上　笠　朝臣雅望　二月卅日任（「要」一三三）

天暦六
左大史　―　　　　阿蘇宿禰広遠
　　　　正六位上　出雲宿禰蔭時　十一月九日（『朝野群載』一二一）
右大史　正六位上　御立宿禰維宗
　　　　正六位上　栗前宿禰扶茂　十月八日（『北山抄』三）
（左少史　正六位上　浅井宿禰守行）

　　　　　　　正六位上　山　直　文宗　三月七日（「符」九）／～三月十五日（「西」一三）
　　　右少史　正六位上　笠　朝臣雅望　～九月廿三日（「要」二三）
　　　（　　　―　　　我孫宿禰有柯）
天暦七　左大史　―　　　阿蘇宿禰広遠　～七月十一日（「別」）
　　　　　　　正六位上　御立宿禰維宗
　　　（右大史　正六位上　栗前宿禰扶茂）
　　　（　　　正六位上　浅井宿禰守行）
　　　（左少史　正六位上　山　直　文宗）
　　　（　　　正六位上　笠　朝臣雅望）
　　　右少史　―　　　我孫宿禰有柯　七月十七日（「要」五九）～
天暦八　（左大史　―　　　阿蘇宿禰広遠）
　　　　　　　正六位上　御立宿禰維宗　～七月廿八日（「符」六）
　　　右大史　正六位上　栗前宿禰扶茂
　　　（　　　正六位上　浅井宿禰守行）
　　　（左少史　正六位上　山　直　文宗）
　　　（　　　正六位上　笠　朝臣雅望）
　　　（右少史　―　　　我孫宿禰有柯）
天暦九　（左大史　正六位上　御立宿禰維宗）

（　　　　正六位上　栗前宿禰扶茂）
（右大史　正六位上　浅井宿禰守行）
（　　　　正六位上　山　直　文宗）
（左少史　正六位上　笠　朝臣雅望）〈この年に歿したものと思われる、「符」一〇の天暦十年七月十日付宣旨を参照〉

　　　　　　　　　　　我孫宿禰有柯
天暦十　左大史　正六位上　栗前宿禰扶茂　～五月七日（「真言諸山符案」）
　　　　　　　　—　　　　大石宿禰　—　～五月一日（『東宝記』八）～〈浅井宿禰守行と同一人物の可能性が高い、改姓したものと思われる〉
　（右大史　正六位上　山　直　文宗）
　　　　　　　　—　　　　我孫宿禰有柯　六月廿日（「別」）
　　　　右少史　—　　　　小槻宿禰茂助　正月日任（『魚魯愚抄』七）～
天徳元　（右大史　—　　　我孫宿禰有柯）
　　　　左少史　正六位上　小槻宿禰茂助　十一月十日（「西」七）／～十二月二日（「東南」30）
天徳二　（左大史　—　　　我孫宿禰有柯）
　　　　右大史　—　　　　竹田宿禰　—　～五月十七日（「符」三）～
天徳三　左大史　—　　　　我孫宿禰有柯　十二月四日（「要」二八）
　　　　右大史　—　　　　田口朝臣有信　八月三日（『東宝記』八）～

	左少史	―	佐伯　是海	七月二日（「符」三）～
		正六位上	秦　宿禰衆頼	十二月廿六日（「東南」476）～
天徳四	左大史	―	我孫宿禰有柯	～七月廿七日（「西」一五）
	史	―	田口朝臣有信	～二月十七日（『九暦』）
	左少史	―	佐伯　是海	～九月廿八日（『園太暦』貞和二・七・廿一条）
		正六位上	秦　宿禰衆頼	
応和元	（右大史	―	佐伯　是海）	
		正六位上	秦　宿禰衆頼	～十月廿五日（「東南」31）
	史	―	伊香　宗好	七月十一日（「西」四）～
	史	―	笠　忠信	十月廿五日（『北山抄』三）～
応和二	左大史	―	物部宿禰安国	二月五日（「西」一〇裏書）～／九月三日（「西」一四）
		―	伊香　宗好	二月五日（「西」一〇裏書）
	右大史	―	依智秦宿禰永時	二月五日（「西」一〇裏書）～
	左少史	―	粟田朝臣清明	二月五日（「西」一〇裏書）～
		―	笠　忠信	二月五日（「西」一〇裏書）
	右少史	―	井原宿禰連扶	二月五日（「西」一〇裏書）～
		―	海　宿禰薫仲	二月五日（「西」一〇裏書）～
応和三	左大史	―	物部宿禰安国	

右大史　―　依智秦宿禰永時
　　　　―　粟田朝臣清明　二月廿七日（「符」七）
左少史　―　井原宿禰連扶
　正六位上　海　宿禰薫仲
（右少史　―　吉志宿禰公胤）
（　　　　―　浅井宿禰清延）
康保元
左大史　外従五位下　物部宿禰安国　三月廿三日（「東南」182）
　正六位上　粟田朝臣清明　十二月九日（「真言諸山符案」）
（右大史　―　海　宿禰薫仲）
　　　　―　依智秦宿禰永時　二月十一日（「西」三裏書）
左少史　―　井原宿禰連扶
　　　　―　吉志宿禰公胤　二月十一日（「西」三裏書）〜
右少史　―　浅井宿禰清延　十二月廿六日（『醍醐雑事記』二）〜〈左少史とあるは誤りか〉
　　　　―　日下部　豊金　二月十一日（「西」三裏書）〜
康保二
左大史　外従五位下　物部宿禰安国
　正六位上　粟田朝臣清明　〜月日（『北山抄』三）
　　　　―　海　宿禰薫仲　〜二月廿三日（「符」七）

右大史　正六位上　依智秦宿禰永時　〜二月十四日（「東南」32）
（　―　井原宿禰連扶）
左少史　―　吉志宿禰公胤
（　―　浅井宿禰清延）
右少史　―　日下部　豊金　〜正月八日（「西」一）
　―　坂合部宿禰以方　二月十七日（「符」七）〜

康保三　左大史　従五位下　物部宿禰安国　二月三日（「東南」185）
（　正六位上　依智秦宿禰永時）
右大史　―　井原宿禰連扶　閏八月廿九日（「東南」87）／〜十月一日（「東南」88）
（　―　浅井宿禰清延）
（左少史　―　吉志宿禰公胤）
（　―　日下部　豊金）
右少史　―　坂合部宿禰以方

康保四　左大史　従五位下　物部宿禰安国
　―　浅井宿禰清延　十二月十九日（「西」一五）
右大史　―　吉志宿禰公胤
（左少史　―　日下部　豊金）
（　―　坂合部宿禰以方）

安和元

右少史　　　　　　小槻宿禰忠臣　月日「大嘗会行事史」（『園太暦』観応元・十・廿九条）
左大史　従五位下　物部宿禰安国
　　　　正六位上　浅井宿禰清延　～二月十六日（「東南」187）
（　　　—　　　　吉志宿禰公胤）
（右大史　—　　　日下部　豊金）
（　　　—　　　　坂合部宿禰以方）
左少史　—　　　　小槻宿禰忠臣
　　　　正六位上　伴　宿禰保在　正月廿八日右少史（「山門堂舎記」）～／十二月廿日（「東南」89）

安和二

（右少史　—　　　大春日朝臣良辰）
左大史　従五位下　物部宿禰安国　～閏五月七日（「東南」188）
　　　　—　　　　吉志宿禰公胤　二月十六日（「符」九）〈左少史とあるは誤りか〉／～六月廿五日（「符」七）
（右大史　—　　　日下部　豊金）
（　　　—　　　　坂合部宿禰以方）
（左少史　—　　　小槻宿禰忠臣）
　　　　正六位上　伴　宿禰保在
右少史　—　　　　大春日朝臣良辰　二月廿九日（「符」七）～

天禄元　左大史　正六位上　坂合部宿禰以方　八月廿八日（「東南」189）
　　　　右大史　―　　　　小槻宿禰忠臣　～三月廿三日（「符」八）
　　　　　　　　正六位上　秦　宿禰岑忠　十二月卅日（「東南」151）～
　　　　左少史　正六位上　伴　宿禰保在
　　　　（　　　―　　　　大春日朝臣良辰）
　　　　右少史　―　　　　坂本　亮直　～十二月廿一日（「符」七）～
天禄二　左大史　正六位上　坂合部宿禰以方　～七月十九日（「別」）
　　　　（　　　―　　　　小槻宿禰忠臣）
　　　　右大史　正六位上　秦　宿禰岑忠　二月十九日（『醍醐雑事記』三）
　　　　　　　　正六位上　伴　宿禰保在　十二月廿六日（「東南」191）
　　　　（左少史　―　　　　大春日朝臣良辰）
天禄三　（左大史　正六位上　坂合部宿禰以方）
　　　　　　　　正六位上　秦　宿禰岑忠　～十二月九日（「親信卿記」）〈実忠とあるが、『字鏡集』に
　　　　　　　　よれば岑はサネとも訓む〉
　　　　（右大史　正六位上　伴　宿禰保在）
　　　　　　　　正六位上　大春日朝臣良辰　三月十六日（「東南」91）
　　　　史　　　―　　　　博通　～九月十三日（「親信卿記」）～
　　　　史　　　―　　　　忠節　～十二月九日（「親信卿記」）～

天延元　左大史　正六位上　伴　宿禰保在　〜九月十一日（「符」一）
　　　　　　　　正六位上　大春日朝臣良辰　三月十九日（「東南」92）
　　　　左少史　―　三統宿禰　―　〜五月十五日（「薬師寺縁起」）〜
天延二　左大史　正六位上　大春日朝臣良辰
天延三　左大史　従五位下　大春日朝臣良辰　二月一日（「符」八）
　　　（右少史　正六位上　高安　連　佐忠）〈このころ内蔵朝臣へ改姓する（「符」七）〉
貞元元　左大史　従五位下　大春日朝臣良辰
　　　　右大史　正六位上　名草宿禰達茂　〜十二月一日（「東南」155）〜
　　　　左少史　正六位上　御船宿禰　―　〜十一月七日（「最鎮記文」）〜
　　　（　　　　正六位上　内蔵朝臣佐忠）
貞元二　左大史　従五位下　大春日朝臣良辰
　　　　左少史　正六位上　内蔵朝臣佐忠　八月十七日（「東南」156）〜
　　　　　　　　正六位上　三善朝臣時佐　〜五月十日改姓（「符」七）〜
天元元　左大史　従五位下　大春日朝臣良辰
　　　　右大史　正六位上　内蔵朝臣佐忠　九月十七日（「東南」35）
　　　（左少史　正六位上　三善朝臣時佐）
　　　（　　　　―　牟久宿禰忠陳）
天元二　左大史　従五位下　大春日朝臣良辰

	右大史	正六位上	内蔵朝臣佐忠	
	（	正六位上	三善朝臣時佐）	
	左少史	―	牟久宿禰忠陳	二月十四日（「符」一）〜
天元三	左大史	従五位下	大春日朝臣良辰	
	（	正六位上	内蔵朝臣佐忠）	
	（右大史	正六位上	三善朝臣時佐）	
		―	牟久宿禰忠陳	四月七日（「符」七）
天元四	左大史	従五位上	大春日朝臣良辰	二月十九日（「東南」194）
	（	正六位上	三善朝臣時佐）	
	（右大史	―	牟久宿禰忠陳）	
天元五	左大史	従五位上	大春日朝臣良辰	
		正六位上	牟久宿禰忠陳	五月廿八日（「平」320）
	右少史	―	讃岐　扶範	正月日任（『魚魯愚抄』七）〜
		―	清科　以孝	正月日任（『魚魯愚抄』七）〜
永観元	左大史	従五位上	大春日朝臣良辰	
	（	正六位上	牟久宿禰忠陳）	〈このころ伴宿禰へ改姓〉
	（左少史	―	讃岐　扶範）	
	右少史	―	清科　以孝	

永観二　左大史　従五位上　大春日朝臣良辰
　左大史　外従五位下　伴　宿禰忠陳　二月廿三日（「東南」36）〈正房とあるは疑問〉
　（左少史　―　讃岐　扶範）
　（　―　―　清科　以孝）
寛和元　左大史　従五位上　大春日朝臣良辰
　（　外従五位下　伴　宿禰忠陳）
　右大史　―　讃岐　扶範　～五月四日（『小右記』）
　―　―　多米宿禰国平　正月廿九日（『朝野群載』一六）～
　（左少史　―　御船　以孝）
　―　―　秦　陳泰　正月卅日（『小右記』）～
　右少史　―　綾　文信　～十月十四日遷（『小右記』）～
　（　―　曰佐　政文）
　―　―　海　近澄　十月十四日任（『小右記』）～
寛和二　左大史　従五位上　大春日朝臣良辰
　外従五位下　伴　宿禰忠陳
　右大史　―　御船　以孝　二月十六日／～五月十八日（「世紀」）
　―　―　多米宿禰国平
　左少史　―　秦　陳泰　二月十六日（「世紀」）

右少史　―　曰佐　政文　二月十六日〜四月廿八日（「世紀」）
―　海　近澄　二月十六日（「世紀」）
―　壬生　尹意　二月十六日〜四月廿八日（「世紀」）
永延元　左大史　正五位下　大春日朝臣良辰　十二月五日（「東南」197）
（　―　多米宿禰国平）
永延二　左大史　正五位下　大春日朝臣良辰
―　多米宿禰国平
左少史　―　尾張　連　仲光　八月廿三日（「符」一）〜
右少史　正六位上　穴太宿禰愛親　二月八日（『続左丞抄』一）〜
永祚元　左大史　正五位下　大春日朝臣良辰
従五位上　多米宿禰国平　四月廿五日正（従か）五位下（『朝野群載』一六）／五月十日（京都大学総合博物館所蔵「平松家文書」）
（右大史　―　―　利貫　〜八月廿八日（『小右記』）〜
正六位上　尾張　連　仲光　四月廿六日（「平」333）
左少史　―　大友　忠信　十二月十九日（「要」二八）〜
（　―　穴太宿禰愛親）
右少史　―　惟宗　為重　正月日任（『魚魯愚抄』七）〜
―　肥田　維延　四月五日任（『小右記』）〜

第二節　官史構成の変化と要因

1　天平神護以前の官史　―渡来系氏族の活躍―

天平神護以前の官史は、そのほとんどが渡来系氏族であることを特徴とする。各人の出自を概観すると、以下のようになる（典拠は＊が『続日本紀』、◇は『新撰姓氏録』を示す）。

〈荊〉神亀元年（七二四）五月十三日に香山連を賜姓されているが（＊）、この香山連は百済の達率であった荊員常の後裔と記されている（◇左京諸蕃）。

〈葛井連〉養老四年（七二〇）五月十日に白猪史から改姓した氏族であり（＊）、百済の都慕王の末裔とされる（◇右京諸蕃）。

〈板茂連〉「楊雍之後」とされる伊吉連の同族（◇河内諸蕃）。

〈志貴連〉神饒速日命の孫「日子湯支命之後」で、石上朝臣の一族（◇大和神別）。

〈壬生使主〉大春日朝臣の一族で「天足彦国押人命之後」とされる壬生臣（◇河内皇別）のことか。

〈秦伊美吉〉秦（弓月君）系の渡来氏族（◇左京諸蕃）。

〈文伊美吉〉西漢（王仁）系の渡来氏族（◇左京諸蕃）。

〈百済君〉百済の汶洲王を祖とし（◇左京諸蕃）、鬼室氏が天平宝字三年（七五九）に百済公姓を賜るとされるが（◇右京諸蕃）、天平宝字五年三月十五日に「百済人余民善女等四人」に百済公姓を賜うともある（＊）。

〈坂上忌寸〉東漢（阿直使主）系の渡来氏族（◇右京諸蕃）。
〈美努連〉角凝魂命の四世孫である天湯川田奈命の後裔とする（◇河内神別）。智麻呂は、神護景雲三年（七六九）十一月二日に文章博士となっている（＊）。
〈麻田連〉神亀元年五月十三日に麻田連を贈姓された答本陽春の近親者であろう（＊）。答本氏は百済系の渡来人であり、春初が天智朝に築城技術などで登用されている[4]。

このように、該期の官史は渡来系氏族が過半を占める。同時期、外記に所見しうる氏族は、白猪史・伊吉連・高丘連・池原公・内蔵忌寸・大倭忌寸・堅部使主・壬生・田口の九氏であり、このうち非渡来系氏族は末尾の四氏だけである。つまり太政官実務部局の職員は、この時期、渡来系氏族が過半を占めていたと推測しうる。

このような氏族編成の背景には、両局の職務内容とそれを務められる人材の問題があると考えられる。令制の外記の職務は「勘㆓詔奏㆒、及読㆓申公文㆒、勘㆓署文案㆒、検㆓出稽失㆒」（職員令）とされ、文書の起草・音読・検閲などを行なっていた。官史もほぼ同様と考えてよい。そして早川庄八氏が明らかにしたように、律令導入以後においても、口頭による命令伝達が多用されていたならば[5]、外記や官史に求められた漢作文、特に文中に美辞麗句や古典の引用文を含ませる文書の起草は、一種の特殊能力とも評価できよう。朝廷は、大学でこのような能力を学ばせていたが、大宝学令では、大学の入学に「五位以上子孫及東西史部子」および「八位以上子」の志望者という身分制限と、十三歳から十六歳という年齢制限を設けていた上、その内部構成は課試制度に対応していなかった。つまり八世紀前期までは、実務を担う官人の人材育成という面では「東西史部」の子弟が比較的優先されており、さらにその後の昇進との関係でも整合性に欠ける制度であったのである[6]。このような官吏育成制度の実状に、古代の技術継承は原則として世襲によっていたという指摘[7]を考え併せると、八世紀前半段階ではいまだ渡来系氏族出身者以外に太政官実務部局の職務に堪えられるような人材が育成できていなかったため、必然的に前述のような人事編成が生じていたと推定できるのである。

2　天平神護以後の官史 ―非渡来系氏族の参入―

前述した学令における制度不備は、神亀五年（七二八）勅による出身・年齢の制限の撤廃と天平二年（七三〇）勅による大学構成の課試制度と対応したものへの再構成という改革を経て解消され、四科（紀伝・明経・明法・算）得業生制度が創始された。[8]この結果、出身・年齢を問わずに大学へ入学できるようになり、養老令の施行（天平宝字元年〈七五七〉）という制度改革とあいまって、渡来系氏族によって占められていた太政官の実務部局職員の構成が変化し、天平神護年間（七六五～六七）ごろから第二期に入る。

この第二期は、非渡来系氏族の出身者も実務官人として太政官で活躍しはじめることによって特徴づけられる。前掲した補任表案では、天平神護から天長の間に三十六名の官史を見いだせたが、この内渡来系氏族は十四名と半数にも届かない。[9]第一期のような渡来系氏族が大半を占める状況は一変するのである。

このような構成氏族の変化にしたがい、新たな特徴が官史・外記の構成に現れた。表1―1は、官史・外記のうち、博士などの官職に就いた者の一覧である。これによると、弘仁年間（八一〇～二四）以後、官史・外記の中に多くの博士クラスの者を見いだせることがわかる。[10]特に承和年間（八三四～四八）以後は明法博士・算博士の官史就任が顕著であり、延喜以後もこの傾向が続く。[11]このような官史の傾向に対し、外記局では紀伝道・明経道の者が多く任官していたことが指摘されている。[12]総合すれば、大学四科出身者の任官先を、弁官局と外記局とで分担していたことが推測されよう。

表１－１　博士クラスの官史と外記（延喜以前）

氏　名	職　名	外記	官史	所見年	典　拠
美努智麻呂	文章博士		○	神護景雲３	続日本紀
朝原道永	東宮学士	○		延暦４	外記補任
秋篠安人	大判事	◎		延暦10	外記補任
物部敏久	明法博士	○	○	弘仁２	法曹類林
朝野鹿取	侍読		○	弘仁２	公卿補任
中科善雄	東宮学士	○		弘仁５	日本後紀
上毛野頴人	東宮学士	○	○	弘仁８	外記補任
南淵弘貞	東宮学士	○		弘仁12	公卿補任
坂上今継	紀伝博士	×	○	天長１	外記補任
掃守遠継	書博士		◎	天長１	神護寺旧記
讃岐永直	明法博士		◎	天長10	令義解　序
清内御薗	音博士	×	◎	承和２	外記補任
讃岐永成	明法博士		◎	承和３	続日本後紀
島田清田	国史編纂	○		承和７	日本三代実録
伴良田　宗	明法博士		○	嘉祥２	続日本後紀
大窪（有宗）益門	算博士		○	仁寿４	日本文徳天皇実録
葛井（菅野）宗之	直講		◎	貞観４	日本三代実録
宍人永継	明法博士		◎	貞観５	勝尾寺文書551
南淵興世	格式編纂	◎		貞観11	日本三代実録
小槻山（阿保）今雄	算博士		◎	貞観15	日本三代実録
秦（惟宗）直宗	明法博士		◎	貞観19	日本三代実録
島田良臣	国史編纂	◎		元慶３	日本文徳天皇実録
家原高郷	算博士		◎	元慶５	東南院文書
凡　春宗	明法博士		◎	元慶８	日本三代実録
善淵愛成	大学博士	○		仁和２	日本三代実録
紀　長谷雄	文章博士	○		寛平３	公卿補任
阿保経覧	算博士		◎	昌泰２	東南院文書
中原連岳	直講	◎		昌泰３	外記補任

註）表中、所見年は該当官職などの初見年を示し、官史・外記との関係には、次の記号を用いた。◎は兼帯、×は博士などから官史・外記への遷任、○は官史・外記を経た後に博士などに任官したことを示す。

また、前節でも触れた当時の世襲的な技術伝授から容易に推察されるように、官史・外記の者たちの中には、博士本人だけではなく、その父兄や子弟も含まれている。たとえば東京大学史料編纂所蔵「惟宗系図」によると、仁和二年（八八六）に官史として見える秦（惟宗）安光の父は音博士永宗であり、延喜六年（九〇六）に官史として見える惟宗善経の父は明法博士直本であるとされる(13)。また『令集解』職員令（太政官）の官史の部分では外記局職員と弁官局職員、左弁官と右弁官における等親相避の要否が問答されており、当時、これらの官職で近親者が補任されるケースが多かったことをうかがわせる。いずれにせよ、官史・外記には、諸道を学んだ者の中から博士クラスの者やその一族といった優秀な者が選任されていたのである。官史や外記に対しては、平安後期でも「有㆓学問之聞㆒」や「有㆓才智聞㆒」という評価がなされているが(14)、その源流はこの時期に求められよう。

3　承和以後の官史　—巡爵の確立—

承和年間ごろからは、六国史中から定期的に官史を検出できるようになる。これは承和年間ごろから、平安時代的な叙位制度確立の一環として、「巡爵」が確立してくるためである(15)。以前は左右少史から左右大史への昇進が明確ではなく、外記へ転出する者がいるように、少史から大史に昇進しない者もいた(16)。だが、このころからは少史から大史への昇進が恒例化し、右少史→左少史→右大史→左大史と昇進し、その後に叙爵して地方官へ転出するというコースが確定するのである。同様の現象は外記でも見られ、少外記から大外記へ進み、その後に叙爵して地方官へ転出するという昇進コースが確立する(17)。前節で触れたマニュアル化した機械的な人事は、巡爵の確立によって、更に強化されたものとなるのである。

これに加えて、前述のように、大学四道出身の博士クラスの者が、外記と官史とに出身科別に配属され、外記局

表１－２　貞観年間以後の太政官発給文書における宛先と署名官

宛　先	年月日	官史名	典　拠
安祥寺	貞観 9. 6. 11	右大史　坂上斯文	安祥寺資材帳
	13. 8. 17	左大史　坂上斯文	同上
園城寺	貞観13. 9. 9	右大史　長統河宗	園城寺文書46
	15. 4. 23	左大史　長統河宗	同上　47－3
東寺	貞観18. 9. 7	左少史印南野宗雄	東寺文書　礼
	元慶 2. 2. 25	右大史印南野宗雄	同上
	7. 3. 4	左大史　家原高郷	同上
東大寺	貞観13. 8. 17	左少史　伴　貞宗	東南院文書158
	⑧. 14	左大史　坂上斯文	同上　7
	29	左少史　伴　貞宗	同上　64
	14. 2. 10	左少史　伴　貞宗	同上　65
	6. 21	左少史　伴　貞宗	同上　113
	7. 21	左少史　伴　貞宗	同上　114
	15. 3. 27	右大史　伴　貞宗	同上　115
	9. 16	右大史　伴　貞宗	同上　66
	16. 6. 27	左大史　伴　貞宗	同上　116
	17. 4. 28	左大史　伊部豊持	同上　8
	10. 24	左大史　伊部豊持	同上　159
	18. 2. 5	右大史　清江貞直	同上　117
	3. 7	左少史印南野宗雄	同上　67
	19. ②. 3	左大史　山口岑仁	同上　68/118
	元慶 1. 9. 7	左少史　秦　直宗	同上　160
	12. 21	右大史印南野宗雄	同上　161
	2. 5. 27	左少史　良枝貞行	同上　162
	9. 8	右大史印南野宗雄	同上　119
	10. 11	右大史印南野宗雄	同上　120
	3. 2. 4	右大史　興道春道	同上　9
	4. 2. 14	左少史　山田時宗	同上　69/121
	3. 29	左大史　笠　宗雄	同上　163
	4. 9	左少史　山田時宗	同上　11
	5. 8. 19	右大史　家原高郷	同上　2/122
	6. 7. 13	右少史丈部谷光兼	同上　123
	⑦. 17	左大史　丸部百世	同上　164
	仁和 3. 1. 22	右少史　春道新名	同上　124
	4. 9. 13	左大史　清内寔興	同上　166
	寛平 2. 3. 23	左少史　善道宗道	同上　13

宛　先	年月日	官史名	典　拠
	5.27	左少史　善道宗道	同上　125
	9.15	右少史　大原氏雄	同上　14
	⑨.22	右少史　大原氏雄	同上　70
	10. 7	右少史　大原氏雄	同上　126
	4. 3.29	左大史　春道新名	同上　167
	6. 6.27	左大史　大原氏雄	同上　15
	8.14	左大史　大原氏雄	同上　71
	7. 3.19	右少史　阿刀春正	同上　127
	6.28	左大史　善道宗道	同上　128
	8. 6.19	左大史　大原氏雄	同上　168
	9. 9.21	右大史　阿刀春正	同上　129

には紀伝道と明経道、弁官局には明法道と算道の者が進むようになる。このような人事配置は、第Ⅱ期以来の制度整備の結果と考えられるが、整備内容は人事面のみには止まらない。次のように、政務運営における整備も指摘できる。

表1―2は、この時期の太政官符・牒などを宛先別に分け、それぞれの署名官史を示したものである。これからは、同一の宛先に出される文書は、同一の官史が署名するという傾向が見いだせよう。当該期の政務運営では、特定の公卿が特定の政務を担当するという「別当制」が議論されてきた[18]。従来の研究では、公卿・弁官クラスの者を中心に分析しているが、官史のような実務執行官人を含めた制度として考えなおす必要があろう。

第Ⅲ期に行なわれた人事・政務面での制度整備は、左右弁官局にまたがって設定されており、このころ左右弁官局の実務面での統合が完了したと考えられる。これは、次期に左右弁官局の実務統率者として「大夫史」が出現する前提として注目できる。

このように第Ⅱ期以降に再編が進み、まず出自によらない任用、諸道の博士クラスの者の登用がなされ、第Ⅲ期からは安定的な昇進や政務作業の分担も実現される。これらは、官僚機構の確立による政務の合理化策と評価されている、当該期の儀式書や格式の編纂と軌を一にした動きと理解できる[19]。その反面、博士クラスの者に顕著に見られるように、ある程度の世襲的傾向も色を濃くしていくなど、マニュアル化・学閥的登用が広まったという評価もできるだろう。第Ⅱ・Ⅲ期には、官人の育成・昇進の制度が整えられる一方、その運用のために世襲制も強化されていったのではなかろうか。

4　仁和以後の官史　―大夫史の出現―

この時期の前期との違いは、大夫史の出現に集約される。大夫史は、大夫（＝五位）の官史という意味であるが、これまでにも五位を帯する官史は幾人も現れている。まずは、そのようなこれ以前の五位史と大夫史との違いを述べておきたい。

前掲補任表案で五位を帯した官史のみを通覧すると、次のような変化を見いだせよう。まず八世紀には、既に五位である者が左大史に就任している。だがこのような五位史は常置されず、多くの場合、官史は全員六位以下であったと思われる[20]。次いで弘仁十三年（八二二）には「外記幷史帯二五位一者」という表現が宣旨に見られ、天長三年（八二六）には「朝座申レ政之日」に六位外記が五位史を引率することが問題となり、位階の順に並ぶよう改めさせている[21]。これらから、このころには五位史が頻繁に現れるようになっていたと考えられる。実際、前述のように承和年間からは巡爵が確立しはじめており、毎年正月の叙爵から遷任までの短期間だけ五位史が現れるようになる。貞観年間（八五九～七七）以降に巡爵が制度的に確立すると、五位史が毎年正月の短期間だけ誕生する。

そして問題の仁和以降の大夫史は、叙爵した後も数年間留任（叙留）するという点に、これ以前の者との明らかな違いを見いだせる。叙留者の登場は断続的ではあるが、二人が同時に並ぶことはない。更に天延年間（九七三～

七六）以後、大夫史が常置されるようになるのである。[22]これから明らかなように、仁和以降の大夫史は長期間在任する恒常的地位であるが、それ以前の五位史は遷任までの暫定的地位でしかないのである。

このような違いをもった大夫史が、なぜこの時期に現れるのかは、下述のような、政務機構における弁官局の位置づけの変化と考えたい。九世紀には、弁官局に伝宣する外記宣旨の存在が指摘されている。[23]これは、政務機構上、弁官局が外記局の下に位置していたことを示唆しているが、このような状況は、十世紀以降には見られない。九世紀末に内裏を中心とした新たな政務機構が編成された結果、官方・外記方・蔵人方が確立し、諸政務はこれらによって分担されるようになる。[24]つまり、これによって弁官局は外記局とほぼ同位に位置づけられたのである。外記局では、八世紀以来五位を有する大夫外記が恒常的に在職している。ある部局の代表者の位階が、その部局の重要性を反映しているとすれば、九世紀末から弁官局にも五位を有する者が恒常的に在任するようになるのは、この時期に弁官局が外記局と同様の地位を獲得したことを意味するのではなかろうか。[25]大夫史の誕生は、弁官局の地位向上の証と考えられよう。

この機構改革は、第Ⅱ期以来続く学閥的な人事配置にも転換を及ぼした。検非違使庁の強化（＝刑部省などの機能の吸収）により、明法系の官人が多く検非違使となった結果、[26]博士クラスの官史は算道の者が多くを占めるようになるのである。一方の外記局では、承和年間以降、文章道の博士クラスの者が公卿化する傾向をもち、[27]それに代わって算道の博士クラスの者が外記となる例が見えはじめる。[28]こうして、弘仁以来続いていた学閥的傾向が変化し、博士クラスの者の昇進先は、文章道（公卿）・明経道（外記）・明法道（検非違使）・算道（官史・外記）と細分化する傾向が強まる。その一方、六位の外記・官史には「有二才智聞一」る者も集められたため、六位外記・官史の在任者は諸道混在の様相を深めていく。この傾向は、十一世紀以降にも継続するので、十二世紀以降に顕著となる前提として留意せねばならない。

むすび

以上のように、八から十世紀の官史の補任は、Ⅰ天平神護以前、Ⅱ天平神護から承和まで、Ⅲ承和から仁和まで、Ⅳ仁和以後の四期に区分できる。

そしてこれらの変化とその要因をまとめると、以下のようになろう。Ⅰ期からⅡ期への変化は構成氏族の変化であり、その要因には官人育成制度（四科得業生制度）の整備による漢文能力の一般化があげられる。次のⅢ期への移行は、巡爵制の確立によって生じた。これは官史に定期的昇進をもたらしたが、この要因には、弘仁期における政務の合理化策（一種のマニュアル化）や新たな叙位システムの確立があげられる。またⅣ期への変化の要因は政務構造の改革であった。これによる弁官局の位置づけの上昇によって、大夫史が置かれたのである。

このような変化の一方、八世紀以来十世紀になっても変わっていない事柄も存在する。世襲的傾向である。これは官史と外記を併せ見れば、更に明らかであるが、官史だけでも、前後の年代に同姓の者を容易に見いだせる場合が多い。改姓などの事情により、跡を追える氏族には限りがあるが、数世代にわたって官史・外記に任官している氏族が多いことは、いわゆる「官司請負制」の前提条件として考慮する必要があろう。

註

（1）　中野「尊経閣文庫所蔵『外記補任』の補訂―八・九世紀分について―」Ⅰ～Ⅳ（慶應義塾大学『史学』五五巻四

号・五六巻一～三号、一九八六・八七年）・「八・九世紀における外記の特質」（『続日本紀研究』二五一号、一九八七年）、笠井純一「校注・外記補任」（『金沢大学教養部論集』人文科学篇二六巻一～三号、一九八九・九〇年）。また他に、玉井力「受領巡任について」（『平安時代の貴族と天皇』岩波書店、二〇〇〇年。初出は一九八一年）も外記局職員の変遷に触れている。

（2）大塚徳郎「平安初期における律令中央官制の質的変化について」（肥後先生古稀記念論文刊行会編『日本民俗社会史研究』弘文堂、一九六九年）は、『日本三代実録』中の官史を列記し、彼らを「事務的才能のある有力な下級官人」と評価し、左右大史を「下級官人の昇進の足場」の一つと位置づけるが、その根拠は触れられていない。

（3）元弘三年（一三三三）十二月十八日付「雑訴決断所評定文案」（勝尾寺文書五五一号〔『箕面市史　資料篇二』箕面市、一九七二年に所収〕）では、勝尾寺側が提出した貞観五年の官符は偽作と判定されている。そしてその根拠は「貞観五年者、左少史都文憲・葛野宗之、右少史宍人永継六月兼二明法博士一・菅野良松歟、而少史尾張之由書載」とあるように、署名官史名の不一致があげられている。雑訴決断所が示した補任状況は、確認できる限り正確であり、十四世紀段階でも、かなり正確な官史補任表が雑訴決断所の周辺に存在していたと思われる。平安時代に官史の補任表が存在したことは「本朝書籍目録」からも明らかであるが、それらの情報源となっていたであろう叙目資料は外記局が管理していた。雑訴決断所には大外記も参加しているので、同様の資料が利用できたものと考えられる。
　なお、前掲文中の「葛野」は正しくは「葛井」である。葛井宗之は、後に菅野姓に改めており、両者を混同したものと考えられる。

（4）『日本書紀』天智天皇四年八月条および十年正月条。なお『新撰姓氏録』（右京諸蕃）には、「出レ自二百済国朝鮮王准一也」とある。

（5）早川『宣旨試論』（岩波書店、一九九〇年）。

（6）桃裕行『上代学制の研究（修訂版）』（思文閣出版、一九九四年）、和島芳男『中世の儒学』（吉川弘文館、一九六五年）。

（7）細井浩志「古代・中世における技術の継承について—技能者における家—」（『九州史学』一〇四号、一九九二年）・

櫛木謙周「律令制下の技術労働力編成」（『日本古代労働力編成の研究』塙書房、一九九六年。初出は一九八九年）。

（8）古藤真平「文章得業生試の成立」（『史林』七四巻二号、一九九一年）。

（9）渡来系と見なした十四氏族は、次の通り。衣枳首（高篠連）・麻田連・春原連・文宿禰（浄野宿禰）・滋野宿禰・山田連・佐太忌寸・朝原宿禰・武生宿禰・上村主・美努連・高丘宿禰・長岑宿禰・秦宿禰。なお、請田正幸「平安初期の算道出身官人」（田名網宏編『古代国家の支配と構造』東京堂出版、一九八六年）も、八世紀から九世紀になると渡来系氏族による優占状況が変化することを指摘している。

（10）博士クラスとは、諸博士をはじめ、助教・東宮学士のような教授官や国史・勅撰集の編纂従事者など、学識者として知られていた者を想定している。

（11）明法道では善道維則・山文宗、算道では小槻茂助・小槻奉親らがあげられる。

（12）註（1）前掲中野論文（一九八七年）、笠井純一「『日本後紀』の第一次撰者と大外記坂上今継」（『続日本紀研究』二七九号、一九九二年）、栄原永遠男「滋野氏の家系とその学問」（『和歌山県史研究』八号、一九八一年）。

（13）「惟宗系図」については、利光三津男・松田和晃「古代における中級官人層の一系図について—東京大学史料編纂所蔵『惟宗系図』の研究—」（慶應義塾大学『法学研究』五六巻一・二号、一九八三年）を参照。

（14）『中右記』天仁元年（一一〇八）正月廿四日条、元永元年（一一一八）正月十九日条。

（15）高田淳「『巡爵』とその成立」（『國學院大學紀要』二六号、一九八八年）。

（16）官史が少史の間に遷任する確かな例として、清内御薗（承和二年・右少史）、山代氏益（承和八年・左少史）、朝原良道（承和十一年・左少史）、山口豊道（承和十四年・右少史）、坂上能文（仁寿二年・左少史）、秦安雄（天安元年・右少史）、菅野有風（元慶元年・右少史）、山田時宗（元慶五年・左少史）、高丘五常（元慶六年・左少史）を見いだせるが、これらはすべて外記への転出であり、「外記補任」に記載されていたがゆえに判明したのである。九世紀前半には、他にも大史として確認できない少史が多くいるので、彼らの中には少史の間に他官へ転出していった者も多くいたものと推察される。

（17）このような昇進ルートの確立は、結果として、それまでに見られた弁官局・外記局間の人事交流をほとんどなくしてしまい、延暦・弘仁期に見られたような遷任・兼任も見られなくなる。十世紀以降には、人事管理を司る外記方と物資調達などを司る官方とが確立していたことが明らかにされているが、その前提として承和から貞観期における両部局の人事的分立が指摘できるのではないか。

官方と外記方については中原俊章「官方と外記方」（『中世王権と支配構造』吉川弘文館、二〇〇五年。初出は一九九五年）を参照。ただし中原氏は、これらの成立過程には触れていない。また、吉川真司「律令官人制の再編」（『律令官僚制の研究』塙書房、一九九八年。初出は一九八九年）における、九世紀前半ごろの考選制の放棄と、それによる人事関係事務の式部・兵部両省から外記局への集中という指摘は、貞観期における外記方確立の前提として重要であろう。

(18) 政務の別当制については、今正秀「王朝国家における別当制と政務運営」（広島大学『史学研究』一九九号、一九九三年）、岡野浩二「所充の研究」（渡辺直彦編『古代史論叢』続群書類従完成会、一九九四年）などを参照。また寺院の俗別当については、湯浅吉美「東寺における官人俗別当」（慶應義塾大学『史学』五三巻二・三合併号、一九八三年）、岡野浩二「平安期における天台宗と僧綱制」（『史聚』二二号、一九八七年）などを参照。

これらにおいて、湯浅氏は、「別当史」の存在を指摘されたが、それを「別当・俗別当に近侍する史生」と解釈された。それに対して岡野氏は、十二世紀には公卿・弁官・史の各別当によって文書処理がなされていた点を指摘され、それが九世紀にさかのぼれる可能性を指摘されている。なお所充については、本書第二章第一節も参照されたい。

(19) 古瀬奈津子「格式・儀式書の編纂」（『岩波講座日本通史　第4巻古代3』岩波書店、一九九四年）。

(20) 左大史が二人とも六位である例として、宝亀四年（七七三）二～三月の安倍志斐東人と会賀真綱の例がある。反対に延暦四年（七八五）七月六日から十一月十二日までは、麻田狎賦と高篠広浪が共に五位左大史として在任していたと考えられる。また延暦十年（七九一）には、文最弟（正六位上）が左大史に在任しており、他にも船木一麻呂および大和梶長を確認できるが、ともに位階は不明である。

(21) 『類聚符宣抄』六（外記職掌）所収、弘仁十三年四月廿七日付宣旨・天長三年三月十一日付宣旨。

(22) 大春日良辰の位階が五位であるのを確認できるのは天延三年からであるが、『二中歴』では天延二年から大夫史であったとしている。

(23) 鈴木茂男「宣旨考」（『続日本古代史論集』下、吉川弘文館、一九七二年）および大隅清陽「弁官の変質と律令太政官制」（『史学雑誌』一〇〇編一一号、一九九一年）・註（5）前掲早川著書を参照。

(24) 註（17）前掲中原論文および佐藤進一『日本の中世国家』第一章「王朝国家」（岩波書店、一九八三年）を参照。

(25) 蔵人方においては、仁和四年（八八八）十一月二十七日に初めて五位蔵人が置かれている。

(26) 宮崎康充編『検非違使補任』第一（続群書類従完成会、一九九八年）によると、検非違使に任じられた明法博士には、惟宗直本（仁和二年）・惟宗善経（寛平六年）・惟宗公方（延長四年）がおり、検非違使のうち錦部春蔭（延喜十六年）・惟宗善経・粟田清明（天暦十年）は官史にもなっている。この他、桜井右衛（延長九年）・穴太時道（天慶五年）・美那麻実憲（天暦十年）も明法道系の官人と思われ、内蔵有永（仁和二年）・阿刀常名（延喜八年）・美努定信（応和四年）は同姓の者が官史に見えるなど、仁和年間以後、官史と同レベルの官人が検非違使となったことがわかる。

(27) 『公卿補任』によると、文章道出身の博士クラスの者は以下のようであり、延喜十八年（九一八）から天慶二年（九三九）、天徳元年（九五七）から天元四年（九八一）までの二時期を除いて、承和以後ほぼ切れ目なく公卿として見える。

菅原清公・滋野貞主・春澄善縄・大江音人・菅原是善・橘広相・菅原道真・紀長谷雄・藤原菅根・三善清行・藤原元方・大江維時・大江朝綱・大江齋光・菅原文時・高階成忠・菅原輔正

(28) 大蔵氏は、『類聚符宣抄』九（算得業生試）に礼数・師伝・具伝らが見える他、外記の大蔵良実（延喜十年～十三年）も算博士であり、算道の氏族と考えられるが、元慶ごろから外記にもなっており、善行（元慶六年～延喜二年）・是明（延喜四年～六年）・良実・真明（延喜十三年～十六年）・中貫（延長八年～承平二年）・弼邦（康保三年～天元三年）・高行（永延元年～正暦二年）らの名が確認できる（「外記補任」）。また菅野氏も数代にわたって外記に就いている。

〔コラム1〕大夫史惟宗政孝について

惟宗政孝の存在

平安時代中後期（十世紀末以後）の歴代大夫史は、永井晋編著『官史補任』（続群書類従完成会、一九九八年）で復原されており、さらに「二中歴」（『史籍集覧』所収）にもあって、両者はほぼ一致している。ところがここで取りあげる惟宗政孝は、「二中歴」には見えるものの、『官史補任』でははっきりと確認されていない唯一の大夫史である。

まず、惟宗政孝なる大夫史が実在したことを、「二中歴」以外の史料から確認しよう。『玉葉』建久二年（一一九一）四月廿三日条には、次のような記載がある。

先例被レ加二五位外記史一事、皆有二由緒一事也。或身生二其家一、奉公久積、年齢差闌、後栄難レ期之者、只以レ纏二朱紱一、為二極望之彙一間、有二此例一。所謂政孝・孝忠等之類是也。

これにより、建久二年以前に「政孝」と名乗る大夫史がいたこと、彼は単独で大夫史となったのではなく、何らかの由緒によって第二の（名目的なものか）大夫史となったことが判明する。政孝は「二中歴」で小槻盛仲と小槻政重の間に記載されていることから、その在任時期を想定すると、ちょうどその時期に、中宮大夫属の惟宗政教が大夫史を兼ねた記事を見いだせる（『殿暦』『中右記』長治二年〈一一〇五〉四月十日条）。「政孝」と「政教」は、表記は異なるもののいずれも「マサノリ」と読めるので、同一人物と考えてよいだろう。また当時は小槻盛仲も大夫史として在任中であり、「五位の外記・史を加えらる事」の先例として『玉葉』があげるのと一致する。以下では、「惟宗政孝（マサノリ）」の活躍の推移やその背景を探ってみる。

政孝の生涯

①学生

写真　高陽院跡
（京都市上京区・中京区、堀川丸太町北西附近）

惟宗政孝が初めてその名を現すのは、承暦四年（一〇八〇）十一月二十三日のことである（『図書寮叢刊平安鎌倉未刊詩集』所収「中右記部類紙背」巻五）。この時の肩書きには「学生」とあるのみで、くわしくはわからない。漢詩を詠んでいることから、文章道の学生であったのだろうか。いずれにせよ、当時の昇進ルートや史料の年代から考えると、政孝はこのころ「学生」として官人としての活動をスタートさせたと思われる。

②官史→中宮属兼任

政孝の帯びた官職として最初に確認できるのは、太政官弁官局の史である。通常は右少史から左少史・右大史を経て左大史へ昇進し、叙爵するが、彼は途中で中宮属を兼任している（『後二条師通記』寛治七年（一〇九三）二月廿二日条など。『中右記』では「正則」）。時の中宮は篤子内親王であり、高陽院で藤原師実と同居していたことが知られる他（『中右記』寛治七年二月廿二日条）、師実の養女ともされ（『扶桑略記』同日条）、後には忠実から堀河院を居所として譲られるなど（『百錬抄』長治元年〈一一〇四〉十二月五日条）、摂関家との親密な関係が知られる。次に述べるように、政孝が摂関家家司ならば、彼の中宮属兼任はまさに的確な人事といえよう。

③摂関家家司→叙爵

官史となる前の政孝が、どのような官職をえていたかはわからない。だがどうやら彼は、摂関家の家司としても活躍していたようである。たとえば『後二条師通記』寛治六年（一〇九二）五月廿二日条では、師通は政孝の所蔵する「穢事勘文一通」を書写しており、師通と近い関係にあったことが想定できるのみならず、寛治八年（一〇九四）正月五日に叙爵している摂関家家令である官史「惟宗正義」とは政孝をさしていると考えられる（『中右記』同日条）。「義」の訓を「ノリ」とすることは平安時代後期にはよくあった。前述したように、中宮属兼任も政孝が摂関家家司であったことをうかがわせる。

④『政事要略』を所蔵

叙爵して「中宮大夫属」と呼ばれるようになった政孝は、『政事要略』の所蔵者としても知られていた。『中右記』康和四年（一一〇二）九月十一日条には、「中宮大夫属正則許ニ、政事要略ト云文候之由風聞。早可二召取一歟。我朝一本書也」という白河院の仰詞が記され、正則（マサノリ＝政孝）が「我朝一本書」という貴重な典籍を所蔵していたことがわかる。この後、この『政事要略』がどのようになったかはわからないが、「穢事勘文」を所持していたことなどと合わせると、ある程度の文書・典籍を所有していたものと考えられよう。

⑤大夫史

中宮属を長く務めた政孝は、長治二年に大夫史となる（前述）。『中外抄』は、彼の大夫史としての活躍を「故政孝ハ五位史時ニ、最勝講立紙ヲ吾（注、藤原忠実）許へ持来。不レ可レ説事也」と伝える。最勝講の立紙は頭中将が持参するのが通例であり、忠実は政孝のこの行為を論外のことと述懐している。彼の大夫史としての活躍を示す史料はこれ以外にはないので断言できないが、政務に熟達していたわけではなさそうであり、『玉葉』が伝えるように「由緒」による名目的な任官であった可能性が高い。これ以後、政孝の活動は確認できない。彼にとって大夫史任官は、まさに最後の晴舞台だったのだろう。

さいごに

惟宗政孝の経歴は以上の通りである。これらを通じて、次の二点を指摘しておきたい。まず第一に、政孝が摂関家家司であった点からは、彼以前に惟宗氏から大夫史となった義賢・実長親子との関係が想定できよう。義賢も政孝と同じく家令賞によって官史から叙爵するなど、経歴上の共通点が多いからである。政孝が文書・典籍群を所持していたことも、父祖が大夫史であったと考えれば、理解しやすい。選択肢の一つとして、政孝が義賢・実長の後継者であった可能性を指摘しておきたい。

次いで同時代史料における惟宗政孝の表記に着目したい。彼は、史料中では「政孝」「政教」「正則」「正義」という、異なる四つの表記で示されていた。これらを典拠別に見ると、『後二条師通記』では一貫して「政孝」と記されるのに対し、『中右記』では主に「正則」と記されるが、「正義」「政教」とも記され一定しない。このような差は、政孝が摂関家家司として摂関家の者にとっては馴染みの人物であったのに対し、藤原宗忠はそれほどよく知らなかったため正確な表記を知らず、「マサノリ」という発音だけを頼りに日記に名を記していたことによるのであろう。但し政孝の大夫史任官の際には、『殿暦』『中右記』ともに「政教」と記すので、「政孝」から「政教」へ改名した可能性もある。

このような人物表記の誤差は、政孝のような中下級官人では多く見いだすことができる。公家日記を史料として用いる際の注意点として記しておきたい。

第二章　平安時代中後期における外記・官史のライフサイクル

はじめに

本章では、巡爵・巡任が定着し、定期的な人事が実現された十世紀初頭以降における外記・官史のライフサイクルについて考察する。外記・官史の構成（補任表）とその変遷は、多くの部分が明らかにされている[1]。そこでまず第一節では、在職中の外記・官史が、いかなる務めを果たしていたのかを、具体的に見ていく。

ただし、外記・官史の任期は非常に短い。大夫外記を除く六位外記の定員は四人であり、原則として一年に一人以上が入れ替わるので、権少外記から少外記・大外記と昇進して叙爵するまで、最長でも四年しかかからない。一方、大夫史がいる場合、六位史の定員は七人であるため、通例は右少史に補されてから左少史・右大史・左大史と昇進し、叙爵する。こちらも原則として一年に一度以上昇進するため、在任期間は最長でも七年である[2]。このように両官職とも任期は限られており、次々と入れ替わっていくのである。

これを特定個人について言い換えると、外記・官史として在任している期間より、任官以前や叙爵以後の方がはるかに長いといえよう。つまり外記・官史のほぼ全員が、外記・官史への就任までに長い官人生活を経験しているのであり、また大夫外記・大夫史となった限られた人物を除くほとんどの外記・官史経験者は、その後も別の形で官人生活を送っていたに相違ないのである。

そこで第二節では、各任官者の就任以前の様子と、叙爵後の活動を見ていきたい。こうして外記・官史のライフサイクルを明らかにし、これによって平安時代中後期における実務官人の実像を解明する手がかりとしたい。

第一節　在任中の働きと役割

1　文書作成・文簿保管

外記の職掌は、養老職員令に「勘二詔奏一、及読二申公文一、勘二署文案一、検二出稽失一」と、「職原抄」には「恒例臨時公事除目叙位等事奉行之官」と説明されている。一方の官史は、養老職員令の神祇大史について記された「受事上抄、勘二署文案一、検二出稽失一、読二申公文一」が適用できようし、「職原抄」には「行二官中事一」、「太政官文書悉知レ之。枢要之重職」と簡便な解説が載せられている。令文からは、「読二申公文一」「勘二署文案一」「検二出稽失一」が双方で共通し、これに加えて外記は「勘二詔奏一」、官史は「受事上抄」を職務としたことがわかる。「職原抄」からは、ともに年中行事の奉行や文書管理に携わったことが知られる。これらのうち「受事上抄」「読二申公文一」は、申請を受けて外記政のような政務によって意志決定をする過程での役割を、また「勘二署文案一」「検二出稽失一」「勘二詔奏一」は、決定された内容を伝達・施行する過程での役割を示している。これら政務・文書作成を中心とする活動については、既に多く論じられている上[3]、容易に想定しえるので、ここでは省く。

ただしこのうち文書作成から派生した要務として、文簿保管・先例勘申の二つをあげることだけは欠かせない[4]。文簿保管とは、作成した文書の控を案文・記録などの形で保管しておくことである。外記は外記庁南舎（結政所）

内の外記文殿に、官史は太政官正庁の南西に区画された官文殿に、膨大な文簿を保管していた。[5]この両文殿に保管された文簿に基づいてなされたのが、先例勘申や続文作成である。これは、さまざまな機会で、外記・官史が適当な先例を調査・抽出し、公卿の判断材料として先例を提示するもので、意志決定を補助する作業である。外記による勘申は、既に九世紀末、遅くとも十世紀初頭までに定着していることから、[6]文書を作成し、文簿としてそれを記録し、それに基づいて勘申するという一連の行為が、まとめて外記・官史の役割として古くから存在した可能性が高い。また続文の作成を主に外記・官史が行なうことも、同様の政務補助作業といえよう。[7]

2　行事奉行

外記・官史は、意志決定を実務面で補助していたが、その後の施行・実施においては内容を分担していたことが知られている。まず弁官局（官方）は、八省をはじめとする諸官衙・諸国を管轄した。そのためたとえば年中行事では、諸国から物資を調達し、諸官衙に装束準備を指示するといった行事の事前準備にかかわることを担った。一方、外記局（外記方）は、「外記日記」を記すなど日々の政務遂行を記録していたため、官人の参仕状況の把握など行事当日の差配を担当したことが明らかにされている。このようなそれぞれの役割自体は、古くから定まっていたが、十世紀半ばからは外記方・官方という表現がなされるようになる。[8]

まずはこの住み分けについて、より具体的に、確かめておこう。

外記の勤めについては、「清原重憲記」がくわしく記している。例として天養元年（一一四四）正月八～十四日に催された御斎会幷円宗法勝尊勝最勝成勝寺等修正について見てみよう。[9]日記の記主である清原重憲は権少外記であり、法勝・成勝寺の奉行を分配されていた。この間の行動は、次のようである。

八日
未斜　朝堂院で御斎会に参加。
申斜　法勝寺へ向かう。既に諸大夫・諸官人は参入済み。その後、奉行史が到着。
戌　両院ら御幸。内大臣頼長以下も参仕。見参の事あり。
　この間に諸司官人の見参を合わせる。

九日
丑　法勝寺での儀式が終わり、院らが還御。
|　成勝寺へ向かう。新院のみ御幸。
寅　成勝寺での儀式が終わり、新院が還御。公卿・殿上人らの見参を合わせる。
申　見参を長者に見せ、摂政忠通に内覧。一院へ見参を進める。
|　法勝寺で儀式。奉行史もともにあり。

十日
申始　見参を殿下に内覧。
|　新院に成勝寺の見参を進める。
|　一院へ法勝寺の見参を進める。
秉燭　法勝寺へ向かう。奉行史は既に着座。
戌　新院が御幸。途中退出者の見参を合わせる。

十一日

丑終　法勝寺での儀式が終わり、新院は成勝寺へ向かう。
申　見参を殿下に内覧。
―　一院へ法勝寺の見参を進め、法勝寺へ向かう。
亥終　法勝寺での儀式が終わり、官史とともに成勝寺へ行き、次いで円勝寺へ。
―　退出を命じられ、帰る。

十二日
―　見参を殿下に内覧。
―　両院へ見参を進め、法勝寺へ向かう。
戌　新院が御幸。

十三日
丑　法勝寺での儀式が終わり、新院は成勝寺へ向かう。官史とともに成勝寺へ。
―　成勝寺での儀式が終わり、新院が還御。
早旦　石清水八幡宮の怪異の先例を勘申するよう、長者外記より連絡。
申　見参を殿下に内覧。
―　一院へ法勝寺の見参を進め、法勝寺へ向かう。
戌終　新院が御幸。
―　諸司官人の見参を合わせる。
亥終　法勝寺での儀式が終わり、新院は成勝寺へ向かう。

同　　石清水八幡宮の怪異の先例勘申を頭弁へ奉る。
十四日
未　　見参を殿下に内覧。
―　　一院へ法勝寺の見参を進め、法勝寺へ向かう。
戌　　両院ら御幸。内大臣以下、参仕。
亥終　新院が成勝寺へ向かう。
十五日
丑始　法勝寺での儀式が終わり、弁・史とともに成勝寺へ向かう。
丑終　成勝寺での儀式が終わる。

このように奉行外記とは、分配された儀式の見参を合わせる、つまりは出席者をチェックして、行事の主宰者へ伝えることを主務としていたといえよう。ただし行事当日までには、参加予定者への確認や、出席の催促も必要となる。これらの作業を行なうのは、必ずしも奉行外記本人とは限らない。六位外記が分担して行なっており、外記方全体の職務として実施されていた。ほとんどのことは、その場にいた六位外記の誰でもよいようだが、見参を合わせ、報告することだけは奉行外記の役割であった。

ただし必ずしも毎日、見参を合わせて報告するわけではない。儀式の主宰者、天養元年の法勝寺修正会の場合は院、同じく成勝寺修正会では新院の御幸があれば、院奏は要されなかった(10)。

官史については、六位史自身が政務について記録した史料がないため、弁官を中心とした行事所の研究による成果を適用したい(11)。行事史は、諸国からの解状（申請文）を受け取って行事弁へ伝えるほか、上卿・行事弁から決定事項を下知され、それを諸国へ伝達している。おそらく単に受け取るだけでなく、文書に不備がないか、先例はどうなっているかなどを調べ、附属資料を付して伝達していたのだろう。行事所では諸国への伝達が多いものの、実際には関係する諸司等への伝達も、なされたであろう。

また前掲した清原重憲の行動からは、行事史も儀式に出仕していることがわかる。外記のように当日の勤めは特になさそうだが、儀式には出仕が求められたようだ。

なお連日にわたって深夜の儀式に出仕せねばならない修正について、清原重憲はその日記に「凡修正之時、下臈外史古今失レ色消魂云々」と記し、十五日の女叙位を終えた後に、「今日於二或所一、両局提二一種物一有二小会一」と修正会の慰労会を設けているが、それも「両局」合同で行なっている(12)。外記局・弁官局の実務官人は、互いに協力しつつ諸行事の実行につとめていたことが、ここからも看取できよう。

これらの実務は、いずれも先例を熟知していなければ勤まらない。官文殿に文書（先例）を蓄積していた官史や、日常的に政務について書き記された外記日記を所持していた外記が、このような役目を担う結果になったのは、必然的でもあった。

以下では、このような外記・官史の務めを踏まえた上で、3別当、4兼官という二点から、それぞれの役割を補足しておきたい。

3　別　当

①官所充（史所充）

外記・官史は「別当」でもあった。その活動の一端を伝えるのが、「所充」である。太政官では官所充、外記局内では局所充が実施され、外記・官史が各所々の「別当」とされていた。所充および所別当については、既に①所充には殿上所充・官所充・局所充などの種類がある、②所充の対象となるのは、所々・諸司・諸寺など、朝廷行事の際に必要とされる機関である、③殿上所充は十世紀初頭から確認できる、④十一世紀ごろを頂点に衰退しはじめ、十二世紀以降の殿上所充は儀式化し内実を失っていくことなどが指摘されている。[13] しかしそれらの諸先学は、主に公卿・殿上人による殿上所充を対象としており、局所充・官所充については史料的制約もあるためか、殿上所充と同じころに成立し十二世紀以降は形式化したと考えられているにすぎない。とはいえ、官史・外記のそれぞれについて関係する事柄を見ていこう。

まずは官史別当について。官史が別当になったことを確かめられるのは「弘仁式」段階からで、「館舎及公文厨者云々。毎年八月一日相代。別当造曹司所者、正月相代」というものであった。[14] また延喜太政官式からは、官史が別当（公文）に補された所々として造曹司（造館舎）所と厨家・左右文殿（官文殿）を見いだせる。[15]

凡造館舎所者（太政官曹司、弁外記候所、大臣曹司及厨等類）、別当少納言・弁・外記・史、及預太政官弁官史生各一人。二年為レ限、二月相替。別当先検二破損一。

凡左右文殿公文者、史一人永勾当。其預左右史生各二人。毎年二月相替。

凡厨家、別当少納言・弁・外記・史各一人。及預太政官并左右史生各一人。並一年為レ限。二月列見之後相替。

これを比較すると、「弘仁式」段階では館舎・厨・造曹司所という三別当と公文の計四所であったが、『延喜式』段階では造館舎所・厨家の二別当と文殿公文の計三所に減っている。『延喜式』では造館舎所に「太政官曹司、弁外記候所、大臣曹司及厨等類」が含まれていることを注記するので、「弘仁式」段階では分かれていた館舎・造曹司所が統合され、別当の交替も二月へと変更されたことがうかがえる。厨・厨家はほぼ変わりなく、文殿では別当ではなく公文と呼ばれることも共通している。厨家・文殿も、交替時期は八月から二月へ改められたものと推測する。

「弘仁式」段階では、いまだ巡爵が確立していない(16)。しかも延暦～弘仁期には、四～六月に外記・官史の除目がなされた例を多く見いだせる。恐らく当時は四～六月に交替することが多かったため、新体制が定まった八月に所充を催していたのではないだろうか。しかし承和年間に巡爵が確立すると、除目は正月～二月になされる。そうすると所充も、二月に期日を改めることとなろう。つまり巡爵の確立により、所充の期日が八月から二月へ変更されたのである。

「弘仁式」段階までは、官史別当の補される所々は、太政官弁官局内の組織だけであった。しかし九世紀後半には貞観九年六月十一日付「安祥寺資財帳」に坂上斯文が「別当右大史」として現れ、寺院の別当に補されていることを確認できる(17)。また十世紀半ばになると「九条年中行事」に「弁史充二所々別当一事」が見え、「小野宮年中行事」には二月の行事として「申下弁史充二所々一文上事」と記され、「所充」が儀式として確立している。さらに十世紀後半になると、『西宮記』巻十五に「以二官史等一補二諸司・所々別当并勾当一事。大弁已下相定、申二第一上卿一補レ之」「補二諸司・諸寺・所々別当一事。外記所充申二一上一、史所充以二大弁宣一書下」という記事があることから、諸司にも官史別当が補されていたことがわかる。官史別当の補される対象が、拡大したのである。これは、中原俊章氏が「十世紀以後経済危機の中で弁官局は太政官経済機構を統轄し合理的集積的な経済運営を行うように」なったことを指摘したように(18)、弁官局が太政官経済機構を統轄するようになった結果であろう。そして官所充という行事も、これと同時に確立したのではないだろうか。以後、『西宮記』巻七（陣中文）で「史外記所充」（尊経閣本では「史所充、外記所充」と書いた上で一部の文字を抹消し、「史、外記所充」とする）とあるように、「史所充」とも呼ばれる。

また手続きは、『西宮記』巻十三（諸宣旨）に「以二官史一補二所々別当一大弁已下、申二一上一補レ之」、『北山抄』巻七（申一上雑事）にも「弁史充二所々別当一事或有被許、中以次上」とあるように、一上に申して補されるというように定着した。

別当が定められる所々は、『江家次第』巻五に列挙される。(19)まず官史は、位禄所以下八つの所々、大膳職以下七つの諸司、東寺以下の七寺の別当を、大夫史を除いた六位史七人で分担している。さらに左中少弁四名が位録所以下五つの所々を分担し、別当と定められている。これを見ると、限られた所々のみに弁別当が置かれていること、所々・諸司は米・造作という二分野に分けられることがわかる。まず禄に関する位禄所・王禄所・季禄所がある。禄は本来、綿・布などの調庸物であるが、九世紀半ばからは稲穀で給されていた。(20)また大粮所・厨家・稟院が米とかかわることは言うまでもない。諸司では、大膳職・大炊寮・内膳司が直接にかかわり、主水司も関係しよう。造作については、造曹司・造物所の二所と木工寮が関係が深い。そして左右京職は、その職掌に市廛・倉稟を含むことで前者と、道橋を含むことで後者と関係をもつ。官所充には、「弘仁式」段階では厨・館舎・造曹司所が存したが、これも米・造作という二分野であった。官所充は、この三所から、それぞれの関係する所々・諸司が取り込まれていくことで別当の数を増していったのである。

『江家次第』巻五には、二月十一日に列見が催された後、同月十三日以降に朝所で官所充がなされると記され、当日は先ず饗宴があり、それに続いて申文があった。恐らくは、あらかじめ別当の分担を記した定文を作成しておき、申文とともにそれを一上へさし出し、裁許が与えられるという手順であったようだ。「史生所宛、不レ申レ上」とあるので、史生の分配は弁官が差配したのだろう。

一般的に別当制は、このころまでがもっとも発達していた時代と考えられ、以後は衰退していく。実際、官所充はこれ以降もその実施は確かめられるものの、詳細はよくわからないものが多い。

民部省勘会は、十一世紀末までに行なわれなくなっていることが指摘されている[21]。恐らくは、太政官の関与もなくなっているのではないだろうか。そうであれば、十二世紀以降に官所充が形骸化していくことにも合理的な理解がえられる。

十二世紀後半の行事を伝える「年中行事秘抄」では、

　十三日以後、官所充事。
　於二朝所一設二小膳一厨家。大夫史以下定レ之。弁史等文申二上一。史生以下文、七弁見レ之不レ申二大臣一。

と記され[22]、これ以後も「元亨四年年中行事」までほぼ同じ条項が載せられている。

中世前期を通じて、官所充という行事そのものは存続が望まれたと思われるが、十二世紀後半には太政官経済機構の変化にともなって役割を終え、以後は形骸のみが年中行事として残存したのであろう[23]。

②局所充（外記所充）

一方、外記を所々の別当に補する局所充について見るが、十世紀初頭までの官所充に官史と並んで外記も入っている点は見逃せない。そして十世紀後半に官所充が確立してくると、官所充から外記の名が消え、『西宮記』巻七（陣中文）に「史外記所充」、『同』巻十五（補諸司・諸寺・所々別当事）に「外記所充申二一上一。史所充以二大弁宣一書下」と記され、局所充と官所充とが分離していることがわかる。このような経緯を考慮するならば、局所充は十世紀半ばに官所充から分立したと考えられる。時期的にも、弁官局が太政官経済機構を統括して官方と呼ばれるようになったことと無関係ではないだろう。官方・外記方の成立に連動し、所充も官所充・局所充へと分化したものと思われる。

『江家次第』に局所充は見当たらないものの、存在は十二世紀以降も確認できる。[24]「師遠年中行事」では二月吉日に行なわれることになっているが、実際には三月のことが多い。局所充の様子が比較的よく知れる史料として、「清原重憲記」天養元年（一一四四）三月廿三日条がある。少し長いが他例もないので引用しておく。[25]

廿三日甲戌、晴。刻限了着二文殿南庇座一史不レ着。東上北面。長者西面。参入之時、入二東遣戸一。依レ可レ有二所宛一也。頃之庁頭史生成親参着外記座末。巳斜長者参着外記動座。史生以二例文一書二所宛文一、入二封牒櫃蓋一覧二長者一復座無二覧筥一。懈怠無レ極。以二史生一又起座取二件文一復座一臈可二内覧一云々。次長者已下史生等起座着二所宛座一西上北面。但二臈着二北座一。局座。東壁外也。去年着二大外記曹司一。先レ是文殿助正立二大盤一脚一、備二美饌一長者前史生取レ杓、一以下助。正着レ之。二献之後居レ汁。次三献了欲レ撤二饗饌一之間、自二内大臣殿一頻有二其召一御使殊所レ召レ予也。仍参二彼殿一。（中略）

太政官已上二通巻二籠一懸紙一

少納言高階朝臣通憲

右、厨家別当少納言源朝臣師国叙二従四位下一之替

少納言源朝臣俊長

右、造曹司別当少納言源朝臣師教叙二従四位下一之替

大外記惟宗忠業

右、厨家別当大外記清原景兼叙爵之替

少外記大江知政

右、造曹司別当大外記惟宗忠業転二厨家別当一之替

天養元年三月廿三日依二欠日一可レ用二廿二日一由、長者被レ命也

摂政　宣依レ件行レ之
　同　同月廿四日　大外記惟宗忠業奉
太政官
　史生　紀近任
右、厨家預史生秦為親之替
　天養元年三月廿二日
摂政　宣依レ件行レ之
　同　同月廿四日　大外記惟宗忠業奉

この史料からは、官所充と同様、定文を整えた後、まず饗宴が催されていることがわかる。記主の清原重憲は饗宴の最後で退出するため以後の様子が記されていないが、恐らく一上に申文をし、翌日に摂政藤原忠通の宣をえたのであろう。官所充が、一上への申文を経て大弁の宣によったことと比較すれば、局所充の方が格上に位置づけられていることがうかがえる。

別当が置かれた所々を見ると、造曹司と厨家に少納言別当・外記別当が補され、厨家には外記史生が預として補されている。この二所は、いずれも官所充でも弁別当らが補されており、「弘仁式」段階から見える古くからの組織である。造曹司・厨家の別当は元来、官所充で少納言・弁・外記・史それぞれから補されていたが、十世紀半ばに官所充・局所充に分立した結果、同じ組織の別当をそれぞれで定めることになったのだろう。永久四年八月廿日付「太政官厨家返抄」(26)には、厨家別当として左中弁・少納言・大外記・左大史が並んでいることからも、それがよくわかる。

十世紀半ばに官所充から分立した局所充であったが、「年中行事抄」を最後にその後は現れないことから、殿上所充と同様に、十二世紀以降内実を失い、十三世紀初頭には廃絶していたと推測される。別当を定められた所々の確認数が分立当初から増えておらず、官所充よりも小規模である上、造曹司・厨家はともに官史とかかわりが深い部署であるため、外記別当の存在意義が当初から低かったことなどが、廃絶の要因として推測できよう。

以上、官所充・局所充を概観してきたが、ここで注意すべきは、大夫外記・大夫史が、この両所充で別当へ補されていない点である。局所充・官所充で別当とされる外記・官史は、すべて六位の者なのである。確かに大夫史は常に文殿別当（『延喜式』段階までは文殿公文）を務めていた。しかし十世紀半ばに確立した官所充では、文殿別当は補されない。『西宮記』巻十三（諸宣旨）では「以二官史一補二所々別当一」とは別に「官文殿別当史以二大夫史一為二別当一。大臣・左大弁宣レ之」という記述があり、官所充とは別の行事と認識されていたことがわかる。

また官厨家についても「官厨家別当所充之次、申二一上卿一」とあることから、官厨家別当を補すことは、本来は官所充とは別のことなのだが、「所充之次」に処理しているように、官所充に吸収されていく。なお確認できる厨家別当は、いずれも六位左大史（一臈史）である。(27)

「師遠年中行事」では、官所充には「大夫史定レ之」、局所充（外記所充）には「大夫外記申二行之一」と記される。それゆえこれらの所充では、大夫外記・大夫史は、別当に補される側ではなく、定める側に立っていた。大夫外記・大夫史は、十世紀半ばまでに各局内で主導権を確立させている。(28)ちょうど同じころに確立する官所充・局所充は、大夫外記・大夫史が主導して、各局内における職務分担を定めるものであった。いわば、両者の主導権を局内で再確認する役割を果たしたといえよう。先に引用した「清原重憲記」で大夫外記が「長者」と呼ばれている点にも、大夫外記のそのような位置づけが色濃く現れている。

外記・官史が補されているこれらの別当について、その具体的活動例を示す史料は少ない。太政官内の組織である諸所の別当は、職務分担と考えられるが、官史が補される諸官司・諸寺の別当は、同時代の公卿別当の役割を参考にすべきだろう。その点については、担当官司に属する「官人の申文・過状の受理・奏聞などの処理を一貫して行」なうこと、いわば「担当官司関係の政務処理が別当の恒常的職務であった」ことが今正秀氏によって明らかにされている。(29) それゆえ、公卿別当が補されない官司においては、弁・少納言別当（それも補されない場合は外記・官史別当）がその代わりをしていたと考えられる。「養老令」には、官史の役割として「受事上抄」があり、官史は各官司・諸寺からの窓口としての機能を果たしたと推測される。諸官司・諸寺別当は、その分担を定めたものと考えられる。そしてこの分担は、官職と諸官司・諸寺を結びつけるのではなく、個人とつながっていた。たとえば伴貞宗は、左少史から右大史・左大史と昇進しても、東大寺宛の官牒に署名し続けている。恐らく貞宗は東大寺の官史別当なのであり、東大寺との窓口として官牒にも署名しているのである（本書第一章参照）。

このように官所充・局所充は、別当制を実施するために各人へ別当を分配するものであるが、次のような段階を踏んで変化していった。①九世紀末までは、外記・官史を太政官内の所別当に補していたが、以後には寺院別当が出現する、②十世紀半ばに官方・外記方の確立に連動し、官所充と局所充とが分立。官所充は太政官経済機構の整備にともなって官司別当・寺院別当を生みだして規模を広げたが、局所充は小規模のままであった、③十二世紀以降に別当制が衰退すると、それぞれが各局内の年中行事として位置づけられ、大夫外記・大夫史の主導権を再確認する場となる。官所充は十四世紀まで続くが、局所充は十三世紀初頭までに廃絶した。

4　兼官

十二世紀以降の外記・官史には、別の官職を兼任している者が見られる。そこで、官司・外記が兼任した官職から、給与の一部と考えられる地方官を除いたものをあげると、[30]表2―1・2―2のようになる。ここから、いくつかの傾向が見いだせる。まず本官ごとに見ていくと、大夫外記・大夫史・六位史は兼帯の例を確かめられるが、六位外記はほぼ兼帯しない。六位外記は、平安初期に限れば他官を兼ねる例を見いだせるが、中期以降はなくなるのである。外記が他官と関係が薄いという点は、先に触れた別当における傾向とも一致する。

官職の傾向を見ると、まず第一にあがるのが、大夫史・六位史ともに造営に携わる官職を兼ねる事例が多いことである。この点は従来、ほとんど注目されてこなかったが、[31]官史と造営との関係は平安時代初期から存在している。たとえば、前述したように「弘仁式」『延喜式』で官史は造曹司・造館舎所の別当となっている。具体的には、延喜十八年三月に任命された造東大寺講堂使には、判官として左少史丈部有沢の名が連なっている。[32]また臨時の寺社・官舎の修理・造営などに際しては、弁官・官史が造営使などとして派遣されることも多く見られる。

更にこれと近似した事例として、装束司もあげられよう。装束司は、行事の準備のために建物の設備や飾りつけを行なうものであるが、それにも弁官・官史が任じられている。[33]実際に作業を担当するのは諸司であるが、それらへの指示は装束司が出していた。諸司を束ねるこのような役割には、太政官経済機構を統轄していた弁官局の官人がふさわしいと考えられ、円滑な政務処理が期待されたのであろう。

このように、修理・造営・装束といった土木作業・設営をともなう大小の事業には、十世紀半ば以降はもちろんのこと、それ以前にも弁官・官史が積極的に関与していた。さまざまな政務・行事における官史の働きからも、同

表２－１　官史が兼帯した官職（初見のみ）

人　名	官　職　名			年月日	典　拠
	教　授	諸　司	造　営		
(右少史)某		春宮少属		寛平06(894)－－	平　補258
丈部有沢			造東大寺講堂判官	延喜17(917)03.28	東大寺要録7
三統道統			造薬師寺講堂判官	天延元(973)05.15	薬師寺縁起
＊小槻奉親		穀倉院別当		長保元(999)09.24	権記
同上	算博士			寛弘02(1005)12.26	東南院文書
竹田宣理			装束使判官	寛弘08(1011)09.15	権記
＊小槻貞行		春宮大属		寛仁元(1017)08.09	春宮坊官補任
同上		主計権助		長元02(1029)06.23	東南院文書
大宅恒則			造大安寺判官	治安03(1023)06.23	小右記
＊惟宗義賢		掃部頭		寛徳02(1045)05.18	平　623
中原実国			造興福寺判官	永承02(1047)正.22	造興福寺記
＊小槻孝信	算博士			永承06(1051)05.23	東南院文書
同上		大炊頭		天喜02(1054)03.20	田中家文書
同上		主計頭		治暦04(1068)03.09	平　1024
同上			修理左宮城判官	延久03(1071)06.22	平　1058
＊小槻祐俊	算博士	主税権助		永保03(1083)06.07	平　1200
同上			修理左宮城判官	応徳02(1084)05.08	平　1234
同上		大炊頭		寛治04(1090)02.26	朝野群載22
同上		掃部頭		嘉保元(1094)07.13	中右記
同上		主税頭		康和05(1103)正.－	二中歴
惟宗政孝		中宮属		寛治07(1093)02.22	中右記
惟宗盛忠			造興福寺判官か	永長元(1096)10.15	中右記
伴　広親			修理右宮城判官	承徳02(1098)10.25	東南院文書
紀　盛言		春宮大属		長治元(1104)08.17	春宮坊官補任
＊小槻盛仲			修理右宮城判官	天仁元(1108)06.21	平　1688
同上		内匠頭		永久05(1117)10.13	朝野群載7
中原真重			造東大寺判官	天永元(1110)06.15	永昌記
(左大史)某			造東大寺判官	永久03(1115)08.19	平　1833
三善貞良		中宮少属		元永元(1118)正.26	中右記
惟宗孝忠		中宮大属		大治05(1130)03.04	中右記
中原俊式		皇后宮少属		長承03(1134)03.19	中右記
＊小槻政重			修理左宮城判官	保延元(1135)03.15	平　補306
同上		主計頭		永治元(1141)08.04	平　2446
三善惟康			修理右宮城判官	康治元(1142)06.18	本朝世紀
中原頼季			造東大寺判官	久安元(1145)10.28	清原重憲記
＊小槻師経			修理左宮城判官	仁平02(1152)02.29	田中家文書
同上		主計頭		保元元(1156)⑨.26	兵範記
中原為弘			修理右宮城判官	保元02(1157)04.26	兵範記
＊小槻永業	算博士			保元02(1157)10.27	兵範記
同上		大炊頭		応保02(1162)02.19	山槐記
三善惟長			造東大寺判官	応保元(1161)07.23	山槐記
三善康信		中宮少属		応保02(1162)02.19	山槐記
＊小槻隆職			修理左宮城判官	仁安元(1166)12.23	平　3409
同上			東大寺修理大仏長官	養和元(1181)06.26	吉記
惟宗定景		皇太后宮権少属		仁安元(1166)正.11	兵範記
中原成挙		春宮大属		治承02(1178)12.15	玉葉
大江仲宗			造興福寺使判官	養和元(1181)06.15	玉葉
中原基康			造東大寺判官	養和元(1181)06.26	吉記
同上		皇后宮少属		寿永元(1182)08.15	玉葉
大江国通			東大寺修理大仏判官	寿永02(1183)12.22	吉記
中原尚光		皇太后宮大属		正治元(1199)12.10	明月記
中原成弘		中宮少属		元久02(1205)07.11	明月記

註）＊は五位史。典拠の「平」は『平安遺文』。地方官、大夫史就任前から帯びていたものを除く。

表２－２　五位外記が兼帯した官職

人　名	官職名	年月日	典　拠
伴　久永	勘解由次官	延長03(925)正.30	補任
御船傳説	主税権助	天徳03(959)09.05	補任
大蔵弼邦	主税権助	天延元(973)正.28	補任
菅野忠輔	主税助	天元04(981)正.－	補任
中原致時	主税助	正暦03(992)正.－	補任
滋野善言	主税助	長保03(1001)08.－	補任
同上	主税頭	長保05(1003)正.30	補任
清原頼隆	大炊頭	長元元(1028)09.28	小右記
中原師平	明経博士	康平06(1063)02.27	地下
同上	大炊頭	治暦02(1066)02.27	地下
同上	主税頭	寛治02(1088)06.05	地下
中原師遠	助教	長治02(1105)06.18	地下
同上	修理左宮城判官	天仁元(1108)03.05	地下
同上	主計頭	天永元(1110)10.12	地下
同上	図書頭	保安元(1120)02.28	地下
同上	明経博士	保安04(1123)11.26	地下
同上	主殿頭	天治02(1125)12.15	地下
中原師元	明経博士	応保02(1162)10.28	山槐記
同上	大炊頭	永万元(1165)03.28	地下
清原頼業	大舎人頭	仁安元(1166)12.02	補任
同上	明経博士	安元元(1175)09.05	補任
中原師尚	助教	仁安02(1167)02.11	地下
同上	明経博士	寿永02(1183)正.22	地下

註）大外記補任以後に兼帯したものに限る。

じような結果が導かれる。造営や用途調達などを主な任務とした行事所には官史が加わっているが[34]、外記は行事所には加わっていない[35]。後に壬生官務家が摂津国採銅所を管轄することも[36]、銅が建築資材であることを考慮して、このような文脈の中で考えるべきである。

次にあげられるのが、大夫外記・大夫史による官司長官の兼任である。これには、造作と同様に物資調達を要する官職（主殿頭・掃部頭など）や出納に関与する官職（主計頭・主税頭など）のほか、大炊頭も多く見える。

一般に、別当制が衰えたころから外記・官史による長官兼任が目立つようになる。そのため、諸司別当を務めたことの延長・代替策として、諸司長官を兼任したという理解もなされている[37]。しかし『江家次第』巻五で官史別当が補されていたのは、大膳職・左右京職・木工寮・大炊寮・内膳司・主水司の七つであるが、このうち十二世紀に官史が兼任していたものは一つもなく、大炊頭を大夫外記が兼任しただけである（十三世紀になると主水正が加わって二例となる）。つまり、別当としてかかわった職寮司と、実際に長官をつとめた部署とはまったく重ならない。諸司長官の兼任は、別当制とは無関係であると思われる。

ではなぜこのような兼任がなされるのだろうか。外記・官史が兼任した諸司長官について、「官職秘抄[38]」は次のように記す。

大舎人、縫殿、内匠

已上可レ然諸大夫任レ之。近代諸道者任レ之。

図書、玄蕃

已上諸大夫諸道者任レ之。

主計、主税

已上大外記・大夫史・諸道博士任レ之。就レ中至二算博士一者、必兼二頭助一。

大炊、主殿、掃部

已上四位・五位諸大夫中有労有功者撰二任之一。或諸道博士任レ之。

これらの官職は、職務内容や本人の専門分野とかかわりなく、諸道人々であるがゆえに補任されるものであった。主計・主税頭については、「至二算博士一者、必兼二頭助一」と記されるため、大夫史小槻氏の場合にこれを根拠にあげることもあるが、「顕職」であった二寮頭に補されたのは、実際には算博士よりも明経・医陰の人々の方が多い（本書第八章）。諸道の中では、文章・明経・医・陰陽の人々が格上であり、明法・算が格下なのであることも背景として考慮すれば、「顕職」に算博士が常置されたとは考えがたい。諸司長官の兼任は、諸大夫層の家格形成、特に諸道博士を中心とした階層とかかわる事柄であり、外記であること、官史であること、または外記・官史の職務内容とはかかわりのない事柄と考えたい。

　あえて関係を唱えるとすれば、外記・官史は年中行事への出仕がほぼ間違いないため、朝儀実施に際しては都合がよいと思われていたことであろう。たとえば外記方は、行事当日、参加する諸司を催し、指揮していたことが明らかにされているが[39]、行事当日に必ずその場にいるであろう大夫外記が行事遂行に欠かせない重要な職務を兼務すれば、行事の円滑な遂行が期待できる。

　それをよくあらわすのが、大夫外記と大炊頭との関係について、藤原頼長が述べた「大外記兼二此職一、尤有二便宜一」という発言である。これは従来、大外記が大炊頭を兼任することが望ましいという意味に解釈されてきた[40]。確かに、この部分だけを見ればそのようにも解せる。しかし前後の経緯を確かめると、全く意味が異なるのである。

　当時、朝儀にともなう節会の際、内竪を率いるべき大膳大夫が不参のことが多く、それによって儀式の一部が省略されていた。頼長は、朝儀再興に積極的な姿勢を示していたため、この点を問題視する。そして康治元年正月の女叙位節会に際して「近例大膳大夫不参。縦雖レ参、四位已上無二便宜一」であることへの対処として、「大炊頭率二内竪一居レ飯之由、見二諸次第一。師安兼二大外記一、尤有二便宜一。今夜率二内竪一可レ居レ飯」と大外記中原師安に修理大夫の代役を務めるよう求めている。つまり、①大炊頭が内竪を率いたという先例がある、②大炊頭中原師安は大外記である（四位ではないうえ、儀式には必ず参る）ので、師安が大膳大夫の代役を務めるのがいちばん都合がよいと言っているのである(41)。それゆえ頼長の発言は、大膳大夫の代役を務めるのに「有二便宜一」という意なのであって、決して、大外記が大炊頭を兼任することが「有二便宜一」ではない。頼長は、同年十一月に実施された大嘗会においても、全く同じ論理を展開し、大膳大夫の代役を務めるよう師安へ求めたのである。大外記は大嘗会に必ず参加するため、大膳大夫の代役として「尤有二便宜一」なのである。

三番目として、諸道博士などの教授官も多く見られる。十一世紀後半からは、大夫外記（後の局務）・大夫史（後の官務）がそれぞれ中原・清原氏と小槻氏によって世襲されていくので、必然的に大夫外記（局務）は明経博士を兼ね、大夫史（官務）が算博士を兼ねることになった。しかしこれら以外にも、算博士の三善氏、明法博士となる伴氏らが名を連ねており、「頗有二学問之聞一」(42)る者が外記・官史となるという記述を裏づけている。

なお大夫外記・大夫史がそれぞれ明経博士・算博士によって世襲されることについては、従来、その職務内容と関連するためであると説かれがちであった(43)。外記は官符を起草するために明経博士が適当とされ、官史は前述のように太政官経済機構の中枢であったため、算博士が適任とされたという説である。しかし、官符の起草は外記だけではなく官史も内記も行なう。また、算博士であった三善為長・三善行衡は、官史ではなく外記となっているなど(44)、職務内容が世襲の要因であるとは考えにくい。それゆえここでは、九世紀以来の慣例が遺存しているためと考えておく（くわしくは第八章参照）。

外記・官史が兼任したものとして最後にあげられるのは、家政機関職員である。院宮・諸家を問わず、家政機関には本官を別にもつ官人が登用されることが多い。便宜上、官職となっている春宮職・中宮職は表2—1・2—2に含めたが、これ以外にも、院庁や諸家家政機関で外記・官史が登用されている例は数多く見られる。院庁・摂関家政所で別当となるのは、ほぼ大夫外記・大夫史に限られるが、それらの下家司や一般公卿の家司・下家司には、五位とは限らず六位でも務めている。つまり、院・摂関らへの奉仕は官職を媒介にしており、官職に関係なく奉仕する家司とは性格が異なると思われる(45)。

家政機関は、各家が所有する庄園などの管理・運営を通じ、朝廷行事や各家の年中行事に必要な物資の調達、更には家司をはじめとする家人たちの統率などを行なっている。これらのことは、朝廷内で外記・官史が行なっている職務内容と近い。また、家政機関内では所充も行なわれ、別当・預に補されていることも多い。建久六年（一一九五）八月七日に行なわれた中宮所充では、各所々に中宮進・中宮属が一人ずつ補され、しかも同一人物の組み合わせにならないよう配備されている(46)。恐らく、中宮進の者が別当的立場で、中宮属の者が預的立場に相当するのであろう。更に摂関家文殿の例でも、別当を務めているのは諸大夫層の弁官を兼ねた別当であり、外記・官史からは大夫外記が開蓋として預的立場にいたことを確かめられる(47)。

ただ家政機関職員となるのは、大半の場合、外記・官史であることを理由にしたものではない。五位・六位の位階を有す官人の多くは、何らかの形で院宮・公卿らの家人などとなっていることが多いからである。そのような家人の中で、推挙を受けたり、または学識・経験などを評価された者の中から、昇進して外記・官史となる者が出現したにすぎない。外記・官史が家政機関職員となったというよりは、多くの場合、反対に家政機関職員の中から外記・官史を兼ねるものが現れたと見るほうが、実態に即していよう。

以上、第一節では、外記・官史の果たしていた役割について概観してきた。その結果、従来いわれていた文書作成・管理と、それにともなう勘申以外にも、次のようなことをまとめられる。①外記は、諸司長官などを兼ねた局務の指揮の下で、朝廷行事当日に諸司を催して出仕状況を把握するとともに、行事の進行を指揮する。六位外記はほとんど兼官をせず、他官との関係は薄い。②官史は、諸司長官などを兼ねた官務の指揮の下で、朝廷行事の準備を行ない、造営・修理などの際には関係する諸官司の間に立って調整し、事務処理をする。これには、造営関係の官を兼ねたことや、別当としてかかわることで、円滑に進めることが可能であった。③外記・官史がこのような役割を担うのは、諸司・所々別当として諸司などの政務処理を行なってきたという前提があったためと考えられるが、別当制と諸司長官兼任とは、直接には結びつかない。他の諸司三分（判官）・二分（主典）と比較すれば、より全体を見渡して指示を下す立場に近いことが指摘できよう。④貴族らの家政機関でも、官史や外記が同様の実務を担うことが多く、ところは変われどもその務める内容は同じである。という四点が確認できた。

第二節　任官以前と叙爵以後の活動

本節では、外記・官史として数年間の勤めを終えた人々が、叙爵した後にどのような活動をしているのか、また反対に外記・官史となるまでに、どのような地位にいたのかを明らかにしておく。

1　叙爵以後

叙爵後の外記・官史について、第一にあげられるのは受領となることである。

六位外記・史は、原則として毎年正月七日に一人ずつ順番に叙爵し（巡爵）、その直後に行なわれる除目で受領とされた（巡任）。そして同時に六位外記・史が新任されるのである。巡爵は貞観年間（八五九～七七）に、その後の巡任は延喜年間（九〇一～二三）ごろには確立していたとされている。[48]この外記・官史が叙爵する機会は、元来は正月除目だけであったが、徐々に増え、賀茂祭に先立ってなされる四月除目や十二月除目で叙されることも多くなった。一方、受領へ任官できる機会は正月除目以外には少ないため、徐々に叙爵者が増えるものの、受領となれないまま待機している期間が長くなっていく。十二世紀後半には数十年待たないと受領になれなくなっている。[49]そのため、叙爵後にひとまず権任国司に任じること（宿官）が一般的であった。十二世紀になると、六位外記・史として活動する期間は短くなり、頻繁に入れ替わる一方、外記大夫・史大夫としての長い期間が待っていたのである。

この点には、六位外記・史の年齢もかかわっている。十世紀の六位外記・史は、四十代以降の者しか見られない。たとえば小野傳説（天徳二任～応和二叙）は六〇～六四歳、賀茂連量（康保四任～安和三叙）は四九～五四歳、海広澄（寛和元任～永延二叙）は五二～五五歳、滋野善言（永祚元任～正暦四叙）は四三～四七歳で六位外記を務めている。[50]いくつもの官職を経た上でないと外記に進めないため、年齢も重ねることとなるのである。しかし十二世紀にはかなり様相が異なる。大外記の近親者などでは十代の若者も珍しくなく、中原師遠（寛治二任～同四叙）は一九～二一歳、中原師安（長治二任～嘉承三叙）は一八～二一歳という若さであり、中原（大江）広元（嘉応二任～承安三叙）も二三～二六歳で六位外記を務めている。[51]六位外記・史の若年化は、さまざまな影響を及ぼした。職務に疎い六位外記・史が多くなることは容易に推測できるし、叙爵以後の期間が長くなることも、その一つである。

表2―3は、十二世紀に外記が受領に任じられた国名を示し、同時期に公卿が兼任した国々と比較したものである。これを「外記補任」より知られる十世紀の様相とくらべると、検出数に差があるため一概にはいえないが、①十世紀には、上級国の受領にも任じられるが、西海道（九州地方）の国々が比較的多い、②十二世紀には、全体の半分近くが西海道に集中し、上級国は全く見られないということがわかる。大宰府管内である西海道諸国はもともと等級が低いが、院近臣や公卿子弟が「熟国」の国司を兼ねるようになった十二世紀には[52]、実務官人系の受領は「最下国」しか与えられなくなったことがわかる[53]。

このような受領任国の変化を押さえた上で、平安時代後期の諸史料から見いだした叙爵後の外記（無官の場合は「外記大夫」と呼ばれる）・官史（無官の場合は「史大夫」と呼ばれる）の活躍の一覧（表2―4・2―5）を見ると、二つ目の傾向が明らかとなる。それは、院や摂関家をはじめとする貴族の家司や侍となっていることである。大夫外記や大夫史が摂関家別当となっていることは以前から見られたが、この時期には、六位外記・六位史の経歴者が下家司などとして見いだせる。彼らの中には、外記大夫有実や史大夫伴広親のように家政機関内で主に活躍する者も多く見られる。

このことは、前述したような官人の多くが院宮・公卿らの家人でもあったことに通じている。もちろん、家政機関職員のすべてが外記・官史を経験していたわけではない。外記・官史を経験するような官人は、六位官人の中でももっとも優れた一部にすぎない。家政機関職員は、諸司二分（主典・録・属など）・三分（判官・丞・進・允など）をつとめ、その中から優れた者だけが民部丞・式部丞・蔵人所出納などへ進み、その一部が更に六位外記・史へと昇った。そのような者は家政機関職員の中でも一握りにすぎないであろう。

表2－3a　12世紀における外記の受領任国

年月日	人　名	官　職	典　拠
康和05(1103)02.30	中原親平	任薩摩守	本朝世紀
長治02(1105)正.27	紀　宗政	長門守辞退	永昌
同上	中原章貞	任豊後守	永昌
嘉承元(1106)08.27	令宗忠亮	任大隅守	中右
嘉承02(1107)05.13	紀　宗政	安房守	中右
天仁元(1108)正.24	中原宗政	任伊豆守	中右
天永03(1112)正.27	中原広俊	任下野守	中右
天永03(1112)07.23	清原定康	任河内守	中右
永久05(1117)正.19	＊中原師遠	任摂津守	地下
元永元(1118)正.19	中原師光	任大隅守	中右
元永02(1119)04.23	大江師通	佐渡守	長秋
保安元(1120)正.28	大江通景	伊勢守	中右
大治04(1129)正.24	中原盛信	任薩摩守	長秋
大治05(1130)正.28	大江国通	任肥前守	中右
同上	＊中原師遠	任隠岐守	地下
長承元(1132)正.23	清原俊資	任河内守	中右
長承元(1132)11.23	大江国兼	筑後守	中右
長承03(1134)02.－	玉祖宗賢	任大和守	尊卑4
保延02(1136)正.22	＊中原師安	任佐渡守	地下
保延03(1137)正.30	ト部兼弘	任伊勢守	中右
天養元(1144)10.05	＊清原信俊	肥後守辞退	本朝世紀
久安04(1148)正.28	大江章成	任薩摩守	本朝世紀
仁平02(1152)正.28	大江佐平	任肥前守	山槐
同上	大江康貞	任大隅守	山槐
仁平03(1153)正.22	惟宗国憲	任薩摩守	山槐
久寿02(1155)正.28	中原業俊	任伊勢守	兵範
保元02(1157)03.26	惟宗俊弘	任大隅守	兵範
永暦元(1160)正.27	大江以平	任大和守	山槐(除目部類)
仁安元(1166)正.12	＊中原師元	任出羽守	地下
仁安02(1167)正.27	中原宗家	任隠岐守	兵範
仁安02(1167)12.30	中原宗家	伊豆守	兵範
承安04(1174)正.23	中原忠順	大和守辞退	山槐(除目部類)
建久元(1190)正.20	＊中原師尚	任隠岐守	地下
建久06(1195)02.02	＊中原師尚	任対馬守	地下
建久09(1198)正.30	三善信成	任山城守	三長・明月

註）＊は五位外記

表２－３b　後三条～安徳朝における公卿兼国

回数	国　名
19	越前、伊予
18	播磨
17	
16	
15	美作
14	加賀
13	越後、備中
12	三河、遠江、丹波、丹後、讃岐
11	尾張
10	近江、因幡
9	
8	越中、但馬
7	能登、周防、土佐
6	摂津（1）、備後、安芸、淡路
5	甲斐、常陸、紀伊
4	武蔵、美濃、信濃、若狭、阿波
3	伯耆、出雲、筑前
2	山城（1）、河内（2）、駿河、相模　上総 下総、備前
1	大和（3）、和泉、伊賀、伊豆（2）、安房（1） 出羽（1）、上野、下野（1）、佐渡（2）、石見 長門（1）、肥前（2）、肥後（1）、豊後（1）、壱岐
0	伊勢（3）、志摩、飛騨、陸奥、隠岐（3） 筑後（1）、豊前、日向、大隅（4）、薩摩（4） 対馬（1）

註）国名に続く（　）内の数字は、外記の受領就任回数（表２－３aによる）。

表2－4a　官史経験者の主な活動1（任官など、除任国）

人　名	内　容	年月日	典　拠
○　　惟信	任造大安寺判官	治安03(1023)06.23	小右記
○伴　広貞	任中宮権大属	承暦03(1079)07.25	大府記
同上	主計助	寛治07(1093)正.25	魚魯愚抄2
○中原良経	任皇后宮属	寛治05(1091)正.22	中右記
同上	補郁芳門院主典代	寛治07(1093)正.29	師通記
同上	造東大寺次官	天永元(1110)06.15	永昌記
大江家国	中宮大夫属	寛治06(1092)正.25	大府記(京大)
同上	補郁芳門院主典代	寛治07(1093)正.29	師通記
同上	復任主計権助	康和元(1099)12.04	本朝世紀
惟宗盛忠	造興福寺判官	永長02(1097)10.22	中右記
○紀　盛言	春宮属	長治02(1105)正.06	永昌記
同上	任皇后宮属	嘉承02(1107)12.22	中右記
○忌部明兼	例幣で伊勢外宮の幣を取る	嘉承元(1106)09.11	中右記
同上	伊勢奉幣使	天永03(1112)10.13	中右記
中原信俊	任縫殿頭	嘉承元(1106)12.05	中右記
○　　正基	罪科未決により受領補任保留	天永02(1111)正.21	中右記
惟宗盛親	主税権助	天永02(1111)08.20	朝野群載8
成忠	臨時十二社奉幣の使	保延元(1135)04.21	中右記
○中原義盛	造東大寺次官	久安元(1145)10.28	清原重憲記
○中原保弘	高野山大塔造営行事	久安05(1149)07.09	高野山文書又続宝簡集(平2671)
○　　宗貞	皇嘉門院主典代	久寿02(1155)11.03	兵範記
○大江国長	子息国道が文章生試を受ける	仁平04(1154)06.24	兵範記
○中原清貞	子息清業が文章生試を受ける	仁平04(1154)06.24	兵範記
○斎部孝重	任中宮大属	保元元(1156)10.27	山槐記
伴　広重	皇后宮大属	保元03(1158)02.3	兵範記
三善為信	任造東大寺次官	応保元(1161)07.23	山槐記
中原盛職	任皇太后宮少属	仁安03(1168)12.16	兵範記
同上	補建春門院主典代	嘉応元(1169)04.12	兵範記
○惟宗定景	任大皇太后宮権少属	養和元(1181)03.26	吉記
○中原季能	任大皇太后宮権大属	養和元(1181)11.28	吉記
○磯部行職	任大皇太后宮権少属	養和元(1181)11.28	吉記
同上	補宣陽門院主典代	建久02(1191)07.09	定長
○小槻有頼	任大監物	養和元(1181)12.04	山槐記
同上	任東大寺修理大仏次官	寿永02(1183)12.22	吉記
中原基康	任造東大寺判官	寿永02(1183)12.22	吉記
中原清業	大宰少弐	建久03(1192)09.02	早稲田大学所蔵荻野研究室収集文書(鎌615)
三善清信	造東大寺次官	建久07(1196)02.14	常陸吉田神社文書（鎌832)
中原俊兼	任皇太后宮少属	建久09(1198)正.30	三長記
中原兼遠	皇后宮大属	建仁元(1202)正.29	師守記＊

註）師通記は「後二条師通記」、定長は「定長卿記」（『歴代残闕日記』所収）、師守記は暦応3.2.23条。

宿官・受領は除外した。在任中より継続しているものは除外した。
○は、「史大夫」「元史」などと明記されている事例。

表２－４b　官史経験者の主な活動２（諸家における家司・奉仕）

人　名	内　容	年月日	典　拠
多米国平	藤原道長家の家司	長和04(1015)09.20	小右記
惟宗博愛	大和国目代	寛仁元(1017)09.25	栄山寺文書(平478)
惟宗貴重	藤原実頼家の家司	寛仁03(1019)正.23	小右記
○　則経	美濃国目代	天喜頃(1053～57)	内閣文庫美濃国古文書(平1353)
○　延行	近江守藤原忠綱の使者	永保元(1081)11.24	帥記
○伴　親宗	大臣家大饗で史生に杯を勧める	永保04(1084)正.17	水左記
○　安俊	播磨守藤原定綱の使者	寛治02(1088)08.01	帥記
伴　広親	藤原忠実家の家司・家令	嘉承元(1106)07.29	中右記
○大江有時	大原野奉幣の後饗で勧盃	嘉承02(1107)02.10	中右記
○中原兼時	大原野奉幣の後饗で勧盃	嘉承02(1107)02.10	中右記
中原倫俊	藤原忠通家の侍所司	嘉承02(1107)04.26	中右記
○　光賢	香隆寺への使、藤原忠実家人か	嘉承02(1107)08.23	殿暦
○　良俊	陸奥藤原清衡の許へ下向	天永02(1111)正.21	中右記
成忠	検非違使宗実と共に因幡へ下向	天永02(1111)08.08	中右記
中原重俊	因幡国目代	天永02(1111)08.17	中右記
○　通敦	太政大臣大饗で史生に杯を勧める	天永04(1113)正.16	長秋記
○高橋定政	内大臣大饗で史生の禄をとる	永久04(1116)正.23	殿暦
○伊岐宗遠	頭弁藤原顕隆の使者	元永02(1119)03.20	中右記
俊兼	藤原宗忠の使者	元永02(1119)08.22	中右記
○紀　行信	惟宗範季（女院一品宮侍）の父	天承元(1131)08.03	時信記
○中原頼兼	藤原頼長正室の葬儀で幡をもつ	久寿02(1155)06.08	兵範記
惟宗時重	藤原基実家の家令	保元03(1158)12.17	兵範記
同上	摂関家文殿衆	長寛02(1164)07.01	兵範記紙背文書(平3287)
○　景直	清原宗直の父	永暦元(1160)12.03	山槐記
清原景親	摂関家文殿衆	長寛02(1164)07.01	兵範記紙背文書(平3287)
中原知親	摂関家文殿衆	長寛02(1164)07.01	兵範記紙背文書(平3287)
○　同上	摂関家文殿衆	－	十訓抄1
○　同上	山木兼隆親戚、伊豆在国	治承04(1180)08.19	吾妻鏡
三善良康	摂関家文殿衆	長寛02(1164)07.01	兵範記紙背文書(平3287)
惟宗孝資	摂関家文殿衆	長寛02(1164)07.01	兵範記紙背文書(平3287)
○　兼貞	平信範結政初参の饗に奉仕	永万元(1165)10.17	兵範記
○　盛栄	平信範結政初参の饗に奉仕	永万元(1165)10.17	兵範記
○中原盛信	平信範結政初参の饗に奉仕	永万元(1165)10.17	兵範記
○　同上	春宮出納中原盛俊の父	仁安元(1166)10.10	兵範記
小槻有頼	藤原兼実家の文殿衆	文治02(1186)07.21	玉葉
同上	東大寺正倉院を開く使に同行	文治05(1189)03.21	玉葉
中原清業	平頼盛後見侍、上洛	寿永03(1184)04.01	玉葉
○　同上	平頼盛後見	寿永03(1184)04.07	玉葉
同上	平頼盛郎従	元暦02(1185)正.23	玉葉
同上	備前国目代(対馬守)	文治元(1185)08.21	備前金山寺文書(鎌1)

人　名	内　容	年月日	典　拠
同上	播磨国目代（大宰少弐）	建久03(1192)09.02	早稲田大学所蔵荻野研究室収集文書(鎌615)
三善康信	(鎌倉)問注所執事	元暦元(1184)10.20	吾妻鏡
○中原重能	鎌倉へ下向した史生康貞の兄	建久03(1192)10.14	平家物語8
○　信貞	伊勢国目代	建久05(1194)09.11	仲資王記
三善仲親	越後国目代	建仁03(1203)10.19	明月記

註）平：『平安遺文』、鎌：『鎌倉遺文』。
○は「史大夫」「元史」などと明記されている事例。

表２－５a　外記経歴者の活躍（任官）

人　名	内容 明経道	内容 その他	年月日	典　拠
慶滋為政		任大内記	寛弘08(1011)03.20	小右
*中原貞清	博士		長和03(1014)－.－	二中暦
○　同上		任主税頭	寛仁05(1021)03.－	朝野群載9
*中原師任		任主税権助	長元05(1032)10.27	地下
業任		兵庫頭	長元09(1036)05.19	左経
*中原師平	任助教		天喜03(1055)－.23	地下
清原定康	直講		承保元(1074)12.－	大間成文10
*三善為長		主税助	永保元(1081)08.03	大記(内閣文庫)
中原章貞	直講		寛治03(1089)10.04	朝野群載21
*中原師遠	任助教		寛治05(1091)正.28	地下
同上		任主計権助	康和02(1100)12.15	地下
中原広宗	直講		承保元(1074)12.－	大間成文10
同上	助教		康和03(1101)04.02	朝野群載9
同上	博士		長治02(1105)06.－	大間成文5
紀　宗政		造酒正	寛治08(1094)正.07	中右
三善雅仲		算博士等	康和02(1100)03.26	朝野群載22
○三善信貞		任明法博士	嘉承元(1106)12.05	中右
同上		大蔵大輔等	保安04(1123)09.12	東大寺文書(平1998)
*清原信俊		任主税助	康和05(1103)02.30	本朝世紀
同上		任縫殿頭	嘉承元(1106)12.05	中右
中原広忠	直講		天永02(1111)08.17	中右
*中原師安	任直講		天永03(1112)12.18	地下
同上		任主税権助	永久06(1118)正.18	地下
同上	任助教		保安04(1123)12.20	地下
同上		任大炊頭	保延03(1137)10.06	中右
○中原宗房		任中宮大属	永久06(1118)正.26	中右
同上		造酒正	大治04(1129)正.03	中右

人　名	内　容		年月日	典　拠
	明経道	その他		
小野有隣		任明法博士	大治04(1129)10.09	中右
同上		任大判事	久安03(1147)12.21	本朝世紀
惟宗俊弘		任皇后宮大属	長承03(1134)03.19	中右
*中原師元	任直講		康治03(1144)正.24	地下
同上	任助教		久寿元(1154)12.28	地下
同上		任掃部頭	保元02(1157)正.24	地下
同上	任博士		応保02(1162)10.28	山槐
三善行康		算博士	久安元(1145)07.10	百錬抄
同上		任諸陵頭	久安06(1150)正.－	大間成文5
同上		算博士	保元元(1156)10.13	兵範
*中原師長	任助教		久安02(1146)正.23	本朝世紀
同上		任大炊頭	久安03(1147)12.21	本朝世紀
清原信憲	任直講		久安02(1146)正.23	本朝世紀
中原広季		任内蔵助	久安04(1148)04.06	本朝世紀
大江以平		任皇后宮大属	久安05(1149)03.18	本朝世紀
大江景兼		皇后宮属	久安05(1149)03.20	本朝世紀
同上		任中宮大属	平治元(1159)02.21	山槐
○三善康光		任皇后宮権大属	久安06(1150)12.22	本朝世紀
*清原頼業	直講		保元元(1156)10.13	兵範
同上	任助教		保元元(1156)11.28	山槐
*中原師尚	任直講		平治元(1159)正.29	地下
同上		任主計権助	長寛02(1164)11.25	地下
同上		任大炊頭	永万元(1165)07.22	地下
中原広季	助教		長寛02(1164)07.01	兵範記紙背文書(平3287)
同上	博士		養和元(1181)10.05	玉葉
同上		掃部頭	文治02(1186)06.28	玉葉
*中原師直	任助教		仁安02(1167)12.13	兵範
中原師綱	任直講		仁安02(1167)12.13	地下
同上		任大炊頭	養和02(1182)03.08	地下
中原政泰		西市正	治承03(1179)正.19	玉葉
*中原師重		任主計権助	寿永元(1182)12.21	地下
同上		任図書頭	文治05(1189)11.13	地下
同上		任大炊頭	建久03(1192)10.26	地下
同上	任直講		建久04(1193)正.29	地下
同上	任助教		建久05(1194)正.30	山槐・地下
清原信弘	任博士		建久05(1194)正.30	山槐
中原師親	任直講		建久05(1194)正.30	山槐
大江政職		任中宮大属	建久元(1190)04.26	玉葉
三善長衡		任算博士	建久09(1198)正.30	明月

註）人名の「*」は、五位外記経験者。宿官・受領巡任は除いた。
○は、外記大夫・元外記などと明記するもの。

表２－５b　外記経歴者の活躍（諸家への奉仕など）

人　名	内　容	年月日	典　拠
○　　俊光	名簿を書く（治暦３の先例）	久安04(1148)正.03	台記
○　　親基	治部卿藤原経季の侍	永保元(1081)11.29	師記
○大江俊時	大饗で史生の杯を勧める	永保04(1084)正.17	水左
○　　有実	殿下進物所の預	嘉保元(1094)05.20	中右
中原師遠	関白藤原師通家の文殿に奉仕	永長02(1097)02.22	地下
○玉祖宗賢	藤原忠実家の家人	康和04(1102)04.19	殿暦
○中原宗政	白河院主典代	天仁元(1108)正.24	中右
中原師安	院文殿に直す	天永元(1110)08.02	地下
同上	院近習となる	元永02(1119)02.16	地下
同上	右大臣家の家司	保延04(1138)12.－	地下
中原広俊	勧学会の講師をつとめる	天永02(1111)03.18	中右
○　　末忠	太政大臣大饗で史生に杯を勧める	天永04(1113)正.16	長秋
大江通景	大饗で史生の杯を勧める	永久元(1113)正.16	殿暦
○中原忠政	内大臣大饗で史生の禄をとる	永久04(1116)正.23	殿暦
中原師元	院文殿に直す	大治02(1127)07.27	地下
同上	藤原忠通家の家司	大治03(1128)12.24	地下
同上	記録所寄人	保元元(1156)10.13	兵範
○大江国通	鳥羽院主典代	大治05(1130)正.28	中右
○中原師長	天文に長じる	長承04(1135)03.22	中右
○　同上	父師安の使者をつとめる	保延02(1136)02.27	中右
○中原惟長	饗で官掌召使の杯を勧める	保延02(1136)10.11	台記
○大江景佐	名簿を書く	久安04(1148)正.03	台記
大江景兼	補美福門院主典代	久安05(1149)08.03	本朝世紀
○惟宗俊弘	大臣家大饗に奉仕、高陽院主典代	仁平02(1152)正.26	兵範
○中原範兼	大臣家大饗に奉仕	仁平02(1152)正.26	兵範
大江佐平	鳥羽院主典代	仁平02(1152)03.14	兵範
○大江政賢	三位殿侍所司	仁平02(1152)04.13	兵範
○　同上	任大臣大饗に奉仕	保元02(1157)08.19	兵範
○大江季弘	女院侍	仁平03(1153)⑫.24	本朝世紀
○中原則基	息子が文章生試を受ける	久寿元(1154)06.24	兵範
○　　基兼	大臣家大饗に奉仕	久寿02(1155)正.21	兵範
三善康光	大臣家大饗に奉仕	久寿02(1155)正.21	兵範
○　　忠親	女房の墓を掘る人夫を引率	久寿02(1155)05.20	兵範
○惟宗忠弘	高陽院主典代	久寿02(1155)12.17	兵範
三善行康	記録所寄人	保元元(1156)10.13	兵範
清原頼業	記録所寄人	保元元(1156)10.13	兵範
○中原広賢	任大臣大饗に奉仕	保元02(1157)08.19	兵範
○文屋相永	任大臣大饗に奉仕	保元02(1157)08.19	兵範
○大江以隆	任大臣大饗に奉仕	保元02(1157)08.19	兵範
中原広季	文殿	長寛02(1164)07.01	兵範記紙背文書(平3287)
中原親憲	文殿	長寛02(1164)07.01	兵範記紙背文書(平3287)

人　名	内　容	年月日	典　拠
清原頼安	文殿	長寛02(1164)07.01	兵範記紙背文書(平3287)
三善成重	文殿	長寛02(1164)07.01	兵範記紙背文書(平3287)
清原定雄	文殿	長寛02(1164)07.01	兵範記紙背文書(平3287)
中原師綱	院文殿に直す	仁安元(1166)11.－	地下
○中原業長	安芸高田郡七郷預所職	承安04(1174)09.29	厳島神社文書(平3662～64)
○大江政職	名簿を書く	治承02(1178)正.03	玉葉
○　同上	九条兼実の使	寿永02(1183)11.24	玉葉
同上	九条兼実家の家令	元暦02(1185)06.28	玉葉
○　同上	九条兼実にしたがう	文治06(1190)正.11	玉葉
同上	宜秋門院主典代	正治02(1200)06.28	玉葉
○中原師景	天変について返答す	治承04(1180)12.23	玉葉
○三善信成	摂政近衛基通の使者	寿永03(1184)02.28	玉葉
粟田良連	阿波桜間に在国、平氏家人	文治元(1185)	源平盛衰記

註）人名の「＊」は、五位外記。○は、外記大夫・元外記などと明記するもの。

また、地方行政に携わる者も多く見いだせる。ただしそれは受領ではなく、目代や国使として、普段在京している受領に代わって地方に赴くのである。「凡外記史叙爵之後、為二受領執鞭一赴二遠国一、巡年之時参上関二其賞一」[54]とあるように、叙爵してから受領とされるまでの間、外記大夫・史大夫は地方行政を担当することが普通とされていた。目代の務めには、文書作成や人事管理のような外記職掌に通じるものや、財政・造営の政務処理、上訴・申請の受付のような官史職掌に通じるものが多く含まれる。それゆえ、目代としての務めでは、外記・官史の経験が高く評価されていたことが推測される[55]。

そうすると、十二世紀末には、関東鎌倉に三善康信・中原（大江）広元という六位外記・史経験者が下向していることも、より理解しやすい。官史経験者である康信は問注所執事として登用されたが、その内容は官史の務めであった「受事上抄」に近い。また外記経験者である広元が務めた政所（公文所）が、組織・人事とかかわることは容易に想定できよう。実際、広元は守護・地頭の全国的配備を進言している。六位外記・史として勤めた経験は、その後の活動にも影響を及ぼしているのである。

以上のような外記大夫・史大夫の活躍から地方行政とのかかわり

を考えると、西海道諸国や安房・伊豆といった等級の低い国々の受領には、外記・官史経験者を中核とする官吏出身の者が登用され、本人が赴任するのに対し、播磨・越前といった、公卿子弟や院近臣らが受領に任じられる等級の高い国々には、院宮・公卿に下家司・侍として仕える外記・官史経験者を中核とする官吏出身者が、目代などとして赴任していたことが考えられる。いずれにせよ、国衙に赴き、現地で指揮を執り、検田や租税の徴収といった職務をこなしているのは、そのような人々であった。彼らは、受領・目代として郎従を組織し、国衙支配に臨んだり、庄園経営に携わったりしたのである。彼らの中から土着して武士化する者が現れても、反対に在地の有力者が都に進出して外記となっても、決して不思議ではない。確かに外記・官史は文官である。だが外記・官史となった人々の全員が、必ずしも一生涯を文官として過ごしたわけではない。文武の差はそれほど大きくはないのである。(56)

また、表2―4・2―5からは、受領とは別の官職をえた者も見いだせる。家政機関職員に補されることが目立つものの、大夫外記・大夫史に近親者などの諸道博士家出身者は、博士・助教などの教授官に就くこと、諸司長官でも大炊頭・主計頭など、五位外記・史が在任中に兼任する官職と重なるものが多いなど、全体的に見て、在任中の傾向と変わらない。これらは外記・官史であったこととは関係なく、諸道人々であるがゆえに補任されたものと見なすべきだろう。

以上のように、外記大夫・史大夫は主に諸家の家政機関職員として勤め、①都では諸司長官となり、引き続き朝廷行事の準備・進行の指揮を行なう、②地方では、家司・侍などとして目代・国使を務め、機会が巡ってくれば、自ら受領として地方行政に携わる、という二傾向に大きく分けることができよう。彼らは、執行官としての中央での経験を生かして、地方における政務に臨んだのである。

2　任官以前

次に任官以前の活躍を見る。まずは十から十一世紀半ばの官史の場合、たとえば肥田維延は、安和元年（九六八）八月には太政官史生であり、天禄三年（九七二）閏二月に隼人令史となり、以後、中宮大属や式部大属を経て、正暦元年（九九〇）七月までに右少史へ進んでいる。[57]ここから、史生→諸司二分→官史というコースが導き出される。また竹田宣理は、長徳四年（九九八）十二月に大舎人属から勘解由主典へ転じ、寛弘七年（一〇一〇）正月までに左少史へ進んでいる。[58]ただし、正暦四年（九九三）閏十月に右史生として見える竹田種理は、[59]宣理の兄弟と推測されるので、宣理も以前に史生を務めていた可能性が高い。そうすると竹田宣理も、史生→諸司二分→官史というコースをたどったことがうかがえ、このコースによる昇進が広く存在したことが推測される。

一方、同時期の外記には、筑後権掾→少判事から六位外記となった小野傅説、播磨少掾→民部少録を経た桜嶋忠信、左衛門少忠→右京少属という経歴をもつ多米国定らが見られるが、[60]これらは二つのルートに分けられる。一つは、諸道学生から「四道挙」[61]によって諸国掾となり、更に諸司挙もしくは諸司奏によって諸司二分に補され、外記へと進むものである。もう一つは、衛門忠などから諸司二分となるものもあるが、[62]前者の類例が圧倒的に多いため、それが一般的であったと推測される。

史生との関係を見ると、官史とは違い、同一人物は一人も見いだせない。同姓の者は見いだせるが、近い時期に似た名前の人物もほとんどいないことから、史生から外記へ昇進することはなかったと思われる。

このように十〜十一世紀半ばの外記・官史は、いずれも諸司（内官）二分から任じられているが、外記は諸道学生→諸国三分→内官二分というコースを経た人物、官史は史生→諸国二分→内官二分というコースを経た人物を主体としていた。つまり官史は史生を、外記は学生を出身母体としているのである。

この差は何を意味しているのであろうか。当時、学生・史生はともに雑任から選ばれていたことに差はない。異なる点は、学生はその中から「聡慧」な者を選んでいたことである。外記はこの選抜を加えることで、官史よりも格上という位置づけを、人材面にも反映させていたのである。

十・十一世紀半ばまでの昇進ルートがこのようであると推測すると、十一世紀後半以降の様子はどうであろうか。表2―6・2―7は官史・外記の任官直前の官職をあげたものである。この時期の外記・官史がどのような官職から選ばれるかは、『江家次第』や「官職秘抄」から知られるが、それがほぼ正確であることが確認できる。

・『江家次第』巻四（除目第二夜）

被レ挙者

外記

諸道成業者、居二諸司一者、諸司三分、二分ノ者任例希有民部録任例。一両有レ之

蔵人所出納季成・邦時・高季・則季・義定、経二坊官出納一之者多任。

史

式部録、民部録、勘解由ノ主典、検非違使道志、歴二文章生一居二諸司一者依レ闕、諸道成業者、一ノ上挙随時、一院主典代不レ入レ挙、副レ上、出納不レ入レ挙。

若有二文章生闕一時、無本官外任散位者、文章生初夜外国、終夜任レ史、有二其例一外記又同。

・「官職秘抄」

少外記

表２－６　六位史任官直前の官職（延久～建久年間）

年月日	姓　名	官　職	典　拠
承保元(1074)正. －	中原則季	出納	魚魯愚７
承保03(1076)正. －	中原惟基	出納	魚魯愚７
承暦元(1077)12. －	大江重俊	出納	魚魯愚７
永保元(1081)12. －	高橋真良	出納	魚魯愚７
寛治元(1087)12. 13	菅野政行	*	本朝世紀
寛治05(1091)正. 28	中原成俊	出納	江記(柳原家記録)
嘉保元(1094)06. 13	豊原時真	出納	中右記
永長元(1096)正. 23	紀　有任	民部録	中右記
承徳元(1097)正. 30	中原国貞	出納	中右記
康和元(1099)正. 23	斎部明兼	織部佑	本朝世紀
康和元(1099)04. 09	大江忠時	出納	本朝世紀
康和05(1103)02. 30	伴　広信	東市佑	本朝世紀
同上	中原良兼	文章生	本朝世紀
長治02(1105)正. 27	紀　成忠	式部録	永昌記
嘉承元(1106)12. －	惟宗季忠	内膳典膳	洞院家記14
嘉承02(1107)04. 05	大宅範定	出納	永昌記
天仁02(1109)04. 12	大江友定	民部録	殿暦
保安元(1120)04. 03	中原行親	出納	中右記
天治元(1124)04. 02	伴　時兼	出納	永昌記
大治02(1127)正. 20	中原俊重	勘解由主典	中右記
大治04(1129)12. 11	中原行忠	大舎人(属か)	中右記
大治04(1129)12. 11	菅野宗倫	出納	中右記
大治05(1130)正. 28	斎部孝隣	民部録	中右記
長承02(1133)08. 05	中原貞良	民部録	中右記
長承03(1134)08. 05	清原知康	出納	中右記
長承03(1134)⑫. 15	紀　教重	式部録	中右記
保延元(1135)03. 14	中原知政	民部録	中右記
保延06(1140)03. －	高橋真時	刑部録	洞院家記14
康治元(1142)正. 23	中原宗遠	民部録	本朝世紀
康治元(1142)正. 23	中原義盛	文章生	本朝世紀
康治元(1142)10. 10	清原景親	出納	本朝世紀
康治元(1142)12. 21	中原頼季	大学少允	本朝世紀
康治02(1143)正. 27	高橋致貞	勘解由主典	本朝世紀
久安元(1145)12. 17	大江久俊	式部(録か)	重憲記
久安02(1146)正. 23	中原知親	文章生	本朝世紀
久安02(1146)04. 11	三善兼康	出納	本朝世紀
久安03(1147)正. 28	佐伯仲友	式部録	本朝世紀
久安03(1147)04. 01	清原季直	勘解由主典	本朝世紀
久安03(1147)04. 01	惟宗信弘	図書允	本朝世紀
久安04(1148)正. 28	高橋業盛	縫殿允	本朝世紀
久安04(1148)正. 28	中原清貞	織部佑	本朝世紀

年月日	姓　名	官　職	典　拠
久安04(1148)04.06	中原親康	囚獄佑	本朝世紀
久安05(1149)04.09	中原基重	内匠允	本朝世紀
久安05(1149)08.28	惟宗時重	出納	本朝世紀
仁平元(1151)09.28	中原知盛	出納	山槐記
仁平02(1152)正.28	伴　広重	内膳典膳	山槐記(除目部類)
仁平02(1152)正.28	中原国長	兵部大録	山槐記(除目部類)
仁平02(1152)09.08	中原家資	西市佑	山槐記
久寿02(1155)正.28	中原致長	出納	兵範記
久寿02(1155)11.10	中原為弘	出納	兵範記
保元02(1157)10.27	菅野友安	出納	兵範記
平治元(1159)正.29	高橋信弘	主殿允	保元四年大間書
平治元(1159)04.－	中原盛信	右京進＊	洞院家記14
永暦元(1160)正.27	紀　時輔	文章生	山槐記(除目部類)
永暦元(1160)正.27	三善康信	諸司（二分か）	山槐記(除目部類)
永暦元(1160)05.11	紀　清説	勘解由主典	洞院家記14
応保元(1161)04.01	大江広康	文章生	山槐記
応保元(1161)04.01	菅野頼仲	出納	山槐記
応保02(1162)02.19	三善仲政	出納	山槐記
仁安03(1168)03.23	中原季能	玄蕃允	兵範記
嘉応元(1169)04.06	佐伯尚親	出納	兵範記
嘉応元(1169)04.16	佐伯久孝	皇太后宮少属	兵範記
承安03(1173)06.09	中原成挙	文章生	吉記
治承02(1178)12.24	大江仲宗	治部録	山槐記(除目部類)
治承03(1179)正.19	惟宗宣仲	出納	玉葉
治承03(1179)秋	中原倫職	民部録	玉葉
治承03(1179)秋	中原基康	内匠允	玉葉
養和元(1181)03.26	三善友経	東市佑	吉記
養和元(1181)03.26	中原能光	因幡介	吉記
文治03(1187)正.－	大江盛元	治部録	洞院家記14

註）魚魯愚→魚魯愚抄、重憲記→清原重憲記、官職の＊は院主典代。

表２－７　六位外記任官直前の官職（延久～建久年間）

年月日	姓　名	官　職	典　拠
延久05(1073)正. －	中原高季	出納	魚魯愚７
承保元(1074)12. －	中原時基	出納	魚魯愚７
承保03(1076)12. －	中原邦時	出納	魚魯愚７
承暦03(1079)正. －	惟宗範季	出納	魚魯愚７
承暦03(1079)07.25	菅野兼孝	内記	大記
寛治元(1087)12.13	惟宗時重	図書允	本朝世紀
寛治02(1088)12.25	中原師遠	大舎人少允	地下家伝
寛治04(1090)06.05	惟宗清真	囚獄正	大記
嘉保元(1094)02.22	大江通景	文章生	＊１
永長元(1096)正.23	三善信貞	東市佑	中右記
康和元(1099)正.23	中原有清	内膳典膳	本朝世紀
康和04(1102)正.23	惟宗輔兼	主計少允＊	外記補任
康和05(1103)02.30	大江範兼	大蔵少丞	本朝世紀
長治02(1105)正.27	中原師安	東市正	地下家伝
嘉承02(1107)12.22	清原祐隆	書博士	中右記
同上	貞成か	出納	中右記
天永02(1111)07.29	中原宗房	文章生	中右記・永昌記
永久04(1116)春	大江政景	文章生	大間10
保安元(1120)04.03	為頼	内記	中右記
同上	大江康貞	＊	中右記
保安02(1121)正.23	中原師元	音博士	地下家伝
大治03(1128)12.24	中原範兼	式部録＊	外記補任
大治04(1129)正.24	惟宗重実	内記	中右記
大治05(1130)02.15	惟宗俊弘	木工允＊	中右記
康治元(1142)正.23	大江季広	治部丞	本朝世紀
康治元(1142)正.23	清原景兼	出納	本朝世紀
康治02(1143)正.27	大江知政	修理進	本朝世紀
康治02(1143)正.27	清原重憲	内匠允	本朝世紀
久安元(1145)12.17	中原親憲	内蔵正	重憲記
久安元(1145)12.17	三善為行	造酒佑	重憲記
久安02(1146)正.23	三善成重	囚獄正	本朝世紀
久安03(1147)正.28	三善康光	雅楽允	本朝世紀
久安03(1147)04.01	惟宗長基	諸陵允	本朝世紀
久安03(1147)12.21	中原長俊	正親佑	本朝世紀
久安04(1148)正.28	惟宗長言	玄蕃允	本朝世紀
久安05(1149)04.09	中原在俊	兵庫允	本朝世紀
久安05(1149)12.30	俊則	木工允	本朝世紀
仁平元(1151)02.05	中原師尚	大学少允	地下家伝
仁平元(1151)09.28	中原景良	文章生	山槐記(除目部類)
久寿元(1154)春	惟宗経弘	文章生	大間10
久寿02(1155)正.28	中原宗景	修理進	兵範記

年月日	姓　名	官　職	典　拠
久寿02(1155)11.10	清原頼安	図書允	為親記
保元02(1157)10.27	中原師茂	諸陵允	兵範記
平治元(1159)正.29	中原仲信	内匠允	補
永暦元(1160)－.－	三善行衡	諸陵允	補
永暦元(1160)正.21	中原俊光	文章生	補
永暦元(1160)05.11	高橋信弘	(前主殿允)	補
永暦元(1160)08.14	中原師継	采女佑	補
応保元(1161)正.23	清原定雄	大学允	補
応保元(1161)正.23	中原政泰	*	補
応保元(1161)04.13	中原長盛	図書允	補
応保02(1162)正.27	清原隆信	音博士	補
応保02(1162)正.27	惟宗親盛	文章生	補
応保02(1162)10.28	中原良弘	大膳進	補
長寛元(1163)正.24	惟宗長俊	文章生	補
長寛元(1163)03.26	大江景忠	文章生	補
長寛元(1163)12.20	中原師家	大学允	補
長寛02(1164)正.21	玉祖成長	隼人佑	補
長寛02(1164)02.09	惟宗景通	勘解由判官	補
永万元(1165)正.23	中原惟国	(無官)	補
永万元(1165)08.14	紀　清国	文章生	補
仁安元(1166)04.06	中原長茂	兵庫允	補
仁安元(1166)07.15	清原頼弘	内膳典膳	補
仁安元(1166)12.02	中原師澄	図書允	補
仁安元(1166)12.02	中原師高	音博士	補
仁安02(1167)正.30	大江景良	文章生	補
仁安02(1167)04.10	物部宗言	文章生	補
仁安02(1167)10.20	惟宗季高	掃部允	補
仁安03(1168)正.11	三善頼行	諸陵允	補
仁安03(1168)03.23	紀　宗尚	図書允・文章生	補
仁安03(1168)03.23	三善為清	内膳典膳	補
仁安03(1168)08.12	清原近業	大舎人允	補
仁安03(1168)09.04	中原宗頼	文章生	補
仁安03(1168)12.13	清原佐光	主水権佑	補
嘉応元(1169)正.11	中原為重	諸陵允	補
嘉応元(1169)正.11	中原盛季	内膳典膳	補
嘉応元(1169)08.03	清原祐職	(前掃部允)	補
嘉応02(1170)正.18	中原康直	内匠允	補
嘉応02(1170)04.07	中原康宗	(前東市佑)	補
嘉応02(1170)12.05	中原師景	大舎人允	補
嘉応02(1170)12.05	中原広元	縫殿允	補
嘉応02(1170)12.30	中原師方	玄蕃允	補
承安元(1171)正.18	惟宗清忠	文章生	補

年月日	姓　名	官　職	典　拠
承安元(1171)04.07	中原師倫	内蔵允	補
承安元(1171)12.08	中原景長	諸陵允	補
承安02(1172)正.23	中原為経	文章生	補
承安02(1172)06.26	中原俊康	文章生	補
承安03(1173)正.21	斎部孝友	内蔵允	補
承安03(1173)正.21	大江政職	諸陵允	補
承安03(1173)06.09	中原俊国	(無官)	補
承安04(1174)正.21	中原忠弘	文章生	補
承安04(1174)正.21	中原為清	音博士	補
安元元(1175)正.22	中原資弘	書博士	補
安元元(1175)04.07	中原経明	主計允	補
安元02(1176)正.30	佐伯久重	内蔵允	補
安元02(1176)正.30	中原兼茂	主計允	補
安元02(1176)12.05	清原隆業	書博士	補
治承元(1177)正.28	清原良業	大舎人允	補
治承元(1177)11.15	中原仲重	左京進	補
治承03(1179)正.19	中原貞親	兵庫允	補
治承03(1179)10.10	中原俊清	正親佑	補
治承04(1180)正.28	中原清俊	左京進	補
治承04(1180)06.16	粟田良連	(無官)	補
治承04(1180)09.16	中原経時	(前正親佑)	補
養和元(1181)03.06	中原俊景	内膳典膳	補
養和元(1181)03.06	中原兼業	(無官)	補
養和元(1181)03.26	三善助道	三河掾	補
寿永元(1182)03.11	中原師親	明経得業生	補
寿永元(1182)10.07	中原師国	能登掾	補
寿永元(1182)12.07	清原業定	明経得業生	補
寿永02(1183)正.27	清原信安	音博士	補
寿永02(1183)12.22	三善長衡	大学允	補
元暦元(1184)03.27	三善済光	(前内膳典膳)	補
元暦元(1184)09.18	清原盛業	(無官)	補
元暦元(1184)12.22	中原景資	文章生	補
文治元(1185)10.11	安倍資忠	*	補
文治03(1187)12.04	中原師季	治部丞	補
文治03(1187)12.04	大江国業	(前図書允)	補
文治04(1188)正.23	中原師隣	音博士	補
文治05(1189)正.18	清原業綱	宮内丞	補
文治05(1189)11.13	中原行兼	主計允	補
建久元(1190)正.24	紀　定重	内膳典膳	補
建久元(1190)04.23	中原師公	明経准得業生	補
建久02(1191)02.01	中原兼業	(六位外記)	補
建久02(1191)11.05	三善為重	内膳典膳	補

年月日	姓　名	官　職	典　拠
建久04(1193)04.14	中原友兼	(無官)	補
建久05(1194)正.30	中原師列	(無官)	補
建久06(1195)02.02	惟宗為賢	主水佑	補
建久07(1196)正.29	清原仲基	明経得業生	補
建久08(1197)正.30	清原信重	日向掾	補
建久08(1197)12.15	中原師員	明経得業生	補
建久09(1198)正.30	中原尹光	文章生	補
建久09(1198)09.08	中原行永	文章生	補

註）魚魯愚→魚魯愚抄、重憲記→清原重憲記
大間→大間成文抄、補→外記補任。官職の＊は院主典代。
＊1　拙著『外記補任』105頁。

重代者居二諸司三分一任レ之。文章生一人、必被レ加二置之一。若被レ任二当職文章生一者、先可レ被レ外レ闕、次可二遷任一。是無官之輩不レ任之故也。文章得業生例慶滋為政、大江公資。

六位史有二左右大少一

式部民部録、勘解由主典、検非違使志、文章生、蔵人所出納往年多以二出納一被レ任二外記一任レ之。或以二一上挙一為二諸司二三分一輩任レ之、或前坊属任レ之。凡以二重代者一授レ之。史男雖レ申二外記一猶被レ推二任史一。又外記史不レ任二四姓一源平藤橘。文章得業生任例高岳、今常無二文章生一例始レ自二天暦四年一。

これらによると、六位外記は諸司三分、六位史は諸司二分を中心としている。外記は二分から三分へと変化し、官史との差を明確にしている。このようなことがなされた要因として、出身母体の変化が想定される。

このころの官史は、「累代史之家」(63)と呼ばれるような家系が現れ、親子数代にわたって官史に任じられる家系が出現しはじめている。確かに十一世紀半ばまでは、限られているとはいえ、多種多様な出自の者が官史となっていたが、十一世紀末には中原・大江・三善などの限られた姓の人物で大半が占められてしまっている。

同様の変化は、外記でも生じているが、留意すべきは史生でも同様の事態が進行していることである。表2―8は、十世紀後半から十二世紀末ま

でに見いだせる史生の姓名をあげたものである。これを見ると、十一世紀後半までは史生の中に後に官史へ進んだ人物を見いだせるが、十二世紀に入ると、史生の確認数が増加し、六位史もほぼ全員を明らかにできているにもかかわらず、六位史と同名の史生は一人も見いだせない。中原・大江・三善といった姓へ絞られていくのとほぼ時を同じくして、史生と六位史との関係は断絶したのである。史生→諸司二分→官史という官史への昇進コースは、廃されたと見て間違いないだろう。

では、史生に代わって官史となっていったのは、どのような人々だったのだろうか。諸司二分には、史生から以外にも任官される方法は多くある。まず、「三道挙」[64]と呼ばれるものがある。これは、明経・明法・算の三道の博士らがその学生を諸司の二・三分に推挙するものである[65]。また、諸司や八省の「奏」でも、諸司二分を任じている。これは、以前は一分（雑任）・二分の者を二分・三分へ昇進させるものであったが、十二世紀には諸道学生を二・三分に補すものへと変化している[66]。

古代以来、特殊技術は原則として父子相伝によって受けつがれていた[67]。しかし十二世紀ごろには、技術に限らず知識なども同じような方法で受けつがれるようになっていたと思われる。そのため、諸道学生を出発点とするような昇進では、必然的に官職を世襲していきやすくなる。「累代史之家」が登場するのは、諸道学生が官史登用の出発点となったことの当然の結果でもあろう[68]。

十一世紀末から、外記・官史はともに諸道学生を出身母体とするようになった。しかし外記は官史よりも格上であることから、諸司二分に就いた者は官史へ、諸司三分に進めた者は外記へ任じるというように差をつけたのであろう。

こうして、文書の作成や所の預[69]となるなどの役割を担っていた史生は、諸道学生が官史を世襲するようになると

表２－８a　平安時代中後期（951～1150）の太政官史生

姓　名	初見年月日　　　　終見年月日	典　拠
美努真香	天暦02(948)06.22～天徳04(960)07.25	符宣10／符宣10
浅井清遠	天暦04(950)07.20	符宣10
秦　安平	天暦06(952)05.07	符宣10
秦　是真	天暦06(952)05.07	符宣10
国　五種	天暦08(954)－.－	大間３
大私望玄	天暦10(956)12.05	符宣10
額田良秀	康保元(964)08.28	符宣10
日置郷明	康保02(965)06.26～安和02(969)02.13	符宣10／符宣10
肥田維延	安和元(968)03.07～天禄03(972)②.－	符宣10／符宣７
但波惟貞	安和元(968)08.13～天禄04(973)03.－	符宣10／符宣７
大春日晴遠	天元04(981)正.－	符宣７
酒部利永	永観02(984)－.－	大間３
酒人宗清	永祚元(989)10.05	小右
綾部保延	正暦元(990)11.14	小右
漢部遠栄	長保元(999)02.13	小右
酒人宗行	長保元(999)04.24	世紀
佐伯諸高	長保元(999)05.11	世紀
光成	寛仁02(1017)正.07	左経
雅頼	長元05(1032)02.03	左経
信成	長暦元(1037)05.26	行親
為恒	長暦元(1037)06.23	行親
伴	康平元(1058)10.16	平910
長俊	嘉承02(1107)正.19	中右
盛業	嘉承02(1107)正.19	中右
佐伯成則	保安04(1123)02.19～天養元(1144)10.05	師元記／重憲記
紀　為忠	保安04(1123)02.19	師元記
安倍資保	大治04(1129)⑦.21～久安元(1145)⑩.28	中右／朔旦冬至部類記
安倍重宗	大治05(1130)11.27	中右
紀　為貞	保延05(1139)07.28～天養元(1144)12.25	平2412／重憲記
安倍	康治元(1142)11.08	平2487
安倍成親	天養元(1144)⑩.28～仁平02(1152)正.17	朔旦冬至部類記／世紀
藤井俊貞	久安元(1145)⑩.07～永万元(1165)10.17	重憲記／兵範
紀　近任	久安02(1146)02.19～久安03(1147)08.05	世紀／世紀

註）出典は、『類聚符宣抄』を「符宣」、『本朝世紀』を「世紀」などと略記した。
類推されたい。「平」は、『平安遺文』の番号である。

表２－８ｂ　平安時代中後期（951～1150）の左右史生

姓　名	初見年月日　　　終見年月日	典　拠
丈部在真	天暦08(954)－.－	大間３
秦　勝実	天暦08(954)－.－	大間３
大石清廉	康保04(967)10.22～安和元(968)03.07	符宣10／符宣10
村主宗正	康保04(967)10.22	符宣10
五百木部利生	康保04(967)10.22	符宣10
林　滋蔭	康保04(967)11.24	東南院文書
海　忠明	永観02(984)－.－	大間３
物部雅種	永観02(984)－.－	大間３
錦　繁正	寛和元(985)－.－	符宣７
物部興平	寛和元(985)04.01	符宣７
吉志連真	寛和02(986)04.28	世紀
国覔仲頼	寛和02(986)05.18	世紀
大友輔方	寛和02(986)05.18～寛和03(987)04.18	世紀／小右
矢田部清正	寛和02(986)－.－	符宣７
酒部真信	寛和02(986)07.05	符宣７
漢部長実	寛和02(986)08.－	符宣７
船　隆範	正暦元(990)10.05	世紀
酒人重頼	正暦04(993)08.23	世紀
川　清澄	正暦04(993)08.23～長元05(1032)05.05	世紀／左経
竹田種理	正暦04(993)⑩.28	世紀
国　利□	長徳02(996)11.25	平368
坂上繁□	長徳02(996)11.25	平368
笠　常忠	長徳03(997)－.－	大間３
明義	長徳04(998)10.29	権記
勝　有統	長保元(999)－.－	符宣７
磯部為松	長保元(999)02.05	符宣７
出雲忠茂	長保元(999)12.12	権記
孝樹	長保04(1002)07.24～寛弘08(1011)12.07	権記／権記
佐伯為正	長保04(1002)08.28	世紀
伴　時成	長保05(1003)03.23～長元元(1028)10.23	左経／平2305
川原文岑	寛弘元(1004)⑨.13	符宣８
大鳥為範	寛弘元(1004)⑨.13	符宣８
垂水為行	長和03(1014)12.29	小右
安倍為国	長和04(1015)05.16	小右
佐伯正政	治安元(1021)－.－	符宣７
上村主重基	治安元(1021)11.09～万寿03(1026)04.27	符宣７／左経
伴　成通	治安03(1023)08.16～治暦03(1067)04.25	小右／平1017
季光	万寿03(1026)04.09	左経
成隆	長元04(1031)03.10	小右
秦	長元05(1032)08.09	平522
安晴	長元05(1032)正.08	左経

姓　名	初見年月日　　　　終見年月日	典　拠
大秦	長元08(1035)11.02	平551
如忠	長暦元(1037)05.08	行親
川瀬重則	長暦元(1037)05.30～永承03(1048)10.13	行親／宇治関白高野山参詣記
惟宗頼孝	長暦元(1037)08.02	行親
惟宗資行	天喜05(1057)08.10～康平元(1058)07.27	扶桑／大神宮諸雑事記2
紀　成任	天喜05(1057)08.10～承徳元(1097)03.29	扶桑／中右
惟宗	康平元(1058)10.16	平910
佐伯親輔	治暦02(1066)12.26	大神宮諸雑事記2
上村主重邦	治暦03(1067)04.25～延久02(1070)10.27	平1017／玉蘂(承久2.4.14)
中原	承保03(1076)03.27	平1130
惟宗正則	承暦03(1079)08.28	大府記
紀　頼盛	応徳02(1085)－.－	平4671
丈部保成	寛治元(1087)12.13	世紀
息長吉定	寛治04(1090)10.09～嘉保03(1096)正.27	平1288／大間4
是任	寛治06(1092)－.－	玉葉(治承4.2.4)
貞元	嘉保02(1095)03.28	中右
輔則	永長元(1096)05.10～嘉承02(1107)05.16	中右／永昌
知延	永長元(1096)10.26	中右
中原国宗	承徳元(1097)03.03	中右
佐伯国忠	承徳元(1097)03.03～天承元(1131)07.－	中右／平2203
友任	承徳元(1097)03.03	中右
則員	承徳元(1097)03.03	中右
光憲	承徳元(1097)03.03	中右
季政	承徳元(1097)03.03～嘉承02(1107)05.16	中右／永昌
則定	承徳元(1097)03.03～永久05(1117)12.23	中右／平1881
吉重	承徳元(1097)03.03	中右
上野則元	承徳元(1097)11.11	平1998
惟宗光貞	康和03(1101)11.23	大間7
伴　有貞	康和05(1103)正.17	大府記
時基	康和05(1103)正.17	大府記
紀　定重	康和05(1103)正.17～天永元(1110)08.25	大府記／平1719
成方	康和05(1103)正.17	大府記
安倍宗重	康和05(1103)正.19～大治05(1130)11.27	中右／長秋
惟宗重忠	康和05(1103)08.17～嘉承02(1107)04.26	世紀／中右
伴	天仁元(1108)06.24	平1689
紀　守俊	天永元(1110)12.10～元永02(1119)04.08	平1738／平1899
紀　行友	天永元(1110)06.02～天永02(1111)05.29	永昌／源礼
友貞	天永元(1110)06.15	永昌
兼末	天永元(1110)06.15	永昌
中原宗義	天永02(1111)05.29	源礼
中原忠倫	天永02(1111)05.29	源礼
中原久重	天永02(1111)05.29	源礼

姓　名	初見年月日　　　　終見年月日	典　拠
大江国良	天永02(1111)05.29〜大治04(1129)10.23	源礼／中右
成宗	天永03(1112)02.19	中右
伴	永久05(1117)09.23	平4971
伴	元永元(1118)10.－	平1894
大江季信	元永02(1119)04.08	平1899
大江行光	保安04(1123)02.19	師元記
清原成真	保安04(1123)02.19	師元記
安倍重貞	天治元(1124)08.20	平2021
頼高	大治元(1126)正.17	永昌
清原季兼	大治02(1127)09.12	九民
紀　友兼	大治02(1127)09.12	九民
高橋真時	大治02(1127)09.12〜大治04(1129)⑦.21	九民／中右
紀　有季	大治04(1129)11.27〜長承元(1132)07.02	中右／平2226
紀　為成	大治05(1130)03.04〜久寿02(1155)正.12	中右／台記
中原資兼	長承元(1132)06.03〜長承03(1134)⑫.15	長秋／平2310
伴　友兼	長承02(1133)06.14	平2278
紀	長承02(1133)12.17	平2295
佐伯	保延元(1135)12.29	平2236
笠　兼貞	保延02(1136)02.11〜保延03(1137)10.23	平2339／平2378
中原国長	永治元(1141)06.23〜久安03(1147)06.30	平補65／世紀
中原是俊	永治元(1141)06.23	北嶋文書（大社遷宮式旧記）
大江久兼	康治02(1143)06.20〜久安元(1145)⑩.28	有光記／重憲記
紀　経職	天養元(1144)10.21	重憲記
上乃是時	天養元(1144)10.21	重憲記
紀　為貞	久安元(1145)10.29	重憲記
大江信元	久安03(1147)11.08	平2635
三善友忠	久安04(1148)10.－〜仁平元(1151)02.13	平2656／平2719
紀　俊元	久安04(1148)8.14〜久安06(1150)02.03	台記／台記
伴　久兼	久安04(1148)8.14	台記
紀　兼久	久安06(1150)正.22	台記
惟宗季光	久安06(1150)正.22	台記
佐伯季長	久安06(1150)正.22	台記
安倍資良	久安06(1150)08.30	世紀

註）出典は、『類聚符宣抄』を「符宣」、『本朝世紀』を「世紀」、『大間成文抄』を「大間」などと略記した。類推されたい。「平」は、『平安遺文』の番号である

官史への道を断たれ、数十年にわたって史生を務め、その後に官掌または検非違使府生へ進むようになる[70]。官掌・史生は、長く大夫外記・大夫史のもとで務めるため、大夫外記・大夫史との結びつきは強く、官掌・史生の中には大夫外記・大夫史への従属を強めた者も多かったと考えられる[71]。だがその一方で、史生の中にはこの時期、検非違使府生へ転じる事例がよく見られる[72]。検非違使が警察・追補などを務めとしたことはもちろんだが、ここで注目したいのは、拒捍使となることである[73]。催促に対捍している国々に対して、強制的に物資を調達するために任命・派遣される使者である。いわば、朝廷による租税の強制徴収の執行役といえよう。彼らは、左右衛門府や左右兵衛府の下部などを率いて諸国へ赴くのである。

検非違使の職務には、これ以外にも諸国の交通ルートの管理の他、河川や橋の管理も含まれていた。諸国からの租税の流通ルートの確保・管理がその目的であろう[74]。また、諸寺院が火災や争乱によって破損した場合、その実地検分に派遣されるなど、史生と職務が重複するものもある。これらの職務は、必然的に造営・修理をともなうものであることから、所の預や造寺官の主典などとして関与していたことが、検非違使を兼ねるようになった要因であろう。

外記・官史がそうであったように、史生の職務もまた、各家政機関で求められるものであった。それゆえ、史生・官掌もまた、諸家の家政機関で下級職員として活動する。

こうして中央の実務官人が都で再生産されるようになると、そこに地方出身者がそのまま入ってきにくくなる。地方で有力者として地盤を築いた人々が、中央で出仕する間は、誰かの養子・猶子となって改姓し[75]、叙爵・離職すると多くは旧姓に復して帰郷したと推察される。

第三節　平安時代後期の官史編成

第一・二節においては、平安時代後期の外記・官史の出身母体が諸道学生へと統一され、外記・官史が世襲されていくこと、外記・官史が朝廷行事の準備・進行を指揮していたこと、叙爵した後、地方行政を担っていたことなどを明らかにした。更に、官史へ昇進できなくなった史生が、大夫外記・大夫史の家人化を進めていくことを指摘した。そこで第三節では、朝廷の政治・経済全体の中で、彼らがどのように位置づけられるのかを見ておきたい。

平安後期の朝廷経済は、一九九〇年代に注目が集まり多くの面が解明されてきた(76)。くわしくは個別の研究に譲るが、それらをまとめると、方法は異なるが、いずれの時期も朝廷経済の中心を担っていたのは、国衙による地方支配を前提とし、受領から国宛・一国平均役・成功などの方法によって、徴収した物資であるということができよう。中には、便補保といった諸司領や拒捍使の派遣など、在地から直接徴収することもあったが、原則が受領に対する催促であったことに変わりはない。

このような朝廷経済制度の中で、太政官実務での中心的役割を担っていた外記・官史は、どのような役割を果たしていたのであろうか。そこで、国宛の決定から行事の遂行までの手続きや関係する官職を考えてみると、その多くには外記・官史もしくは史生や外記大夫・史大夫らがかかわっていることが確かめられる。

まず、中央から地方への用途催促の際には、決定に先んじてなされる先例勘申を、決定後には文書の作成を外記・官史もしくは史生が担った。命を受けた受領のうち、西海道をはじめとする小国・遠国のものには、叙爵した外記大夫・史大夫も任じられる。また受領から伝命された国衙では、外記大夫・史大夫らが目代などとして赴任していた。対捍をすれば、史生や史生からの転任者が多く含まれる検非違使が、拒捍使として派遣される。また「在京目代」と称され、用途を納入する弁済使にも、諸司の下級官人が見られる(77)。同様のことは諸家でも見られ、家政機関内には、実務官人を兼ねる者が多かった。

更に用途を受けとった諸司は、大夫史をはじめとする官史によって行事準備を指揮され、行事当日には大夫外記をはじめとする外記によって催され、出仕を把握された。このように朝廷・国衙・家政機関と活躍の場は異にするが、その中心には太政官実務官人（およびその経験者・候補者）がおり、その指揮のもとで朝廷諸行事が遂行されていたことがわかるのである。

実務官人は、朝廷諸機関の事務処理や行事の執行・準備をその職務とし、地方行政を担当することによってその経済基盤を把握していた。ただし、その活動は単に朝廷内部に限られるものではなかった。行事を執り行なうには、諸司だけでなく、諸公家・官人による経済的・人的協力が不可欠であったからである。それを安定的にえるためには、諸公家等の家政機関内で庄園の経営や家人の管理を行なうことが必要であるが、実際にそれを担ったのは朝廷諸機関の実務官人であった。彼らの職務・役割はすべて、行事の遂行を目的とすることによって、つながっている。それゆえ、実務官人が公卿等の家政機関に奉仕することは、単に各公卿への奉仕だけを意味するものではないと思われる。

平安時代後期の朝廷において、年中行事の遂行が重大事であったことはいうまでもないことである。実務官人は、その遂行を職務としていたため、朝廷内の諸司だけでなく、院や公卿の家政機関をも円滑に運営させる必要があり、そのため、家政機関にも同時に奉仕するようになったのであろう(78)。

また、実務官人は、各個人が朝廷諸機関の官職を帯びるとともに、各公卿に仕え、その家政機関内においても一定の役職をもっていた。それらは無関係ではなく、相互に影響を与えながら昇進していったのである。十二世紀ごろには普通、官職は各自の出身によってその到達できる限界が定まっていた。それだけでなく、そこへ至る昇進ルートも限られていたといってよいだろう。つまり、実務官人は、おのおのが臈次や上日にしたがって官位を昇進させるが、その際、個々の才能の差はあまり評価の対象とされていなかった。触穢や不出仕などの特殊な事情がない限り、臈次にしたがって昇進した。そのため、官職上の序列はそのまま家司の席次を決定する根拠ともなる(79)。

もちろん叙爵へいたる道のりは、外記・官史以外にも多くあり、六位蔵人・式部丞・兵部丞などが定着していた。ただこれらの官職には、源・平・藤原・橘・高階といった、公卿にいたれる氏族が多く含まれる。反対に外記・官史にはほぼ含まれない。あえて分類するならば、公卿に進む叙爵者を多く含んでいる六位蔵人は公卿予備軍が(80)、式部・兵部丞は諸大夫層が、外記・官史は侍層が叙爵するためのポストなのである。

このような状況に波乱を与えたのが、各自が仕えていた院宮や公卿であった。たとえば臈次を超越して伊豆守に補された中原宗政は「祗二候院一者」であったし(81)、中原景貞は算道挙によって隼人佑に補されたが、中山忠親の家人であったがため、「件男予家令也。仍申改任レ之、令レ切二棄隼人佑一了」と、隼人佑よりも少しだけ条件のよい大学允へ改められている(82)。院や公卿に奉仕することによって、実務官人は既存の制度で定められた以上の昇進を遂げることができた。そのため、さらに院・公卿への奉仕を重ねていった。

むすびにかえて

本章での論述をまとめると、以下のようになろう。まず、平安時代後期の太政官実務官人の編成・ライフサイクルは、同時期の経済システム、受領を媒介とした地方支配に大きく依存した経済体制に、強く規定されていた。そして同時にこのような関係性は、巡爵・巡任という制度によってささえられていたのであり、これらが一体となって実務官人を編成していたといえよう。

註

（1）官史では永井晋編著『官史補任』（続群書類従完成会、一九九八年）、および本書第一章、外記では笠井純一「校注・外記補任」（『金沢大学教養部論集』人文科学篇二六巻一〜三号・二八巻一号、一九八九・九〇年）、中野高行「尊経閣文庫所蔵『外記補任』の補訂〜八、九世紀分について〜」Ⅰ〜Ⅳ（慶應義塾大学『史学』五五巻四号・五六巻一〜三号、一九八六・八七年）、および拙編著『外記補任』（続群書類従完成会、二〇〇四年）などがある。

（2）一臈史は、正月七日に行なわれる叙位儀で叙爵し、春除目で宿官・受領へ転出する。すると二臈以下の史が繰り上げて昇進し、最末の右少史が新任される。このようなローテーションが毎年行なわれるが（「巡爵」と呼ばれる）、一臈史が喪・穢等によって叙爵を辞退して二臈史に代わることや、何らかの理由によって叙爵・昇進が見送られる年も稀にある。外記も同様である。巡爵については高田淳「『巡爵』とその成立」（『國學院大學紀要』二六号、一九八八年）を参照。

（3）外記の活動については、拙編著『外記補任』（註1前掲）の「解説」をはじめ、古瀬奈津子「宮の構造と政務運営法」（『日本古代王権と儀式』吉川弘文館、一九九八年。初出は一九八四年）、黒滝哲哉「八世紀から『摂関期』にかけての外記職掌の変遷」（『史叢』五四・五五合併号、一九九五年）などを参照。

（4）松薗斉『日記の家—中世国家の記録組織—』（吉川弘文館、一九九七年）第三部「中世国家の記録組織」において触れられている。

（5）「文簿」とは、文殿などに収められた文書・帳簿・記録類の総称。外記・官史らによる勘申の典拠として用いられ、「引二勘文簿一所見不詳」（「清原重憲記」康治三年正月十日条）などというように用いられる。第四・五章で述べるように、発給文書の記録・保管は、文書（案文）だけを議論することでは不十分であり、文書（案文）と記録（帳簿）とを相互補完的に関連づけて説明するべきであると考えている。本書が、「文書保管」ではなく「文簿保管」としているのは、このためである。

「清原重憲記」は、平田俊春『私撰国史の批判的研究』（国書刊行会、一九八二年）にほぼ全文が翻刻されている。なお本書引用に際し、伏見宮本写真版によって改めたところもある。

（6）たとえば『醍醐天皇記』延喜九年三月廿二日条では、大外記阿刀春正が「高階朝臣」の命にしたがって「勘」している。

『日本三代実録』仁和三年（八八七）三月一日条では、大神真神田朝臣姓の子孫である「大神朝臣良臣」に内階・外位のいずれを授けるかが問題となり、外記に調査を命じている。そして外記が経緯を報告すると、それに基づいて「特賜二内階一」という結論が出された。「勘申」という表現はされていないが、内実は変わらない。

（7）官史・外記は、記録所寄人や文殿寄人にも選ばれるが、それも同様の理由によるものと考えられる。また記録所において行なわれた機能については、佐々木文昭「平安・鎌倉初期の記録所について」（『日本歴史』三四八号、一九七七年）、玉井力「文治記録所について」（『年報中世史研究』一六号、一九九一年）を参照。

（8）中原俊章「官方と外記方」（『中世王権と支配構造』吉川弘文館、二〇〇五年。初出は一九九五年）。

（9）「清原重憲記」天養元年正月八〜十五日条。

（10）「清原重憲記」天養元年正月九・十日条。

（11）棚橋光男『中世成立期の法と国家』（塙書房、一九八三年）第一章「行事所」。

（12）「清原重憲記」天養元年正月十四・十五日条。

（13）主なものをあげると、所（菊池）京子「『所』の成立と展開」（『平安朝「所・後院・俗別当」の研究』勉誠出版、二〇〇四年。初出は一九六八年）、今正秀「平安中後期から鎌倉期における官司運営の特質」（『史学雑誌』九九編一号、一九九〇年）・「王朝国家における別当制と政務運営」（広島大学『史学研究』一九九号、一九九三年）、古瀬奈津子「『殿上所充』小考」（『日本古代王権と儀式』註3前掲。初出は一九九二年）、岡野浩二「所充の研究」（渡辺直彦編『日本史論叢』続群書類従完成会、一九九四年）、佐藤全敏「諸司別当制からみた律令官制の変容」（『平安時代の天皇と官僚制』東京大学出版会、二〇〇八年）などがある。

(14) 所功編『京都御所東山御文庫本　撰集秘記』（国書刊行会、一九八六年）の「巻第九　官所充」、または西本昌弘編『新撰年中行事』（八木書店、二〇一〇年）の「二月　官所充事」に引用されている。

(15)『延喜式』巻十一（太政官）。

(16) 高田淳「『巡爵』とその成立」（註2前掲）。

(17)「安祥寺伽藍縁起資財帳」（東寺蔵、『平』一六四号）。

(18) 中原「弁官局の変革」（『中世王権と支配構造』註8前掲。初出は一九九〇年）。

(19) ただし『富家語談』によると、藤原忠実は『江家次第』を「サトク物ヲ見許ニテ、サカシキ僻事等相交」と評しているので、当時の実態を示しているかは、なお検討を要する。

(20) 禄の支給と太政官との関係については、たとえば位禄を支給する際に、民部省・担当国に宛てた太政官符を発したことが明らかにされている。佐藤泰弘「徴税制度の再編」（『日本中世の黎明』京都大学学術出版会、二〇〇一年。初出は一九九〇年）。

(21) 福島正樹「民部省勘会の変質と家産制的勘会の成立」（『紀尾井史学』一、一九八一年）。

(22) 引用部は、「師遠年中行事」には、

十三日以後、官所充事、於朝所設小膳。

厨家大夫史以下定之。弁史等申文一上、史生以下文直、弁見之不申大臣。

「師元年中行事」には、

十三日以後、官所充事於朝所設小膳、大夫史以下定之、弁史、等文申一上、史生以下文申直弁覧之

「師光年中行事」には、

十三日以後、官所宛事、於朝所設小膳厨家、大夫以下定之。弁史等文申一上、史生以下文、七弁見之、不申大臣。

と記されており、少しずつ異同がある。本文では、これらを比較して、もっとも妥当と思われるものを採った。

(23)『玉葉』承安二年十月七日条によると、この年に実施されていない公事の一つに、「官所宛」があがっている。年中行事の一つとして認識されているものの、優先順位は低かったことがうかがえる。
(24)『本朝世紀』久安二年（一一四六）三月十七日条、同三年三月十四日条、同四年二月廿一日条。
(25)「清原重憲記」天養元年（一一四四）三月廿三日条。
(26)『朝野群載』巻二十。
(27)本書第二章第一節3も参照されたい。
(28)本書第九・十章参照。
(29)今「王朝国家における別当制と政務運営」（註13前掲）。
(30)地方官（国司）を兼任しているのは大夫外記・大夫史であるが、ともに原則として在京している。しかも、それは権任であることが多く、更に「大外記労」などの本官の「労」によって任じられている（『地下家伝』など）。これらのことを考え、公廨稲をえることを目的とした任官で、給与的意味が強いと判断した。なお権任国司については、保野好治「権任国司の任命をめぐって」（『ヒストリア』一二二号、一九八九年）などを参照。
(31)なお、造東大寺司については、岡野浩二「院政期における造東大寺官について」（『古代文化』四一巻五号、一九八九年）の中で、弁官と史とが中心になって構成されていたことなどが指摘されている。
(32)『東大寺要録』巻七雑事。この他、『扶桑略記』天喜五年（一〇五七）八月一日条、永保元年（一〇八一）六月十八日条、延久二年（一〇七〇）七月三日付「官宣旨」（東南院文書、『平』一〇四五号）、『殿暦』嘉承三年（一一〇七）十月十二日条など限りない。
(33)『殿暦』天永二年（一一一一）八月廿日条など。更に寛元二年（一二四四）十一月七日付「後嵯峨天皇宣旨」（『図書寮叢刊壬生家文書』二号、『鎌』六四〇二号）などから、鎌倉時代でも同様であったことがわかる。
(34)保元二年（一一五七）六月日付「行造内裏事所材木支配切符」（東大寺文書、『平』二八九一号）など。
(35)行事所については、棚橋光男「行事所」（註11前掲）。
(36)採銅所については、本郷（小泉）恵子「院庁務の成立と商工業統制—中世前期に於ける下級官人の動向について

―」（『中世公家政権の研究』東京大学出版会、一九九八年。初出は一九八八年）を参照。
(37) 中原俊章「官方と外記方」（註8前掲、四二頁・六五頁）。
(38) 『群書類従』第五輯所収。
(39) 中原俊章「官方と外記方」（註8前掲）。
(40) 中原俊章「官方と外記方」（註8前掲、六四頁）。『台記別記』康治元年（一一四二）十一月六日条。
(41) 『台記』康治元年（一一四二）正月十六日条。
(42) 『中右記』天仁元年（一一〇八）正月廿四日条。
(43) 佐藤進一『日本の中世国家』（岩波書店、一九八三年）では、官史については「職掌上、算道という特殊な技能や文書の勘例、不文の慣行に対する知識の集積がもとめられ」（二七頁）たと述べ、外記については、「中状・款状が中国の古典・故事を豊富に引用した漢文で認められていたことによる」（三五頁）と述べられている。しかし当時の任官申状を多く残している『兵範記』紙背文書を見ても、中国の古典・故事を引用した任官申状はほとんど見いだせず、これを根拠とすることはできない。なお、『兵範記』紙背文書の申状は、吉田早苗氏によって翻刻されている（『東京大学史料編纂所報』一四・二三・二四号、一九八〇・八九・九〇年。『東京大学史料編纂所研究紀要』一号、一九九一年）。
(44) 「外記補任」平治二年。
(45) 西山恵子「九条兼実の家司をめぐって」（村井康彦編『公家と武家』思文閣出版、一九九五年）では、九条兼実家の別当が公的・私的の二種類に分けられることが指摘されている。恐らく院庁別当においても同様のことが指摘できるのではないだろうか。
(46) 『三長記』建久六年（一一九五）八月七日条の「中宮所充文」（『鎌』八〇六号）。
(47) 拙稿「平安時代中後期の文殿」（本書第六章）を参照。
(48) 玉井力「『受領挙』について」「受領巡任について」（『平安時代の貴族と天皇』岩波書店、二〇〇〇年。初出は一九八〇・八一年）、高田淳「『巡爵』とその成立」（註2前掲）など。

(49) たとえば大江俊時は、治暦四年（一〇六八）に叙爵し、一七年後の応徳二年（一〇八五）に豊後守とされている。また惟宗俊弘は大治五年（一一三〇）に叙爵し、二七年後の保元二年（一一五七）に大隅守とされている。

(50) 「外記補任」（『続群書類従』第四輯上）。

(51) 正宗敦夫編『地下家伝』（日本古典全集刊行会、一九三七・三八年。自治日報社、一九六八年）。

(52) 玉井氏は「受領巡任について」（註48前掲）において、『二中暦』所収の「当任暦」の分析から、『中右記』大治四年（一一二九）七月十八日条にある「卅余国定任」という表現が誇張ではなく、事実に近いことを示している。

(53) 『中右記』天仁元年（一一〇八）正月廿四日条。『江家次第』巻四（除目第二夜）の項には、宿官について官史・外記は「多任二西海道一」とある。遅くともこのころには、官史・外記が西海道諸国の国司となるという慣例が成立していることがわかる。

(54) 『中右記』天永二年（一一一一）正月廿一日条。

(55) 『今昔物語集』巻廿八の廿七話には、伊豆守小野五倫が有能な目代を求め、候補者に対して計算や文筆などの能力を確かめる場面や、目代に文書へ捺印させている場面があり、目代に求められた能力の一端がうかがえる。その他にも、『朝野群載』巻二二（諸国雑事）中の「国務条々事」や、半井家本『医心方』紙背文書の年月日未詳「雑事注文」（『加能史料研究』四号〔一九八九年〕に翻刻、『平』未収）などから、国務に必要とされたことの内容がわかる。

(56) 近衛家の家人であった惟宗忠久が、大隅国島津庄に土着して鎌倉御家人島津氏の祖となったことはよく知られている。野口実「惟宗忠久をめぐって―成立期島津氏の性格―」（『立命館文学』五二一号、一九九一年）など。惟宗氏は外記・官史を輩出しているが、「惟宗氏系図」によると忠久は外記を務めた基言の孫とされる。また阿波国在住の有力な平氏家人であった田口（粟田・桜間）氏は、粟田良連が外記を務め（治承四任～養和元叙）、田口成良（重能）も民部大夫となっている。この他、下野の宇都宮氏は藤原姓を称すが、中原宗家後裔とも伝えている。この中原宗家は、白河院主典代から六位外記となった人物であろう。西村隆「平氏「家人」表　平氏家人研究への基礎作業」（『日本史論叢』一〇輯、一九八三年）参照。

(57) それぞれ、『類聚符宣抄』巻十（可給上日人々〈撰国史所〉）、『同』巻七（左右弁官史生可任内官）、『本朝世紀』正暦元年七月廿三日条。
(58) それぞれ、『権記』長徳四年十二月十六日条、『類聚符宣抄』巻七（定所々別当勾当預）。
(59) 『本朝世紀』正暦四年閏十月廿八日条。
(60) 「外記補任」天徳二年（小野傳説）、康保二年（桜嶋忠信）、正暦元年（多米国定）。
(61) 「四道挙」は、紀伝（文章）・明経・明法・算各道の学生を諸国掾へ任じるものである。
(62) 衛門府から外記になった例は、多米国定以外見られない。なお国定は、「外記補任」によると正暦元年（九九〇）正月に外記に補されているが、その兄弟と考えられる多米国平が、前年の四月ごろに大夫史となっている（『朝野群載』巻十六）。恐らくほぼ同時期に摂関家家司となったと思われるので、国定が外記になったことも、摂関家家司を兄弟にもったためになされた特殊な例と考えてよかろう。
(63) 『中右記』承徳二年十一月七日条。
(64) 「三道挙」は、明経・明法・算各道の学生を諸司の二・三分に任じるものである。本来は、算道は諸司算師といったように、直接関連する官職へ任じるものであったが、十二世紀以降は、諸司二・三分に補されるようになった。
(65) たとえば、中原（大江）広元は、仁安三年十二月に明経挙によって縫殿允に補されたが（『山槐記』除目部類）、嘉応二年十二月には権少外記となっている（「外記補任」）。また中原孝周は、承安四年正月に明法挙によって内膳典膳に補されたが（『山槐記』除目部類）、安元二年十二月卅日までに右少史とされている（『玉葉』）。
(66) 『大間成文抄（下）』（吉川弘文館、一九九四年）第七本司奏には、「寛治四年十二月通俊卿記云、寮奏以二本寮史生一可レ挙レ属也。恣以二学生一挙二申之一、雖レ有二先例一不レ可レ然」とあり、本来は史生らを推挙するものであったことがわかる。
(67) 細井浩志「古代・中世における技能の継承について」（『九州史学』一〇四号、一九九二年）。
(68) もしくは、その逆に官職を世襲する傾向が高まったため、三道挙などによって、四道挙を経るよりも早く、目的の官職へ任官させるようになったのかもしれない。

(69) 史生が所の預となることは、既に『延喜式』に見える。『清原重憲記』天養元年三月廿三日条には、史生紀近任が同じ史生である秦為親の替わりとして厨家預となっている記事がある。
(70) たとえば、仁平三年三月廿五日に左史生国成は右官掌へ（『本朝世紀』）、久寿二年正月十二日に左史生紀為成は右官掌へ転任している（『台記』）。また久安六年には、二月三日に紀俊元が右衛門府生へ任じ（『台記』）、八月卅日には安倍資良が右衛門府生・検非違使とされている（『本朝世紀』）。
(71) 『吉記』安元二年六月七日条には、官史生の一人として「大夫史雑色久信父子」が現れるが、久信は厨家氷沙汰人でもあった。
(72) たとえば、『中右記』大治五年三月四日条に検非違使府生として見える紀行友と、『中右記』長承元年五月廿一日条に検非違使として見える大江国良とは、両人とも史生であったことが、『源礼記』天永二年五月廿九日条から判明する。
(73) 検非違使の拒捍使としての活躍については、中原俊章『中世公家と地下官人』（吉川弘文館、一九八七年）第三の三「検非違使」を参照。
(74) 中原俊章「検非違使と『河』と『路』」（『ヒストリア』一〇五号、一九八四年）などを参照。
(75) 曽我良成「実務官人の『家』と家業の継承」（『王朝国家政務の研究』吉川弘文館、二〇一二年）、拙稿「外記考証・補遺」（『季刊ぐんしょ』六八号、二〇〇五年）。
(76) 上島享「財政史よりみた中世国家の成立」（『歴史評論』五二五号、一九九四年）などを参照。
(77) 弁済使については、勝山清次「『弁済使』の成立について」（『中世年貢制成立史の研究』塙書房、一九九五年。初出は一九七五年）でくわしく分析されている。
(78) 各公卿・官人家には、それぞれ家政機関が存在したと思われるが、公卿になると正式に「政所」の名称が使えるなど格差がある。これは公卿が、朝廷にとって単なる官人ではなく、それを構成する一部として認識されていたからではないだろうか。
(79) 『玉葉』治承三年（一一七九）十二月八日条。刑部録で院庁官であった惟宗久行と女院主典代であった安倍親弘が案主の座次を争った際、「以二無官一不レ可レ為二有官之先一」という理由で久行が先となっており、庁官と主典代といら差よりも有官無官の差が重視されたことがわかる。また無官侍についても、「厚康依レ為二入学之者一、居二無官之上一」と記される。

(80) ためしに仁平元年（一一五一）～正治二年（一二〇〇）の五〇年間に新たに公卿となった一五四名をみると、六位蔵人から叙爵した者は四四名いる（そのうち五名は式部丞も兼任）。六位蔵人の巡爵によって叙爵された人物が、高い確率で公卿へ進んでいることがうかがえる。一方、外記・官史・兵部丞などを経由した人物は一人もいない。

(81)『中右記』天仁元年（一一〇八）正月廿四日条。

(82)『山槐記』（除目部類）承安四年（一一七四）正月廿四日条。たとえば官位相当は、隼人佑は正八位上、大学允は正七位下（大允）・従七位上（少允）である。また十二世紀後半に隼人佑から六位外記となったのは、玉祖成長一人しかいないが、大学允からは中原師尚ら四人がいる。玉祖成長は摂関家の家人であった宗賢の孫、大学允から補任された四人はいずれも博士家の出身である。

第三章　承久の乱後の官人編成

はじめに

前章では、十二世紀の太政官実務官人が、官史としては朝廷実務の遂行に必要な役割を担い、叙爵後には必要経費調達のために地方行政に参画していたことを見た。そこで本章では、十二世紀末以降、この関係がどのように変化していったのかを追っていきたい。

第一節　内乱後の変化

平安時代後期の朝廷行事が、国宛や一国平均役を主体とし、官人の成功や諸公卿の訪によって補完されていたことは先に見た通りである。

ところが、十二世紀末におこった治承・寿永の内乱が、朝廷の経済基盤[1]を大きく揺るがした。治承四年（一一八〇）八月に伊豆で源頼朝が挙兵し、同年末には南関東を影響下に置く。しかしこの地域は、従前より経済基盤としての期待は小さく、頼朝の行動が直接、当時の朝廷経済に大打撃を与えたとは考えがたい。だが一方、同年九月に信濃で挙兵した源義仲が、寿永二年（一一八三）に越後・越前を経由して上洛をうかがい、同年七月に平家一門が天皇言仁（安徳天皇）をともなって瀬戸内海方面へ移ると、京都にも内乱の影響が現れはじめる。というのも、北陸・瀬戸内は、当時の朝廷経済にとって非常に重要な地域であったからである。九条兼実は、都がおちいった状況を次のように記している。

四方皆塞　四国及山陽道安芸以西・鎮西等、平氏征討以前不レ能二通達一。北陸山陰両道義仲押領、院分以下宰吏一切不レ能二吏務一。東山東海両道、頼朝上洛以前又不レ能二進退一云々。(2)

全国的内乱によって諸国間の流通ルートが寸断され、また各地域の国衙機能そのものも麻痺したことにより、物資調達が困難になった様子がうかがえる。特に、北陸と瀬戸内の双方を押領されたことは致命的であった。

公家政権の物資調達は、地方行政に依存していた。そのため、国衙は重要な役割を果たしていた。用途の催促は受領に対してなされるとはいえ、それは在地に転嫁され、どのような徴税方法であれ、在庁官人らによって徴収される。それゆえ、この全国的内乱が、国衙の在庁官人を巻き込んでいるということは、国衙機能が広い範囲で麻痺していることを意味しており、ひいては朝廷の経済体制が根底から崩壊したことを示している。しかも、確固たる基盤として公卿から期待が寄せられていた瀬戸内海沿岸地域では、平家が制海権を握ったため(3)、都への物資運送にも支障をきたしていた。『玉葉』には、その様子が「畿内近辺之人領、併被二苅取一了、段歩不レ残。又京中辺山及神社仏寺人屋在家、悉以追補、其外適所遂不慮之前途之庄上之運上物、不レ論二多少一、不レ嫌二貴賤一、皆以奪取了。此難レ及二市辺一、昨日失二売買之便一云々」と伝えられている(4)。寿永二年九月ごろ、都の物資不足は最高潮に達しただろう。

更に当時、天皇言仁（安徳天皇）が平家にともなわれた結果、天皇不在となった都では尊成親王の践祚が準備されていた。その中で九条兼実は「倹約者明王之所レ好也。何況近日之天下哉。為レ省二土木之煩費一、被レ止二門垣之修造一事、可レ叶二時宜一歟」という意見を述べ、践祚の準備にかかる費用の縮小に意欲を見せているが(5)、その動機は全国的内乱によって用途調達が困難になったことに求められよう(6)。

この混乱は、内乱終結後にも影響した。文治六年（一一九〇）四月に出された主殿寮年預伴守方注進状案には「抑自二去治承二年一迄二于去元暦元年之比一、永無二弁済国一之間、両度大嘗会・内侍所御燈・内裏日貢・陣頭常燈・年中恒例神事仏事以下用途料油等、一事□(無)二懈怠一励勤了。於二彼此一者、他司之勤、各以令二断絶一了」とある(7)。多少の誇張があるとは考えられるが、全国的内乱によって、諸司の財源が枯渇したことがこれからも想定できよう。更に注進状案は、「文治以後、天下落居之処、彼国々之受領、永忘二弁済之心一了」と続く。内乱終結後も地方行政は旧に戻らず、諸司の財政基盤も復活していない様子が語られている。内乱終結後のこのような状況を受けて、朝廷内の諸官司では、地方行政に依存していた従来のような経済体制から脱却しようとする動きが高まっていく。

朝廷経済は、大きく恒例公事用途と臨時公事用途とに分けることができる。そして更に恒例公事用途は、太政官が差配を担当する官方と、蔵人所が担当する蔵人方とに代表される。そこで、この三者における変化の様子を追ってみたい。

まず官方では、その中心的存在である壬生流小槻家が、便補地を獲得・開発することによって国宛一辺倒の体制から脱却をはかっていた。表9―2に、十三世紀中期に壬生流小槻家が把握していた便補地の一覧をあげた（363頁）。これによると、便補地は総数十六か所、十二世紀五十年代創設のものを皮切りに、六十年代に一か所、七十年代に二か所が設立されている。しかし、それ以外の十三か所はすべて、元暦二年（一一八五）以降になって設立されており、建久年間（一一九〇～九九）がもっとも多い。しかも、陸奥国安達庄の場合、設立されたのは仁平元年（一一五一）であるが、小槻隆職がこれを伝領し、庄園とされたのは国宗の時で、建保六年（一二一八）である。また讃岐国柞原庄は、設立されたのは仁安三年（一一六八）であるが、隆職が開発して設立されたものである。このようなことから、設立された便補地のほとんどが、隆職・国宗親子が開発・獲得に尽力したものであるということができよう。

これらの便補地は、一国に一か所しかないものが多く、加えて小槻隆職・国宗が受領となった国々とも一致しない。[8]それゆえ、多くの受領が行なったように、国司となってその任国内で私領を獲得するのとは事情が異なる。陸奥国安達庄が拒捍使によって設立されていることを考えると、隆職・国宗は、国衙の官物未進という状況を打開するために、自ら所領の開発を行なったと考えられる。若狭国国富庄が、「隆職宿禰仮名吉原安富入二開発功力一、可レ令二子孫相伝一之由、賜二宣旨一了」[9]という経緯で設立されたように、ほとんどの便補地は、隆職・国宗が独自に開発した所領であった。

しかし小槻隆職・国宗は大夫史であり、京都を離れることは難しい。下向できたとしても、短期間であったと推測される。それゆえ、現地で開発の指揮などを行なったのは、家人となっていた史生らであっただろう。史生は国使などとして下向する機会も多く、このような役割を果たすには適役と思われる。[10]便補地の一つである陸奥国安達庄が、陸奥国拒捍使であった史生惟宗定兼によって設立されたことからも、それが確認できる。[11]

更に、大夫史によって指揮される諸司においても、その財源を便補地へ切り替えていく傾向が見いだせる。前出した主殿寮年預伴守方注進状案には、便補地の一つである美作国飯岡郷は、「前々司之任如レ元立二彼保一之由、頗被レ下二院宣一」とあり、文治六年からそう遠くない時期に、再設立されていることがわかる他、安芸国入江郷は、「然間及二去年月迫一、以二字入江郷一立レ保」とあり、この直前に設立されている。また、大夫史と並んで諸司を指揮する大夫外記を務めた中原家においても、穀倉院領播磨国小犬丸保が再興されている。平家全盛期には、平頼盛によって押領されていたのであるが、在地からの申請により、復興されている[12]。

このように諸司の経済基盤は、内乱によって破綻した経済体制から脱却をはかり、庄園や便補地を中心とした、所領の直接運営を行なう体制へと変容していくのである。しかし見落としてならないのは、このような諸司の動向は、以前からの諸司領を保有していたことを前提とした点である。大夫史小槻家が唯一、新たに開発を行なうなどの積極的な姿勢を見せたが、他の諸司では、大夫外記中原家でさえ、旧領の回復に止まっている。主殿寮でも、文治六年段階で国衙からえていた便補地は三か所だけで、便補地の獲得に年預が積極的に関与した形跡はない。いずれも、国宛される分にくらべれば、まだ少量である。しかし「国々之受領、永忘二弁済之心一」という状況であったため、便補地からの納入物に頼らざるをえなかったのではないだろうか。

建久二年三月廿二日に出された、いわゆる建久Ｉ令の第一四条からは、「諸司者寄二事於諸国之対捍一、諸国者致二訴於諸司之苛責一。年預非法寔繁、雑掌不党（当か）尤多。（中略）諸司各有二公物一、年預動致レ己。一周亦一度、公事雖レ給二成功一、更不レ経二後日之用一。諸国亦有二隔（済か）物一、雑掌為レ先二私用一、亦重充二所済一、偏以不法」という状況であったことがわかる[13]。この条文は、同様のものが先行する保元二年令や治承二年令には見えないことから、当時問題となっていたことを反映していると考えられる[14]。つまり内乱終了以後も、朝廷経済の基盤としての役割を期待されつつも、国衙はそれを果たしえなかったことが知られる。

こうして設置・再興された諸司の所領は、中には顚倒する場合も見られたが[15]、原則として保護されていた。建保二年のものと推測されている某書状には、「丹波国修理職杣大布施・棚見地頭職事、如レ此諸司領不レ被レ補二地頭一候也。内裏公事雖二一塵一、為レ無レ妨也」とあり、用途調達に支障をもたらさないよう、諸司領には地頭を置かないとする見解がみられる[16]。また、文暦二年（一二三五）七月廿三日に出された関東御教書には、「次国保司跡事、如二本司一之時、可レ為二地頭収納一也。至二京保司跡一者、地頭不レ可レ管二領之一、可レ為二京下収納使沙汰一也」とあり、地頭による「京保司跡」の管領が禁じられている。[17]「京保」は諸司領をさしていると思われるので、ここでも地頭が諸司領に関与することが禁じられていることがわかる。これらから、諸司領が一般国衙領とは区別されており、諸司が直接運営するという原則を守ろうとしていることがわかる。

次に蔵人方であるが、以前から所領を有していた諸司では便補地を確保・再興できたのに対し、そのような基盤をもたなかった蔵人所では、国宛に頼らざるをえなかった。『葉黄記』宝治元年（一二四七）三月十一日条には、夏間蔵人方恒例公事用途事という、葉室定嗣による注進草案が記載されている。その内容は、賀茂祭などに必要な蔵人方の用途について、往古・中古・近例に三区分して列記したものである。これによると、まず御帳帷十六帖・御几帳帷八帖は、「如二往古之例一者、納殿沙汰也。任二近例一、可レ被レ定二宛諸国一歟」とされており、古くは納殿の沙汰であったが、近例では国宛になっていることがわかる。そして建仁年間（一二〇一〜〇四）には、和泉国以下一一か国が御帳帷を一帖ずつ納め、上総以下一二か国が二帖ずつを納めている。また、上野・佐渡二国が四幅御几帳帷を二帖ずつ、出雲以下の四か国が五幅御几帳帷を二帖ずつ納めている。いずれも、必要とされる分量以上の納入がなされている。しかし「近年所済之国々」とされているのは、上総以下三か国が御帳帷を一帖ずつ、石見以下の三か国が御几帳帷を一帖ずつ納めている他、武蔵などの四か国から国絹・白布・筵が納められているにすぎず、国宛による用途調達に大幅な減少が読み取れる。

減少し、不足した分は成功によって賄われていた。御帳帷・御几帳帷に続いてあげられる畳などの用途については、「中古以来、以二蔵人所御牒一、催二諸国一」とあるが、「正治・建仁之比、諸国所済猶依レ不二合期一、其不足、賜二任官功一」ようになった。そして、以下にその額が記されているが、このころにはまだ一〇〇〇疋から一五〇〇疋だけであった。しかしその後、「嘉禎之比、定嗣奉行之時、冬御更衣惣用途、賜二任官功三万疋一。而此両三年、夏御更衣猶賜二十三万疋一云々。十年之中已過二四倍一」とあり、近年は成功の額が多くなってきていることを示している。国宛による調達は、年を追うごとに減少していたのであろう。

だが蔵人所は、成功を多用することだけによって、国宛の減少に対処していたわけではなかったと思われる。蔵人所は、宮中の多くの所々を管轄していたが、その一つである御厨子所では、建久三年に、預紀宗季によって生魚売買を行なう六角町四宇供御人が新たに設置されている[18]。設置の理由には、日次の御贄の不足があげられていることなどから考えて、内乱後の復興策の一つとして供御人の再編成をあげることも可能であろう。また同様のものとして、公事銭の賦課や関銭の徴収などもあげられよう。新たな経済源を求めていた所司などにとって、流通経済の発展は新たな収入源として利用されたのである。

一方、臨時公事用途はどうであろうか。もともと臨時公事用途は国宛によって賄われており、その中でも大規模なものが一国平均役として庄園・国衙領全体に賦課されていた[19]。その中には、伊勢内宮・外宮の役夫工米のように、十四世紀にも一国平均役によって賄われたものもあるが、ここでは、朝廷に直接関係するものとして、内裏造営の際の様子を見てみたい。

内乱後の内裏造営の中で、詳細を知ることができるものが三回ある。まず一回目の文治五年の大内殿舎門廻・内裏廊幷築垣では、ある特定の造営要脚所課の国が選ばれ、そこの国衙領のみに賦課されていたとされている[20]。庄園への賦課が行なわれていないため、一国平均役ではないことが明らかであり、通常の国宛によってこの内裏造営がなされたと考えられる。

次に二回目の承久二年（一二二〇）の源頼茂誅殺事件にともなう大内裏再建事業では、全国の庄園・国衙領への賦課がなされ、一国平均役によって用途の調進がなされたことを確認できる。特にこの時には、国衙が独自の判断で賦課免除を設定するなど、国衙が地方行政拠点として機能していたことを確認できる。[21]

だが三回目の建長二年（一二五〇）の内裏造営では、様相が一変する。『吾妻鏡』に見られる通り、この内裏造営で大きな役割を果たしたのは、国衙ではなく、鎌倉幕府の指揮下にあった幕府御家人であった。[22] 翌建長三年には、閑院内裏築壇が地頭の所課と決められていることからもわかる通り[23]、この時期には、国衙の果たす役割が低下し、代わって幕府による進納や御家人役の占める割合が大きくなるのである。

このような臨時行事は、日常的なものではなかったため、それに備えて所領を確保するようなことはなされなかったであろう。また、大事業となる場合が多く、官人の成功だけでは、賄いきれなかったと思われる。このような事情があったため、臨時公事用途は、当時、全国的に御家人を組織し、彼らを地頭として各地に送り込んでいた鎌倉幕府に頼らざるをえなかったのではないだろうか。

以上、恒例・臨時公事用途について、治承・寿永の内乱終了後、それがどのように調進されたのかを見てきた。その結果、平安時代後期には、国宛によって調進されていた用途の多くが、承久の乱以降、調進されなくなったことが確かめられた。それに対して、諸司では、建久年間を中心に所領の維持・回復を行ない、蔵人所では供御人の再編成や成功の多用によって用途の減少を防ごうとしたのである。

第二節　変化の要因と鎌倉幕府

前節における朝廷経済の素描から、①内乱終了後の諸司経済は、便補地の獲得・再興によって再構築された、②

承久の乱後、国宛による用途調達が大幅に減少する、③それに代わって成功が急増するという三点が指摘できる。これらの関係については、①の結果、国衙領中の公田が少なくなり、②・③のような結果をもたらしたと考えることもできる。しかし、①の規模がそれほどではないこと、間に約三〇年の差があること、承久の乱終結後から成功が急増することなどから、②・③は①の結果ではなく、別の原因によるものと考えたい。そこで次には、①及び②・③のような変化の要因について触れておきたい。

先に、便補地の再興・獲得の動きについて述べたい。前節において、便補地の再興・獲得には大夫史や年預が関与し、その指揮のもと、史生らが現地で活動したことを推測しておいた。だが、開発などの行為が彼らだけによってなされるはずはなく、在地領主たちによる開発行為がその前提として必要であった。穀倉院領播磨国小犬丸保は、平頼盛によって「作田之地、称㆑不㆑可㆑有㆓山林畠地㆒、不㆑残㆓段歩㆒」押領されたので、「往古土民等、廻㆓計略㆒尽㆓功力㆒、更構㆓築池㆒、漑㆓入作田㆒、備㆓進年貢㆒」したことが述べられている(24)。保内の有力百姓が新たな池を築いたことが、小犬丸保再興につながったと考えられる。

このような在地領主による開発は、十二世紀初頭から続く荘園公領制形成の原動力であった(25)。院政期以降、摂関家の庄園集積は、在地領主の寄進行為によるものが多くなることが指摘されているが(26)、それと同時に、十二世紀初頭から始まる白河・鳥羽院政期には、諸貴族や寺院が封戸を便補したり、位田を庄園化するなど(27)、国衙領が急速に半庄園化していった(28)。それに対して諸司でも、十二世紀中ごろから便補地を設置しはじめていたが、国宛を主体とする用途調達体制がまだ十分機能していたため、その数はまだ少なかったであろう。しかし、内乱によって国宛の基礎となる国衙の機能が麻痺すると、内乱終結後の建久年間には、復興・開発が積極的になされていく。このことから、諸司による便補地の開発・復興は、内乱による朝廷経済体制の破綻によって、在地領主の開発志向と実務官人の経済基盤確立という課題とが結びついた結果と評価できよう。これ以後、諸司経済は国衙から独立していく傾向を見せ、諸司上首によって所領運営がなされていく。

一方、在地領主層は、内乱によって新たに地頭職という地位を獲得した。地頭職は、内乱の鎮静化にともない朝廷の経済体制に直接に組み込まれていったため、[29]朝廷経済へ影響を与えるのは明らかであった。これは、前に②・③としてあげた、国宛の減少という変化の一因でもある。

地頭職設置以後も、用途調達は受領から国衙を経由して催促されていた。国衙は地頭に対して直接用途の調進を求めていたと考えられるが[30]、それに対して地頭は頻繁に対捍したと見られる[31]。しかし、国衙はそれに対抗する権限を何も有していない。治承・寿永の内乱終結後の幕府にとって、このような地頭の行為を禁止し、朝廷経済体制を保障することは、もっとも期待されていた機能の一つであろう。幕府御家人が補任されていた地頭職が、朝廷の経済体制の末端を担うようになったことは、幕府自体が朝廷の用途徴収体制の一翼を担うことを必然としたのである。しかも幕府は、国衙・地頭という朝廷経済体制の基礎の大部分に圧力を加えられる唯一の存在でもあることから、実質的には、地頭補任地における用途の調達は幕府の命によってなされていたといえるかもしれない。少なくとも、幕府が朝廷経済に対して大きな影響力をもっていたことは間違いないだろう[32]。

地頭の補任が公事の妨げになることは、前述した通りである。しかし朝廷経済体制における国宛の減少は、地頭の補任のみによって導かれたことではない。前節の『葉黄記』の記述から判明する通り、成功の額は、地頭補任以後もそれほど増加せず、承久の乱以後になってから急激に増加しはじめる。その他にも、承久以後に国宛が減少したことを示す史料は多い[33]。国宛が急激に減少しはじめるのは、承久の乱以後なのである。確かに、承久の乱後、いわゆる新補地頭が補任され、朝廷の経済基盤であった瀬戸内海沿岸地域に地頭が大量に補任されたことは、大きな影響を与えたと思われる。しかし、鎌倉幕府によってそれまであまり期待されていなかった東国の物資がもたらされ、「関東所課国其勤莫大、他国々大略如レ無二其功一」[34]といわれるようになると、瀬戸内海沿岸地域の重要性は相対的に低くなっていたと思われる。それゆえ、新補地頭の補任は、影響を及ぼしたことは推測できるが、国宛急減の主要因とは考えがたい。

確かに、承久の乱以後も用途調達は諸国に対して催促がなされている。しかし、注目すべきは、催促しているものの、それに応じる国が行事ごとにほぼ固定していることである。文永八年（一二七一）の仁王会諸国召物について、「去年所済之国々、定不レ可レ申二子細一歟。対捍国々猶可二責催一」と、例年通りの調進を維持させ、対捍している国からの調達を試みている。しかし一方では、「武家知行国就二可（今か）度之催一、申二領状一者神妙。於レ申二子細一者、重不レ可二相催一」としており、幕府の知行国に対しては、対捍しても催促を実施していない[35]。恐らくこれが実状に近く、一度対捍した国々から調進させることはできなかったであろう。当時、諸国の公田はわずかしかなく、それだけを朝廷の経済基盤とするのは不可能であったと思われる。それゆえ、その年の仁王会が「御布施近年無沙汰、仏供燈明許如レ形者、大略有名無実歟」[36]という様子であったことからも推測できるように、朝廷は例年通りの用途調達を維持させ、行事の方を縮小・簡略化させ[37]、用途の減少に対処せざるをえなかったと思われる。

平安時代後期には、国司（または目代）には「郎党」がしたがい、その私的権力機構として国司館の警護や物資の収奪に加担していた。彼らは国司の私的な武力であり、合戦にも参加していた[38]。更に、たとえ「郎党」が物資を十分に調達できなくても、朝廷から検非違使らが拒捍使として派遣されてくる。この時期の朝廷経済体制の背景には、このような武力による後ろ盾が存在していたのである。しかし承久の乱以後、武装解除した朝廷では[39]、対捍されても以前のように拒捍使を派遣できない[40]。また国司（または目代）は、以前のように「郎党」をしたがえて任国へ下るようなことはなくなる。武力の行使を放棄せざるをえなかった朝廷では、諸国からの調進を待ち、催促することしかできなかったのである。

　蔵人方などは国衙領中の公田をその財政基盤としていた。荘園公領制下において、国衙領の占める割合が半分程度であったことは既に指摘されている。[41] だが源頼朝はその書状の中で「諸国逐レ日て庄園者増加仕候。国領者減少候へハ、受領之力も皆被レ察候」と言っている。[42] また建暦二年（一二一二）三月廿三日に出された建暦新制[43]に「可レ停止諸国吏寄進国領於神社仏寺事」という一条があるように、国衙領は寄進されるなどの理由によって、減少の一途をたどっていたのである。[44] その結果国衙領は、安芸国の事例からわかる通り、その大多数が別名と給免田によって占められるようになった。[45] つまり、朝廷の財政基盤となりえる公田は、ごくわずかしか存在しなかったのである。[46] 弘長三年（一二六三）八月十三日に出された新制[47]において、諸国公田の維持・興行が問題とされているが、公田に立脚した経済体制は既に破綻していたのである。国宛が減少し成功が急増する背景には、用途自体の増加も考えられるが、脆弱な経済基盤が根本的要因と思われる。

　その結果、これ以後、朝廷経済は諸司が所領運営によって用途を調達し、所領をもたない蔵人所や、臨時行事の用途には、成功や幕府からの進納などが充てられるようになった。承久の乱以後、受領は朝廷をささえる地方行政官としての役割に終止符を打ち、[48] その代わりに国衙を指揮し地頭の任免権を有す鎌倉幕府が、関東分国の豊富な経済力を背景に、朝廷にとってなくてはならない存在へとなっていった。十世紀以来続いていた受領をパイプとした地方行政に依拠した朝廷経済体制は、ここに終わりを告げたのである。承久の乱を境に、受領による国宛が大幅に減少するのは、このような原因によるものと考えられる。

　ところが、国衙組織それ自体は、承久の乱以降にも存在し、いくつかの役割を果たし続けた。[49] その機能は、鎌倉幕府の登場によって削減されていたが、幕府の存立基盤が国衙行政権であった以上、存在そのものが失われることはなかった。だが、承久の乱後の信濃国衙は、『明月記』に「在庁等即皆当世之猛将也」と伝えられており、さらに乱以降は検注さえ正確には行なわれなかったことが記されている。(50) 国衙が朝廷の地方支配の拠点であった時代は終わったのである。

このように、十一世紀後半以来、諸貴族や寺社は封戸・位田を庄園化させて家領・寺社領とし、国衙組織からの独立を進めてきた。十二世紀中ごろにはその傾向が明確になり、大乱を終えた十二世紀末期には、諸官司が便補地をさかんに設立することによって、同じように国衙組織からの独立を進めた。同時に、地頭が朝廷経済体制の最末端を担うようになり、鎌倉幕府の発言力が増す。その後、承久の乱によって両者の立場が逆転し、朝廷は用途調達のために幕府を頼らざるをえなくなったのであろう。荘園公領制の成立過程とは、このような国衙支配からの独立の過程であったともいえよう。(51)

承久の乱直後の朝廷は、武力を放棄し、経済的にも十分とはいえなかっただろう。それゆえ朝廷では、諸行事の用途調達のために、成功を大幅に取り入れざるをえなかった。鎌倉幕府も積極的にそれへ協力したと思われる。承久の乱以前には、幕府では、侍層の者が受領となることは禁じられていた。(52) しかし乱以降には、侍層の者が受領に任官した例を見いだすことができる。(53) 承久の乱以後、幕府は任官に対する規制を緩めたため、御家人も成功によって任官しやすくなったのである。成功による収入を必要としていた朝廷経済にとって、幕府のこのような規制緩和が果たした役割は大きかったであろう。

成功は従来の研究において、鎌倉幕府の身分秩序と関連して論じられることが多かった。(54) 確かにこのような規制緩和がなされれば、成功によって官職をえた御家人は多くいたであろうから、従来の身分秩序に変化が生じることも推測できる。恐らく幕府側では、御家人の任官統制を行ない、成功の公定額を定めることによって、従来の身分秩序を維持しようとしたのであろう。しかし、幕府の公定額と『葉黄記』からわかる成功の実際値とには大きな差があり、実際には、公定額よりも低額で任官できたことが推察されている[55]。恐らく用途調達の一方法としてしか成功をとらえていない朝廷側と、身分秩序を崩しかねない制度ととらえる幕府側との温度差があったのであろう。

成功に関する幕府の法令は多いが、そのほとんどは十三世紀半ばごろまでである。このころから、公家政権と幕府とが調和を保つようにして政治が展開するようになるが、その結果、意図の食い違いが解消され、成功に関する法令も見られなくなるのであろう。そのころには、朝廷にとっての成功は、もはや臨時措置的収入ではなくなり、定着していた。幕府においても、御家人の任官統制のために恩沢奉行から官途奉行が独立し、制度面も整えられた[56]。こうして朝廷経済は安定を迎え、鎌倉時代中・後期の朝廷経済は、わずかな公田からの官物、諸司の運営する所領など、官人や御家人らによる成功という三本柱によってささえられていたのである。

次節では、このような経済基盤の変化によって、太政官実務官人の編成がいかに変化したのかを見てみたい。

第三節　承久の乱後の再編

第一・二節では、平安時代後期から鎌倉時代初頭にかけての二度の戦乱によって、朝廷経済体制が受けた影響について述べた。朝廷は、国衙による一国支配を前提とし、受領国司から用途を調達する体制を十世紀以来維持してきたが、荘園公領制の進展と戦乱によって、そこから移行せざるをえなかったのである。第二章では、平安時代後期の実務官人編成が、朝廷経済体制と密接な関係を有すことを指摘したが、戦乱によるこの変化によって平安期の

表3－1　12～14世紀初頭の姓別六位史構成　（単位：人）

西暦	小槻	中原	清原	三善	大江	惟宗	伴	紀	高橋	安倍	他	未詳	計
1101－20	1	14	2	3	5	2	2	2	1		3	12	47
1121－40		12	2	3	7	3	1	5	1		6	5	45
1141－60	2	27	6	7	3	5	2	4	3		5	2	66
1161－80	3	20		7	10	3	1	1			4	3	52
1181－1200	1	14	1	6	4	1		1	1			5	34
1201－20	1	10		5	3	2		4					25
1221－40	2	13	1	2	3			1				3	25
1241－60		10		2				5	1	1		1	20
1261－80	1	3		1						1		4	10
1281－1300	2	7		1				2		1		2	15
1301－20	3	2		1					2	1		1	10

註）永井晋『官史補任』の補任・初見の年をもとにした。

表3－2　12～14世紀初頭の姓別六位外記構成　（単位：人）

西暦	中原A	中原B	清原	三善	大江	惟宗	紀	他	未詳	計
1101－20	2	9	4	4	7	2	1	4	2	35
1121－40	2	9	6	2	4	3	1	2	6	35
1141－60	3	17	5	7	6	8		1		47
1161－80	6	28	9	4	4	4	2	5		62
1181－1200	7	15	10	5	2	3	1	1		44
1201－20	5	10	4	4	1	2		1		27
1221－40	6	7	8	2	2					25
1241－60	4	2	2			1		1	3	13
1261－80	1	2	9		1	1				14
1281－1300	8	6	11				2			27
1301－20	15	8	10	1	2					36

註）拙編著『外記補任』の補任・初見の年による。
　　中原Aは博士家（師遠子孫）、Bはそれ以外。

システムは維持できなくなり、変化せざるをえなくなったのである。

まずは外記・官史について具体的な変化を見ていきたい。表３―１・表３―２は、十二世紀から十四世紀初頭までの六位外記・六位史それぞれを、姓別に分類したものである。同姓であることと同一家系であることとは一致しないが、変化を見るためには有効であろう。

まず官史についてまとめた表３―１を見ると、承久の乱後の十三世紀二〇～三〇年代を境に明確に差が現れる。平安期には絶えず見えていた清原・大江・惟宗・伴の各氏が、乱以後は姿を消していくのである。三善・紀は続いているように見え、しばらく影の薄かった高橋氏が戻り、新たに安倍氏が登場する。もっとも多いのが中原氏であることは変わらないが、それも数字には現れないところで変化している。六位史となる中原氏は十二世紀以来、成兼・成挙・成弘・成村など「成」を名の一字にもつ家系[57]や、国貞・国元・国経ら「国」を名にもつ家系[58]が続いていたが、それが途切れるのである。そしてそれに代わって、「景」や「俊」の字を名に含む家系が現れる。承久の乱後の中原氏は、ほとんどがこれに該当する。このように、十三世紀の二〇～三〇年代を境に、六位史の構成は大きく変化しているのである。

六位外記についても同じ傾向が読み取れる。十二世紀以来、三善・大江・惟宗の各氏は常に外記となってきていたが、承久の乱後、その姿を消していく。また中原氏の中でも、中原師遠の後裔で、大夫外記（局務）を務める一門が、その他の中原氏を凌駕するようになる。同様の傾向は清原氏でもうかがえ、清原頼業後裔の一門が外記就任者を増加させている。官史の場合は大夫史（官務）一族（小槻氏）はさほど増加しないが、外記の場合は中原・清原の大夫外記一族がポストの多くを占めるようになるのである。

このような構成員の変化とともに、両方で共通して見いだせるのが、長期在職者の登場である。六位外記・六位史については、九世紀後半に巡爵が確立して以来、数年で叙爵することが定まっており、各自の在職年数は最長で外記四年、官史七年であった。そのシステムは、単年度の例外はあるものの、ほぼ維持されていた。しかし承久二年（一二二〇）から六位外記として姿を見せる紀信兼は寛喜三年（一二三一）まで、元仁元年（一二二四）から六位外記として姿を見せる中原俊平は仁治三年（一二四二）まで在職している。当該期は正確な補任表がないため確かなことはわからないが、信兼・俊平を嚆矢として、在職一〇年をこえる人物はその後も連続して現れる。六位外記では、中原範基は仁治三年から康元元年（一二五六）まで、惟資は康元元年から文永元年まで、大江有保は文永三年から正応二年（一二八九）まで、中原利重は文永十一年から延慶二年（一三〇九）までというように、ほぼ切れ目なく続いている。他にも叙爵せずに辞任した人物が、再び六位外記として還任されたり、数年に亘って叙爵・新任がないなど、乱前とは明らかに異なっている[59]。

このように承久の乱以後、外記・官史の編成に変化が生じたことは明らかである。ではそれは、どのような変化なのだろうか。まずは十二世紀後半以降に新たに六位外記・史となった人物から探っておく。最初に官史であるが、たとえば紀忠直は、史生から六位史となっていることが確認できる[60]。当時の史生の中には、康直・景直らよく似た名前を見いだせることから[61]、紀氏は史生から六位史に補されるようになったと考えられる。史生から官史に進むことは、十一世紀初頭までは一般的であったものの、十二世紀には見られなくなり、史生は小槻氏の家人にもなっていた。つまり史生とはいうものの、実態は家人を六位史へ登用したことになる。

一方、中原氏では紀氏のような史生出身者は見いだせない。しかし、衛門尉などの武官を兼ねている者が多い点が注目できる[62]。第二章で述べたように、史生は検非違使へ昇進することが多い。これは承久の乱以後でも変わらず、史生であった紀景直の子高直は、検非違使となり右兵衛尉を務めている[63]。つまり中原氏も史生から官史となっていた可能性が考えられるのである。中原氏については、当時の史生の中に官史と同一人物を見いだせないが、史生から六位史へ進んだと推定しておきたい(64)。更に十四世紀以降になってから現れる高橋氏も、史生から官史へ進んだと思われる(65)。

このように、承久の乱以後に官史となる者は、多くが史生、つまりは大夫史（官務）の家人から登用されていたことがうかがえる。確かに、中には中原康綱のように大夫史家人ではない六位史も含まれる。しかし、このような体制は十四世紀以降に定着し、「職原抄」には、史生の多くが六位史へ転任すると記されている(66)。そして小槻氏の他、「康」の字を名にもつ中原氏、「盛」の字を名にもつ安倍氏、「職」の字を名にもつ高橋氏の四氏によって六位史が構成されるという枠組み(67)は、戦国期まで続いていくのである。

ところで第二章では、平安時代後期の史生が小槻氏の家人へと変化しはじめていたことを指摘した。当時は、家領の獲得や便補地の設定によって所領管理を行なう必要が生じたため、史生がそれを務めたと推測される。表11―5（417頁）は、便補地の一つである常陸国吉田社に残された下文などから抜き出した、小槻氏の代官の一覧である。これを見ると、承久の乱のころまでは、「造東大寺次官三善朝臣」が代官として臨んでいる。これは三善清信のことと推測されるが、清信は承安元年（一一七一）から安元二年（一一七六）まで六位史を務めていた。そして十三世紀中ごろは、無官の者や出家者が代官となっており、十三世紀後期になると、武官を帯びた者が多くなることがわかる。この変化から、最初は六位史経験者が便補地を預かっていたが、十三世紀後半には史生出身者が預かるようになったことが推測される。

前述のように大夫史小槻氏は、治承・寿永の内乱の後、便補地をさかんに設立し、経済基盤を急速に整えていった。それゆえ、その管理・運営のために家政機関が急速に整備されたと思われる。三善清信は、地方行政に慣れた熟練者・即戦力としてその家政機関に参加したのではないか。小槻氏の家政機関が、官方経済をささえる体制は、この時に確立されたと思われる。その後、承久の乱以降、国宛による用途調達の強制力がなくなると、所領経営による用途調達の重要性が高まり、家政機関が重視されていく。小槻氏の家人であった史生が六位史へ進むようになる背景には、既に述べたような官方の経済基盤の変化があったと考えられる。

史生出身者と思われる者を六位史の中に見いだせるのは、承久の乱直後からではなく、十年ほど間をおいた天福年間（一二三三〜三四）からである。(68) しかし以前より続く傾向も、寛元年間ごろまでは残っている。(69) しかも表11―5からもうかがえる通り、武官を帯びる者が多くなるのは十三世紀半ば以降である。これらのことを総合すると、承久の乱後に新たな体制への対応を始め、十三世紀中ごろに新体制が確立したと考えておきたい。(70)

次に外記の考察に移る。承久の乱後の六位外記は、ポストの多くが中原・清原両大夫外記一族によって占められる。だが、大夫外記近親者と庶流とでは様相がやや異なる。前者は就任後すぐに優先的に叙爵されており、在任期間はきわめて短い。だが後者は、就任してもすぐには叙爵できず、数年以内に叙爵するという旧来の有様を受けついでいる。一方、大夫外記一族でない六位外記は、多くは中原氏であるが、「利」や「佐」の字を名前にもつ。十二世紀に多かった「俊」「兼」「景」「清」といった字を名にもつ家系とは、全く異なる家系と思われる。彼らの中には、史生出身の六位史と同じく、衛門尉・兵衛尉といった武官を帯びた者が多く見られる。多くは、「大外記師宗門生」である中原利義や、(71)「大外記師顕門生」の中原宗光など、(72) 大外記の「門生」と呼ばれているが、実態は家人であっただろう。(73) つまり外記においても官史と同じく、諸道学生を基盤とした編成から、家人を基盤とした編成へと変化していることが想定できる。(74) ただし異なることは、「門生」は同時代の史生とまったく重ならず、出身を異にすると思われる点である。

六位外記に門生的人材が現れるのは、貞永元年（一二三二）の中原成家をはじめとし、仁治年間（一二四〇～四三）以後は間断なく見いだせる。外記方においても、官方と同様、承久の乱後に新たな体制への対応を始め、十三世紀中ごろに新体制が確立したと考えるのがよいだろう。

このように承久の乱後の変化は、大夫外記（局務）・大夫史（官務）の家人が六位外記・六位史へ登用されることと連動したものだった。そしてこれと表裏一体のこととして、従来六位外記・六位史に進んでいた諸道学生が、外記・官史へ進まなくなったことも指摘できる。もちろん中には、諸道学生から大夫外記・大夫史の家人となった者もいたであろう。表11―5の散位三善朝臣や左兵衛尉三善などは、恐らく三善清信の子孫で、そのような例の一つと思われる。しかし彼らの多くは、外記・官史への任官を望まず、他の道を歩んだ。

まず第一にあげられる道は、在地領主化である。たとえば南九州の島津氏が惟宗氏であったことはよく知られており、対馬の宗氏も惟宗氏と考えられる[75]。また大夫外記中原氏の一族には、鎌倉幕府の御家人となり、豊前国門司や筑後国三池へ下向した者も見受けられる[76]。

次に考えられるのは、家政機関職員として専従することであり、これが主流であったと思われる。治承・寿永の内乱後、鎌倉へ下っていった三善康信・大江（中原）広元は著名であるが、康信はもと官史、広元はもと外記であった[77]。康信の親族には、外記となった者も数人いるが、彼らの子孫のほとんどは、官史・外記に補されなかった[78]。また大夫外記中原・清原両氏の一族には、鎌倉に下って鎌倉将軍家に仕えた者も多くいた[79]。

もちろん、都で公卿に仕えた者も多い。第二章で述べた通り、実務官人の多くは院宮・諸公卿の家政機関職員として活動していた。以前は、朝廷行事を円滑に執行するため、家政機関職員を務めつつ、六位外記・六位史としても活動したのである。しかし受領経済が空洞化し、地方行政にかかわる必要性が失われ、大夫外記・大夫史の家政機関が重要性を増してくると、六位外記・六位史はその役割を失っていった。六位外記・六位史への任官に魅力がなくなり、それを希望する者が減少した結果、大夫外記・大夫史の一族・家人が六位外記・史を独占するような状況が生まれたのであろう。六位外記・史は、十二世紀にはともに年平均二人以上の新任者がおり、数年以内に叙爵していたが、承久の乱以後は十年以上叙爵せずに在任している者を多く見いだせる。(80) このことは、任官希望者が承久の乱以後急速に減少した結果と考えられる。

なお、以前に外記・官史となっていた者で、公卿の家人として現れる者に、算博士三善氏がいる。三善氏は重代外記の家系であるが、元暦元年に叙爵した長衡を最後に外記からは姿を消す。その後、西園寺家に代々仕え家司となっている。(81) 六位外記・六位史は諸大夫として任官した一握りを除くと、ほとんどの者は叙爵後の動向がつかみにくい。ただ承久の乱後の朝廷で再編されたのは外記・官史だけではないと思われるので、彼らにはさまざまな選択肢があったのであろう。

以上、第一・二節の結論から、承久の乱後の実務官人再編を想定した。その結果、次のような諸点を確認できた。①第一・二節の考察から想定された通り、承久の乱後に外記・官史の編成が変化している。それは、地方行政が朝廷の経済基盤でなくなったこととかかわっている。②新たに六位外記・史に補された人物は、多くが大夫外記・大夫史の一門・家人である。③大夫史小槻氏は家人とした史生を六位史へ昇進させる大夫史―史生という単純な二層構造であったのに対し、大夫外記中原・清原氏は史生の家人を六位外記へ登用せず、「門弟」の家人を進ませた。おそらく大夫外記のもとでは、大夫外記―門弟―史生という三層構造であった。④新たな体制は、十三世紀の三〇～四〇年代に成立するが、それは所領経営・家政機関の重視を反映したものだった。

この新たな体制を「公家官僚制」と呼んでおきたい。

第四節　家政機関における変化

前節においては承久の乱以後の公家政権の実務官人編成が変化し、大夫外記（局務）・大夫史（官務）の家人が主体となっていくことを指摘し、更に、その体制が中世後期へ続いていくことを指摘した。しかしここで注意しておきたいのは、その変化の要因が、十二世紀以来続いていた荘園公領制の展開、または朝廷経済基盤の転換にあることである。つまり、このような変化は、承久の乱以後に急激におこったことではなく、以前から少しずつ進んでいたものが、この時期になって表面化したものと考えられるのである。

実際、大夫外記（局務）・大夫史（官務）の家人が六位外記・六位史に補されることは、十二世紀にさかのぼると思われる。曽我良成氏は、十二世紀の実務官人の姓が固定してくることに注目し、地方豪族出身の者が、諸道博士の養子になって任官する例があることを指摘している。[82] 実際、諸系図には一切見えないものの、養子として史料に現れる者が存在するので、[83] ある程度はそれが事実であることを確かめられる。これは、承久の乱後に六位外記となった「父七条人、字菩薩房男」である中原有康や、[84]「大外記師宗門生」であり「元平姓也。改姓任レ之」とある中原利義[85]らが中原姓を称することとの共通点になろう。また承安三年に史生から官史に進んだ中原成挙は、任官の際に改名をしている。その理由は、「登省之時聊有二沙汰一、依二夢想一以二挙字一用レ能云々[86]」とされているが、史生であった前歴が何らかの障害となり、改名を求められたのではないだろうか。

このように十二世紀には、実際には家人からの昇進を認めていなくとも、養子縁組や改名などの手段を用い、史生であったことを表面化させずに行なっていた可能性が高い。家格・身分などの観点から、史生を叙爵させることが避けられたのではないだろうか。承久の乱後もしばらくはその傾向が続き、名実ともに史生からの昇進が公認されるようになるのは、十三世紀半ばであろう。それゆえ前節では、表3―1・3―2から新たな編成が確立する時期を十三世紀半ばと判断したのである。それでも史生出身六位外記・史の叙爵は避けられ、そのため長期間の在任や辞退・還任が実施されたのであろう。

では、なぜ十三世紀半ばになって、公家政権は官人編成の変化を隠さなくなったのだろうか。笠松宏至氏は、十三世紀半ばの公家政権において、公卿たちの政治意識に変化が生じたことを指摘している(87)。たとえば徳大寺実基は、合理的思想の持ち主として紹介される。評定の最中に畳に上がって座り込んでしまった牛を、不吉の前触れであるとして連れていこうとする官人に対し、一頭しかいない牛を取りあげられたら不憫であり、脚があるんだからそのうちに移動するだろう、と持ち主に返させた話などは、先例にとらわれない実基の言動を代表するものとして知られる(88)。もちろん当時、公卿全員がそのような考え方をしていたわけではない。しかし意思決定を実施・関与できる公卿層に、それまでとは異なる考えをもつ人物が現れたことは確かといえよう。

更に笠松氏は、このころの公家政権が、鎌倉の幕府とも歩調を合わせ、現実に対応した政治を行なおうとしていたことも指摘されている(89)。十三世紀半ばに朝廷の訴訟制度が整備されたことが明らかにされているように(90)、十三世紀半ばは、公家政権が大きな変容を遂げた時期であった。外記・官史における変化が、隠蔽されずに認められるのは、このような公家政権内の政治意識の変化と無関係ではないだろう。

ところで、実務官人の再編成が荘園公領制の確立にともなって徐々に進行していたとすれば、それと同様のことが、他の庄園領主の家政機関においても進行していたと考えられる。たとえば九条家とその家司について考察した石田祐一氏は、家司が摂関家領の開発・運営に深く関与し、更に経済的にもそれに深く依存していたことを示している。[91] またたとえば、後に近衛家の随身となる下毛野氏は、藤原忠通に山城国調子庄を寄進し、[92] 自らは調子氏を名乗っている。このように所領を媒介にして、公卿と諸大夫・侍層とが結びついていく傾向が見られるのである。

このような摂関家家司たちの動きは、これまでに見てきた実務官人の動向と、所領の開発・運営を行なうという点でよく似ている。つまり当時の諸大夫・侍層の中には、所領の開発を行ない、それによって王家・摂関家との結びつきを深めようとすることと、立庄・便補して官司領とし、自らその経営を行なうことという二つの傾向を見いだせるのである。[94] 両者の間には、所領の開発・経営という共通項が認められる。異なるのはその所領がどこに所有されるかなのである。[93]

しかし第二章では、平安時代後期の実務官人が、活躍する場は異なるものの、いずれも朝廷行事の円滑な執行のために必要な役割を果たしていると指摘した。そうすると、前述のような二つの傾向もまた、ともに朝廷行事に深くかかわる機関への寄進と考えれば、差を無視することができるのではないだろうか。確かに、すべての事例がそうであるとは限らず、中には自己の有する所領の存在を守り、正統づけるために行なったこともあるだろう。だが、王家・公卿を朝廷行事の出演者であり、なおかつそれに対する諸々の決定権者と考え、諸大夫層の者が所領の開発・経営や家政機関の運営など、朝廷行事の準備を指揮するととらえ、侍層の者が更にその実務や警護を行なっていたと考えると、当時の貴族たちを身分・地位などの所属に関係なく、統一的に把握できよう。

ところで、一般に、鎌倉時代中後期の家政機関は衰退していくと考えられ、家司の家筋が固定して「諸大夫」[95]と呼ばれるようになるのは室町時代からと考えられている。[96] たとえば鎌倉時代後期には、摂関家政所が変化したことが指摘されている。摂関家の政所下文を考察した井原今朝男氏は、十四世紀二十年代以降には、摂関家の政所下文がほとんど見られないことから、このころまでに摂関家の家政機関が変化したことを指摘している。[97] 具体的には、家司の人数が不安定になり、諸機関が個別分散化し、発給文書が多様化したという三点があげられている(98)。

ここで注目したいのは、家政機関の個別分散化である。井原氏が指摘するように、摂関家政所は惟宗・中原・安倍の各氏によって世襲されるようになるなど、家政機関の機能が世襲されるようになっていくのである(99)。また庄園の経営も同じように世襲的に受けつがれていく。九条道家は、その遺誡の中に「家僕事」という一項を立てて、「相伝知行之庄園、無レ故不レ可二収公一。御年貢懈怠公事不法及二度々一者、可レ被二停廃一歟」と言っており(100)、年貢公事を納めている限り、庄園の経営は世襲されるのが普通であったと考えられる。これらのことから、家政機関においても、特定の家系が特定の役職に世襲的に就任し、さらには特定の氏族が特定の公卿の家政に世襲的に携わる傾向が見られるのである。佐藤進一氏が提唱した「官司請負制」は、この世襲的という点については、朝廷実務官人だけではなく家政機関職員についても当てはまるのではないか(101)。

また「諸大夫」の中には、先にあげた九条家の家司や近衛家の随身の例のように、十二世紀以来続く家系も少なくなく、十三世紀以降同様の例が増加していく。更に、室町時代以降でも、「諸大夫」らが主家の所領に経済的に依存していたことに変わりはない(102)。それゆえ後の「諸大夫」は、実質的には荘園公領制の確立にともなって出現していたと考えたい。庄園に基づいた経済体制をとった公卿家政において、その運営を担当したのが諸大夫層の家司であったため、「諸大夫」といえば、家司のことをさすようになったのではないだろうか。つまり、公卿の家における実務官人層の再編成は、具体的には庄園を世襲的に運営する家司の登場によって示されるのである。十二世紀には外記であった算博士三善氏が、十三世紀後半には西園寺家の重代の家司として登場するのは、それを象徴するものといえよう。

なお第二章では、外記・官史が諸家の家政機関職員として現れることを指摘したが、十三世紀には小槻氏が摂関家の政所別当として、史生は案主・使として確認できる。[103]また六位史も諸宮の家政機関職員として確認できる。[104]局務・官務は実務官人であるが、庄園諸職を有する庄園領主でもある。官務家においても、摂関家などと同様に、その所領を世襲的に運営する家司的存在の者が現れていたことがわかる。[105]

ここまで十三世紀以降の実務官人編成の変化について見てきた。煩雑になったので少しまとめておきたい。

①変化の要因は、諸司の経済基盤の中で、所領の果たす役割が大きくなったことであり、いわば荘園公領制への対応が実務官人編成に変化をもたらしたといえる。

②変化の結果、所領管理者である大夫外記（局務）・大夫史（官務）の家人が登用されるようになった。

③諸司に限らず、公卿の家政機関においても、同様の変化が進行していた。

むすびにかえて

朝廷諸官司の実務官人と地方行政に携わる官人とは、平安時代後期には密接な関係をもって編成されていた。その背景には、地方行政からえられる物資が、朝廷の経済基盤であったこと、更に朝廷で行なわれる諸行事を円滑に執行しようという意図が存在していたと思われる。つまり、朝廷の用途調進体制のあり方が、実務官人の編成形態を規定していたのである。

次いで、庄園・便補地の確定などによって経済基盤となるべき国衙領が減少していき、二度の戦乱によって地方行政が変化すると、朝廷の経済体制も変化せざるをえなかった。この変化は単に経済体制の変化のみに止まらず、朝廷諸司の実務官人にも影響を及ぼした。庄園・便補地を獲得した者は、その経営のために家人集団を形成し、官職をも独占的に世襲していくようになる。そして、所領をもたない機関ほど、従来の制度によってえられるものや成功に頼るようになり、世襲されることも少なかったと考えられる。この体制は、朝廷諸官司の一部では「官司請負制」と呼ばれ、公卿家政機関では「諸大夫」の登場によって特徴づけられる。そして原則として、十五世紀以降にまで受けつがれていった。

本章では、これまで十二・十三世紀の外記・官史の構成の変化を中心にして、その背景にも触れてきたが、それをまとめると以上のようになろう。しかし、実務官人といっても外記・官史のみについて触れたにすぎず、その官史・外記でさえすべてを網羅したものではない。さらに各家政機関職員については、推測はしたものの、未解明の部分が多いといわざるをえない。方法的にも、人事編成からの分析だけでは十分とはいいがたいであろう。

本論では朝廷経済体制と人事編成との関連を重視しただけに、鎌倉時代後期について具体的な関連性を明らかにする必要があるだろう。その他にも論じ残した点も多く、今後の課題は山積されたままである。

註

（1）兼国が、公卿に対する給与の一部であったことを考え併せると、土田直鎮「公卿補任を通じて見た諸国の格付け」（『奈良平安時代史研究』吉川弘文館、一九九二年。初出は一九七五年）が示した五つの等級は、国司の収入の多少を反映していると考えられ、それはそのまま当時の朝廷経済の基盤として期待された国（「熟国」）と、あまり期待されていない国（「最下国」）を示すものと言い換えられよう。

（2）『玉葉』寿永二年九月三日条。

（3）『玉葉』寿永二年九月五日条には、平家方に「四国並淡路・安芸・周防・長門幷鎮西諸国、一同与同」したとあり、『同』同年八月十二日条にも「天下之体、如二三国史一」と表現されている。なお、平氏が国衙を権力基盤として編成していたことは、田中文英氏によって安芸国を事例にして明らかにされており、更に「安芸国以外の瀬戸内海地域においても、在地勢力の掌握と編成をある程度まで進展させていたものとみられる」（『平氏政権の研究』思文閣出版、一九九四年。一四三頁）と述べられている。
(4)『玉葉』寿永二年九月三日条。
(5)『玉葉』寿永二年九月十九日条。
(6)著名な「寿永二年十月宣旨」は、このような朝廷財政の危機下において出されたものである。朝廷側は、それまでの基盤であった瀬戸内海沿岸を平家に掌握されているため、それまで経済基盤としてあまり注目してこなかった関東諸国を取り込もうと意図していたのであろう。朝廷側の希望と源頼朝の希望とが合致した結果が、「寿永二年十月宣旨」であったと考えたい。
(7)『図書寮叢刊壬生家文書』六四六号。
(8)小槻隆職が国司となった国は、佐渡国（応保元年より）・伊賀国（治承元年より）であり、国宗は伊勢守となったらしい（『地下家伝』）。しかしいずれも、便補地・家領の所在地ではない。
(9)『図書寮叢刊壬生家文書』三一四号。
(10)『中右記』保安三年（一一二二）正月廿七日条には、外記史生安倍重宗を「能知二諸国事一者也」と評している。
(11)太政官厨家の便補地については、勝山清次「便補保の成立について」（『中世年貢制成立史の研究』塙書房、一九九五年。初出は一九七六年）。
(12)建久八年四月卅日付「官宣旨」（『続左丞抄』巻一、『鎌』九一二号）。
(13)建久二年三月廿二日付「後鳥羽天皇宣旨」（『三代制符』『続々群書類従』第七、『鎌』五二三号）。
(14)棚橋光男『中世成立期の法と国家』（塙書房、一九八三年）二四〇〜四三頁の公家新制対照表を参照。
(15)『葉黄記』宝治元年三月十一日条には、顚倒した掃部寮の便補地として、出雲国赤江保・周防国久賀保・備中国永富保の三か所があげられている。
(16)年月日未詳（建保三年か）「某書状」（醍醐寺蔵「諸尊道場観集」裏文書、『鎌』補六九一号）。

(17)『中世法制史料集』第一巻、鎌倉幕府追加法、第七七条。
(18)網野善彦『日本中世の非農業民と天皇』（岩波書店、一九八四年）五六頁。
(19)上島享「平安後期の国家財政の研究」（『日本中世社会の形成と王権』名古屋大学出版会、二〇一〇年。初出は一九九二年）。
(20)市原陽子「室町時代の段銭について（Ⅰ）」（『歴史学研究』四〇四号、一九七四年）一九頁、註(12)において、「特定の造営要脚所課の国が選ばれているし、その国々においても荘園への所課はなく国衙領に限られていた」とされている。
(21)小山田義夫「承久の大内裏再建事業について」（『流通経済大学論集』一〇の四〈通巻三七号〉、一九七六年）で整理されている。
(22)『吾妻鏡』建長二年三月一日条。
(23)『吾妻鏡』建長三年六月廿一日条。
(24)註(12)前掲。
(25)網野善彦「荘園公領制の成立過程」（『日本中世土地制度史の研究』塙書房、一九九一年）。また吉岡敏幸「和泉国国衙領支配と別名制」（『日本史研究』一八四号、一九七七年）は、有力農民である刀禰が、平安末から鎌倉初期にさかんに開発を行ない、別名が成立したと述べる。
(26)柴田房子「家司受領」（京都女子大学『史窓』二八号、一九七〇年）など。
(27)槇道雄「公卿家領の成立とその領有構造」（『院政期時代史論集』続群書類従完成会、一九九三年。初出は一九八六年）。
(28)その結果、中原師遠は「祖父安芸守毎年所得米万石、大筏二艘、榑十万寸、雑穀八千石」であったのに対し、摂津守である自分は「所レ徴庶米一年不レ及二十石一」と記しているように（「大外記中原師遠記」『歴代残闕日記』所収）、受領の収入は急激に減少した。そのため、朝廷経済も影響を受け、「年中行事中第一大事也」とされている御斎会行事において、毎年調達していた大幔を、「保元二年以後為レ憂二諸国一、省二公用一、待二破損一可二切充一之由、被レ下二知大蔵省一了」（「新任弁官抄」『群書類従』第七輯所収）とあるなど、用途の縮小に取り組んでいる。相撲節や外記所充など、このころに断絶した行事が多く見られるが、このような年中行事縮小の対象とされたのだろう。

(29) 川合康「治承・寿永の『戦争』と鎌倉幕府」（『鎌倉幕府成立史の研究』校倉書房、二〇〇四年。初出は一九九一年）

(30) 『吾妻鏡』文治三年四月廿九日条に記載されている公卿勅使伊勢国駅家雑事勤否散状事という注進状は、国衙在庁によって作成された国役対捍者を注進したものである。

(31) たとえば、註（30）の史料では、伊勢社に派遣される公卿勅使の駅家雑事役を地頭らが対捍したことを伝える注進状が、在庁官人によって幕府に提出されていることがわかる。国衙在庁がこのような注進状を進めるのは、幕府が国衙在庁指揮権をもち、さらに地頭の任命権をも有していたからであろう。

(32) なお、非地頭補任地については、関東分国を除いて、鎌倉幕府は直接関与しなかった。

(33) 『民経記』仁治三年二月十二日条。

(34) 『玉葉』文治五年十二月三日条。

(35) 『吉続記』文永八年八月廿日条。

(36) 『吉続記』文永八年九月廿四日条。

(37) 即位儀礼の一つである八十嶋祭が、天皇茂仁（後堀河院）即位にともなって元仁元年十二月に行なわれたのを最後に断絶したのも、行事縮小の一環であろう。

(38) 久保田和彦「国司の指摘権力機構の成立と構造」（『学習院史学』一七号、一九八一年）。

(39) 朝廷の武力放棄については本郷和人「承久の乱の史的位置」（『中世朝廷訴訟の研究』東京大学出版会、一九九五年）を参照。

(40) （貞永二年）四月八日付「尊性法親王書状」（真経寺所蔵法華経裏文書、『鎌』四四七〇号）には、「近来之使庁有若亡之間、武家なとに被二下渡一候歟。不レ然者於二使庁一も、けにく〳〵しく可二禁固一之由、可レ被二仰下一候」とあり、拒捍使として起用されていた検非違使が、当時有名無実となっていたことがわかる。また、十三世紀中期の検非違使は、そのほとんどが法曹官人によって占められているが、検非違使がそのようになったのも承久の乱以後と思われる。

(41) 網野善彦『日本中世土地制度史の研究』(註25前掲)など。国衙領の割合は、七割をこえる国から、一割程度の国までさまざまだが、平均すると半分程度と思われる。

(42) 『吾妻鏡』文治五年三月十三日条。

(43) 『玉蘂』建暦二年三月廿二日条(『鎌』一九二一号)。

(44) 寄進による国衙領の減少については、上村喜久子「尾張三宮熱田社領の形成と構造」(『日本歴史』二九四号、一九七二年)などを参照。

(45) 正応二年三月日付「安芸国衙領注進状」(田所文書、『鎌』一六八六三号)によると、温科村の国衙領六三町八反小のうち五四町七反六〇歩が正税を免除されており、佐西郡では、七五町一反六〇歩のうち六二町四反小が免田となっている。

(46) 他にも、嘉禎二年十月日付「尾張国司庁宣案」(性海寺文書、『鎌』五〇七五号)には「近来在庁国民等恣語二取眼代以下之免判一、引二募神領一之間、公領減失正税如レ無」とある。

(47) 弘長三年八月十三日付「亀山天皇宣旨」(「公家新制」『続々群書類従』第七所収、『鎌』八九七七号)。

(48) もちろん、ここで国司が地方行政官であることを否定したわけではなく、朝廷経済体制の根幹を担うような立場ではなくなったことだけを示している。国司はこれ以降も、地方行政官として国衙との結びつきをもっており、国衙の濫妨が訴えられたときには、その国の国司が尋問されている(東寺百号文書、ウ函二三の三号)。

(49) 鎌倉時代の国衙の機能については、白川哲郎「鎌倉時代の国衙と王朝国家」(『ヒストリア』一四九号、一九九五年)が、①国衙領とそれに準じる地域への支配権、②国衙関係諸職の補任権、③訴訟裁定権、④一国検注権、⑤一国平均役などの徴収権、⑥正税や「国衙年貢」の賦課・徴収権、⑦「国衙文書」の保管・管理・調進権、⑧祭祀権、⑨交通路の管理、⑩商業統制、⑪大規模勧農権、⑫軍兵徴募権をあげている。この中には、実際には鎌倉幕府によって担われたようなものも含まれているが、鎌倉時代の国衙が地域においてどのような役割を担っていたのかがよくわかる。

(50)『明月記』安貞元年九月廿五日条。

(51)律令体制は、典型的な中央集権体制であった。だが、延喜の国政改革により、地方行政が各国の受領に委譲された（坂本賞三『日本王朝国家体制史論』東京大学出版会、一九七二年）。次に、十・十一世紀には、民部省勘会制度が官司に委譲されるなどの中央官制の統廃合が進められた（福島正樹「民部省勘会の変質と家産制的勘会の成立」『紀尾井史学』一号、一九八一年。佐藤進一『日本の中世国家』岩波書店、一九八三年）。更に十二世紀には、前述のごとく、国衙組織からの独立が進む。荘園公領制とは、このような律令国家の成立に始まる中央集権体制が地方へ委譲されていく過程の中に位置づけることができるのではないだろうか。

(52)『吾妻鏡』承元三年五月十二日条からは、和田義盛の受領任官が「故将軍御時、於二侍受領一者可二停止一之由、其沙汰訖」となっていたことを理由に許されなかったことがわかる。

(53)『吾妻鏡』建長二年十二月九日条には、野本次郎行時の父時員が、「属二越後入道勝円一在京之時、付二彼内挙一」能登守に任じられたことが記されている。この越後入道勝円は六波羅探題北条時盛であり、元仁元年六月から仁治三年正月までその任にあった。野本氏は侍層の者であろうから（『尊卑分脈』三―324・404頁）、侍層は受領になれないとする制約は、承久の乱後には適用されていないものと思われる。

(54)幕府御家人の成功による任官については、青山幹哉「王朝官職からみる鎌倉幕府の秩序」（『年報中世史研究』一〇号、一九八五年）、上杉和彦「鎌倉幕府と官職制度」（『日本中世法体系成立史論』校倉書房、一九九六年。初出は一九九〇年）、金子拓「鎌倉幕府の御家人任官統制政策」（東北大学『歴史』八〇号、一九九三年）などがあるが、いずれも鎌倉幕府とその御家人を対象としており、成功が元来、朝廷経済の臨時措置的役割を担っていたものであるという視点を欠いている。鎌倉幕府が朝廷経済を保護していることは明白であり、同様のことが御家人の成功に対してもなされていたと考えられる。

(55)上杉和彦「鎌倉幕府と官職制度」（註54前掲）五五頁の表を参照。これによると、嘉禎四年の公定額は、左右衛門尉が一万疋、左右兵衛尉は七〇〇〇疋である。しかし『葉黄記』宝治元年三月十一日条からは、左右衛門尉が七〇〇～八〇〇疋、左右兵衛尉が四〇〇～五〇〇疋となっており、いずれも低額である。

(56) 金子拓「鎌倉幕府の御家人任官統制政策」(註54前掲)では、官途奉行は恩沢奉行から分離新設されたものであり、その時期は建治三年以前にさかのぼるとされている。

(57) それぞれの初見は以下の通り。成兼は『兵範記』久寿三年二月二日条、成挙は『吉記』承安三年六月九日条、成弘は『猪熊関白記』建仁三年三月廿五日条、成村は「禰家抄」安貞三年正月廿一日(『大日本史料』第五編第五巻、四三七頁)。

(58) それぞれの初見は以下の通り。国貞は『中右記』永長二年正月卅日条、国元は永久二年八月廿六日付「官宣旨案」(東南院文書、『平』一八〇八号)、国宗は『中右記』永久二年十二月廿四日条、国盛は『中右記』保延二年十一月四日条、国保は『玉葉』治承二年正月廿八日条、国能は「清原良業記」元久二年正月七日条、国経は『三長記』元久三年四月三日条、国清は『民経記』天福元年四月十六日条。

(59) 中原利義は、弘安十年(一二八七)から正応元年(一二八八)まで六位外記を務めて辞任したが、正応二年に還任して永仁四年(一二九六)まで在職した。またたとえば永仁元～三年には、叙爵・新任がおらず(死殁減員二名)、永仁四年に二名が補されたものの(死殁減員一名)、永仁五・六年は再び叙爵・新任はいない。

(60) 紀忠直は、仁治三年三月十一日には左史生であったことが『東大寺続要録』(『続々群書類従』第十一所収)宝蔵篇から判明するが、『平戸記』寛元三年正月十三日条には左少史として現れる。

(61) 十三世紀に紀氏で六位史となった者は、信兼・忠直・光忠・国直・定直・忠弘の六名が判明している。なお、このころに紀氏で史生として見える者の初見は以下の通り。康直は『玉蘂』寛喜元年十月廿日条、職光は「春日社司祐茂日記」嘉禎二年四月一日条、景直は「春日社神事日記」仁治二年十月十八日条、光朝は『東大寺続要録』宝蔵篇の寛元四年九月廿二日。

(62) たとえば、『平戸記』仁治元年正月廿二日条で左衛門尉を兼ねている中原宗継と左兵衛尉を兼ねている中原有貞はそれぞれ、左少史・右少史であった。さらに寛元二年十一月七日付「後嵯峨天皇宣旨」(『図書寮叢刊壬生家文書』二号)には、「右大史兼左衛門少尉春宮大属中原(成村)」が見える。また『実躬卿記』正応五年二月廿七日条では中原言為が、同年五月廿三日条では中原俊有・中原国秀が、それぞれ右少史を「兼任」しているので、六位史となる以前から何らかの官職を帯びていたことがわかる。

(63)「検非違使補任」(『続群書類従』第四輯上所収) 正嘉二年。

(64) 史生として現れる中原氏では、康重が文暦二年九月六日付「官宣旨案」(根津美術館所蔵文書、『鎌』補一一七〇号) に見える。六位史では中原康綱がいるが、康綱はもともと源朝臣姓であって系譜はつながらない。その点は、橋口裕子「中原康富と清原家との関わり」(広島大学国語国文学会『国文学攷』一一九号、一九八八年)、拙稿「中原康富の家系とその周辺」(『京都市歴史資料館紀要』二〇号、二〇〇五年) を参照。ただし養子・猶子などの関係があった可能性は残る。

一方、「俊」「景」などの字を名前にもつ中原氏については、詳細は不明。ただ十三世紀初頭に六位史であった中原俊職は、蔵人所出納から六位史になっている。この後裔が承久以降の中原氏につながるのかもしれない。なお中世の外記については、松薗斉「中世の外記について」(『日記の家』吉川弘文館、一九九七年。初出は一九九四年) があり、主に局務家の成立について論じているが、一部中原康富の系譜関係にも触れている。

(65) 高橋氏は、『猪熊関白記』元久三年四月十六日条に左史生高橋康職が見え、『玉蘂』承久二年四月十五日条に左史生高橋資職が現れる。そして、「大外記中原師右記」延慶四年正月五日条で左少史高橋景職が見え、同じ「職」字を有することから、高橋氏は史生から六位史へ進むようになったと考えられる。

(66)「職原抄」(『群書類従』第五輯所収) には、「史生二十人、大臣以下判授之職也。居₂其職₁者多転₂史₁」とある。

(67)『晴富宿禰記』・『長興宿禰記』から、文明七年から十三年間の官史の編成がほぼ判明する。それによると、左大史二名は小槻氏の壬生・大宮両家が占め、残り六名(右大史二名・左右少史各二名) を、高橋・安倍・中原各氏が二名ずつ占めている。高橋・安倍は小槻氏の家人であり、中原は大外記清原氏と関係が深い。拙稿「中原康富の家系とその周辺」(註64前掲)。

(68)「景」を名にもつ者では中原仲景、「俊」を名にもつ者では中原俊清がそれに当たると思われる。前者は天福元年、後者は嘉禎二年から登場する。ただしともに既に右大史であり、初見の数年前から六位史であったことは確実である。

(69)「国」を名にもつ中原国清は天福元年四月十六日まで、「成」を名にもつ中原成村は寛元二年十一月七日まで確認できる。

(70) 遠藤珠紀「官務「家」・局務「家」の成立」(『中世朝廷の官司制度』吉川弘文館、二〇一一年。初出は二〇〇二年)では、文永十年を大宮・壬生「両家分立の画期」としている。大夫史に限れば画期として有効だろう。しかし六位史の編成は、大宮・壬生両家の分立に先だって、壬生流小槻氏のもとで定まっていった。

(71)「外記補任」弘安十年。

(72)「外記補任」正応元年。

(73) 玉井力「官司請負制」(朝日百科日本の歴史別冊　歴史を読みなおす3『天武・後白河・後醍醐』朝日新聞社、一九九四年)には、「彼らは(中略)師弟関係を紐帯として局務家に仕え、家司的な役割を果たす存在であったと推測される」(五六頁)とある。

(74) 遠藤珠紀「外記局における中世的体制の成立」(『中世朝廷の官司制度』吉川弘文館、二〇一一年。初出は二〇〇八年)。

(75) 島津氏については、野口実「惟宗忠久をめぐって」(『立命館文学』五二一号、一九九一年)を参照。

(76) 松田和晃・利光三津夫「古代における中級官人層の一系図について」(『法学研究』五六巻一・二号、一九八三年)を参照。またこれらの他、出雲国へ下向した惟宗氏がいたことも見える。

(77) 広元は嘉応二年十二月から承安三年正月まで外記であり(「外記補任」)、康信は応保二年正月廿七日に右少史へ補任されている(『山槐記』)。

(78) 三善康信とその弟らの後裔は、数人だけが外記に補されている。しかし康信後裔は町野・問注所・矢野・大田・椙杜などと称し、問注所は筑後に、椙杜は周防に土着した。一方、康信弟の行倫・康清後裔は、矢野・飯尾・布施などと称し、室町幕府奉行人として京都でも活動した。

(79) たとえば主殿寮年預職を世襲した伴氏の一族は、鎌倉で鶴岡八幡宮神主となっている。なお永井晋「鶴岡八幡宮神主系図にみえる院政期の伴氏について」(『金沢文庫研究』二八五号、一九九〇年)を参照。その他の鎌倉下向官人については、米谷豊之祐「中原広元・親能の関東来附の経緯について」(『大阪城南女子短期大学研究紀要』六号、一九七一年)、目崎徳衛「鎌倉幕府草創期の吏僚について」(『三浦古文化』一四号、一九七四年)を参照。

(80) たとえば、中原成村は安貞三年から寛元二年まで足かけ一六年間、安倍盛広は文永七年から正応二年まで足かけ二〇年間史料上に官史として現れる。しかし中には、数年で叙爵する者もおり、すべての官史が長期間在任したわけではない。なお官史は、外記のように定員が増加することはなかったので、長期間在任する者が多いほど、一定期間に任官できる人数は少なくなる。

(81) 『公衡公記』正和三年十月一日条では、西園寺実氏室貞子の十三回忌法会において、家司三善春衡が奉行を務めているなど、三善一族の名を多数見いだせる。

(82) 曽我「実務官人の『家』と家業の継承」(『王朝国家政務の研究』吉川弘文館、二〇一二年。初出は一九八五年)。

(83) 『後二条師通記』永長元年三月廿九日条には、「大夫史祐俊申云、以二肥前守重綱子一所レ仕二養子一也」とあるが、諸系図にはそのような人物は見られない。また中原業長は、中原師業の猶子と称しているが(『平』三六六一号)、これも見当たらない。なお拙稿「外記考証・補遺」(『季刊ぐんしょ』六八号、二〇〇五年)も参照。

(84) 「外記補任」承元二年。

(85) 「外記補任」弘安十年。

(86) 『吉記』承安三年六月九日条。

(87) 笠松宏至『徳政令』(岩波書店、一九八三年)一六五頁。

(88) 『徒然草』第二〇六段(同様の話は、「小槻季継宿禰記」にも記される)。なお『同』第二〇七段には、御所の建設予定地に蛇が大量に現れたため不吉とされたが、徳大寺実基が王土に棲む蛇が祟りをなすとは考えられないと主張して除去させた話が載る。

(89) 笠松宏至『徳政令』(註87前掲)一三五頁には、「現実に法を近づけるか、現実を法によって改めようとするのか、どちらにしても、立法者の眼が宮廷外の現実に向けられ、それとの対応で法がつくられた」とある。また、本郷和人『中世朝廷訴訟の研究』(註39前掲)七七頁では、「世の乱れを直接に調停の不備に結びつけて捉え、徳政の語のもとにそれを能動的に取り組むことを主張し、また実行している点に、道家と彼を首班とする朝廷の、支配者としての自覚の進展をみることができる」と述べ、既に九条道家政権下において、同様の傾向を読みとっている。

(90) 岡田智行「院評定制の成立」(『年報中世史研究』一一号、一九八六年)、藤原良章「公家庭中の成立と奉行」(『史学雑誌』九四編一一号、一九八二年)、本郷和人『中世朝廷訴訟の研究』(註39前掲)など。

(91) 石田祐一「諸大夫と摂関家」(『日本歴史』三九二号、一九八一年)。

(92) 建長五年付「近衛家所領目録」(近衛家文書、『鎌』七六三一号)には、調子庄の項に「普賢寺殿時武守寄進」とある。また、その子孫が「調子」を名乗ることは、『地下家伝』などに見える。なお、中原俊章「中世随身の存在形態」(『ヒストリア』六七号、一九七五年)を参照。

(93) この他、近江国龍華庄下司職などを有していた陰陽博士安倍氏などがある。近江国龍華は、安倍氏が深く関与した四角四境祭が行なわれる場所の一つであり(『図書寮叢刊壬生家文書』二五六四号など)、所領獲得にあたって何らかの関与があったのかもしれない。なお、安倍氏が下司職を獲得したのは寛喜元年以前である(土御門文書、『鎌』三八三九号・三八四九号)。

(94) この二つの傾向は、互いに相容れないものではなく、両立している。たとえば、局務中原氏は、摂関家領遠江国浅羽庄領家職を十三世紀初頭から相伝している。

(95) 「諸大夫」という言葉は、元来四位・五位の貴族をさす身分呼称であったが、後に公卿に仕える者をさすようになる。本論では、誤解を避けるため、後者を「諸大夫」と括弧付で記す。なお百瀬今朝雄「諸大夫に関する一考察」(『弘安書札礼の研究』東京大学出版会、二〇〇〇年。初出は一九九三年)を参照。

(96) 伊東正子「室町時代における公家の家政機関」(『日本歴史』四六二号、一九八六年)。

(97) 井原今朝男「摂関家政所下文の研究」(『日本中世の国政と家政』校倉書房、一九九五年。初出は一九八一年)。

(98) ただし井原氏は、家司の人数が不安定であったことの根拠として、文書の署名人数が不安定であることをあげているが、それは院政期でも同様であり、文書の署名人数即家司の人数とは考えられないのではないだろうか。

(99) 井原今朝男「鎮西島津荘支配と惣地頭の役割」(『日本中世の国政と家政』註97前掲、初出一九七七年)では、摂関家政所の下家司が十二世紀半ば以降には惟宗・中原・安倍の三氏によってほぼ独占世襲されていることが指摘されている。

(100)　年月日未詳「九条道家遺誡」（『図書寮叢刊九条家文書』三号（1））。

(101)　「官司請負制」に対する佐藤進一氏の定義は、「特定の氏族が特定の官職に世襲的に就任し、さらには特定の氏族が特定官庁を世襲的に運営する」ことである（『日本の中世国家』二五頁）。この「官職」を「役職」に、「官庁」を「公卿の家」に入れ替えれば、公卿の家政機関における官人編成をさすものになるのではないか。つまり、官司請負制と公卿の家政機関内の官人編成とは、場が異なるだけで、その内実には大差はないと考える。たとえば、佐藤氏が官司請負制を考える際に指摘した、官職の独占世襲化が家政機関内でも見られることは既に指摘されている。また、官司の再編成についても同様で、家政機関内には多くの所々が見られるようになり、また家政機関職員であった家令がみられなくなっていくなどの変化を指摘できる。つまり、官司請負制と同様の変化が朝廷諸司のみでなく、広く一般に進行していたと考えられる。

(102)　湯川敏治「戦国期公家日記にみる家政職員の実態」（『ヒストリア』一二〇号、一九八八年）では、「家政職員の生活は基本的には、主家の荘園経済の下に成立していた」（一〇一頁）とまとめられている。

(103)　『玉蘂』嘉禎三年（一二三七）正月一日条には、小槻季継が九条道家の家司であることが見え、文暦二年九月六日付「官宣旨案」（根津美術館所蔵文書、『鎌』補一一七〇号）には、左史生中原康重が摂関家政所使であることが見える。また『玉蘂』寛喜元年（一二二九）十月廿日条には、姫君政所案主として、左史生高橋康職と右史生紀康直が見える。

(104)　中原成村は寛元元年（一二四三）八月十日に東宮大属を兼ね（「妙光寺除目部類」）、中原俊員は正応二年（一二八九）四月廿七日に東宮大属を兼ねている（『実兼公記』）。

(105)　『図書寮叢刊壬生家文書』八三号の採銅所領大江氏の系図からは、十二世紀からこの職が世襲されていることがわかる。

第二部　平安時代の文簿保管

第四章　平安時代前中期における文簿保管策

はじめに

十世紀以降に多出する日記史料からは、朝廷政務の実態をかなりくわしく知ることができ、「勘申」や「引勘」などの作業が頻繁に行なわれた様相がうかがえる。公卿らは政務上何らかの判断を迫られたとき、過去の実例（先例）を把握して判断の資とするために、「勘宣旨」の下達によって先例を調査させるのであるが、(1)専門的な知識を要する一部の案件を除いて、多くは外記に命じられた。(2)外記は外記日記を連々と書き記し、日常政務の大部分を把握できる立場にあったためそのような役割を担ったのであり、外記日記などの関係書類は外記庁内の文殿に(3)保管されていた。つまり、王朝国家の日常政務は、外記文殿などに保管された文簿に(4)依拠して政策判断が行なわれていたともいえるのである。

一方、律令制が本格的に導入されはじめた八世紀、政務は律令にしたがって行なうよう定められた。(5)しかし、政務運営の実務にかかわるすべての事項が律令に定められていたわけではない。各官司は、それぞれの職務遂行に必要な「記文」や「例」といった細則を作成・保管し、律令に定められていない政務作業はそれによって処理された。(6)前段行文と対照すれば、律令国家期と称される八世紀も、王朝国家段階と呼ばれ中世の始まりとされる十世紀も、実務は主に官庁に保管される情報（先例など）に基づいてなされていたといえよう。

このように考えるならば、朝廷による文簿保管は、古代以来中世にも引き継がれた政務補助作業であり、政務上、きわめて重要な位置を占めていたといえよう。したがって、実際にその作業を担った文殿も重要な政務補助施設の一つと位置づけられるのである。

ところが、朝廷の文簿保管に関する研究は少なく、戦前は図書館前史としてあつかわれ、文化政策上の問題と位置づけられていた(7)。戦後になって橋本義彦氏が官文殿の政治機構上の役割に言及し、政務の先例となる文簿を記録・保管していること、官文殿は十一世紀半ばまでに衰退し、以後は小槻家の官務文庫が代役を果たすようになることなどを指摘し、その後の研究の基礎が築かれた(8)。しかし橋本氏は、官務小槻家の確立過程解明の一環として官文殿を取りあげたため、十世紀以降の動向にしか触れていない。その上、外記庁内の保管施設にはほとんど言及していない(9)。この姿勢は以後の研究にも受けつがれ、官文殿を取りあげた黒滝哲哉氏、外記局に言及した松薗斉・中野淳之両氏の研究が注目されるが、いずれも、橋本説の枠組みをでるものではない(10)。

以上のように、朝廷における文簿保管の研究は、主にその制度的変遷とその要因をあつかい、橋本説を原型とするものであった。しかも官文殿などを官務文庫の前史としてとらえる姿勢をも受けついだため、研究の対象と時期をきわめて狭いものにしている。確かに、政務運営との関連が全く指摘されていないわけではないが、「音声から文書へ」といった抽象的な説明に止まり、政務補助という役割が十分に明らかにされたとはいいがたい。また研究史上、橋本氏の研究が高く評価されるのは当然であるが、決して文簿保管策の全体を示したものではない点は留意しておかねばならない。その点、奈良時代から院政期に至るまでの太政官系文書の保管状況を明らかにした鈴木茂男氏の労作が参考となるが、氏は保管を「文書本来の機能に附随させて考えるべきこと」ととらえ、政務の一環としての文簿保管という視点はなかった(11)。文簿保管が、八世紀以来永く朝廷の政務運営にとって重要な作業であった以上、橋本・鈴木両氏をはじめとする先賢に学びつつ、当初からの実態や政務との関係を明らかにする必要があろう[12]。

第一節　外記庁での文簿保管

本節では外記局の文簿保管機能について述べ、保管場所・開始時期・保管文簿の概要などの分析から、当該期の政務運営との関係を明らかにする。

1　外記による文簿保管

「文殿」と称される文簿保管施設が外記庁内に初めて確認されるのは、管見によると延喜太政官式中の「太政官及左右文殿」という記述である。ここにいう「太政官（文殿）」と「左右文殿」のうち、後者は（左右）弁官局の施設と考えられるので、前者が外記局の施設に相当しよう[13]。しかし外記庁では、弘仁十二年（八二一）から「外記曹司」と表記される場所に文簿を保管していた[14]。更にほぼ同時期には、外記がその管理に携わっていたことを想定しうる史料がある。

応レ検二収使司所レ進文記一事

右被二右大臣宣一偁、凡厥文記本備二遵行一、若有二失錯一何足二准拠一。而今掌客文記錯誤者多。此是外記不レ加二検察一所レ致也。自今以後、諸使文記、宜二細披検而後収置一。即彼収帳録二検人名一若有二失錯一随時科附。

弘仁六年正月廿三日　大外記豊宗宿禰広人奉[15]

ここでは、「使司所レ進文記」に錯誤が多いため政務の准拠としがたい状況が問題とされ、その原因を「外記不レ加二検察一所レ致也」と外記の怠惰に求め、今後は「細披検而後収置」する旨を定めている。すなわち外記には、文簿を外記庁内に収納するだけでなく、記載人名を点検するなど細部にわたって検査を行ない、正確な情報の把握につとめつつ、文簿の管理にあたる役割が期待されていたのである。

このように、文簿保管に対する外記や外記文殿の関与は弘仁年間から見いだされる。該期には儀式書の編纂などによる朝廷儀式の再整備が行なわれ、外記もそれにかかわったことが指摘されている。更に前掲の宣旨と同日付の宣旨によって、外記日記が公日記としての権威を与えられた(16)。つまりは、外記が朝廷の情報を管理する体制が、弘仁年間に急速に整備されていったといえよう。だが外記によるそうした活動時期は、更に遡及が可能である。

外記による情報の把握という点に関しては、外記日記の作成が思いおこされる。外記日記がいつから書きはじめられたかはわからないが、もっとも古い逸文は延暦九年（七九〇）の「外記別日記」とされる(17)。さらに、十二世紀末の大外記清原頼業の勘申に引用された延暦十年の官符は、正文が「結政長案」に伝存しており、十一世紀半ばの大外記小野文義は、「外記長案」の中に宝亀十一年（七八〇）の太政官符のある旨を勘申している(18)。「結政長案」とは、結政所（外記庁南舎）内に保管されていた長案をさすのであろうから、「外記長案」とは同一のものであろう(19)。それゆえ、もし頼業と文義の勘申が正確であれば、八世紀半ば以降の官符案文が、外記文殿に保管されていたことになる。つまり「外記別日記」と「外記長案」の存在により、平安遷都以前から外記が文簿管理に携わっていたと推測できるのである。

八世紀半ばから、外記がかかる職務を帯びていたとすれば、養老公式令における文簿保管策を一瞥しておく必要が生じるだろう。同令中に定められた二十一の文書様式の内、「留めて案と為」すことを義務づけられたのは、詔勅以下の六様式にすぎない。だが実際には、令文中に定められていなくても、符や位記のように発給者が保管する事例も多かった[20]。令文中に定められた保管場所に外記局はないが、「太政官」の名が見えるので、外記が何らかの形でその作業に関与していたのは間違いなかろう[21]。

また同令文案条からは、保管文書の種類や保管の方法を具体的に知ることができる。

> 凡文案、詔勅奏案及考案、補官・解官案、祥瑞・財物・婚・田・良賤・市估案、如レ此之類常留。以外年別検簡、三年一除レ之。具録二事目一為レ記。其須レ為二年限一者、量レ事留納。

これにより、既に『養老令』で、永年保管する文簿の種類を限定し、他は三年だけ保管してから廃棄するように定めていた事実が判明する[補1]。ただし『令義解』公式令文案条では「詔勅奏案謂二其便奏小事一、不二必常留一也」と、「詔勅奏案」でも便奏や「小事」（後述）の文簿は廃棄を容認する見解を示しており、令で「常留」すべしと定められた文簿でも、実際には廃棄されたケースも多かったと想定できる。またここで保管を定められた各種の文書が、その通りに保管されていないことも指摘されている[22]。

このように、八世紀の文簿保管策では、保管期限の設定や政務に必要ない文簿の廃棄が定められており、できるかぎり保管量を減らそうという意図が読み取れる[23]。「太政官」での文簿保管にも、かかる方針が貫かれたに相違ない[24]。後に「文殿」が現れるまで、保管に携わる特定施設の名が見えないのも、このような整理策が機能したゆえに、広い保管スペースを必要としなかったためであろう[25][補2]。

2　外記文殿の収蔵物

表4―1は、十世紀前後に外記文殿に収蔵されていたことが明らかな文簿の一覧である。同時期に確認できる官

文殿所蔵品が長案・解のみであることとくらべると、[26]はるかに多種類の文簿が所蔵されていたといえる。しかも外記文殿所蔵品は、単に種類の多さを誇るだけでなく、下述するように、もっとも信頼できる情報を選別して集積したと評価できるのである。

まず長案について。これは『西宮記』巻七（結政請印事）に「官写二一通一為二長案一、請印後、外記又写二一通一為二長案一」とあり、外記局は請印後の官符を写し取り、保管していた。原本ではないものの、捺印直後の文書、つまり発効文書から直接写し取られた長案は、最良質の写本だといえる。官文殿所蔵の長案が、捺印前の効力のない文書からの書写であるのと比較すると、両者の質の違いは明らかである。[補3]

長案以外の文書類に関しては、入手可能な場合、正本を納入するように指示しているのが注目される。

少外記紀延年仰云、左大臣宣、検二諸司例一式兵両省除目之下名書二三通一、一通奉二蔵人所一、一通外記・官各入二一通一。而女官下名中務省独領納而不レ進二所所一。此不レ可二理然一。宜下自今以後於レ省書二留案文一、正書即進中外記上者。

延喜六年十二月十三日　少録秦永世奉[27]

この口宣は、女官除目の際の下名正本が、従来は中務省に渡されていたのを改め、今後正本は外記局に渡し、中務省は写本を保管するよう命じている。また承和九年（八四二）五月廿六日付宣旨では、『九経難義』などの典籍計七巻を書写させ、正本を外記局に進めさせている。[28]

律令の運用のために各官司が保管した文簿は、官符や省符も参照して作成されたであろうが、かかる参照文書は複数の官司が必要とし、複写が求められた。その作業は、各官司の史生が担当したであろうが、筆写には誤写の可能性があり、不正確な写も存在したに違いない。[29]それゆえ、逆に正本こそが政務運営においてもっとも確実・正確

表４－１　外記文殿の収蔵物

名　　称	典拠史料	備　　考
施薬院告朔帳	弘仁４年正月１日付宣旨（＊）	以前は弁官局で保管
皇親籍３巻（延暦８年作）	弘仁12年11月４日付宣旨（＊）	正親司より移管
勘出帳１巻（延暦８年作）	同上	同上
九経難儀３巻	承和９年５月26日付宣旨（＊）	正本を外記局に移管
三伝難儀１巻	同上	同上
諸儒評論九経難儀１巻	同上	同上
三史難儀１巻	同上	同上
陰陽難儀１巻	同上	同上
外記公文	貞観５年５月27日付宣旨（＊）	撰式所に充て行なう
伊勢斎宮記文３巻	仁和２年６月７日付宣旨（＊）	弁官に写させる
除目下名	延喜６年12月13日付口宣（別）	（本文参照）
天長格抄１部30巻	延喜12年６月９日付申文（＊）	勘解由使に貸与
除目簿	『貞信公記』延喜13年６月22日条	
官曹事類１部30巻	延喜14年９月10日付申文（＊）	勘解由使に貸与
大同抄１部30巻	同上	同上
代々大嘗会記文雑書	延喜14年９月21日付申文（＊）	撰式所に貸与
諸節会及諸祭等日記	同上	同上
外記長案	延喜18年３月17日付解（＊）	弁官抄符所に貸与
修文殿御覧	『貞信公記』延長３年12月23日条	宇多法皇に献進
駅鈴	天暦５年10月19日付宣旨（＊）	
三代実録１部50巻	『本朝世紀』天慶４年８月９日条	勅命により奉献
侍従見参	「小野宮年中行事」正月元正宴会事	
定文（付続文）	『北山抄』巻３（定受領功過事）	後には弁官局が保管
外印	『江家次第』巻第18（結政請印）	
外記日記	『扶桑略記』治暦３年４月27日条	欠失分を補充
霊鏡	『本朝世紀』久安３年６月12日条	
天満天神答詔使之詩草	同上	藤原頼長が見物・書写

註）典拠史料欄の「＊」は『類聚符宣抄』第６、「別」は『別聚符宣抄』を示す。

な典拠史料たりえたといえよう。つまり正本が外記文殿に納められたという事実は、もっとも正確な情報が外記局で集中管理されたことを意味し、各官司の職務遂行に必要な施行細則の原本の一括管理でもあった。各官司が、新たに文簿の写本を必要とした場合、外記文殿の原本から筆写する理由もそこにある(30)。

延喜太政官式には、外記文殿と官文殿の所蔵文簿は「不レ得レ出二闘外一」と定められており、原則として持ち出すことはできなかった。外記文殿の文簿を書写するには、太政官処分などの手続きが必要であり、加えて「事畢之後、即将二返納一」ことが前提であった(31)。

これに対して他の官庁では、たとえば民部省では「件年年減省官符・班符・宣旨等、民部史生村主忠茂為レ成二省符一請預之間、去夏之比其身死去。仍就二後家一尋求之処、已無二其実一」とあるように、長期間自宅へ持ち帰ることもできた。[32] 外記文殿の文簿が他官司の必要とする文簿の原本として、厳重に管理されていた一端がうかがえよう。

外記局が正本を一括管理した結果、各官司で政務処理の基準とされた先例（施行細目）に統一性が高まり、整合的な政務運営がもたらされたと思われる。弘仁期には儀式整備のために諸格式・儀式書が編纂され、それらが各官庁の保有する「記文」と深い関係を有していたことは従来から指摘されているが、[33] 如上のような文簿保管策の整備も一連の理念の反映と解釈できよう。

3　政務における文殿の役割

次に、外記文殿を重視するこのような文簿保管策が、当該期の政務運営といかなる関係をもっていたのかを考えたい。まず、政務遂行過程で保管文簿がどのように利用されていたかを確認しておく。

養老公式令の受事条によると、政務には大・中・小があり、それは「少事、五日程謂下不レ須二検覆一者上。中事、十日程謂下検二覆前案一、及有レ所二勘問一者上。大事、廿日程謂下計二算大簿帳一、及須二諮詢一者上」とあるように、「検覆」「勘問」の有無と対象となる案件の規模によって区分されていた。このうち「検覆」とは、『令義解』が「謂下主税勘二青苗簿一之類上也」と解説するように、恒例の案件で前年の帳簿などの資料と比較することによって、内容の不備などを点検する作業である。つまり、政務の中事と大事には、少なくとも前年の帳簿などの保管が所与の前提となっていたのである。これに対して小事は、「治部検二符瑞図一之類也」と『令義解』に解説されている通り、典籍などから関連記事を探すような検索作業であった。[34]

前述のように、「常留」を原則とする詔勅奏案でも軽微な案件や小事の場合は廃棄が容認されていたが、小事と大・

中事のこのような差を考え併せると、前者は検覆しないため関係書類を保管する必要がなかったと理解でき、保管の目的が検覆とかかわっていたことが明らかになる。

以上、養老公式令の検討から、文簿を保管する理由の一つとして政務における「検覆」の存在を指摘した。したがって、過去の文簿との比較・点検が政務遂行上の一過程であり、毎年恒例の政務では、一定量の過去の文簿を保管するのが一般的だったと推測できよう。だが、過去の文簿を必要としたのは恒例政務だけではない。日食などの突発的事件がおこった際にも、対処の根拠として先例が引勘される。[35] つまりほぼすべての政務において、文簿が何らかの役割を有していたと考えてよい。特に外記局においては、「抑局中文書毎㆑有㆓朝議㆒已備㆓拠勘㆒、尤為㆓要須㆒」[36]とされた。外記文殿の文簿は、政務の中でもっとも重要な朝議＝公卿聴政に備える情報基盤という役割を担ったのである。

叙上から、外記文殿の重視が公卿聴政に淵源するとの推測が生まれよう。そこで、文簿保管と政務の関係をより明らかにするために、政務の場所と形態に着目する。

公卿聴政には、朝堂院でなされる「朝政」、太政官曹司庁での「官政」、外記庁での「外記政」の三種が存在したが、奈良時代後期には、主に官政が行なわれていた。同時期の文簿保管策がうかがえる養老公式令を通覧すると、明記される保管場所はすべて「太政官」となっている。[37] 当該期に「太政官」と表現されるような建造物は太政官曹司庁以外にはないので、[38] 官政のなされた場所のそのすぐ近辺に文簿が所蔵されていたと思われる。『大宝令』段階でも所蔵場所は『養老令』段階と同じとされるので、[39] 推測ではあるが、朝政から官政へ推移した導因に、朝堂院が文簿保管場所（太政官曹司庁）から離れていた不便性をあげることもできよう。いずれにせよ、外記政確立以前には、弁官局・外記局はともに太政官曹司庁内に文簿保管施設を有していたのである。

次いで延暦年間ごろから、公卿の内裏祗候にともなってその近辺で政務が行なわれるようになり、外記庁が政務の場に当てられるようになった。そして弘仁十三年には、外記庁での公卿聴政が官政とは別の位置づけを与えられ、外記政として制度的に確立する(40)。これを境に、日常政務の場が太政官曹司庁から外記庁へと移るのだが、当該過程は前述した外記文殿の成立過程とも合致する。つまり外記庁内で政務が遂行されはじめた延暦年間には、外記が文簿保管にかかわっており、外記政が成立した弘仁年間には、外記庁内での文簿保管を確認できる。かくして、外記文殿は政務の場所の推移と連動して成立したといえるが、次に両者が連動する要因を政務形態の側面から考える。

吉川真司氏の研究によれば、官政と外記政はともに「読申公文」形式の政務であり、申文には決裁の参考資料である「続文」は添付されていなかった(41)。政務がときに詳細な議論に及んだことは明らかだが、その際には内容確認などのために過去の資料が必要となる。敏速な処理を行なうには、政務の場の近くに資料となる文簿がなくてはならない(42)。官政・外記政ともに、その執務空間の至近箇所に文簿保管施設を有していたのは、かかる事情によるのであろう。

第二節　文簿保管策の弛緩とその対策

1　外記文殿と官文殿

設立当初の外記文殿は、特定の呼称をもたなかった。それが「文殿」と呼ばれるようになるのは十世紀以降である。前節で述べたように、外記文殿は必要に応じて徐々に形成されたため、当初は固有の称を冠せられるような整備された施設ではなかったといえよう。そして、この新設の保管施設が「文殿」と認識されたときに初めて、旧来からある太政官曹司庁内の施設が「官文殿」と呼ばれ、両者を区別するようになったと思われる。

太政官曹司庁内の文簿保管施設を「文殿」と称した初見史料は、延喜十八年（九一八）三月十七日付「右抄符史生石上善恒解」であり[43]、「左右文殿」という呼称は延喜太政官式を初見とする。しかし国史大系本延喜太政官式中で官文殿（左右文殿）が現れるすべての条項に「貞」の頭注があり、その条項が『貞観式』から存在したことを示唆している上[44]、外記文殿の形成に寄与した外記政の成立が弘仁十三年であるのを勘案すると、「外記文殿」「官文殿」という呼称が定着したのは弘仁から貞観の間と想定できる[45]。

ところが官・外記両文殿は、その性格に微妙な相異をみせている。確かに両者ともに文簿の保管に携わるが、官文殿はそれ以外に、勘文（続文）の作成[46]、四度公文勘会、四天王寺など四寺の惣用帳の覆勘[47]にも携わっている。このうち注目されるのは、勘文・続文の作成である。吉川真司氏が明らかにしたように、八世紀末から九世紀前半にかけて、政務形態は「読㆓申公文㆒」から「申㆓文刺文㆒」へと移行し、それにしたがって政務の参考資料である「続文」が申文に添え継がれるようになる[48]。その結果、外記文殿は政務中の諮問に備えるという役割から一部解放され、「続文」を作成する官文殿が代役を務めるようになるのである。

両者の違いは、職員の構成においても顕著である。両施設には、その役務遂行や維持・管理のために外記・弁官両局職員の中から幾人かが配置されていたが、官文殿の場合、別当（一人）には大夫史が長期間就き、預（四人）には左右弁官局から二人ずつの史生が一年交替で在任した[49]。この他にも「文殿使部」なる者も所見し、別当（大夫史）―預（史生）―使部という職員構成が復原できる[50]。このような整備された官文殿職員に対し、外記文殿で職員とわかるのは唯一「外記文殿」と呼ばれる史生だけである[51]。

こうした職務内容・職員構成の違いから、八世紀後半以降の政務形態の移行によって、官文殿は文簿保管だけを目的とするのではなく、それらを用いて政務処理の一端を担う事務組織的性格が強くなったのに対し、外記文殿は文簿保管を主目的とする倉庫的性格が強かったと推測される。

先学によれば、外記政は十世紀以降衰退してゆき、十一世紀初頭にはほとんど機能しなくなり、外記政始のような儀式に変容したとされる[52]。ところが前述のように、外記文殿は外記政での公卿聴政に資するために整備されたのであるから、申文への続文の添付や外記政の儀式化は、外記文殿の存在意義を低下させ、やがて荒廃へと導く事態が予想される。だが実際には下述のように、外記文殿はその存在意義を保ち続ける。

中納言源重光卿・権中納言同保光卿着二左衛門陣座一擬二庁政一。而弁史不レ着二結政所一。因レ之権少外記海広澄於二左衛門陣一申二上卿一云、（中略）上卿仰云、若有二先例一哉。可レ引二勘日記一者。外記広澄奉レ之還レ局、引二勘年々日記一専無二所見一。此由申二上卿一[53]。

公卿が陣座に外記を呼び、命を受けた外記が外記庁へ引き返して勘申作業を行なっていた事実が確認できる。十世紀以降、申文には続文が添付されることが多かったが、続文に記載されていない事項に関して疑義が生じたときには、内裏に程近い外記文殿の文簿が資料として利用されたのである。

十世紀以降、弁官局は朝廷経済の中枢という立場を鮮明にし、「官方」という呼称も生まれる。弁官局と外記局との間には、前者が経済関係を、後者が官人統括を司るという役割分担も決定してくる[54]。このような役割分担は、勘申の内容にも反映されたであろうが、それだけではなく、叙上のように、政務の判断根拠は官文殿が作成する続文によって示され、それ以外の随時に生じる出来事は外記文殿の文簿によって対処するというような、分担もなされていたのである。

2　機能減退とその対策

天延三年（九七五）十二月に外記文殿の文簿が「自然焼失」する事件がおこった(55)。更に清書などを担う史生の待遇の悪さによる職務怠慢もあいまって、十世紀後期には外記局の文簿保管状況は相当悪化していた。永延三年（九八九）四月十四日付太政官奏状には「大外記中原朝臣致時拝任之後、捜㆓尋局中文書㆒、以往文簿或以破損、或以紛失、所㆑遺不㆑幾。何況寛和二年以後長案・日記等無㆑有㆓其実㆒」とあり、この事態の原因を史生の待遇の悪さに求め、史生に昇進の希望をもたせることが機能回復につながるとしている(56)。文簿保管の実務を史生が担当していた事実が知られる一方、この要求は五月十七日付で容認されている。文中の中原致時の大外記就任が、右の奏状が出される直前の正月(57)であったのを考慮すれば、致時の着任後、恐らくは最初の対処だったと思われ、文簿保管機能の回復が外記局にとって喫緊課題であった状況が浮き彫りになる。

また外記文殿のかかる動きと同時に、官文殿にも同様の策が施されている。官文殿の機能も外記局と同様に低下気味であったことは、これ以前からも認められるが(58)、勤務する史生の補充と待遇の改善が求められたのである。表4―2からも知られるように、それらの施策は十世紀末に集中しており、当該期に官・外記両文殿の文簿保管機能の回復・強化が計られたといえる。

だが文書保管機能の低下は、史生のサボタージュだけに起因するものではなかった。

参議左大弁源朝臣道方伝宣、左大臣宣、年中所㆑給宣旨官符本書草案及臨時所所行事記文等、全納㆓文殿㆒、須㆑令㆓勘抄㆒。而如㆑聞近年間長案類書、既以脱漏、勘拠鎮致㆓其煩㆒、公事擁怠、莫㆑不㆑因㆑斯。是則所㆑奉史等早不㆑下㆓番史生㆒、黙而去㆑職之所㆑致也。宜㆘加㆓炯誡㆒、自今以後、件等文書慥令㆓弁度㆒、毎月実録、便続㆓番案主史生請文㆒、

表4－2　官文殿への対策

年月日	内容（典拠）
永観3年（ 985）正月13日	厨家案主民懐土が官文殿に兼仕する（7）
永延2年（ 988）5月16日	厨家案主村主正利が官文殿に兼仕する（7）
3年（ 989）5月17日	太政官幷左右弁官庁直抄符史生の待遇を改善（7）
21日	厨家案主淡海安延が官文殿に兼仕する（7）
長徳2年（ 996）正月23日	左右弁官史生の待遇を改善（7）
11月26日	厨家案主真髪部常景が官文殿に兼仕する（7）
長和4年（1015）8月1日	史の叙爵に条件を付ける（6）

註）典拠史料の数字は、『類聚符宣抄』の巻数を示す。

叙爵之時、相㆓加申文㆒、備㆑之進上㆖。立為㆓恒例㆒者。

長和四年八月一日　　　　左大史但波朝臣　奉[59]

この宣旨によると、長和四年（一〇一五）には、官文殿の所蔵文簿は「既以脱漏、勘拠鎮致㆓其煩㆒、公事擁怠、莫㆑不㆑因㆑斯」という状況であり、その要因は「所㆑奉史等早不㆑下㆓番史生㆒、黙而去㆑職之所㆑致也」とされている。官符などを作成した史が、その案文を官文殿当番の史生に渡さなければ、いくら史生を増員し待遇を改めても、官文殿に文書が保管されるはずもない。ゆえに「宜㆘加㆓炯誡㆒、自今以後、件等文書慥令㆓弁度㆒、毎月実録、便続㆓番案主史生請文㆒、叙爵之時、相㆓加申文㆒、備㆑之進上㆖」とあるように、奉じた官符などを渡した旨を証明する史生の請文を中文に副えなければ、史は叙爵できないようにされた。当時、史は任官後の臈次による「巡爵」が確立していたから[60]、この処置は大きな意味をもっていたであろう。

ところが他方、弁官・外記両文殿へのかかる対策が、当該期に集中したのは、平安遷都以後の文書行政の浸透によって保管を要する文簿が増し、収蔵容量をこえたためであるともされる[61]。確かに弘仁年間以後の文書行政の浸透や、八世紀後半から九世紀前半にかけての政務の再編成[62]などが指摘できる他、先述した永延三年四月の太政官奏状には「所㆑成之官文、二百張以上三百張以下。或連日不㆑絶、或隔㆓一両日㆒。其所㆓書写㆒之長案、猥積如㆑山」と史生職務の激烈さが述べられている。文書行政の展開にともなって、保管を要する文簿が増加していったのも事実であろう。

加えて、前掲の長和四年八月一日付宣旨中の文言には「年中所㆑給宣旨官符本書草案及臨時所所行事記文等、全納㆓文殿㆒、須㆑令㆓勘抄㆒」とあった。すなわち当時の官文殿は、宣旨・官符の本書と草案、臨時所所行事記文等のすべてを納める方針であったが、これを『養老令』段階と比較すると、文簿の保管基準に二つの変化が認められる。一つは、以前はたとえ宣旨であっても小事の文書は廃棄されたが、宣旨・官符はすべて保管したことであり、もう一つは新たに草案も保管の対象に加えられたことである。時期は特定できないが、この方針変更の結果、保管量が飛躍的に増加したことは疑いない。

しかし収蔵能力の破綻が主因であれば、対策は収蔵空間の増設か所蔵物の整理（廃棄）で事足りる。ましてや、外記庁内の一設備にすぎない外記文殿は、官文殿よりもはるかに小規模であったが[63]、先述の太政官奏でもスペースについては一言も触れず、すべてを史生の待遇の悪さに帰結させているのである。ここで思いおこしたいのが、前節で触れた『養老令』での文簿保管の原則である。当時の文簿保管策では文簿を政務での必要性にしたがって区分し、保管期限を設定して不要なものを順次に廃棄していくことによって、保管スペースの過度の膨張を防いでいた。文簿の整理は史生の職掌であったから、論理的には待遇の悪さから史生がこの作業を怠り、保管業務に支障をきたすようになったと理解できる。

実際、戸籍の場合には、整理・廃棄の不徹底が保管策の変更に直結していた。戸籍は、庚午年籍を永年保管する他、「五比（最近五つ分）」の保管が定められていたが、九世紀に入ると、「遠近粉雑、触㆑事多㆑煩」ため、右記以外の「遠年之籍」の排除が命じられた[64]。新しい戸籍が納入されれば、代わりにもっとも古い戸籍を廃棄すればよいのだが、それをしなかったため、大量の戸籍が未整理のまま雑然と積まれ、用をなさなかったのであろう。その後、天長九年（八三二）には、戸籍を収納する倉を封鎖し、新しい戸籍を入れるとき以外は開けないと定めている。所蔵空間にまだ余裕のあったことが明白な上、「所レ納戸籍、狼二藉庫底一、塵蠹已甚、難レ為二証拠一」と戸籍の破損が甚だしく使いものにならないことが庫の封鎖の要因とされているのである(65)。

以上より、十世紀の文簿保管機能の低下の要因は、業務を担う史生の報酬が少なく、保管業務に必要な整理・修繕作業を彼らが怠ったためと考えられる。たとえ文書行政の浸透によって保管を要する文書が増加しても、史生によって的確な整理がなされていれば保管機能が低下することはなかったのである。

3　十一世紀以降の文殿

前項では、官・外記両文殿の文簿保管機能の低下とその対策を述べたが、従来の研究では、これらの対策は失敗し、各公卿・官人の私設文庫がその代役を果たすようになると結論づけられている(66)。だがそれらの先行研究における挙証史料からは、むしろ以後も官・外記両文殿が引き続き機能していた事実が読み取れる。そこでまず、官文殿の衰退を示すとされる史料を再検討する。

まず『小右記』の二つの記事があげられる。一つは、寛仁二年（一〇一八）十二月廿九日条の「天台四至官符令レ尋二文殿一、不レ能二尋出一」という記事であり、もう一つは、治安三年（一〇二三）十二月八日条の次の記述である。

先レ是左大弁朝経参入、問二申文事一。有二国々司申減省・後不堪等一者（中略）一々見畢之中有二安芸海藻減省一。続二貞元三年例一。其後事レ之者多治雅輔也。而不レ続二其例一。仍問二大弁一、申云尋二文殿一無二符案一。但主税寮勘文云、立二用其料一無二所見者一。爰知二減省由一者。亦々尋二雅輔時符案一可レ令レ続由相示畢。

黒滝哲哉氏はこの二つの史料から、長和四年の宣旨（前出）が効果をもたらしていないと判断するが、「天台四至官符」や「（多治）雅輔時符案」は、いずれも長和四年以前の文書であるから、[67]その不在をもって同年の改善策が失敗に終わった証拠とは見なせない。同宣旨の効果を論じるのなら、長和四年以後の文簿保管状況を判断基準に据えるべきであり、むしろ先例の照合や勘文の作成を命じている事実からは、当時の公卿の官文殿に対する期待がうかがえる。

また曽我良成氏は「新任弁官抄」[68]の次の記載から官文殿の衰退を主張する。

行二諸事一弁先尋二代々符案於官一大夫史、披二見之一（中略）官中符案、永承頃以往多闕失云々。但抄符厨子在二官文殿一、天暦以往官符有レ之。

氏は特に「官中符案、永承頃以往多闕失云々」という部分に注目し、官文殿の振興策は一時的に好影響を及ぼしたものの、永承年間（一〇四六～五三）ごろからは衰退していったと論じた。[69]しかし、「官大夫史」とも記されるように、「官中」の「官」とは大夫史（小槻家）をさしており、官文殿を意味してはいない。読み取るべきは、小槻家が把握している文簿は「永承以往」不完全だが、官文殿の「抄符厨子」に「天暦以往官符」が納められていた状況である。したがって、この史料を根拠にして、官文殿が永承以降衰退し、小槻家の官務文庫が代役を果たすようになったとは断定できないのである。

それどころか、官文殿は十一世紀以後も引き続いて文簿保管・勘文作成の機能を有し続けている。表4―3には、十一世紀以降に作成された官文殿勘文とそれに引用された先例の年次を列記した。勘文に先例が記されている以上、それに関する何らかの史料が官文殿に保管されていたと考えられる。また長和四年以前の文簿についても、『小右記』の前掲部分から貞元三年（九七八）の文書の遺存を確認できる他、長保三年（一〇〇一）の仁王会請僧定文を官文殿から取り寄せている例もある。[70]官文殿は、長和四年以前からの文簿を保管しつつ、それ以後も保管量を増加させていたのである。つまり官文殿の機能は十一世紀以後も維持され、文簿保管や勘文作成に従事していたと考えてよかろう。

一方、外記文殿では、治暦二年（一〇六六）には図書寮紙工による外記日記の抜き取りが発覚したが、翌年には欠失分二百巻を新写して補い、機能の回復につとめている。[71] また康平三年（一〇六〇）・寛治二年（一〇八八）・保安三年（一一二二）・久安四年（一一四八）・仁平元年（一一五一）・長寛元年（一一六三）に建物が修繕され、長寛の造営では「為レ令レ全二納旧記一」に「文書櫃参佰合」などが調進されている。[72] 確かに、外記日記の書き継ぎは十一世紀後半に絶え、後に藤原頼長が復興を試みたが、それも効を奏していない。[73] しかしそれでも外記文殿は、少なくとも三百合もの「旧記」を蔵していたことがわかる。この「旧記」がどのように利用されていたのかは確認できないが、建造物の修理と文書櫃の造進という事実から、外記文殿が文書保存庫としての機能を有し続けていたと判断できよう。

以上のように、十一世紀以降も官・外記両文殿の文簿保管機能が保持されていたことを示す史料は多い。[74] また治承四年（一一八〇）の福原遷都の際には官文殿・外記庁などが護衛されており、久安四年の外記庁修繕の際には太政官印を外記庁から官文殿へ移管している事実[75]からは、両者がまだ重要な施設と認識され、その維持・管理が続けられていたことが知られる。[76]

これまで外記文殿は存在自体があまり注目されず、官文殿も、院政期以降の小槻家による大夫史（官務）世襲と官務文庫の設立という事実から、「官文殿から官務文庫へ」という転換が前提にされ、「衰退」が当然視されてきた。史料解釈

典拠史料
『朝野群載』巻第６（太政官）
『朝野群載』巻第６（太政官）
同上
同上
「清原重憲記」天養元年10月16日条
『続左丞抄』第１
『鎌倉遺文』補319
同上

表４－３　官文殿の勘文とその所引記録（嘉禄２年〈1226〉以前）

勘文の年記	引載する先例の年記	先例の内容
応徳２年（1085）９月11日	長元２年（1029）７月	出雲国損亡
応徳４年（1087）３月６日	延久元年（1069）	伊勢豊受宮正殿の鍵
同上	延久２年（1070）８月	伊勢伊雑宮の鍵
同上	延久２年（1070）11月	伊勢正殿の鍵
天養元年（1144）10月21日	康和３年（1101）10月23日	伊勢豊受宮の装束湿損
治承２年（1178）５月11日	永久２年（1114）８月	大原野社の鍵を造進
正治元年（1199）５月15日	保安２年（1121）８月	伊勢天平賀の造替
同上	長承２年（1133）３月	節句料の忌

註）勘文の年記が「同上」となっているのは、同一の勘文に引用される先例が複数あることを示す。

がそれに引きずられた面も否定しがたいのではなかろうか。

しかし実際には、両文殿の活動に大きな変化はうかがえない。前述のとおり、両文殿は十一世紀以後も文簿保管機能を保持している上、官文殿は続文・勘文の作成に携わり続けている。確かに、十一世紀以降に各公卿・官人が私設文庫をさかんに設けており、各自の財産の中には「官文書」なるものも見られるようになる。しかし一方では、旧来の官・外記両文殿も、政務において重要な位置を保ち続けていたのである。

ところが承久の乱直後の元仁元年（一二二四）二月、外記文殿が倒壊する[77]。日頃の破損が原因とされるので、乱以前には施されていた修理も、このころにはなされなくなっていたのであろう。そして嘉禄二年（一二二六）八月には官文殿、安貞元年（一二二七）四月には外記文殿と相続いて焼失する[78]。かくして小槻家は「嘉禄官文殿回禄之時、累代文書併以焼失之後、弥以二私家之文書一可レ為二公務之明鏡一歟」との自覚をもつようになり[79]、官務文庫が完全に官・外記両文殿の代替施設と認識されるに至ったのである。

むすびにかえて

以上、八〜十一世紀の朝廷の文簿保管施設（官文殿・外記文殿）について、その時々の政務との関連に着目しつつ考察を試みてきた。各節の内容には互いに出入りもあり煩雑と思われるので、最後に全体の要約を付しておく。

①朝廷政務の多くは先例に基づいてなされるため、文簿の保管・整理は政務遂行に不可欠の作業であった。特に続文を添えない「読㆓申公文㆒」形式の場合は、諮問に備える文簿が付近に必要であった。官政がなされていた八世紀後半に「太政官」で文簿が保管され、外記政が成立した九世紀初頭、外記庁内に文殿の形成をみるのはかかる事情による。特に外記文殿は、質・量ともに最高級の施設であり、他の所司の施行細則のマスターコピーの役割を果たした。

②十世紀にみられる文簿保管策の弛緩は、保管場所がなかったからではなく、旧来の文簿保管策の改定によって保管・整理を要する文簿が飛躍的に増加したことと、報酬の低さによる史生の怠惰や、官史が文書を史生に渡さないなどの官人のサボタージュが主要因と考えられる。また十世紀以降「読㆓申公文㆒」形式の政務の衰退にともなって、「続文」を官文殿が作成するようになったため、官文殿の重要性が相対的に向上し、外記文殿の保管文簿は政務中に生じた問題についてのみ利用されるようになった。

③官文殿は整然とした職員構成と広い敷地をもち、続文・勘文の作成にも携わったので、保管施設を併設した事務組織と位置づけられるが、外記文殿にはそのような組織・役割はなく、文簿保管だけを目的とする設備であった。

このような変遷をたどった朝廷の文簿保管は、爾後、官・外記両文殿の役割がある程度限定される一方で、主として公卿・官人の手によって担われることになる。やがて各公卿は「官文書」を財産と認識するようになるが、その点については次章において論じる。

註

（1）佐々木恵介「『小右記』にみえる『勘宣旨』について」（山中裕編『摂関時代と古記録』吉川弘文館、一九九一年）。

（2）松薗斉「外記局の変質と外記日記」（『日記の家』吉川弘文館、一九九七年）。

（3）後述のように、外記庁内の「文殿」の初見は十世紀初頭であり、十一世紀半ばからは「外記文殿」や「結政文殿」と呼ばれる。外記文殿は、『江家次第』巻十八（結政請印）の記載内容などから結政所近辺にあったことがうかがえるので、表現の違いはあるものの両者は同一の施設であったと考えられる。ゆえに本稿では、外記庁内の文簿保管施設を原史料における呼称の異同にかかわらず、一律に「外記文殿」と呼ぶことにする。なお外記文殿の呼称については、小野則秋『日本文庫史研究』上（大雅堂、一九四四年。復刻は臨川書店、一九七九年）を参照。

（4）王朝国家期に官史や外記が作成した勘文には、文中に「引㆓勘文簿㆒」や「文簿所㆑注如㆑件」という文言があり、文殿などの保管施設に収蔵された書面を一括して「文簿」と呼んでいたことが判明する。「文簿」は、後掲する表4―1に列記したように、長案・定文などの文書、告朔帳・除目簿のような帳簿、外記日記などの記録、律令・国史のような典籍を含んでいる。このような書面は、古代には「公文」とも呼ばれたが、本稿では論述対象とする文殿における呼称にしたがって「文簿」と呼ぶことにする。なお文書や帳簿の古文書学的概念については、佐藤進一『新版古文書学入門』（法政大学出版局、一九九七年）、山下有美「文書と帳簿と記録」（『古文書研究』第四七号、一九九八年）などを参照。

（5）『続日本紀』大宝元年（七〇一）六月八日条に「勅、凡其庶務一依㆓新令㆒」とあり、律令にしたがって政務を行なうことが大宝令完成以前に定められている。

（6）「記文」については、武光誠「記文と律令政治」（『日本古代国家と律令制』第三章、吉川弘文館、一九八四年）を、「例」については、虎尾俊哉「『例』の研究」（坂本太郎博士還暦記念会編『日本古代史論集』下、吉川弘文館、一九六二年）を参照。また杉本一樹「正倉院文書」（『岩波講座日本通史　第4巻古代3』岩波書店、一九九四年）によると、官司内の日常業務に必要だったのは、口頭での指示（もしくはそれと同様の文書）と官司が保管する帳簿の二つであったという。

（7）小野則秋『日本文庫史』（教育図書、一九四二年）・同『日本文庫史研究』上（註3前掲）など。

（8）「官務家小槻氏の成立とその性格」（『平安貴族社会の研究』吉川弘文館、一九七六年。初出は一九五九年）、『国史大辞典』第3巻「かんぶんこ」項（吉川弘文館、一九八三年）、『平安時代史事典』本編「ふどの」項（角川書店、一九九四年）による。

（9）「外記日記と殿上日記」（『平安貴族社会の研究』吉川弘文館、一九七六年。初出は一九六五年）や『平安時代史事典』本編「げきちょうのふどの」項（角川書店、一九九四年）などで触れてはいるが、詳細には触れていない。

（10）官文殿については、黒滝哲哉「10～11世紀前半における朝廷文書の管理について」（『古代文化』第四八巻第一〇号、一九九六年）が、以下のように論じている。すなわち、官文殿の担っていた文簿保管機能を、十一世紀ごろから摂関家をはじめとする公卿の私文庫が行なうようになり、その要因としては、①「音声から文書へ」と表現される政治構造の変化による発給文書の増加、②文書保管に必要な施設や技術を獲得した公卿・官人が文書を集積したことなどが考えられるという。次いで外記日記に関しては、松薗前掲註（2）所引論文が、局務家の確立によってその私日記が代役を果たすようになったと説き、続いて中野淳之「外記局の文書保管機能と外記日記」（河音能平編『中世文書論の視座』東京堂出版、一九九六年）は外記日記が外記の重要な職務の一つである勘申の典拠史料であった事実を確認し、局務家の確立により、勘申に外記日記以外の私日記を活用できるようになったことが外記日記を衰退させたとする。

官文殿を取りあげた研究には、他にも曽我良成「官務家成立の歴史的背景」（『王朝国家政務の研究』吉川弘文館、二〇一二年。初出は一九八三年）、河音能平「日本中世前期の官司・権門における文書群の保管と廃棄の原則について」（『世界史のなかの日本中世文書』文理閣、一九九六年。初出は一九九〇年）があげられる。曽我氏は、十一世紀半ばに官文殿が衰退したとし、それを小槻氏が官務家として確立していく要因の一つとする。また河音氏は、「壬生家文書」中に太政官発給文書の案文が含まれることから、院政期にも太政官発給文書の案は、官文殿もしくは小槻家の官務文庫に収蔵されたと指摘している。

（11）鈴木『古代文書の機能論的研究』（吉川弘文館、一九九七年）。

(12) 政務と文簿保管の関係については、黒滝前掲註(10)所引の論文が触れているが、そこでは政務形態の変化という言葉が抽象的に官文殿の衰退要因としてあげられているにすぎず、保管作業そのものが政務とどうかかわっていたかという視点を欠く。本稿は、文簿保管作業を政務の一環ととらえるので、文殿の盛衰の背景に政務の変遷を認めるのは当然と考える。また政務そのものについても、近年の研究成果を十分に参照する必要があろう。

平安時代中後期政務の実態に関しては、美川圭「平安時代の政務とその変遷」(『院政の研究』臨川書店、一九九六年。初出は一九九四年)に論点や研究史がまとめられている。同論文を参照しながら平安時代の政務を概観すると、大略次のようになろう。

前期には、官政・外記政のような「読申公文」形式の「政」において、政務判断がなされていた。ところがこの形式の政務は十世紀ごろから衰退し、陣申文や南所申文のような「申文剌文」形式の政務が行なわれるようになる。また政務の特定分野の担当者を「別当」に任命し、「政」の役割を分担させる別当制も並行して行なわれた。このような公卿による役割分担は、次第に公卿相互の議定の必要性を高め、中期以降は陣定のような「定」が重視されたが、「政」も消えることはなく「政」と「定」が一連の行事として遂行された。更に十一世紀半ば以後になると、「政」を経ずに天皇に直接奏聞する「奏事」が広く行なわれるようになり、御前定や殿上定などの公卿議定が政務の中心をささえる。

なお曽我良成「太政官政務の処理手続―庁申文、南所申文、陣申文―」(『王朝国家政務の研究』前掲註10。初出は一九八七年)、今正秀「王朝国家における別当制と政務運営」(広島大学『史学研究』第一九九号、一九九三年)、吉川真司「申文剌文考」(『律令官僚制の研究』塙書房、一九九八年。初出は一九九四年)なども参照。

(13) 「太政官及左右文殿」を弁官局全体の文殿と左右弁官局それぞれの文殿と解釈する説もあるが、弁官局に三か所もの文殿が存在した証左はない上、「太政官」が外記局をさす用例のあることから、本文のように解した。なお「太政官」と「左右文殿」と読んだ場合は、前者が外記文殿、後者が官文殿となり、外記庁内の文簿保管施設を「文殿」と称した初見史料は『扶桑略記』治暦三年(一〇六七)四月廿七日条となる。

(14) 『類聚符宣抄』第六(文譜)所収、弘仁十二年十一月四日付「宣旨」。なお「曹司」は詰所の謂であるので、「外記曹司」は外記庁そのものをさし、外記庁内の特定施設をさしているのではないであろう。

（15）『類聚符宣抄』第六（文譜）所収。

（16）『類聚符宣抄』第六（外記職掌）所収、弘仁六年正月廿六日付「宣旨」。これについては、橋本「外記日記と殿上日記」（註9前掲）、西本昌弘「儀式記文と外記日記」（『日本古代儀礼成立史の研究』塙書房、一九九七年。初出は一九八七年）などを参照。

（17）『政事要略』巻二十九所収、延暦九年閏三月十五日「外記別日記」。

（18）『兵範記』仁安四年（一一六九）正月十二日条。『小右記』長元四年（一〇三一）九月五日・六日条。

（19）小野前掲註（3）書では、「結政文殿」を「外記文殿」と同一施設とする。

（20）符案が発給者によって保管されていたことは、天平十五年（七四三）九月一日付「摂津職移」（『大日本古文書』編年之三所収）中の、「以二神亀二年十二月廿八日一刑部省下レ職符文応レ除賤名、具在二注載一。即求レ符無レ有。此職仍不レ得二輙除一者。今依二移状一検三勘省案賤歴名二」という刑部省の例や『続日本紀』延暦二年七月卅日条の官符を焼く例などから明らかである。また位記が保管された事実も、叙位を撤回する際の位記を焼く行為から明らかであろう。高橋周「『毀位記』に関する基礎的考察」（『奈良史学』二七号、二〇〇九年）参照。

（21）「太政官」に保管することが定められた文書は、詔書式（御画可）・勅旨式・論奏式である。このうち、詔書式には外記局の、勅旨式には弁官局の関与が認められるが、いずれも保管場所は「太政官」とされている。

（22）鐘江宏之「公式令における『案』の保管について」（池田温編『日中律令制の諸相』東方書店、二〇〇二年）。

（23）戸籍の場合、庚午年籍が基礎台帳として永年保管される以外は、「留二五比一、其遠年者依レ次除」と、最近分五冊を留め、古いものから順に廃棄された（『続日本紀』天平宝字八年〈七六四〉七月十二日条など）。

（24）文簿を保管する各官庁施設内の様子は、具体的に明らかにしえない。ただし小池伸彦「木箱と文書」（『木簡研究』第一一号、一九八九年）が、平城宮跡から出土した刳りぬき木箱を分析し、このような木箱は「紙製の文書を入れる容器」であるが、「一時的に短期間保管するもの」であって、「最終的な長期の保管には別の手段がとられたのであろう」としているのが注目される。

(25) 黒滝前掲註(10)所引論文は、八世紀代には「『音声』に重心を置いて政治運営を行なっていた」ので「文殿が破綻するほど大量の文書が生産されてはいなかったのではないか」と論じているが、『類聚国史』巻八十(政理二・雑公文)には「主税寮公文、自㆓大宝元年㆒至㆓大同三年㆒、紛㆓失凡八千七十一巻㆒」とあるなど、黒滝説のようであったとはとても信じがたい。

(26) 『本朝世紀』長保元年(九九九)三月七日条。

(27) 『別聚符宣抄』所収。

(28) 『類聚符宣抄』第六(文譜)所収、承和九年五月廿六日付「宣旨」。また、天慶元年(九三八)十一月十五日に「以㆓正勅旨㆒進㆓外記㆒者」と宣されているのも同趣旨と考えられる(『西宮記』巻二〈女官除目〉)。

(29) 明石一紀「『養老令』の写本について」(竹内理三先生喜寿記念論文集刊行会編『律令制と古代社会』東京堂出版、一九八四年)は、既に奈良時代から『養老令』に数多くの異本が存在していた事実を明らかにしている。

(30) たとえば、延喜十二年(九一二)八月廿三日付「宣旨」・延喜十四年十月十六日付「宣旨」によると、勘解由使が交替式の誤りを正すために、外記局が所蔵する『天長格抄』卅巻・『大同抄』十六巻などを借り出している。また延喜十八年五月七日付「宣旨」によると、官文殿と撰式所が、欠失した長案を補うために、外記局の長案を借り出している(いずれも『類聚符宣抄』第六〈文譜〉所収)。

(31) 延喜十二年六月九日付「勘解由使請」など(『類聚符宣抄』第六〈文譜〉所収)。

(32) 『類聚符宣抄』第八(勘出事)所収、寛弘九年(一〇一二)十一月廿九日付「宣旨」。

(33) 古瀬奈津子「格式・儀式書の編纂」(『岩波講座日本通史　第4巻古代3』岩波書店、一九九四年)。

(34) 実例としては、神護景雲二年(七六八)九月十一日に、赤目の亀などが献上されたことにより、「所司」に「令㆑勘㆓図牒㆒」めた例(『続日本紀』)や、延暦四年五月十九日に皇后宮での赤雀の出現により、「所司」に「令㆑勘㆓図牒㆒」めた例(『続日本紀』)などがあげられる。いずれも、「符瑞図」「瑞応図」を典拠にした勘申作業と考えられる。

(35) たとえば『日本三代実録』元慶元年(八七七)四月一日条によれば、日食の対処策を講じるために、明法家は「儀制令」や『令義解』を引用しつつ答申している。また中国の先例を引用した例も数多い。

(36)『類聚符宣抄』第七（左右弁官史生可任内官事）所収、永延三年（九八九）五月十七日付「宣旨」。
(37)養老公式令の詔書式条・勅旨式条・論奏式条。
(38)橋本義則「『外記政』の成立」（『平安宮成立史の研究』塙書房、一九九五年。初出は一九八一年）。
(39)大平聡「奈良時代の詔書と宣命」（土田直鎮先生還暦記念会編『奈良平安時代史論集』上、吉川弘文館、一九八四年）。
(40)橋本「『外記政』の成立」（註38前掲）。
(41)吉川「申文刺文考」（註12前掲）。
(42)吉川「申文刺文考」（註12前掲）。
(43)『類聚符宣抄』第六（文譜）所収。
(44)頭注には、「貞」以外に「弘」も見える。『撰集秘記』二月（官所充事）には、「弘仁式館舎及公文厨云々」と弘仁太政官式逸文が見えるが、対応する延喜太政官式の条項には、いずれも「弘」の頭注が付されている。
(45)本文での見解とは別に、弘仁から貞観の間に新設されたという見方も可能である。しかしその場合でも、太政官曹司庁南西のかなり広い敷地（『宮城図』より）を占めていることなどから、奈良時代以来存在したであろう文簿保管施設が発展したものと想定でき、「太政官」の保管施設から外記文殿が分離し、本体が官文殿になったという想定に変わりはない。
(46)谷口昭「続文攷」（『法制史研究』第二二号、一九七二年）は、申文に付属される続文について次のように述べる。「続文」とは「申文の端に続合わされた勘文（期日以後追進の文書も含む）そのものか、或いはそれが申文と合体した全体」をさし、その作成は延喜年間ごろに始まる。そして陣定のような議定は「続文ないし勘文に基いて僉議され」、続文が「大体において決定的な裁定根拠となった」。さらに、その後に作成される定文などは弁官局などに納められ、「将来に備うべき旧実例として残される」。
このように、続文は勘文形式の文書であり、弁官局の場合は官文殿が作成する勘文がそれに相当していた。実例は「清原重憲記」天養元年（一一四四）十月十六日条、『平戸記』寛元二年（一二四四）十月十四日条など。

(47) 延喜太政官式には、官文殿の四度公文勘会と惣用帳覆勘への関与が記される。また四度公文勘会への関与は、『朝野群載』巻廿七（諸国公文〈下〉）所収、天永元年（一一一〇）十二月十七日付主税案主所造帳解文の後の「所㆓集造㆒雑掌解文、付㆓官文殿㆒也。官外題後請返」という付言からも判明する。なお『同』巻四（朝議〈上〉）所収元永元年（一一一八）八月日付「前斎宮庁牒」は日下に「右文殿」と記され、封戸の管理にもかかわっていたと考えられる。

(48) 吉川「申文刺文考」（註12前掲）。

(49) 『延喜太政官式』。

(50) 類聚符宣抄第六（請印）所収、天慶四年五月八日付「宣旨」や『同』第七（抄符庁直文殿等史生使部事）所収、寛和二年（九八六）九月廿九日付「宣旨」など。

(51) 『吉記』元暦二年（一一八五）正月廿二日条によると、「外記文殿」が宣旨を持参している。

(52) 藤原秀之「外記政の衰退について」（『日本歴史』第五六九号、一九九五年）、橋本義則「『外記政』の成立」（註38前掲）など。

(53) 『本朝世紀』寛和二年五月四日条。この他にも、『同』同年六月十日条・長保四年九月八日条など、同様の例は数多い。

(54) 中原俊章「弁官局の変革―官方の経済的役割―」（『中世王権と支配構造』吉川弘文館、二〇〇五年。初出は一九九〇年）、同「官方と外記方」（同書。初出は一九九五年）。

(55) 『日本紀略』天延三年十二月廿一日条。

(56) 『類聚符宣抄』第七（左右弁官史生可任内官事）所収、永延三年五月十七日付「宣旨」。

(57) 「外記補任」（『続群書類従』第四輯下・補任部所収）による。

(58) 文殿使部大友安則が官符を偽作した例（『類聚符宣抄』第六（請印）所収、天慶四年五月八日付「宣旨」）や、文殿預史生椋橋部文通が文簿を紛失した例（『類聚符宣抄』第九（算得業生試）所収、康保四年〈九六七〉十一月廿七日付「式部省勘文」）が知られる。しかしこれらはいずれも構造的問題ではなく、外記局にみられたような待遇の悪さを原因とする機能低下は認められない。ゆえに、官文殿における対策を外記局の場合と全く同列にあつかうには、躊躇がないわけではない。それゆえ、官文殿の改善策は、一種の予防策であった可能性も否定できない。
(59)『類聚符宣抄』第六（文譜）所収。
(60)巡爵については、高田淳「『巡爵』とその成立」（『國學院大學紀要』第二六号、一九八八年）を参照。
(61)黒滝「10～11世紀前半における朝廷文書の管理について」（註10前掲）。
(62)吉川「申文刺文考」（註12前掲）。
(63)『宮城図』（思文閣出版、一九九七年）所載の大内裏図によると、官文殿は太政官曹司庁の南西側の角を敷地とし、かなりの広さを占めている。また『百錬抄』嘉禄二年（一二二六）八月廿七日条からは、「官文殿五間、瓦葺」とその建物の規模がうかがえる。一方の外記文殿は、前掲註（3）小野著書の外記庁内の一施設とする見解の通り、単独の建物ではなく外記庁内の一施設にすぎないと考えられる。
　なお官文殿跡は現在の京都市立児童福祉センター（京都市中京区主税町九一〇）付近に推定されており、付近では発掘調査や立合調査もなされている。発掘調査では官文殿と思える遺構は見つかっていないが、平城宮式の搬入瓦の他に平安時代の瓦が大量に出土しており、「近辺に瓦葺き建物のあったことは疑いない」とされるのが注目される（京都市埋蔵文化財研究所調査報告第13冊『平安宮Ⅰ』（京都市埋蔵文化財研究所、一九九五年）。なお太政官庁・官文殿附近の発掘調査については、京都市埋蔵文化財研究所編『京都市内遺跡発掘調査報告平成22年度』（京都市文化市民局、二〇一一年）にまとめられている。本書コラム2も参照。
(64)『日本後紀』大同元年（八〇六）七月十一日条・『同』弘仁二年八月廿八日条。
(65)天長九年四月五日付太政官符（『類聚三代格』巻十七〈文書幷印事〉所収）。
(66)黒滝「10～11世紀前半における朝廷文書の管理について」（註10前掲）。
(67)多治雅輔は永延元年に外記に任じられ、正暦元年（九九〇）正月に叙爵し、長徳三年（九九七）正月に長門守となっている（「外記補任」による）。引用文中の「安芸海藻減省」は、『大日本古記録』版では「長門」の誤りと注記されるが、前後の記述からも妥当と思われる。

(68)『群書類従』第七輯所収。

(69) 曽我「官務家成立の歴史的背景」（註10前掲）。

(70)『左経記』万寿三年（一〇二六）十月三日条。翌日条には、「随二身長保三年仁王会僧名一、関白殿御共、参二御堂一、択二堪能僧等一」とあるので、官文殿に長保三年の仁王会請僧定文が残されていたと推定される。

(71)『水左記』治暦二年（一〇六六）七月十日条、治暦三年四月廿七日条。

(72)「康平記」康平三年七月廿日条、『中右記』天永二年七月廿九日条。『本朝世紀』久安四年正月十九日条、仁平元年十月八日条。『百錬抄』保安三年十二月十五日条、長承三年四月廿五日条。仁安二年七月日付「太政官請奏」（吉田早苗「『兵範記』紙背文書にみえる官職申文（上）」〈『東京大学史料編纂所報』一三号、一九八九年〉）。この他、『明月記』元久二年（一二〇五）十一月卅日条、『三長記』元久三年四月三日条からは、「外記局文櫃已下」の修治をうかがえる。

(73)『台記』久安三年六月十七日条。

(74)『親経卿記』治承四年六月二日条。

(75)『本朝世紀』久安四年正月十九日条。

(76) たとえば建久二年（一一九一）三月廿八日付「後鳥羽天皇宣旨」（「三代制符」〈『鎌倉遺文』五二六〉）では、外記庁と一本御書所を内舎人に守護させる旨を定めている。また『歎異抄』奥書には、親鸞の申状が外記局に納められている旨が記されている。院政期においても、外記文殿は新たに文簿を収納する機能をまだ有していた。

(77)「皇帝紀抄」八（『群書類従』第三輯所収）元仁元年二月廿七日条。

(78) 官文殿の焼失は『民経記』嘉禄二年八月廿六日条、『明月記』同年八月廿七日条に見え、外記文殿については『百錬抄』安貞元年四月廿二日条に結政所・南所の焼失が見えるので、それと同時に焼失した可能性が高い。だが『平戸記』仁治元年（一二四〇）四月廿日条には、民部省文庫の図帳を保管のため外記文殿に移す旨が見え、焼失後に再建されたものと考えられる。

(79) 文永十年（一二七三）七月日付「小槻有家起請案」（『図書寮叢刊壬生家文書』三九号）。

補註

（補1）ここで、日本・唐における公文書の保管制度についてまとめておきたい。唐の制度については、唐令を復原した仁井田陞『唐令拾遺補』（東京大学出版会、一九九七年）がまずあげられる。そこでは、『六典』と養老公式令とによって復原され、①文書は、年限を区切って保存するものと、永久保存するものとがある、②三年ごとに整理するなど、表面上は「唐代の官文書の保存も日本令に準じて考えてよいであろう」と評され、日唐の制度は近似したものであった（中村裕一『唐代公文書研究』汲古書院、一九九六年、一一頁）。

しかしトゥルファン（吐魯番）文書を分析した吉川真司「奈良時代の宣」（『律令官僚制の研究』塙書房、一九九八年。初出は一九八八年）によって、日・唐間には「案」（案成・案巻）の実態に大きな差のあることが明らかにされた。唐では、文書によって決裁を行ない、それを施行文書とともに保存する。つまり唐の「案成」とは、案件毎に決裁・施行の文書を揃えて一巻とすることなのである。それに対し日本では、決裁を口頭で行なっていたため、決裁の文書は単独では存在しない。そのため、そもそも案件毎にまとめることができず、「案成」とは施行文書を年代順に一巻につないでいくことを示している（長案）。

決裁が口頭によるものであったという日本独自のシステムは、平安期以降の制度変更にも大きな影を落としている。たとえばいわゆる公家様文書の中の幾つかは、この口頭での決裁を文書化したものといえよう。

（補2）現代日本における公文書管理・公開は、現用文書を情報公開法、非現用文書を公文書館法で定めている。文書を作成してから、定められた年限を保管しているものが現用文書である。その後、保管年限を過ぎて廃棄が許容され、非現用文書となったものが選別され、一部またはすべてが公文書館へ移管され、非現用文書として保管される（小川千代子「アーカイブを知る」『アーカイブを学ぶ』岩田書院、二〇〇七年）。

これを日本律令制と比較すると、どのようになるのだろうか。公式令によって定められた保管年限・保管文書の区別は、現用文書に対する保管法令であり、現今では情報公開法に相当するだろう。公式令で定める保管年限は、まさに現今の現用文書に対するそれである。古今の差は、保管年限を過ぎ、非現用文書となったものの扱いである。現在では選別を経て公文書館へ移管されることになっているが、律令では原則として廃棄されたと推測される。それらは、紙背を再利用するか、または漉き返すなどの再資源化（リサイクル）が考えられるものの、現今のような非現用文書を後世のために保管するという思想は存在しない。わずかに永年保管を定められたものだけが、残されたのである。官文殿などの収蔵施設は、あくまで現用文書の保管庫であることは、留意すべきであろう。

それゆえ、アーカイブズという視点でこれらの収蔵施設を論じることには違和感を禁じえない。これらの施設・組織は、保管を主目的としたものではなく、あくまで政務における利用を前提として存在したのである。政務に無用とされた文書は、容赦なく廃棄されたであろう。

ただし、施設・制度からアーカイブズを論じることとは別に、働きや作業内容からアーカイブズを論じることも可能である。各官衙で働いた官人たちは、文書を授受し、それに基づいて作業を行ない、機能を終えた文書を保管・整理した。このような働きは、地位の高下にかかわらず求められた。

そして、アーカイブズを求めるなら、それらは文書ではなく日記の方が、より近いのではないだろうか。日記の中に文書を書き写していることは、よく知られている。保管年限に関係なく、後世（子孫）へ伝えることを目的としていることは、共通するだろう。ただし、ここでも留意すべきは、執筆者によるフィルターがかけられている点である。後世（子孫）に対して必要ないと考えた事柄は、記録されないのである。

（補3）河音能平「日本中世前期の官司・権門における文書群の保管と廃棄の原則について」（註10前掲）では、治承二年七月十八日付「太政官符」（『続左丞抄』所収）を正式の案文としている。しかしこの太政官符には外印が捺されている。太政官弁官局が官文殿で保管する正式な控えは、外印を捺す直前に写したものなので、印が捺されていることはない。正文もしくは外記文殿の案文と考えた方がよいと思う。

（補4）初出時には、表4―2に示した諸策を「改善策」と評価していた。しかし松薗斉氏より、これらはいずれも欠員の補充を示すものであり、「改善」とは評価できないという指摘をうけたため、本書のように改めた。

第五章　私有官文書群の形成

はじめに

太政官をはじめとする各官衙において施行文書の案文を保管していた点は周知の事実であるが、その保管場所の変遷は、鈴木茂男・橋本義彦・河音能平・黒滝哲哉・中野淳之の各氏らの研究を参考にすると次のようにまとめられよう。①十世紀ごろまでは弁官・外記両局の文殿（以下、両文殿）が太政官文書の記録保管を担っていたが、十世紀末ごろから機能を低下させ、衰退していく。②十一世紀以降は、私邸内に私設文庫を有する公卿・官人が、官衙の廃棄文書を役得として持ち帰ったり文書の写を収集したりするが、十二世紀ごろまでには官務小槻氏による官務文庫や、局務中原氏による勘例収集が確立し、それらが両文殿の代役を果たすようになる[1]。

これらの先行諸研究では、十世紀末以降の両文殿を機能低下・衰退と評価する姿勢や、私設文庫を両文殿の代替施設と位置づける構図が共通している。だが、このような姿勢・構図は、橋本氏による官務文庫（官務家）成立過程の考察における官文殿評価をそのまま継承したものであり、これを朝廷の文簿保管全体に敷衍することはできない。更に本書第四章で述べたように、衰退という評価自体が不正確であるので、焦点を両文殿そのものに当てた上で、評価しなおす必要があるのではないだろうか。

一方、公卿・官人による私設文庫の設置は、十一世紀以後のその広がりからも見落とせないが、本書第四章で述べたように両文殿の衰退が認められない以上、それを代替施設とみなす通説的見解にはしたがえない。そこで本章では、十〜十一世紀の両文殿の文簿保管の様態を見なおすとともに、その変化の中に公卿・官人による文簿保管を位置づけてみたい。そしてこれは、文簿保管を政務補助作業と考える視点にしたがえば、十〜十一世紀の政務構造をその情報基盤という側面から解明することにもつながると考えている。

第一節　十世紀の文書発給記録

太政官における記録保管場所には、外記文殿と官文殿とがあげられるが、まずは、十世紀段階での外記文殿での記録保管の様態を明らかにする。外記文殿の収蔵物は多岐にわたるが、代表的なものは長案と外記日記である。長案は「太政官符や宣旨・官奏等を案記したもの」であり、「文殿に納められ、政務の便に供されていた」とされている。(2) 一方の外記日記に対する研究は多く、公日記としての性格や逸文の収集、諸編纂物との関連など多方面からの研究がなされている。(3) だが先行諸研究では、外記日記と長案との関係や外記日記と太政官発給文書との関係には着目してこなかった。

官符請印の際には、弁官・外記両局によって写が作成され（『西宮記』巻七〈申交替使返事〉）、この写は両文殿にそれぞれの長案として納められる。だが注目すべきは、これが「無レ止官符」に限られた点である。長案として両文殿で記録されていたのは重要な官符のみであり、その他のあまり重要でないと判断された官符は、長案として残されなかったのである。では、長案にされなかった文書は、どのようにして記録されていたのであろうか。『本朝世紀』の次の記事がその答を示唆している。

天晴。権中納言源清蔭卿着二宜陽殿西廂座一。（中略）子剋、参議藤原敦忠朝臣起二宜陽殿座一、就二結政所一。令レ持二捺印官符四通一（一通給二大宰府報符一、一通給二周防長門等国一。一通給二讃岐伊予等国一、一通給二撃手使一）。具旨在二長案一。又大宰言上状者、詳載二官符一在二長案一。仍更不レ注二本解案文於日記一。[4]（後略）

大宰府解に対応して、官符四通が発給されたが、これらはいずれも長案に記録されているので、「日記」には載せないのだという。同様の記述は他にも見られ、「上卿召二大外記橘直幹一、令レ作二勅答一。其文在二局表巻一。仍更不レ載二日記一」[5]とも記されるように、長案（「局表巻」）と外記日記（「日記」）とが関連づけられている。[6]これらより、長案として外記文殿に納入されている文書は、外記日記には書き込まない、裏返せば、長案にしない文書は外記日記に書いておくという原則が浮かび上がろう。

このように十世紀段階には、長案と外記日記が互いに補いながら太政官発給文書を記録していたのである。先行諸研究では外記日記を毎日の政務記録と位置づけ、政務における先例勘申の典拠として重視されたことが共通見解とされているが、政務の進行記録だけではなく、軽微な発給文書の記録も含んでいた点を付加する必要がある。

長案と外記日記の補完関係を明らかにした次に、その分担に話を進めたい。前述した『西宮記』の記述より、重要文書を長案にする点が前提となるが、前段での『本朝世紀』の例より、勅書と官符は長案・外記日記の双方によって記録されていたことがうかがえる。そして詔書については次の記事に示される。

天暦八年七月廿八日庚午。天晴。大納言藤原顕忠卿・参議同師氏朝臣聴政。次大納言源高明卿共着二左仗座一、有二詔書覆奏事一。（中略）式部少丞大江澄景令レ奏之後、返給。上卿還着二陣座一了。外記還レ局加レ封。史生海董季送二弁官写一通一、更加レ封還送。即続収如レ常。是日内侍不レ候。仍上卿所レ奏也。[7]

覆奏の後、諸官衙へ下す太政官謄詔符の作成のために弁官局へ移送された詔書原本は、そこで写が作成された後に再び外記局に戻され、「続収」されている。[8]「続収」とは、ある文書を保管されている長案に新たに継ぎ加える行為をさすと考えられるので、[9]詔書原本が長案として保管されていた事実を確認できる。[10]また、延喜十八年（九一八）には官文殿に欠失している長案を補うため、外記文殿から宣旨と官符の長案を借り出せるよう願いでており、「宣旨」も長案として保管されていた事実を確認できる。[11]このように、詔書・勅書・官符・宣旨はいずれも長案として保管されていたことが確認できる。一方、外記日記への記入は勅書と官符だけしか確認はできないが、軽微な内容の文書を記録するという役割を考慮するなら、実際にはこの他に宣旨も記入されていたと考えてよいだろう。

更に「不レ注二本解案文於日記一」という前掲『本朝世紀』の記述からは、外記文殿では太政官の発給文書だけでなく、太政官への上申文書も保管・記入される可能性があったことが判明する。発給文書と上申文書をセットにして記録すれば、太政官の判断内容だけでなく、その前提となる申請内容も伝えられる。このような作業は、先例を重視する政務においては、重要な意味をもっていたであろう。

外記日記・長案には、これらの太政官受納・発給文書が記録されていたが、これら以外にも、外記日記に記入されていたと思われるものがいくつかあげられる。たとえば、外記日記を基に編纂された『本朝世紀』の天慶期部分には、詔書や勅書・官符は引載されず、宣命や願文が引載されている例が多い。[12]宣命などの起草は内記が担ったから、それらの案文は中務省（もしくは内記局）で保管されていたと考えられる。[13]したがって、外記局側にはこれらの案文が渡されず、長案として保管できなかったため、外記日記に文章を書き写すことによって記録していたのではなかろうか。

外記日記と長案の役割分担を以上のように考えた上で、外記文殿で保管される文簿を分類すると、①太政官に送られてきた文書（解などの上申文書）、②太政官が起草する文書（詔・勅・符・宣旨などの下達文書）、③他の官衙で起草された文書（位記・願文・宣命など）の三種類に分けられる。そして①と②のうち重要なものが長案となり、それ以外は外記日記に書写されていたのである。

外記局におけるこのような保管体制に対し、弁官局（官文殿）の様子はどのようなものであったろうか。官文殿の所蔵文簿が延喜太政官式で「不レ得レ出二闈外一」と定められ、続文作成の資料として重視されていたことは第四章でも触れた。だが、実際には官符と宣旨の所蔵しか確認できない(14)。外記文殿で、他官衙からの上申文書を保管していた例を勘案すれば、弁官局でも同様に、諸国や諸省・諸司からの上申文書が保管されていたと推察できるが、史料からは確認できない。

これに対し、他の官庁ではどうであろうか。発給文書の保管については、神祇官の例が近藤毅大氏の研究によって明らかにされており(15)、刑部省でも天平十五年（七四三）九月一日付「摂津職移」（『大日本古文書』編年之三所収）によって確認できる。更に位記についても、養老獄令応免除条の「式部案」という表現より、式部省で案文が保管されていたと考えられ、各官司でも保管していた考えられる(16)。また受納文書についても、延喜六年（九〇六）七月十一日付宣旨（『別聚符宣抄』所収）に「従二貞観十年一至二当年一長例官符宣旨」を提出するよう諸司に命じていることから、少なくとも太政官符は保管されていたことを確認できる。このように各官司でも発給・受納文書の保管がなされ、それらは厨子や文殿と呼ばれた保管施設に納められていたと想定できる(17)。

第四章では、政務が文簿保管を前提としており、更に文簿保管場所が政務開催場所と連動していた可能性を指摘したが、政務が文書発給をともなうことは容易に推察できる。ゆえに、政務↓文書発給↓保管↓政務という一連の循環行為は、ほぼ同一の場所でなされることによって、合理的に機能していたのである。特に太政官は循環行為に止まらず、保管の際に他の官庁の発する重要文書をも加えて記録することにより、把握する情報量を雪ダルマ式に増加させていた。この点に、太政官の中枢としての特異性を見いだせよう。もちろん、記録した情報は一方的に増加していくのではなく、第四章で述べたように、何らかの形で適宜、整理されていたものと思われる。

第二節　長和四年宣旨の背景とその効果

前節で述べたような太政官における記録体制は、十世紀末から十一世紀初頭に変化する。まず外記文殿では、十世紀末に作業量の急増と史生の懈怠によって機能低下が生じたが、それに対しては外記史生の待遇改善策が打ち出された。これがどの程度の効果をもたらしたかは明らかでないが、十一世紀以後も外記文殿は文簿所蔵能力を有し、外記日記も十二世紀初頭まで書き継がれる[18]。そして一方の官文殿でも、十世紀末に策が施されており、作業量の増加などの影響がみられるが、加えて十一世紀初めに、官史の懈怠に起因する機能低下が表面化する。長和四年（一〇一五）八月一日に出された次の宣旨（以下、長和四年宣旨）によって、その様子と背景を探りたい。

参議左大弁源朝臣道方伝宣、左大臣宣、年中所レ給宣旨官符本書草案及臨時所所行事記文等、全納二文殿一須レ令二勘抄一。而如レ聞近年間長案類書、既以脱漏、勘拠鎮致二其煩一、公事擁怠、莫レ不レ因レ斯。是則所レ奉史等早不レ下二番史生一、黙而去レ職之所レ致也。宜下加二炯誡一自今以後、件等文書慥令二弁度一、毎月実録、便続二番案主史生請文一、叙爵之時、相二加中文一、備レ之進上上。立為二恒例一者。

長和四年八月一日　　左大史但波朝臣　奉[19]

これによると、宣旨などを奉じた官史が案文を官文殿に渡さないまま遷任する場合があったため、長案に脱漏が生じているという。前節での考察を受ければ、官文殿で長案として保管されていたのは、官符・宣旨（および上申文書）である。更に文中の「所レ奉史等」という表現に着目するならば、官史が奉じて発給される文書、つまり官宣旨・弁官宣旨の案文の保管が問題化している可能性が高い[20]。実際、当該期の官宣旨を考察した曽我良成氏は、十世紀には数通しか認められない官宣旨が、十一世紀に入ると増加することを指摘しており[21]、何らかの変化が想定できる。

官宣旨は、上卿の仰せを承った官史が草し、次いで弁官が加署するという簡略な手続きによって作成されるが、旧来は、弁官局が軽微な内容の命令を口頭で行なっていたものを文書化し、様式を整えたものであった[22]。また弁官宣旨は、上卿の宣を弁官が伝え、更に官史がその旨を書き記したものであるが、宛所がないなど伝達機能を欠く文書である点が指摘されており、本来は弁官局内における控（官符作成の土代＝草案）であったとされている[23]。またその作成場所にも注目したい。いずれも内裏の陣座で作成されることが多く、捺印の必要がないため、必ずしも外記庁や太政官正庁内を経由するというわけでもなく、後には弁官の署名がその私邸内でなされることもあった[24]。つまり、官宣旨・弁官宣旨は、その発給に外記局職員が全く関与しない上、必ずしも文殿の所在する外記庁（含結政所）や太政官正庁で作成・発給されるとも限らないのである。つまりこれらの文書を奉じた官史は、その案文を官文殿まで持参する必要があったのである。

ここで、公式様文書[補1]の発給場所とその記録について確認したい。太政官と授受をする公式様文書には、普通、発給官司の印が捺される。各官庁の印は官衙内の文殿や厨子に納められていたため、これらの文書の発給は各官衙内でなければできなかったであろう。前述のように、官符の場合は捺印の前後に写を作って長案とするが、捺印の際に案文を作成するこのような姿勢は、太政官だけに止まらず他の官司でも同様であったと考えられよう。それゆえ、太政官の両文殿を頂点とする十世紀以前の公式様文書の記録体制は、官衙内での文書作成（捺印）を前提として成り立っていたと考えたい(25)。それゆえ、官宣旨や弁官宣旨はその様式や作成過程だけではなく、作成場所も公式様文書とは異なるものであった。

　このような官宣旨・弁官宣旨の発給過程や性格、公式様文書の発給記録の原則を念頭に置くと、長和四年宣旨発布の背景は以下のように想定できる。つまり、十世紀後半から、局内利用が原則であった草案（弁官宣旨）や略式文書（官宣旨）を外部への命令伝達に頻繁に使用するようになったが、当初はそれらの記録方法が確立していなかった。更に、これらは内裏内で作成されることが多いため、官史の懈怠により官文殿に記録されない命令伝達文書が大量に生じたのである。長和四年宣旨は、このような状況に対する改善策であり、官宣旨や弁官宣旨を含んだ発給文書記録作業の制度化を意図したものと理解できよう。

　それゆえ、この宣旨では「件等文書慥令二弁度一毎月実録」と「草案」を含んだ諸文書の官文殿での保管を再確認するとともに、それだけでは達成しがたい状況をかんがみて、「便続二番案主史生請文一、叙爵之時、相三加申文一備レ之進上」という条項を付けたのである。叙爵の申文に官文殿職員である史生の請文を副えよと命じるこの部分は、奉じた文書の案文を官文殿に渡さなければ叙爵できないことを暗示している。ゆえに、当時、官史は年臈順に叙爵する「史巡」が確立しており、官史になればほぼ全員が爵位をえられた状況を勘案すれば(26)、宣旨の最後の一文は事実上の罰則条項であるとみなせよう。

　では、長和四年宣旨の発布は、官宣旨・弁官宣旨の発給にはどのような変化を与えたのであろうか。長和四年宣旨の効果がわかりやすいよう、長和四年を境に設定した表5―1・2によって、前後の変化を見ておこう。そして表には、署名官史を大夫史と六位史に分けて示した。長和四年宣旨は、六位史の叙爵に制限を設けることによって、官文殿の記録機能を維持しようとするものであるから、既に叙爵している大夫史（五位史）の行動には制限を加え

表5－1　弁官宣旨の発給数とその奉者

年	六位史	五位史	発給総数
896～ 910	6	1	7
911～ 925	17	2	19
926～ 940	6	4	10
941～ 955	12	2	14
956～ 970	9	1	10
971～ 985	0	4	4
986～1000	5	11	16
1001～1015	4	12	16
1016～1030	2	7	9
1031～1045	0	1	1
1046～1060	0	1	1
1061～1075	4	4	8
1076～1090	1	0	1

表5－2　官宣旨の発給数とその奉者

年	六位史	五位史	発給総数	備考
911～ 925	1	0	1	
926～ 940	0	0	0	
941～ 955	0	1	1	
956～ 970	2	0	2	
971～ 985	0	0	0	
986～1000	4	2	6	
1001～1015	6	5	12	不明1
1016～1030	5	7	12	
1031～1045	2	1	3	
1046～1060	1	11	12	
1061～1075	5	14	19	
1076～1090	1	8	9	

註）表5－1・2は、以下の史料による。
『平安遺文』（東京堂出版）、
『類聚符宣抄』、『別聚符宣抄』、『政事要略』、
『本朝世紀』、『続左丞抄』、『朝野群載』（以上、国史大系）

ていない点に注意したい。つまり大夫史は、官文殿に文書を納めずとも長和四年宣旨の罰則に影響されないのである。言い換えるなら、大夫史による案文私有が黙認されたといってよい。実際、大夫史を世襲した小槻家は、次のように草案を私有していた公算が強い。

天喜二年（一〇五四）四月十六日付斎宮寮解（『続左丞抄』第一所収）には、「依ㇾ請」と外題が付けられているが、その端裏には五月十六日に天皇親仁（後冷泉天皇）→中宮権大夫（藤原経輔）→左少弁というルートで「可ㇾ勘ㇾ例」旨が命ぜられ、次に六月一日に天皇→中宮権大夫→左少弁→左大史（小槻孝信）という経路で文書が下された旨が記されている。左大史はこの外題の付いた解正文を受け取り、これに基づいて官宣旨や太政官符を起草するのである。だが長和四年宣旨は、このような「草案」の官文殿への納入を義務づけている。『続左丞抄』は、小槻家において、その所蔵文書を基に近世初期に編纂されたものであるから、この斎宮寮解正文が同書に含まれていることは、小槻家による草案の私有を示している(27)。同書には、他にも外題をもつ解文正文が数通含まれており、小槻家が草案を私有していた可能性が極めて高い。

では、この大夫史と六位史との違いに注意しながら、長和四年宣旨発給の効果をその発給数から考察してみよう。表5―1は弁官宣旨の十五年ごとの発給数と、それぞれの署名官史の五位・六位の別を示したものである。これによると、当初は多くを六位史が奉じているが、九七〇年代以後は逆転し、五位史が奉じるものが過半数を占めるようになる。そして長和四年を境に発給数が急減し、一〇三〇年代以後はほとんどなくなってしまう(28)。

一方、表5―2は官宣旨を対象とした同様の表である。これによると、長和四年以前は六位史が過半数を占めるが、長和四年以後は逆転し、一〇四六年以後は大夫史の占める割合の方がはるかに高くなっている。確認できる発給数が三通しかなく、数値の信頼性が低い一〇三一～四五年の一五年間を除くと、長和四年以降は大夫史が過半数を、後には大半を占めるようになっていくのである。

同じような条件下にあった二様式の文書が、このように別々の推移を見せたのは、局内利用を本来の目的とする弁官宣旨と、官符を補足する命令手段であった宣旨に由来する官宣旨という文書本来の性格の違いによると考えているが、まだ推測の域をでない。今後の検討課題として残しておきたい。いずれにせよ、十一世紀半ば以降、弁官宣旨は発給されなくなり、官宣旨は大夫史が奉じる（＝大夫史が案文を保管する）ように変化するのである。そしてこれにより、両様式文書の発給記録が残らないという状況は改善された。一方、太政官符には長和四年以後も六位史が署名するものを多く見いだせる。公式様文書に対しては、案文を官文殿に納めるという従来の原則が守られていたと考えられる。

本節での論述をまとめると以下のようになる。

①十世紀末以降、記録システムが確立しておらず、しかも官衙外でも作成できた官宣旨のような非公式様文書を命令伝達に使用する機会が増えたため、両文殿に記録されない文書が増加した。

②長和四年宣旨は、署名官史に対する発給文書案文の官文殿への提出義務づけによって、非公式様文書を含んだ発給文書の記録システムの構築を意図したものであり、従来の体制を再確認すると共に、弁官宣旨の発給例をなくすなど効果をあげた。だが、大夫史による私有には制約を加えていないため、官宣旨案文は大夫史によって管理されるようになったと考えられる。

従来、小槻氏が官務家として大夫史を世襲・独占できた要因として、橋本義彦・曽我良成両氏は官務文庫の形成を第一にあげられるが、(29)既述のような長和四年以後の大夫史による官宣旨案文の私有黙認は官務文庫形成の前提条件として留意する必要があろう。そこで次節では、大夫史以外の公卿・官人も官文書を私有・伝領しているという近年の研究成果に基づき、彼らがどのようにして官文書を私有できるようになったのかについて触れておきたい。

第三節　官文書の蓄積

公卿・官人による官文書の私有に関しては、戸田芳実・河音能平両氏による院政期の検非違使庁の職務関係文書に関する研究があげられる[30]。そこからは、検非違使別当の許で管理されていた関連文書類が、適宜に整理（廃棄）され、各自の「役得」として利用されるというシステムが浮かび上がっている。また黒滝哲哉氏は、文殿の衰退にしたがい公卿の私設文庫に文書の写が集積されたと説き、保管施設の設置を文書群形成の必要条件にあげている[31]。以上、戸田・河音両氏は院政期の検非違使別当、黒滝氏は摂関期の公卿というように考察の対象は異なるが、いずれの論者も保管される文書を一様にあつかい、本論で述べてきたような公式様文書か新たに定着した様式の文書かといった差には触れてこなかった。ところが、前節までの考察からも明らかな通り、十世紀末から十一世紀初頭ごろの文簿保管で問題化したのは、新たに定着してきた様式の文書であった。本節では公卿・官人一般における官文書私有の広がりを、このような発給文書の変化（およびその前提としての政務形態の変化）から考えてみたい。

そこで、本論で前提とする政務処理ルートの変化を確認しておきたい[32]。まず、その決裁過程では、十世紀以後、外記政（および南所申文）の開催回数の減少が従来から指摘されている。しかも、外記政の衰退にともなって誕生した陣申文は官史と上卿によって、奏事は官史と弁官によって進行され、結政における関与者が官史と弁官であることを考え併せても、官史・弁官・上卿の三者だけによる政務処理が可能となっている。これを外記政段階とくらべると、外記局職員の参加が省かれており、より少人数での政務決裁が実現していただけでなく、この人員が官宣旨および弁官宣旨の発給に携わる人員と合致していることにも注意する必要があろう。

一方、その決裁事項の伝達にも変化が見られる[33]。九世紀には上卿の仰せは外記局に伝えられ、更に弁官局を経て諸司へ伝えられていたことが、『類聚符宣抄』などから知られる。だが、十世紀以後、太政官実務部局としての性格をもつ外記局と、太政官品官とされ、八省・諸国を率い太政官への服従者のまとめ役でもあった弁官局という両局の位置づけが、上下関係から、職務を分掌するほぼ対等の関係へと変化した。いわゆる官方・外記方の確立である。『西宮記』巻十三（諸宣旨）には宣旨の伝達先とその内容とが示されているが、それによると、外記・弁官以外にも諸省や蔵人所・検非違使庁などに上卿から直接下される宣旨が多数例示されている。太政官内の構成変化にともなって、宣旨の伝達ルートも変化したのである。

このように、当該期には政務処理機構のリストラクションが太政官内だけではなく朝廷組織全体で進んでいた[34]。たとえば延長元年（九二三）九月十四日付「太政官符」（『別聚符宣抄』所収）では「応下不レ経二内膳司一進中中宮職諸節弁旬御贄上事」を命じており、内膳司を経ずに諸国が直接に中宮職へ御贄を進納すべきよう改められている。これは御贄貢納ルートからの内膳司の排除であり、一種の構造簡素化である。また蔵人所では、九世紀末から蔵人によって内侍宣が出されるようになるが、その際には「蔵人宣旨書」と呼ばれる備忘録的文書（草案）の発給されることが指摘されている[35]。この内侍宣と「蔵人宣旨書」の関係は、前述した太政官における官符と官宣旨の関係と類似しており、非公式様文書の利用が、太政官だけではなく蔵人所でも生じていたことが知られる。結論を先に述べれば、このような構造改革が政務に携わるメンバーを変化させ、それに対応した決裁伝達手段として草案などの局内利用文書が援用されるようになり[36]、結果的に案文の保管者をも変化させたと考えられるのであるが、次にその具体例を見ていくことにする。

最初に陣中文・奏事の展開による影響を考えるが、まず奏事の一般化から見てみよう。『西宮記』巻十（殿上人事）には、「凡奉公之輩可〓設備〓文書」が列記されており、その中には「三代格」「天長格抄」といった法令集の他に、「官奏報」「宣旨目録」といった文書も見える。この「宣旨目録」は、弁官奏事や蔵人奏事の際に作成され、案件の内容とそれに対する天皇の仰詞が記された文書である。(37)この目録は、蔵人から上卿、更に弁官・官史へと伝えられ、これに基づいて官符や官宣旨などが作成されるが、このような関連文書類は、上卿の手許に戻される場合があることも指摘されている。(38)つまり、文書の発給過程中に作成された関連文書類は、上卿・弁官・史の各人によって保管されていた可能性があり、写ならば関与した全員が所持していたと考えてよい。実際、公卿の日記史料には「子細見〓彼日目録〓」「子細見〓目録(39)〓」という表現が散見でき、宣旨が下される際の添付目録を彼らが保有していた事実が伝わる。官衙の文殿では、このような関連文書類は保管対象外であったから、政務の途中で作成された関連文書類が、後代の政務参考資料として各人に私有されたのは、いわば必然的帰結であったといえよう。

ところで、官政・外記政段階では、ほとんどの命令伝達は太政官正庁・外記庁（含結政所）・侍従所（南所）および内裏の間でなされており、私邸で政務をみるのは大臣に限られていた。(40)だが奏事の場合、蔵人や弁官が私邸で申文を受け付けたり、私邸で文書の内覧を行なったりしており、私邸での政務処理が広く行なわれていた兆しがある。公卿が自宅で政務をみることに対しては、まだ抵抗感が存在していたようであるが、(41)より煩雑な政務処理を求められた蔵人や弁官をはじめとする実務担当官人が自宅で担当行事の政務処理をするのは、許容範囲内であったのかもしれない。(42)たとえば「貫首秘抄」には、

或人曰、職事暫夙夜、諸務多積、殆及〓擁怠〓之時、暫称〓疾令〓調〓文書〓、勘〓知先例等〓、又出仕云々。或人曰、頼隆初為〓大外記〓、出〓卅日穢〓云々。不〓遑〓調〓文書〓故也。

とあり、蔵人や大外記が疾病や穢を理由に出仕せず、私邸内で事務処理をしていた旨を伝える。しかもそこで行なっていた先例調査といった作業は、政務関連文書類の私有を前提として初めて可能な行為である。ここで例にあげられている清原頼隆の大外記初任は治安二年（一〇二二）であり[43]、十一世紀前半には、大外記も政務関連文書類を私有していた可能性が高いといえよう。

このような関連文書類の私有は、陣申文の展開からも注目できる。吉川真司氏の研究では、官政・外記政では申文に「続文」が添付されていなかったが、陣申文・南所申文では添付されるようになることが指摘されている[44]。摂関期には陣申文が政務の中心的役割を果たしていたとされるので、政務に提出される申文には「続文」を添付するのが常態化していたと考えられる。この結果、「続文」そのものは申文に貼り継がれ文殿に収納されるが、そこに引用された先例が頻繁に公卿らの目に触れることになり、彼らの間で写し取られていき、その私有する関連文書類の内容を、ボリュームアップさせたであろう。

このような公卿・官人による文書・記録収集の実例の一つとして、『類聚符宣抄』における編纂者源経頼の関係する文書の収載があげられよう。同書は、経頼が所持していた文書群によって編纂されたと考えられている。ただしこの場合、すべての収載文書が彼の関与した案件であったというわけではない。実際、彼が行事弁でもないのに、単に仰せを伝えただけの文書も含まれている[45]。職事弁官の場合、天皇の命令を伝達する機会が多く、表面上は直接関係ない案件でも、関連文書類を入手しやすかっただろう。また同書には、経頼の時代よりもはるかに古い時代の文書が多く収載されており、それらは「続文」に引載されていたために経頼のもとに伝えられたとも考えられる。『類聚符宣抄』に見られるこのような傾向は、経頼の政務関連文書類の所持を直接に示すものではないが、それを類推するには十分であろう。

このように、十世紀以後の政務形態の変化にともなって関連文書類が多く現れ、文殿に収納されないものが公卿・官人の手許に蓄積されていったと考えられるが、先に見た長和四年宣旨発給の前提となっていた官宣旨・弁官宣旨の不記録状態は、いつから始まったのであろうか。留意すべきは、外記政から陣中文・奏事に政務処理ルートの主流が変更されつつあっても、それは施行文書の変更を示してはいない点である。そこで注目したいのが永延三年（九八九）の太政官奏状である。この文中では「所レ成之官文、二百張以上三百張以下、或連日不レ絶、或隔二一両日一、其所二書写一之長案、猥積如レ山」という状況が述べられ、外記文殿の仕事量増加が明らかな上、同奏状には「爰大外記中原朝臣致時拝任之後、捜二尋局中文書一、以往文簿、或以破損、或以紛失、所レ遺不レ幾。何況寛和二年以後長案日記等、無レ有二其実一」とも記されている[46]。前述のように、官宣旨・弁官宣旨の大量発給がその保管に関する問題を表面化させたと考えるなら、その契機を、寛和二年（九八六）の直前に想定できよう。

そこで着目したいのが「行事所召物」の確立である。大津透氏の研究によると、十世紀後半の天禄～寛和年間ごろに行事所召物が成立したとされ、これによって行事所が独自の経費調達機能をもつようになったと評価されている。また、その命令は天皇の裁許を必要とせず、上卿・弁官・史によってなされ、広い自由裁量権のもと、官宣旨によって伝達されるという[47]。つまり、新たな権限を有した行事所によって、多くの官宣旨が発給されたと考えられ、この時期にそれらの記録保管が問題化したと考えられはしまいか[48]。しかも、行事所に関する政務は私邸でもなされていたとされ[49]、第一節で述べたように、文書発給の場と保管の場とが関連しているとするならば、行事所関係文書の案文は、行事所上卿か行事弁・行事史の手許に保管されていたとも考えられるのである。実際、小槻貞行は、父奉親が行事史としてかかわった賀茂行幸の関連文書類を所持しているが、誰もそれに批判的見解を示してはいない[50]。奉親の時代（正暦五年〈九九四〉～寛弘八年〈一〇一一〉在任）には、行事史による関連文書類の私有が一般化していたと推定できよう(51)。

それゆえ、長和四年宣旨に保存を要する文書として「宣旨官符本書草案」（宣旨・官符の本書と草案〈＝官宣旨〉）に並んで、「臨時所所行事記文」が明記されている点にも注意する必要があろう。多様な記文の中でも、行事所関連文書類が特記されていることは、当時の文簿保管問題における行事所関連文書類の重要性を反映しているのではなかろうか。

以上より、公卿・官人、特に行事所が設定されるような大行事の担当者（特に職事弁官）の私邸内には、発給文書の案文・関連文書類が、以後の政務の参考史料として蓄積されていたと考えられる。また、十世紀末以後、官宣旨のような公式様文書に属さない形式の文書が広く使用されるようになったが、これらの案文は文殿では記録されず、特に行事を担当した公卿・官人の私有物として各々の邸内に蓄積されていったものも多く存したのである。それゆえ、私有官文書群の形成には、黒滝氏が述べるような写文書の積極的な蒐集も寄与したであろうが、本論で述べてきたような、十世紀以後の政務形態の変化（＝発給文書の変化）、そして同世紀末以後の行事所の機能強化を主因と考えたい。そしてその際には、文書の写だけではなく、正式な案文や関連文書類という形での蓄積も考慮する必要があり、これらが混合されて、バリエーションの豊富な私設文庫が形成されていったと考えられるのである。

むすびにかえて

最後に、本論での論述をまとめるとともに、外記日記の衰退や官文殿の役割に関する私見を述べ、本章を終えたい。

公式様文書は、原則として各官衙で作成されたが、その案文は長案（文）として保存する場合と、日記（簿）に写し取る場合とがあった。それらの文簿は文書の作成場にほど近い各官衙内の施設（文殿・文庫・厨子）で保管されていた（律令的文簿保管体制）。一方、九世紀末から十世紀初頭にかけて進んだ政治システムの簡略化にともなって新たに現れた非公式様文書の記録や政務関連文書類は、それに関与した公卿らが自邸で保管・記録するという慣習が定着していた。ところが、十世紀末ごろの行事所の機能拡大などにより、官宣旨や宣旨による命令伝達機会が増加した結果、その記録システムを正式に確立させる必要が生じたので、それが長和四年宣旨として発布された。だが、五位以上の者たちによる官文書の私有は黙認され、改められず、旧体制下における慣習が新体制下でも黙認された。こうして、非公式様文書の記録や政務関連文書類は、公卿・官人の私邸内に「家」文書として蓄積されていったのである。

また、十一世紀以降は、各公卿の邸宅に所蔵される文書群や公卿の日記が注目され、両文殿はじめとする各官庁の文簿保管施設や、外記日記に代表される公日記の影は薄くなっていく。これらの現象は、官文殿や外記日記などが衰退し私設文庫や公卿の日記がその代役を果たしたと解釈する通説よりは、公式様文書の発給が減少していったのに対し、非公式様文書の使用頻度が増加し実効力をもつようになったことによる必然的変容と考えた方が適切ではなかろうか(52)。

先行諸研究は、十一世紀以降の官文殿が制度的には衰退・崩壊したと考え、以後の活動に積極的な意味を見いだそうとはしていないが、十一世紀以降も官文殿・外記文殿はその責務を果たし続けており、公家社会における重要施設という認識にも変化はない(53)。衰退したかのように見えるのは、公式様文書を必要とする場が減少し、文殿が管理主体となる機会が減少したからにすぎないのであり、両文殿の文書収蔵・収集能力が低下したからではない。長和四年以後も、官文殿には太政官符の案文が保管されていったと考えられるが（前述）、実際、長和四年以後も官文殿には官符に関する問い合わせがなされており、「天暦以往抄符」の所持が伝えられている。(54) その点、官文殿や外記文殿は十一世紀以後も公式様文書の案文保管施設として有効に機能していたとする第四章での理解を、ここでも確認しておきたい。そして、これらによって諸官庁の文簿保管施設と公卿の私設文庫の役割を対比するならば、「官庁の施設＝公式様文書＝正式の（格の高い）文書」と「公卿・官人の文庫＝非公式様文書＝通常の（一般的な文書」というようにあらわせ、相互補完的関係と評価できるのではないだろうか。

註

（1）鈴木茂男『古代文書の機能論的研究』（吉川弘文館、一九九七年）、橋本義彦「官務家小槻氏の成立とその性格」（『平安貴族社会の研究』吉川弘文館、一九七六年。初出は一九五九年）、河音能平「日本中世前期の官司・権門における文書群の保管と廃棄の原則について」（『世界史のなかの日本中世文書』文理閣、一九九六年。初出は一九九〇年）、黒滝哲哉「10〜11世紀前半における朝廷文書の管理について」（『古代文化』第四八巻一〇号、一九九六年）、中野淳之「外記局の文書保管機能と外記日記」（河音能平編『中世文書論の視座』東京堂出版、一九九六年）。

（2）岩橋小弥太「文殿長案と外記日記」（『上代史籍の研究』第二集、吉川弘文館、一九五八年）、「ちょうあん」（『平安時代史事典』本編、吉川弘文館、一九九四年）。

（3）和田英松「日記に就いて」（『国史国文之研究』雄山閣、一九二六年）、岩橋小弥太「文殿長案と外記日記」（註2前掲）、橋本義彦「外記日記と殿上日記」（『平安貴族社会の研究』註1前掲。初出は一九六五年）、小山田和夫「『日本三代実録』と『外記日記』」（『史聚』第一〇号、一九七八年）、木本好信「『外記日記』と『本朝世紀』の関連について」（『政治経済史学』第一四一号、一九七八年）、西本昌弘「儀式記文と外記日記」（『日本古代儀礼成立史の研究』塙書房、一九九七年。初出は一九八七年）、松薗斉「外記日記と『日記の家』」（『日記の家』吉川弘文館、一九九八年。初出は一九八七年)、小口雅史「内記日記と外記日記」(山中裕編『古記録と日記』上、思文閣出版、一九九三年)、中野淳之「外記局の文書保管機能と外記日記」(註1前掲)。

(4)『本朝世紀』天慶四年(九四一)九月十日条。

(5)『本朝世紀』天慶四年八月十一日条。なお文中の「大外記橘直幹」は、大内記の誤りであろう。

(6)『本朝世紀』の当概部が外記日記を基にして編集されたことは、平田俊春『私撰国史の批判的研究』(国書刊行会、一九八二年)で明らかにされているので、引用文中の「日記」は外記日記をさすと考えられる。

(7)『政事要略』巻三十年中行事(御画)。同様の記事は天慶元年(九三八)五月廿八日の例も載せられている。

(8)養老公式令では、詔書正文は「太政官」に留めて案とする旨が示されている。

(9)「続納」「続加」とも記され、『本朝世紀』天慶元年十月八日条・同年十月十七日条・天慶四年八月六日条・正暦元年(九九〇)八月十一日条、『江家次第』巻七(御体御卜)、「小野宮年中行事」(小朝拝宴会事)所引「外記庁例」などにも見られる。

(10)詔書と勅書は施行形態としては太政官符の形をとる。それゆえ、中務省では詔書・勅書の正文が保管され、中務省で作成された写は外記文殿に、更に謄詔符・謄勅符の案文は、両文殿に保管されていたと考えられる。

(11)延喜十八年三月十七日付「史生石上善恒解」(『類聚符宣抄』巻六〈文譜〉所載)。

(12)宣命は天慶元年(九三八)八月廿七日条など、位記は天慶元年十月九日条、願文は天慶五年閏三月廿六日条などに見える。

(13)宣命は詔の一種であるから、諸官衙に公布される際には太政官符を発給するために弁官局へ移送され、前述のように外記局で保管される。ところが、奉幣や参社に際して出される宣命は、諸官衙への公布を要しないので上述のような作業を経る必要はなく、案文が中務省(内記局)で保管されるだけであると思われる。

ところで「新儀式」第五(飛駅事)には、内記に勅答を作成させる際の奏状について「以二其奏状一付二外記一儀式之旧例、続二収内記所一、弘仁以来大臣取レ之付二外記一」とあり、もともとは内記所にも文書保管機能が存していたことを伝える。だが、『本朝世紀』天慶四年八月十一日条では、大内記橘直幹が作成した勅答が「局表巻」に控えられている。「新儀式」の例からも、内記の作成した文書を、外記局で保管するのが通例化していたのであろうか。そうであるなら、外記および内記が作成に関与した文書はすべて重要なものが長案とされ、軽微なものが外記日記に書き込まれたと考えられる。

(14) 官符の保管は『西宮記』巻七（申交替使返事）に見え、宣旨の保管は延喜十八年三月十七日付「右抄符史生石上善恒解」（『類聚符宣抄』第六〈文譜〉）に見える。

(15) 近藤「日本古代官司における文書処理」（『古代文化』第五〇巻六号、一九九八年）。

(16) 平安時代末になると、「貫首秘抄」（遇平三位問職事事）に「代々叙位在二内記局一」と見える他、室町時代の「官職難義」からも同内容が知られ、位記案文は内記局で保管していたとみられる。

(17) 安和元年（九六八）十一月十七日付「宣旨」（『類聚符宣抄』第九所収）には「式部省厨子」が、『扶桑略記』永延元年（九八七）四月十二日条には「主税寮文殿」が見える。

(18) 本書第四章参照。

(19) 『類聚符宣抄』第六〈文譜〉所載。

(20) なお、本論で用いる「弁官宣旨」という呼称は、鈴木茂男「宣旨考」（坂本太郎博士古稀記念会編『続日本古代史論集』下、吉川弘文館、一九七二年）にしたがったものであるが、五味文彦「宣旨類」（『院政期社会の研究』山川出版社、一九八四年。初出は一九八三年）では「弁官方宣旨」、早川庄八『宣旨試論』（岩波書店、一九九〇年）では「下弁官宣旨」という呼称も提唱されている。

(21) 曽我「弁官局の機能と官宣旨―一一世紀中葉以降の官宣旨使用増加の背景―」（『王朝国家政務の研究』吉川弘文館、二〇一二年。初出は一九九〇年）。表5―2参照。なお、曽我論文は十一世紀半ばにおける爆発的な官宣旨の増加に焦点を当てた考察が主旨となっているので、十世紀末における増加には大きな評価は与えられていない。本稿とは考察対象が異なり、評価に差がある点を注記しておく。

(22) 官宣旨については、佐藤進一「中世史料論」（『岩波講座日本歴史　別巻2』岩波書店、一九七六年）、今江広道「宣旨」（『日本古文書学講座』古代編Ⅱ、雄山閣、一九七九年）、森田悌「宣旨私見」（『政治経済史学』第二九三号、一九九〇年）などを参照。

(23) 弁官宣旨については、註(20)前掲の諸論考の他に、富田正弘「官宣旨・宣旨・口宣案」(日本歴史学会編『概説古文書学』古代・中世編、吉川弘文館、一九八三年)を参照。
(24) たとえば『中右記』寛治八年(一〇九四)九月廿六日条など。
(25) 吉川真司「外印請印考」(『律令官僚制の研究』塙書房、一九九八年。初出は一九九五年)。
(26) 史巡については、高田淳「『巡爵』とその成立—平安時代的叙位制度の成立をめぐって—」(『國學院大學紀要』第二六号、一九八八年)を参照。
(27) これについては、小槻家が官文殿所蔵文書を私有していたと考えることも可能であり、断定はできない。しかし官文殿は嘉禄二年(一二二六)八月廿六日に焼失していること、現存する「壬生家文書」には、官文殿所蔵文書と考えられる文書は案文しかないことなどから、両者が混在していた可能性は低いと考える。
(28) 一〇六一〜七五年の期間は、弁官宣旨の数が一時的に増加しているように見えるが、これは四通一組の一件文書であり、六位史・五位史一通ずつと見なされる。また、当時は後三条親政期に相当するので、何らかの影響があったとも推察される。
(29) 橋本「官務家小槻氏の成立とその性格」(註1前掲)、曽我「官務家成立の歴史的背景」(『王朝国家政務の研究』註21前掲。初出は一九八三年)。
(30) 戸田「王朝都市と荘園体制」(『岩波講座日本歴史　第5巻古代4』岩波書店、一九七六年)、河音「日本中世前期の官司・権門における文書群の保管と廃棄の原則について」(註1前掲)。
(31) 黒滝「10〜11世紀前半における朝廷文書の管理について」(註1前掲)。なお、氏は太政官の両文殿の衰退をその収蔵力の容量オーバーに求め、その背景として「音声から文書へ」という政務構造の変化を想定するが、それ以前の政務に関しては、「平城京段階でのその文書量は、それほど多くはなかったように考えられ」、「文殿が破綻するほど大量の文書が生産されていたわけではなかった」と述べている。ところが、実際には八世紀段階から多量の文書が作成されていたと考えられ、氏の理解には無理があると思われる。詳細は本書第四章も参照されたい。
(32) この部分は以下の諸研究などを参考にした。武光誠「摂関期の太政官政治の特質」(『律令太政官制の研究』吉川

弘文館、一九九九年。初出は一九八五年）・曽我良成「太政官政務の処理手続―庁中文、南所中文、陣中文―」（『王朝国家政務の研究』註25前掲。初出は一九八六年）・吉川真司「申文刺文考」（『律令官僚制の研究』註25前掲。初出は一九九四年）・藤原秀之「外記政の衰退について」（『日本歴史』第五六九号、一九九五年）。

（33）この部分は以下の諸研究などを参考にした。鈴木茂男「宣旨考」（註20前掲）・森田悌「太政官制と政務手続」（『古代文化』第三四巻一一号、一九八二年）・大隅清陽「弁官の変質と太政官制」（『史学雑誌』一〇〇編一一号、一九九一年）・中原俊章「官方と外記方」（『中世王権と支配構造』吉川弘文館、二〇〇五年。初出は一九九五年）。

（34）この中央政治機構の改編について、佐藤進一氏は地方支配方式の変化にともなうものと位置づけられ、蔵人所や検非違使庁などによる律令諸官司の権限吸収の結果、「自己完結的」な官庁が創出されたと説かれる。同氏『日本の中世国家』（岩波書店、一九八三年）第一章「王朝国家」を参照。

（35）佐藤全敏「為房卿記と政務文書」（五味文彦編『日記に中世を読む』吉川弘文館、一九九八年）を参照。

（36）佐藤進一『新版古文書学入門』（法政大学出版局、一九九七年）や富田正弘「官宣旨・宣旨・口宣案」（註23前掲）は、太政官政治から職事・弁官を中心とした政治への政治システムの変化を官宣旨出現とかかわらせているが、それを別の面から述べれば、本論で述べたような政治システムの簡略化とも言えよう。

（37）高田義人「宣旨目録と奏書目録」（『書陵部紀要』第四八号、一九九六年）。また奏事に関しては、玉井力「一〇〜一一世紀の日本」（『岩波講座日本通史　第6巻古代5』岩波書店、一九九五年）は蔵人奏事と弁官奏事が道長期には一般化していたと述べ、曽我良成「王朝国家期における太政官政務処理手続について」（『王朝国家政務の研究』註21前掲）は大夫史→蔵人頭→天皇というルートの確立を忠実期に求める。だが、「宣旨目録」が蔵人奏事・弁官奏事の際に作成されるという高田氏の指摘によれば、奏事は更に古く、十世紀後期にさかのぼらせることができよう。

（38）高田義人「宣旨目録と奏書目録」（註37前掲）。少し後の史料になるが、「新任弁官抄」には「仰詞事。長事上卿或副㆑下㆓職事所㆑注之仰詞㆒、若仰詞可㆓返奉㆒之由有㆑命者、書写返㆑奉㆓之㆒。上卿或留㆓職事仰詞㆒、以㆓其趣㆒被㆓注下㆒、弁下㆑史准㆑之」「件宣旨称㆓之口宣書㆒、是職事以㆑仰㆓詞上卿㆒而可㆓注与㆒之由被㆑命、仍所㆓注奉㆒也。是内内事也。

但必書儲納二懐中一、有レ尋者奉レ之。後後或雖レ無レ尋奉レ之。不レ可レ守レ株也。就中不明上卿尤可二注奉一也」とあり、実際に仰詞を記した「口宣書」を上卿・弁・史の三者間で伝達・書写している状況がうかがえる。

なお、富田正弘「官宣旨・宣旨・口宣案」（註23前掲）によれば、官宣旨発給過程では、二通の土台（下書）が作成されている。一通は天皇の仰を蔵人が上卿に伝える際の「口宣書」であり、もう一通は口宣書の内容を弁官が史に伝える際の「宣旨書」である。ここでいう関連文書類とは、このような土台をはじめ、外記・官史による勘例などを含むと考えている。

(39)『権記』長保二年（一〇〇〇）八月廿四日条、長保三年正月卅日条。

(40)玉井力「一〇～一一世紀の日本」（註37前掲）。

(41)玉井力「一〇～一一世紀の日本」（註37前掲）。

(42)「新任弁官抄」には、「旧例、雖二五位史一向二弁官宅一、申二上文書一」とある。この旧例がどの時期をさすかはわからないが、参考にはなる。

(43)当該期には「外記補任」が遺存していないが、清原頼隆の大外記（大夫外記）としての初見は、『小右記』治安二年四月三日条である。頼隆は大外記を三度（六位一回、五位二回）経験しているが、引用史料中での出来事は五位外記としての初めの任官であろう。なお、頼隆の六位大外記就任は長和五年（一〇一六）ごろ、二度目の五位大外記（大夫外記）就任は長元七年（一〇三四）である。なお、当該期の外記の補任に関しては、拙編著『外記補任』（続群書類従完成会、二〇〇四年）を参照。

(44)吉川真司「申文刺文考」（註32前掲）。

(45)『類聚符宣抄』第三（疾疫）所収、長元三年三月廿三日付「弁官宣旨」。宣者は右大臣小野宮実資、伝宣者は右中弁藤原頼任である。文書の奥に記される発給の経緯には、「僕奉二勅於左仗一仰二右府一、々々仰二右中弁頼任一、令レ召二陰陽寮一并令レ進二文書硯等一、（中略）右府加二入日時文於筥一令二右中弁奏レ之、弁先内二覧関白殿一、次奏レ之、次奉レ下二右府一、則給レ之於二陣腋一下二史義賢朝臣一、々々々書二宣旨一下二綱所一（下略）」とあり、僕（経頼）は最初に実資に仰せを伝えただけである。

(46)『類聚符宣抄』第七（左右弁官史生可任内官事）所収の永延三年五月十七日付「弁官宣旨」が引載する。

(47)大津「平安時代収取制度の研究」（『律令国家支配構造の研究』岩波書店、一九九三年。初出は一九九〇年）。また院政期の行事所の自由裁量権については、棚橋光男「行事所」（『中世成立期の法と国家』塙書房、一九八三年。初出は一九七八年）を参照。

(48)また、行事所と同様に、公卿・弁官・史という三者によって処理される政務体制として、「別当制」をあげることもできよう。別当制については、官司別当は今正秀「王朝国家における別当制と政務運営―官司別当を中心に―」（広島大学『史学研究』第一九九号、一九九三年）を、所別当は佐藤全敏「宮中『所』と所々別当制」（『平安時代の天皇と官僚制』東京大学出版会、二〇〇八年。初出は一九九七年）を参照。

(49)玉井力「一〇～一一世紀の日本」（註37前掲）。

(50)『小右記』寛仁元年（一〇一七）七月九日条。

(51)小槻奉親の在任期間は、永井晋編『官史補任』（続群書類従完成会、一九九八年）による。

(52)第四章で述べたように、十世紀段階では外記庁で発給・記録される文書が大量に存在したため、内容によって重要な文書と軽微な文書とに分け、それぞれを長案と外記日記で記録していた。だが、十世紀以後の官方・外記方の分担が確立していったため外記方で保管を担当する文書が限られていく上、十世紀末の発給文書の変化もあいまって十一世紀以後に外記庁で記録を要する文書が減少し、結果として十世紀段階でのような分類も不要になったのではないだろうか。これは、外記日記の発給文書の記録という役割の喪失を意味している。通説では、公卿の私日記執筆や外記による勘例収集が外記日記の必要性を薄めたことにより、十一世紀半ばから後半ごろに外記日記執筆は実質的廃絶を迎えたとされている。だが、十世紀末における発給文書や保管システムの変化が、外記日記の存在意義の一端を喪失させたことは、廃絶の前提として見落としてはならないと考える。なお外記日記の廃絶に関する通説は、中野淳之「外記局の文書保管機能と外記日記」（註1前掲）を参照。

(53)本書第四章参照。

(54)官符の問い合わせは、『小右記』寛仁元年（一〇一七）十二月廿九日条・治安三年（一〇二三）十二月八日条、「天暦以往抄符」は「新任弁官抄」による。またこの他、『北山抄』巻三（定受領功過事）には、「事訖調度文書下二給外記一（旧例如レ此、諸下給文依レ給二外記一也。而近代返二給於官一、非レ無二便宜一）」とあり、もともとは外記庁で保管されていた受領功過定の定文などの文書類を、「近代」は官文殿で保管していることが書かれている。ここから、官文殿で定文を保管していた事実が知られるが、『左経記』万寿三年（一〇二六）十月三日条では、官文殿に前年の仁王会請僧定の定文を求めており、官文殿で保管されていた定文は受領功過の定文に限らないと判断できよう。更に『玉葉』治承元年（一一七七）六月一八日条では「式正文」の所蔵も確認できる。

補註

（1）　本書では「公式様文書」を、「公式令の規定に大きく関連していると思われる」様式の文書と理解して用いている（日本歴史学会編『概説古文書学　古代・中世編』吉川弘文館、一九八三年）。それゆえ厳密には、養老公式令の規定に則らなかったり、そもそも定められていない様式も含むことを断っておく。

〔コラム２〕官文殿のいま

官文殿の跡

官文殿は、太政官正庁の敷地内にあり、その南西部を占めていたとされる（『宮城図』など）。その現在地は、京都市上京区主税町内であり、附近にあるいちばんわかりやすい施設としては、京都市児童福祉センターがあげられる。現在、現地には太政官正庁の跡であることを示すプレートが設置されているが、官文殿の跡であることは、どこにも示されていない。

変転する跡地

内裏や大極殿が失われ、嘉禄二年（一二二六）に官文殿が焼失しても、太政官正庁は保持されていた。しかしそれも十四世紀半ばまでであり、恐らくは南北朝内乱によって焼失・廃絶したと思われ、十五世紀には見いだせない。その後は、「内野」と呼ばれた荒地であった。

天正十四年（一五八六）、現地の北北東約一キロメートルのところに豊臣秀吉が聚楽第を築くと、この辺りにも武家屋敷が建てられたかもしれない。しかし聚楽第はすぐに破却された。次いで十七世紀初頭に二条城が築かれると、この附近は京都所司代下屋敷（千本屋敷）をはじめとする武家屋敷が建ちならぶようになった。

明治維新後、これらの武家屋敷が空き家となったため、再開発が模索された。博覧会場として転用する案も出されたが、結局、明治三年（一八七〇）に千本屋敷は徒刑場（後に京都監獄・京都刑務所）と改められる。その後、昭和二年（一九二七）に刑務所が郊外の東野（京都市山科区）へ移転すると、再び開発の対象となり、大内裏の郁芳門・美福門にちなんで郁芳通・美福通といった道路が縦横に新造され、宅地開発が進んでいった。

このようにこの附近は、再開発がくり返されてい

写真　官文殿跡

る上、平安期の地層は意外と浅く、地下数十センチメートルであるため、遺構の残存具合はよくないようだ。附近では大規模な発掘はないが、小規模な調査発掘は実施されており、築地・雨落溝の遺構や瓦などが出土している。しかし官文殿の遺構はまだ確認されていない。今後の発見を期待したい。

主土神

かつて官文殿には、「主土神」が祀られていた。官文殿の東南隅に、檜皮葺の新旧二棟が南を向いて東西に並んで建てられていたという。これは宮内省における園韓社のような、いわゆる地主神を祀るものであろう。官文殿は火災を恐れる施設であるだけに、災いを避けるために祀られたことが推察される。

その甲斐あってか、平安遷都以来、この地が被災することはなかった。しかし嘉禄二年に人災によって焼失してしまう。嘉禎ごろになって藤井久包という官人が自力で板葺の小社を再建したようだ。恐らくは史生か召使を務めていたのであろう。そして文永三〜四年（一二六六〜六七）ごろに久包の子孫であろう藤井友包が、更に二棟を建て増しし、合わせて「四所名神」と号していたことが伝わっている（「官厨家鎮守神記」『図書寮叢刊　壬生家文書』一五八一号、「□広大明神覚書」『同』四〇六号）。しかしこの祠がその後どうなったかは、わからない。正庁と運命をともにし、廃絶したのではないだろうか。

現地にある小祠

今、官文殿の故地を訪ねると、「大宮姫命稲荷大神」という小さな神社がある。その敷地は道路の南側半分をふさいでおり、神社を境にして道路幅が大きく変わっている。道路面よりも数十センチ嵩上げされたところに、小さな祠が西を向いて建てられ、太い古木の繁みが日差しを遮っている。江戸時代の絵図で確かめると、道路北側は、旧千本屋敷であり、祠があるところは、鉄砲方屋敷（鉄砲奉行屋敷）かその西側の空地と思われる。江戸時代の絵図でもちょうどこの神社の辺りで道の広さが変わっている。

この祠がいつからあるかは確認できなかったが、大正期からは地図上で確かめられる。

確かなことはわからないが、興味をそそられる。もしかしたら、官文殿で主土神を祀っていた祠の痕跡なのでは？　と想像を廻らし、現地を後にした。

第六章　平安時代中後期の文殿

はじめに

律令国家における発給文書の情報が、外記文殿・官文殿をはじめとする官衙附属施設によって保存・管理されていたことは、よく知られている。(1) そして通説的には、官衙附属施設の機能は、律令国家の衰退とともに十世紀後半以降に衰え、十一世紀以降は公卿・官人が私的に設けた文庫（文亭・書亭・書殿なども記される）がその役割を新たに担ったとされている。(2)

本書第四・五章ではこの点を再検討し、次の四点を論じた。つまり、①官文殿の機能が十世紀後半以降に衰えたとする通説は誤りである、②官文殿は主に公式様文書類の保管を行なっており、その機能は維持されていた（律令的文簿保管体制）、③十世紀後半から急増したいわゆる公家様文書類の保管は、その作成にかかわった五位以上の公卿・官人によって担われ、彼らが私的に設けた文庫に保管された、④十一世紀以降における発給文書の保管は、官文殿に代表される官衙附属施設と、五位以上の公卿・官人が邸宅内に設けた文庫とによって、相互補完的に担われていた、という四点である。私見では、保管される文書の作成過程に着目し、旧来様式の文書は旧来の通りに官衙附属機関に保管され、新出様式の文書は新たに公卿・官人の文庫で保管されるようになったという役割分担を想定している。

本書第四・五章では官文殿・外記文殿を中心に論じたため、公卿・官人の邸宅内に設けられた文庫などの保管施設にはほとんど触れていないが、近年はそれらの文庫に対しても研究が積み重ねられつつあり、[3]多くの成果が生まれている。ただし、平安期の院・摂関家における文殿の論考は非常に少ないままである。

摂関家の文殿については、黒滝哲哉氏の論考がほぼ唯一といってよいだろう。[4]黒滝氏は、文庫・書亭などさまざまな名称で呼ばれる収蔵施設を「家文殿」という概念で把握し、十一世紀以降の公卿・官人による文書・記録の保管を「家文殿」体制と名付けた。その中で、摂関家では、藤原道長が初めて文殿を設けたことを指摘し、文殿・宝蔵・文庫といった摂関家における収蔵施設を「摂関家文殿」と概念化している。[5]しかしこの論は、さまざまな収蔵施設をおしなべて「家文殿」と呼ぶ点や、相互補完的とはいうもののその具体的役割分担などには全く言及していないなど、検討の余地が多く残されているといえよう。

また院文殿については中原俊章・本郷和人両氏らが触れている。[6]しかし、中原氏の論考は、主に局務中原家とのかかわりで触れられるに止まり、文章道出身者に言及しないなど、総体的な分析をともなったものではない。一方の本郷氏は、平安後期と鎌倉中期以降との間で、院文殿の機能に大きな違いがあることなど的確な指摘をしているが、訴訟制度のかかわりに重点を置いたためか、簡単な記述に止まっている。

そこで本章では、藤原道長の時代以後、主に院政期と呼ばれる時期における、院・摂関家の文殿について基礎的かつ総体的な考察を行なうことを第一の目標とする。これによって、平安時代中後期における文書・記録保管体制の概要が明らかにできるものと考えている。

第一節　文殿の具体像

元来、文殿という名称の建物・施設は朝廷諸官衙に設けられていた。[7] ところが十一世紀初頭になると初めて、官衙以外でも文殿を見いだすことができる。それは藤原道長のもとであり、[8] 以後、摂関家では「文殿」を断続的に確認することができる。続いて十一世紀末になると、院文殿が新たに現れる。[9] 本節ではまず、これらの文殿の具体的な姿について考察する。[補1]

1　土御門第文殿

藤原道長による文殿[補2]は、土御門第（上東門第）内の南半部にある馬場殿の西に設けられていたことが明らかにされている。太田静六氏の復元によると、文殿は池のすぐ傍に建っていたと考えられており、防火も考えられた配置といえる。[11]

土御門第における文殿の初見は、寛弘四年（一〇〇七）五月であるが、[12] それ以前から存在したことは確かであろう。ただし文殿の所在した土御門第の南半部は、長保元年（九九九）ごろに新たに加え入れられた区画であるから、文殿の存在もそれ以降となる。文殿は長和五年（一〇一六）七月の火災で焼失したとされるが、[13] 寛仁三年（一〇一九）正月に再建を始めている。[14]

この施設には、焼失の際に朱器台盤・文書を避難させていることをはじめ、清原頼隆を召して「論語」に外題を書させていたこと、東宮御書始で書を持たずに参仕した公卿が、文殿から書を借りていることなどが知られ、文書・

記録を所蔵していたことは間違いない[15]。だが、寛弘五年八月の五壇御修法では僧侶の休息所として使われており[16]、塗籠のような倉庫スペース以外に、応接・作業などが可能な複数の空間が存在したと推察される。これは、保管・収納だけでなく事務作業も行なっていた官文殿と共通し[17]、道長が設けた文殿の規模も自ずと類推することができる。また注目されるのは、長和五年正月の敦成親王（後一条天皇）践祚に際し、宝剱・璽筥・太刀契櫃を文殿に納めていることである[18]。この文殿に朱器台盤が納められていたことは前記の通りであるが、重要器物を納めていた点は、外記文殿と共通する[19]。これらから土御門第文殿は、官文殿・外記文殿を模して設置されたことがうかがえよう[20]。

土御門第文殿がいつまで存在したかはわからないが、最後に確認できるのは、寛仁三年二月二日である[21]。この後、土御門第は長元四年（一〇三一）十二月に焼亡している[22]。

2　二条第文殿

二条第は、道長が三女威子のために二条大路北・東洞院大路西にいとなんだ邸宅である。寛仁二年（一〇一八）三月五日、藤原道長のもとで酒宴が催されたが、その中で小舎人が「文殿西板敷」へ召されて盃を給されており（『左経記』）、二条第に文殿のあったことがわかる。しかし見いだせるのはこの一回のみであり、この記述からだけでは、単独の建物であったのか、それとも建物内の一室であったのかなど、詳細は判断できない。

既に土御門第文殿は焼失しており、いまだ再建されていない。また次に触れる高陽院文殿も、まだ現れていない。それゆえ二条第文殿は、他の文殿と併存していた可能性もある。

3　高陽院文殿

寛仁元年三月、藤原道長は頼通に摂政を譲り、同三年三月には出家している。するとそれ以降、「文殿」は頼通の邸宅であった高陽院（賀陽院）に現れる。高陽院の建設は、土御門第文殿の再建とほぼ同時期になされているため、高陽院に建設当初から文殿が存在していれば、土御門第のものと併存したこととなる。ただし、高陽院文殿の初見は万寿元年（一〇二四）九月であるから、[23]土御門第に再建されたものが高陽院に移された可能性も考えられる。

この文殿は、寝殿の東から東北に広がる池の東岸に建っていたが、長元八年五月に開かれた高陽院水閣歌合で左方人々の宿所に使用されており、くわしい様子を知ることができる。[24]宿所とは、歌合が始まるまでの控え場所である。この時に文殿を宿所とした人々は、藤原経輔（頭弁）以下、諸大夫・侍一九名である。控え場所とはいえ、身分の異なる人々であることから、複数の空間が求められるだろう。またここを宿所とした人々は、歌合の会場となった御殿（水閣）まで移動するために、文殿の南に設けられていた釣台から舟二艘に分乗している。このように高陽院の文殿は、池に隣接して建てられていること、応接に適した広い空間があることなど、土御門第の文殿と共通する点が数多く存在する。移築と断言することは避けるが、高陽院の文殿が土御門第の文殿を受けついでいることは間違いないだろう。

ところが注意しておきたいのは、高陽院文殿の場合、休息・応接に利用されたことが史料で確認できるものの、[25]文書・記録を保管する施設であると確認できないことである。もちろん、頼通が多くの文書・記録を所有していたことは間違いない。しかし、高陽院の文殿がそれにかかわったという証左はないのである。加えて、釣台の存在や応接・休憩といった利用実態からは、貴重な文書・記録を収める場所というイメージは浮かんでこない。池端に建てられた眺望のよい建物として、客殿のような存在だったと考えられるのである。

この文殿も長暦元年（一〇三七）正月に焼失するが、[26]この後しばらく、高陽院には文殿が現れない。高陽院は長暦三年三月に罹災するが、その復興に際しては、東池の拡大や東対の小寝殿への改築など、文殿が所在した附近の設計が改められている(27)。この設計変更により、文殿は再建されなかったものと考えたい。

康平三年（一〇六〇）三月に藤原頼通が師実へ左大臣を譲任した際、上表文を源兼行が「文殿」で清書している（『康平記』）。これにより、高陽院内に文殿と呼ばれる空間が存在したことはわかるものの、具体像に迫ることは難しい。ここから読み取るとすれば、兼行が摂関家の文殿衆であったと推測しうる点だろう。願文などの清書は、文殿衆がよく務めている（後掲表6—6参照）。兼行は能書で知られた人物であり、その弟は安倍へ改姓し、外記に登用されている（『尊卑分脈』第三篇）。

頼通は、この間も一貫して関白・左大臣であり続けており、記録・文書を収蔵しておく施設は必要であったはずである。にもかかわらず、文殿は単独の建物として再建されなかったと考えられるのである。では、記録・文書はいずこに蔵されたのか。それは第七章で触れることとし、本章ではその後の文殿について述べることにする。

4　十一世紀末以降の摂関家の文殿

摂関家において、次に文殿を見いだせるのは、承保二年（一〇七五）十月である。この時には、東三条殿で「始被レ定二蔵人所・文殿・侍所等一云々」とあり(28)、藤原師実の関白就任にともなって、蔵人所などを設置したことを示すものであるから、「文殿」が家政機関の一組織として位置づけられていることが判明する。これは、『拾芥抄』に関白の家政機関として「執事、年預、弁別当、文殿別当、開闔、家〔衆カ〕、蔵人所、侍所別当、職事」と載せ、特に「弁別当・文殿・蔵人所等」は摂関家に特有のものとすることに合致している(29)。

この時期の文殿が東三条殿に所在するという記述は、他にもある。

又東三条寝殿北面西ニ北さまなるは文殿云々。文殿衆を五御近辺令レ書二日記一御歟。（『中外抄』下巻9条）

この記述によると、東三条殿の文殿は寝殿内の北面（北庇か）に設けられていたことになる。土御門第・高陽院のものが、単独の建物全体を文殿と呼んでいることとくらべると、具体像には大きな差がある。東三条殿の寝殿構造を復原された太田静六氏の研究によると、寝殿には二つの塗籠があったことが判明している[30]。同一屋内に二つの塗籠があるのはきわめて珍しく、一つは母屋の東一・二間に設けられ、一つはその半分の大きさで北庇の東二・三間に設けられていた。『中外抄』で文殿とされたのは「寝殿北面ニ西さまなる」所であるから、この北庇の塗籠に隣接する西側二間分がそれに当たるのではないだろうか[31]。このように、摂関家の文殿は単独の建物から寝殿内の一室へと縮小したものの、収蔵空間と作業空間とを兼ね備えたものだったことは継続しているのである。しかしこの文殿も、仁安元年（一一六六）十二月に東三条殿が焼失したことにより、姿を消す。

摂関家の文殿は、これ以後、具体的な姿を示す史料を欠く。以降に確認できるのは「文殿衆」という肩書きであったり、「文殿」に「寓直」したという経歴を示すものなど、家政機関の一組織としての活動ではあっても、文書・記録を保管する施設としての具体像は、伝わってこない。しかも「依レ無二便所一、暫以二随身所一為二文殿一」とあるように、文殿始も随身所や中門南廊に台盤・畳を設置して催されている[32]。後にも触れるが、文殿衆は毎日出仕するわけではない。「をのづから御書沙汰のときは参ればとて」（『十訓抄』第一）ともあるように、稀にしか出仕しない者も多かったため、以後は恒常的な詰所は存在しなかった可能性が高い。もちろんこれは、摂関家が文書・記録を保管・収集していなかったことを示すものではない。ここでは、そのような活動に文殿がかかわった証左がないことを確認し、文殿の役割については後述する。

以上から摂関家の文殿には①土御門第（寛弘四年ころ～寛仁三年ころ）、②二条第（寛仁二年ころ）、③高陽院（万寿元年ころ〜長暦元年)、④東三条殿(承保二年ころ〜仁安元年)、⑤組織としての名称のみ(仁安元年以後)という段階があったことを明らかにできた。このうち②の詳細はわからないが、①・③は単独の建物として存在し、応接にも使われていた点が共通する。特に③は応接目的での利用しか確認できず、恐らくこのころ、文殿の役割に変化が生じ、文書・器物を収蔵することよりも後述するような清書・書写に重点が移行したのではないだろうか。④の時代には収蔵施設(塗籠)も併置しているものの、摂関家は他にも収蔵施設を幾つももつようになる。(33)東三条殿文殿に隣接した塗籠は、文殿衆が作業で用いるものを便宜的に収納しておくための借り置き倉庫であり、そこに収蔵されたのは文殿日記(後述)のような限られたものだけだったと考えたい。⑤の時代になると、特定の空間すらなくなり、その倉庫もなくなってしまう。借り置き倉庫すらもたない臨時の文殿でなされた作業とは、短期間で終えることのできるような作業と考えてよいのではないだろうか(作業内容については後述)。

5　院文殿の登場

院の家政機関に文殿(院文殿)が存在することは、『拾芥抄』に「文殿《フドノ》」とあることから確認できる。そして寛治四年(一〇九〇)十二月になると、白河院のもとに文殿が設けられていることを確認できる。(34)この初例は、惟宗孝言が「文殿」で宣命を分け書いたことを伝えるものであり、「文殿」という作業空間の存在をうかがわせるが、(35)これには「文殿」としか記されていないため、院文殿であるという確証を欠く。確実な初見は、寛治五年八月に院文殿作文会が催されたことを示すものである。(36)

その後も、院文殿は作文会を催している(表6―1)。ただしこれは、院文殿という場で開催された作文会という意ではないだろう。たとえば大治五年(一一三〇)九月に催された院文殿作文の様子をみると、(37)殿上廓北面を「文

表6－1　院文殿作文

院	年月日	典　拠
白　河	寛治5(1091)　8.15	中右記
	寛治6(1092)　11.19	中右記
	寛治7(1093)　7.13	中右記
	永長1(1096)　3.28	中右記
鳥　羽	大治5(1130)　9.17	中右記・長秋記
後鳥羽	承元2(1208)　10.28	猪熊関白記・百錬抄

亭」となし、そこに畳・切燈台・円座を設けて詩席を設けている。御殿の北面に詩席を設けるのは、承元二年（一二〇八）十月に催された院文殿作文でも同じである(38)。一見すると、前述した東三条殿に文殿が置かれた場と共通しており、院も寝殿北面に置かれていたように考えられるが、御書所作文の検討などと比較すると(39)、院文殿作文とは院文殿が主催した作文会であって、必ずしも院文殿を会場としたものではないことがわかる(40)。

院文殿を初めて設けたと思われる白河院は、頻繁に邸宅を移動していることが知られており(41)、特定の邸宅に文殿を固定して設置していないことを類推させる。しかし「参二院文殿一」という表現はみえるので（「清原重憲記」久安元年十月廿六日条）、いずこかに設定されていたものと考えるが、それを特定することはできない。しかも、摂関家の文殿とも共通するが、院文殿による文書・記録の保存活動は確認できない。後述するように、確認できるのは書写・清書が主なのである。

一方、王家における文書・記録の収蔵施設の中には、蓮華王院宝蔵など固定されたものもある。だが、それらの宝蔵は日常的に出入・出納をしていたわけではなく、貴重なものや非現用文書類を納めていたと考えられる(42)。ゆえに、政務とかかわりのある日常的に必要なものは、文車のような移動・保管の両機能を兼ね備えた設備によって持ち運ばれていたと考えるのが妥当だろう(43)。このことと、前述した院文殿の場が確認できないことなどを考え併せると、院文殿とは当初から収蔵施設をもたず、軽微な作業のみを行なう組織の名称として使われていたと考えたい。つまり、「院文殿」と呼ばれるような収蔵のための建物・施設は存在せず、

表6－2　文殿の分類

	官衙附属	非官衙附属
単独の建物	官文殿	高陽院文殿
建物内の施設	外記文殿	東三条殿文殿
組織名	－	院文殿

院文殿衆が詰める空間を便宜的に「文殿」と呼んでいたと考えるのがよいように思える。

このように、十一世紀後半から十三世紀初頭の「文殿」には、独立した建物（官文殿・土御門第文殿など）、建物の一部（外記文殿・東三条殿文殿など）、固定されない臨時施設（院文殿など）という三種類が存在していた（表6―2）。その機能も、文書・記録の保存を主目的とするものとしないもの、収蔵施設をもつものもたないものがあり、同じ「文殿」という名称でも、具体像は区々であったことがわかるが[44]、多くが収蔵施設と作業空間とをセットにして隣接させていることには留意しておきたい。

第二節　文殿に出仕した人々

1　院文殿の文殿衆

院の家政機関の有様を伝える『拾芥抄』には、院文殿における役職などの構成は示されていない。そこで諸史料から各年代の院文殿に勤めた人物を一覧にしてみた（表6―3）。ここで確認しておくが、院文殿に出仕した人々は、何らかの官職に補任されたわけではない。多くの者は別に本官を有しており、「文殿に寓直す」または「文殿に候ず」「文殿に参る」ことを命じられている（表6―3中、年月日の次の文字はこの表現を記した）。このことは、彼らの活動内容にも大きく関係している。

表６－３　院文殿に勤めた人々

院	人　名	分野／官途	年月日（典拠）
白　河	５惟宗孝言	文章／大学頭	寛治４（1090）12.16（石清水文書）
	藤原敦基	文章／博士	寛治５（1091）4.－直（本朝続文粋６）
	藤原敦宗	文章／博士・学士	－　（本朝続文粋６）
	藤原俊信	文章／博士・学士	－　（本朝続文粋６）
	藤原友実	文章／勘解由次官	－　（本朝続文粋６）
	藤原実光	文章／権中納言	嘉保２（1095）2.2寓直（公卿補任） 康和２（1100）2.24候（地下家伝２）
	藤原宗光	文章／大学頭	－　（本朝続文粋６）
	藤原行盛	文章／博士	－　（本朝続文粋６）
	藤原尹通	文章／左衛門佐	－　（本朝続文粋６）
	５中原師遠	明経／博士	康和２（1100）2.24候（地下家伝２）
	５中原師安	明経／博士	天永元（1110）8.2寓直（地下家伝２）
	藤原清高	文章／図書助	永久４（1116）12.30（大間成文抄10）
	５中原師元	明経／博士	大治２（1127）7.27寓直（地下家伝２）
	５平　祐俊	文章／伊豆守	－　（兵範記紙背文書190）
鳥　羽	５中原師安	明経／博士	天治元（1124）12.21為（地下家伝２）
	５中原師憲	明経／勘解由次官	康治２（1143）6.5歿（本朝世紀）
	藤原兼光	文章／－	久安２（1146）12.－（大間成文抄10）
	中原師尚	明経／博士	久安６（1150）2.1寓直（地下家伝２）
	藤原敦頼	文章／（歌人）	仁平元（1151）9.9（本朝世紀）
後白河	菅原長守	文章／博士	保元３（1158）－.－移（大間成文抄８）
	５中原師綱	明経／博士	仁安元（1166）11.－寓直（地下家伝２）
	５藤原為業	－／－	嘉応元（1169）4.11（兵範記紙背文書190）
	５藤原範光	文章／権中納言	承安２（1172）ころ（古今和歌集目録）
	藤原基国	－／－	承安３（1173）6.23参（吉記）
	５清原頼業	明経／博士	承安４（1174）8.13/9.10（吉記）
	５中原師尚	明経／博士	承安４（1174）8.13/8.16/9.10/9.13（吉記）
	中原師直	明経／助教	承安４（1174）8.13（吉記）
	中原師茂	明経／助教	承安４（1174）8.13（吉記）
	中原広季	明経／博士	承安４（1174）8.16/9.13（吉記）
	５藤原守光	文章／－	承安４（1174）8.16（吉記）
	中原師季	明経／博士	元暦２（1185）正.30寓直（地下家伝２）

註）官途は、主な昇進先を記した。
博士は文章博士・（明経）博士、学士は東宮学士のこと。
五位の者には人名に「５」を付した。それ以外は六位。

表6―3によって院文殿に出仕した人々の出身分野を見ると、文章道と明経道に限られていることがわかる。この二道は、大学四道の中でも上位のものであり、格の高さを反映させていることがうかがえる。次に述べるように、摂関家の文殿に勤めた人々が、明法・算といった下位の分野も多く含んでいるのとは対照的である。そしてこの分野構成には、時期的な変化も見られる。白河院政期の院文殿衆は、文章道出身者が多くを占めているのだが、鳥羽院政期には検出数は少ないもののほぼ拮抗し、後白河院政期になると、明経道出身者が多くを占めるようになっているのである。特定の時点における全構成員を把握できたわけではないため、被検出者に偏りがある可能性も否めないが、白河院の時代（特に康和年間以前）には文章道の出身者が優位を占めていたのに対し、後白河院政下では明経道の出身者が優位を占めるように変化していることは、明らかであろう。

院文殿に勤めた人々の文殿における肩書きとして確認できるのは、「文殿衆」だけである。[45]しかし明経博士・大外記として知られる中原氏は、後白河院の時から歴代が院文殿開闔を務めたと伝える。[46]そこで表6―3を見ると、五位と六位の者がいることに気づく。それゆえ、五位の者が別当・開闔、六位が文殿衆というように、後述する摂関家の文殿とほぼ同様の構成をとっていた可能性も考えられよう。仮にそうであれば、確かに歴代の中原氏は多くが五位であることから、開闔を務めていた可能性が高い。別当・開闔という役職名が存在した証左はないため断言は避けるが、院文殿に出仕した人々が複数の立場に分けられていたことは確かであろう。

六位の者の多くは、文章生である。文章生の内、上臈の者は、蔵人所・内御書所・院蔵人所などに兼参することが多かったが、十一世紀末以降はこれに院文殿も加わるのである。彼らは除目で他の文章生よりも優遇され、一般の文章生は外国掾を経てから内官に任じられるのに対し、彼らは直接に内官に任じられることが多かった。[47]文章生の中でも選ばれた者だけが院文殿などに直し、優遇されていったのである。実際、院文殿に直した六位の者の多く

は博士に至っており、中には藤原実光のように公卿に昇った者もいる。彼らの昇進コースを簡単に記せば、

文章生 → 院文殿（兼参）→ 内官六位・六位蔵人 → 叙爵

となる。文章出身者にとって、院文殿は昇進するための起点の一つなのである。[48] これに対し、明経出身者の多くは五位の時に院文殿に直している。彼らの昇進コースを簡単に記すと、

明経生 → 内官六位・六位外記 → 叙爵 → 院文殿

というコースであることが多い。[49] 叙爵後に助教・博士といった官職をえている場合も多く、既に一定度に昇進した後に院文殿に直すようになっている。

文章道と明経道とでは、前者の方が格上である。それゆえ、院文殿の人々の内で明経の五位が開闔であるならば、恐らくは文章の五位が別当的役割を果たしていたのではないだろうか。つまり、

別当（五位、文章）―開闔（五位、明経）―文殿衆（六位、文章・明経）

というような構造であったと復原できるのではないだろうか。

2　摂関家の文殿衆

『拾芥抄』によると、摂関家の文殿には別当・開闔・（文殿）衆と呼ばれる人々がいる。[50] 院文殿と同様、摂関家の文殿に勤めた人物を一覧にする（表6―4）。ただし、別当は家司の中から任じられるので、表には入れていない。[51] 院文殿と異なるのは、摂関家の文殿の場合、「別当に補す」「開闔と為す」「衆と為す」というように、当初からポストが明確になっている点であろう。また長寛二年（一一六四）七月一日付「文殿官人告朔解」[52] や、文殿始の記録が元暦・文治・建永の三回あることにより、特定の時点とはいえ開闔・衆の全陣容が知れることも、特筆しておき

たい。

またここで摂関家における文殿始について確認しておきたい。先にも述べたように十一世紀末以降の摂関家における「文殿」は、摂関家に特有の家政機関の一組織であった。「文殿始」「置文殿」などと表現される摂関家の文殿始は、承久の乱以前には六回判明しており、忠実が康和四年（一一〇二）七月に、基房は仁安元年（一一六六）十月に、基通が元暦元年（一一八四）八月と建久八年（一一九七）六月に、兼実が文治二年（一一八六）六月に、家実が建永元年（一二〇六）十一月に行なっている（後掲表6―6参照）。このうち康和四年のもの以外は、いずれも当人が摂関に就任して一年以内である。康和四年の忠実の事例は、摂関就任とは関係がない(53)。しかし忠実は、承徳三年（一〇九九）六月に父師通を、康和三年二月には祖父師実を亡くしている。それゆえ康和四年は、忠実にとっては家督継承直後の歳なのである。これらの経緯を考えると、文殿始という行事は、摂政・関白への就任や家督継承と深くかかわって催されているものと考えられよう。

つまり十一世紀末以降の摂関家の文殿は、原則として現職の摂関のもとに置かれた家政機関である。文殿始の場も、随身所などを便宜的に使用しており（前述）、たとえ「文殿を置く」と表現されていても、新たに収蔵施設が設けられたわけではなく、「文殿」という名称の組織が新設されたことを示すのである。

では、摂関家の文殿にはどのような人材が登用されていたのであろうか。まず開闔であるが（預ともある）、見いだせるのはすべて明経道出身者で、中原広宗・中原師直・中原広季・清原良業の四名である。このうち広宗は中原氏の庶流であり、広季はその孫である。師直も当時の大外記であった師尚の従兄であり、庶流に位置づけられる。このように、院文殿で開闔を世襲したとされる中原氏の庶流が、摂関家の文殿で開闔を務めていることがわかる（系図6―1）。

表６－４　摂関家の文殿衆

摂　関	人　名	分野	年月日（典拠）
師　通	５中原師遠	明経	永長 2. 正. 29補（地下家伝２）
忠　実	５中原広宗	明経	康和 4. 7. 5補預（殿暦）
忠　通	５大江康貞	文章	－（古今著聞集６）
	５中原広季	明経	長寛 2. 7. 1（平遺3287）
	５中原業倫	明法	同（同）
	５高階基定	文章	同（同）
	５藤原俊康	文章	同（同）
	５中原親憲	明経	同（同）
	５清原景親	－	同（同）
	５中原知親	文章	同（同）、十訓抄１
	５惟宗時重	－	同（同）
	５三善良康	算	同（同）
	５清原定成	明経	同（同）
	５清原頼安	明経	同（同）
	５惟宗孝資	－	同（同）
	５菅原友安	文章	同（同）
	５三善成重	－	同（同）
	５大江孝佐	－	同（同）
	５清原定雄	明経	同（同）
	大江定兼	－	同（同）
基　通	５中原師直	明経	元暦元. 8. 21補開闔（山槐記）
	５三善行衡	算	元暦元. 8. 21補（山槐記）
	５清原良業	明経	同（同）
	５三善信成	－	同（同）
	５中原師親	明経	同（同）
	藤原公邦	文章	同（同）
	中原明基	明法	同（同）
兼　実	４中原広季	明経	文治 2. 6. 28補開闔（玉葉）
	５中原師直	明経	文治 2. 6. 28補（玉葉）
	５中原師綱	明経	同（同）
	５三善行衡	算	同（同）
	５中原俊光	文章	同（同）
	中原章貞	明法	同（同）
	中原明基	明法	同（同）
	５小槻有頼	算	同（同）
基　通	５三善信成	－	建久 8. 10. 11（猪熊関白記）
家　実	５清原良業	明経	建永元. 11. 3補開闔（猪熊関白記）
	５中原師重	明経	建永元. 11. 3補（猪熊関白記）
	５中原明基	明法	同（同）
	５清原仲隆	明経	同、承元 2. 2. 12, 16（同）
	５中原国業	－	建永元. 11. 3補（猪熊関白記）
	５三善長衡	算	同（同）
	中原章実	明法	同（同）
	５清原業定	明経	承元 2. 2. 16（猪熊関白記）
	５清原仲宣	明経	同（同）

註）名前の前の「５」は五位、「４」は四位であることを示す。

系図6—1　中原氏の略系図

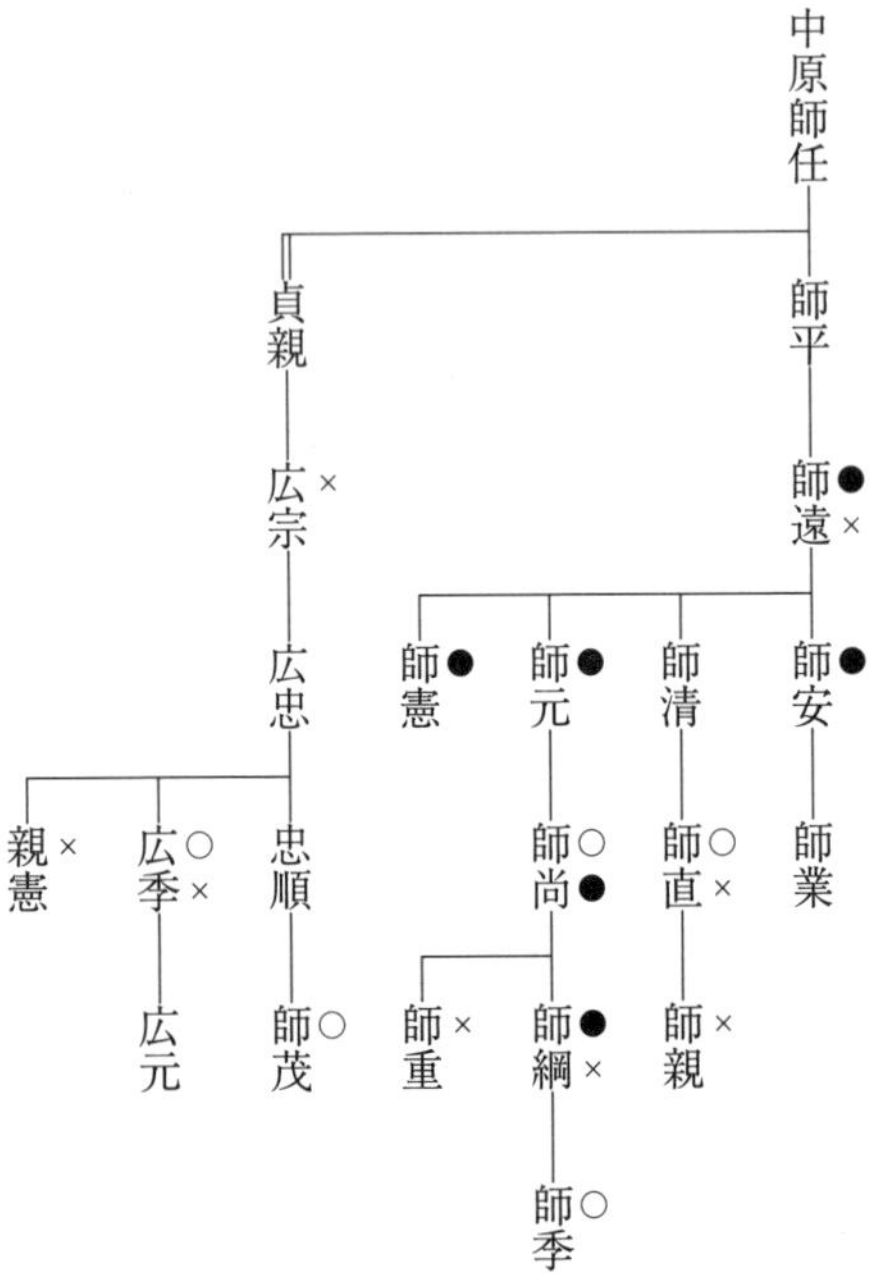

註）「●」は五位で院文殿に、「○」は六位で院文殿に、「×」は摂関家の文殿に出仕した者。

開闔の下に文殿衆がいるが、文殿始では六〜七人が補されている。しかしこれはそのような慣例であるからである。(54) 実際には「文殿官人告朔解」に一七名が名を連ねているように、文殿始からほどなく一〇人ほど増補されたのであろう。たとえば九条兼実は、文治二年六月に文殿始を行なって中原広季をはじめとする七名を補したが、翌月に告文の清書を命じた文殿衆は、その七名には含まれない小槻有頼であった。(55) 文殿始からほどない間に、文殿衆は増員されていたものと考えられる。

しかし院文殿衆と比較して一見して異なるのは、多くが五位であることである。六位の者は末席の数人（明法であることが多い）しかおらず、開闔は四位であることもあった。先にも述べたように、院文殿では叙爵後に直すのは明経出身者であったが、摂関家の文殿では出身分野に関係なく、多くの者が叙爵後に出仕するのである。

その出身分野についても、院文殿とは異なる。文章道・明経道だけでなく、明法・算も多く補されていることが確認できる。たとえば文治二年の文殿始の例では、文章1、明経2、明法2、算2となっている。開闔こそ明経で固定させているが、文殿衆は大学四道から平均的に補しているのである。

りも身分がやや高い者が多く、しかも分野も偏りが少なく充実していたことがわかる。表6―6にあらわした摂関家の文殿の活動内容では、文殿衆には清書をさせていることが多い。清書は、特にどの分野が得意ということもないので、偏らせる必要もないのだろう。

「文殿官人告朔解」は長寛二年六月（三〇日分）の文殿衆の出仕状況を報告したものだが、これによって出仕状況を見てみると、一七人中九人が全く出仕していないことがわかる。出仕している八人も、多くが三～七日であり、最大でも十日にすぎない。夜に至っては二人が合わせて三日を数えるだけである。この解にも名を見せている中原知親は、「をのづから御書沙汰のときは参れば」とあることから[56]、文殿衆は常勤せず、必要な際に召されるだけだったようである。

第三節　文殿の活動

表6―5・6は、十一世紀後半以後に管見の限りで確認できた両文殿の活動内容である。本節では、この表によって、両文殿の活動内容について考察する。

院文殿衆は、院文殿作文を主催していることを既にあげているが（表6―1）、それ以外のものは表6―5に示し、摂関家の文殿衆の活動内容は表6―6に示したとおりである。これらから、両文殿衆に共通する作業として告文・願文の清書があげられる。また院文殿では目録製作のような整理作業と典籍の書写、摂関家の文殿では、日記を書かせることと問注を行なっていたことを確認できる。

最初に確認すべきことは、官文殿・外記文殿とは異なり、両文殿が文書・記録を収蔵しているという記述は、一

表6－5　院文殿・文殿衆の活動（作文を除く）

院	年月日	内　容	典　拠
白　河	寛治4（1090）12.16	分書（十二社奉幣の告文）	石清水文書
鳥　羽	久安元（1145）10.26	書写（天文書など、～27）	清原重憲記
後白河	仁安2（1167）10.15	清書（十二社奉幣の告文）	兵範記
	承安2（1172）ころ	目録（於大炊殿文殿、御書）	古今和歌集目録
	承安4（1174）8.13	目録（於蓮華王院宝蔵、～9.13）	吉記

表6－6　摂関家の文殿・文殿衆の活動

院	年月日	内　容	典　拠
師通	永長元（1096）12.8	清書（告文）	後二条師通記
	康和元（1099）2.17	清書（仁王講呪願）	後二条師通記
忠実	康和4（1102）7.5	始置文殿	殿暦・中右記
	長治元（1104）12.16	「文殿記」	殿暦
	－	日記を書かせる	中外抄（下9）
忠通	保元2（1157）7.7	清書（祭文）	兵範記
	保元2（1157）8.11	清書（告文）	兵範記
基房	仁安元（1166）10.20	置文殿	兵範記
基通	元暦元（1184）8.21	置文殿	山槐記
兼実	文治2（1186）6.28	始文殿	玉葉
	文治2（1186）7.21	清書（告文）	玉葉
	文治2（1186）9.17	問注（多武峰領川合寺事）	玉葉
基通	建久8（1197）6.23	文殿始	猪熊関白記
	建久8（1197）10.11	清書（告文）	猪熊関白記
家実	建永元（1206）11.3	文殿始	猪熊関白記
	承元2（1208）2.12	清書（告文）	猪熊関白記
	承元2（1208）2.16	清書（告文）	猪熊関白記

切確認できない点である。前章で述べたように、当該期の両文殿は独立した建物ではない。寝殿内の一室であったり、特定の施設すら有していない両文殿は、もはや収蔵機関ではないのである。このような有様は、恐らくは高陽院文殿の時代から始まったものであり、そのころに収蔵機関と文殿とが分離したのではないだろうか。そして院文殿は、成立当初からそのスタイルをとっていたものと考えたい。

確認のため、摂関家の家政機関である政所における執務について記している「執政所抄」（『続群書類従』第十輯上）を通覧すると、政所は御倉町・納殿からさまざまな物品を請け取っていることがわかる。中には、「任レ例」と先例を参考にして判断している箇所も見いだせる。ゆえに、摂関家では政所政務の先例を保管していたことが推測される。しかしそこに文殿の名は見えない。「下家司召二長案於預出納一」（正月八日八省伽供事）、「行事所司召二取僧名於寺家一、付二納殿一。納殿付二目録一裏調之後、行事出納目録共請取持二参之一」（正月十四日修正結願事）とあるように、文書の移動は出納が担当し、納殿が目録の作成や恐らくは保管も担当していたものと考えられる。これに、院文殿と仁安元年（一一六六）以降の摂関家文殿とが収蔵施設をもたないと考えた先の文章をも思いおこすと、当時の両文殿は文書・記録の保管には直接かかわっていないと判断せざるをえないのではないだろうか。

では、十一世紀後半以降の両文殿は、何のために存在した組織なのであろうか。

そこで着目したいのが、移動という要素である。公卿・官人らは、必要な文書・記録を文車に入れて持ち運び、政務の場において必要に応じて活用していたことが知られている[57]。しかし、貴重な原本を行く先々に持ち運び引見していたとは到底考えられない。日常的に利用すれば、破損・紛失の恐れがあるからである。それゆえ、彼らが持ち運んで活用したのは、特に日記などの場合、原本（正本）ではなく写本だったと考えるのが妥当ではなかろうか。傷めば再び写本を作り、取り替えればよいからである。貴重な史料であるほど、できるだけ原本は傷めないよう、配慮するのではないだろうか。

王家では蓮華王院に、摂関家では平等院や東三条殿・鴨院（鴨井殿）に「宝蔵」や「御倉」と呼ばれた収蔵施設を有している。(58) 実際、承安四年（一一七四）八～九月に院文殿衆が蓮華王院宝蔵の御書目録を作成しようとした際は、(59) ①漢籍は倉から出してもよいが、「証本」であれば外さない、②「本朝書籍及諸家記」は悉く集める、③「頼憲朝臣点定文書」の中に「正本」があれば倉に収めるといった原則を提示している。蓮華王院宝蔵が、多くの記録を集め、かつ貴重な原本・孤本を保管しておこうとしていたことは明らかである。このような方針は、朝廷の外記文殿においてとられていた方針と酷似しており、(60) もっとも信頼できる正確な情報を管理して、マスターコピーとしての役割をもたせようとしていたことがうかがえよう。

原本を残しながら利用を続けるためには、写本の作成や校合が欠かせない。院や摂関家における文殿衆の役割とは、まさにそこにあったのではないだろうか。文殿衆の活動としては、目録作成と文書清書だけでなく、典籍の書写も確認されている。(61) たとえば、権少外記であった清原重憲は院文殿衆ではないが、催しにしたがって院文殿に赴き、「天文書」を書写している。「外衆人々多所〻被〻参也」ともあることから、大量の書写を要する際は、文殿衆でない者も召し出され、「御書之功」を務めていたのである。院・摂関家の文殿は、宝蔵などに保管されたマスターコピーを把握しつつ（日常的な管理をしていたわけではない）、必要に応じて写本を作成し、校正を重ね、利用の便宜をはかったのである。しかもそこは収蔵施設がない（もしくは小さい）。そのため、多くを書写する際には「外衆」まで召集して人海戦術によって短期間で作業を終わらせる必要があったのだ。

ただしこのような活動内容も、当初からのものであったとは言いがたい。表6―1・5で示した院文殿の活動内容と、表6―3で示した院文殿衆の構成とを重ねると、文章道出身者の多い康和年間（一〇九九～一一〇四）までは院文殿作文を数多く催しているが、明経道出身者が多くなる後白河院政期には院文殿作文が一度も催されていない。作文会は、与えられた題の漢詩文を詠むものであるから、文章道出身者の得意とするものであることは明白である。しかし典籍の目録化は、文章道のみが適しているわけではなく、宝蔵には漢籍も多数保管されていたことから[62]、明経道出身者も必要となる作業であった。このように、構成員の能力と活動内容とは対応していることが確認できる。

そこで加えておきたい事例がある。治承三年十一月に関白藤原（松殿）基房の配流が決まると、基房は日記を中心に多くの文簿を焼却処分し[63]、その後に西国へ流されていった。すると平清盛は、基房邸内に残されていた文書を押収し、内裏へと運び込んだ[64]。内裏が選ばれたのは、文書の量や警護を考慮したためであろう。運び込まれた文書は、蔵人頭吉田経房が奉行となって整理を進め、作業には六位蔵人である藤原通業・源信政、内御書所衆である藤原季光・藤原安成・藤原尹範（忠規）・藤原孝範らが加わっていた。彼らの内、通業は文章得業生であり、季光・安成は文章博士を輩出した藤原式家の人物で兄弟、尹範・孝範も文章博士を多く出した藤原南家の人物で叔父・甥の間柄であった[65]。

このように、基房文書の押収・調査は、蔵人所が中心となって進められ、そこには文章道を学んだ人々が投入されたのである。単純には比較しがたいが、典籍整理には明経道、文書整理には文章道というように、分けていたのかもしれない。また基房の許には、「文書沙汰侍」として「菅先生」という人物がいたようである[66]。実名までは判明しえないが、菅原姓の得業生が文書管理に従事していたことがわかる。

院・摂関家で文簿を管理していたのは、このような文章道・明経道を学んだ主に侍クラスの人々だったことがこれらのことからうかがえよう。そしてそれは、文殿衆として検出できる人々とほぼ重なるのである。彼らは、文書の書写・整理、典籍の書写・整理などの必要が生じた時にまとめて召しだされ、作業に従事したのである。それゆえ通常は、前出した長寛二年七月一日付「文殿官人告朔解」に見えるように、一か月まったく出仕しない者も多かったのである。

ところで、文書を整理するような作業は、院・摂関家に限らず天皇の周辺でも必要となるが、そこでその役割を果たした部署として、内御書所が指摘されている(67)。内御書所に出仕した人物と院文殿に出仕した人物とを比較すると、重複している者も見いだせ(68)、天皇の退位とともに内御書所から院文殿へスライドしている事例も確認できる(69)。また基房文書の整理にしたがったのも、内御書所衆であった。

一般には、『名目抄』の「治世之時被レ置レ之、移二記録所儀一」という記述を根拠として、院文殿と記録所が対応する関係としてとらえられているが(70)、それは院文殿が訴訟機関として位置づけられた鎌倉時代中期以降のことであり、十一世紀末から十三世紀初頭にかけては、天皇と内御書所の関係が、院と院文殿の関係に対応しているのである。そうすると、蓮華王院の宝蔵に納められたものや他家が所有する記録・典籍をマスターとして、内御書所衆・院文殿衆が写本を作って校合し、天皇・院がそれを用いたのではないかという働き具合が想定できよう。

次に摂関家における文殿の記述において、注目される記述がある。一つは、「文殿御記」の存在である。

予申云、二東御記文今日初承、太有レ興候。但不レ見二日記幷柱下類林一、さはかりのこと何可二注落一哉。文殿日記ト云事指て不レ知候。但又文殿、大入道殿御堂之間ニ始候歟。外記日記云、直講頼隆召二五殿文殿一、是為レ令レ書二論語外題一也。又東三条寝殿北面西ニ北さまなるは文殿云々。文殿衆を五御近辺令レ書二日記一御歟。

（『中外抄』下巻9条）

詳細はよくわからないが、『殿暦』長治元年（一一〇四）十二月十六日条には「文殿記」とも見え、文殿衆が交替で記していた外記日記のようなものを想定したい。「イミシキモノ」と高い史料価値を与えられていたことからも、[71]内容に優れたものがあったのであろう。ところで外記日記は、外記局で付けられていた政務記録であり、そこには毎日の出来事だけでなく、作成された文書も写し取っており、発給文書の記録という役割を担っていたことは、本書第四章でも述べたとおりである。[72]先に紹介した「文殿官人告朔解」の出仕日数も、一七人全員を合計すると延べ上日四一・夜三であり、毎日記録を付けていた可能性は残される。東三条殿の文殿には塗籠が併置されているが、文殿で記録された「文殿日記」が隣室の塗籠で保管されたと推測するのは想像にかたくないだろう。

注目したいもう一つの事柄は、一事例だけではあるが「問注」を行なっていることである。[73]問注には、大外記中原師尚と大夫史小槻公尚が参加しているが、彼らは職掌によって外記文殿・官文殿を把握しており、問注において必要となるであろう過去の記録を調査しやすい立場にある。また前記のように、摂関家の文殿には「文殿記」があり、四道のバランスもとれた陣容であったことも、この機能を補強している。

前述のように、院文殿に出仕した官人は、十三世紀初頭までは文章道・明経道の出身者しか確認できない。しかし鎌倉中期以降の審理機関となった院文殿では、平安期の摂関家の文殿と同様、大学四道からバランスよく選ばれている。[74]このことは、鎌倉中期に院文殿が審理機関となるにあたって、人員・能力にバランスをもたせるために摂関家の文殿にならって陣容を改め、算・明法の出身者を新たに受け入れていったことを意味する。岡田智行氏は、院評定制のモデルとして九条道家のもとでなされていた殿下評定を想定したが、[75]それは文殿の分析からも跡づけられるのである。

むすびにかえて

十一世紀後半から十三世紀初頭までの、いわゆる院政期において、院文殿と摂関家の文殿について述べてきた。煩雑な論述に終始したが、それらの関係は次のようにまとめられる。

①十一世紀後半以後の院・摂関家における文殿は、官文殿のような独立した建物ではなく、また必ずしも収蔵施設を有していたわけでもない。むしろ家政機関の一組織という性格が強い。それゆえ、この両文殿を「文庫」「書亭」などと表記される収蔵施設と同一視すべきではない。

②摂関家の文殿は、十一世紀半ばまでの土御門殿・高陽院に所在したころは独立した建物であったが、院政期に入ると東三条殿北庇の一角に「文殿」と呼ばれる一室が置かれるに止まった。家政機関としての文殿には、家司から別当が補され、他にも開闔・衆が補されたが、文章・明経道だけでなく算・明法道からも登用されていた。しかし開闔は明経出身者が補された。

③院文殿は、登場した当初から、家政機関の一部署であったと考えられる。文殿には明確な職名が見いだせないが、後には開闔などの存在が知られることから、摂関家の組織と同様のものが存在したと推測できる。しかし構成員は文章・明経の二道からしか補されておらず、時代が下がるにしたがって明経出身者の割合が増していく。

④両文殿の活動は近似しており、作文会を主催したり、文書・典籍の清書・書写が確認できる。院・摂関は、政務で参考にするためにさまざまな記録・文書を持ち運ぶ必要があったが、貴重なものを持ち運ぶことは危険をともなうことが予測される。そのため、原本は宝蔵・御倉などに保管してマスターとし、文殿衆がそれを書写・校合し

て副本を作成することによって、情報を保存しつつ利用する体制が築かれていた。(補3)

⑤東三条殿の文殿では、「文殿記」と呼ばれる記録を付けていた。摂関家の文殿には、明経道出身者だけでなく算道出身者も補されていた。そのため、外記文殿を管理する大外記中原氏と官文殿を管理する大夫史小槻氏とが揃っており、加えて「文殿記」も存在したことにより、摂関家の文殿は先例を調べるのに都合がよいバランスのとれた組織であった。問注がなされているのも、このためであろう。この先例を調べるのに都合のよい組織という一面が、鎌倉時代中期以降の院文殿の審理機関化の基礎となった。

以上、本章では平安時代中後期における「文殿」と呼ばれるものの多様な姿を追った。そこで最後に、この差異を理解するために必要な視点として、保管された文書・記録の利用についてまとめ、章を終えたい。

官文殿・外記文殿では、収蔵史料を「不レ得レ出二閫外一」と規定している（延喜太政官式）。しかし収蔵史料の書写・校合・引勘（引見）が必要なため、その作業のできるような空間が同一屋内に併置されている。(76)しかし十二世紀の両文殿では、必要に応じて宝蔵などの他組織・施設から正本を借りてくる。そのため、書写・校合を行なう作業空間を随時設定するだけでよく、収蔵施設・作業空間を常置しておく必要がないのである。

このように文書・記録の保管とその後の利用とをセットにして考えることによって、各施設の違いも合理的に理解できるのである。つまり、①官文殿・外記文殿は、一貫して保存・利用を同一組織で行なっているため、収蔵施設と作業空間とがセットになって存在していた。②土御門第・高陽院の文殿は、収蔵施設と作業空間とをセットにしていた点で①と似ているが、高陽院の段階で主に保存を担う施設が分離しはじめたと考えられる。③十一世紀半ば以降の摂関家・院では、主にマスターコピーの保管を担う施設と、主に書写・校合を担う組織とに分かれ、後者が「文殿」と呼ばれた。そのため前者には収蔵施設のみが残され、後者は最終的には作業空間すら常置されなくなったのである。

註

（1）小野則秋『日本文庫史研究』上（大雅堂、一九四四年）をはじめ、橋本義彦「外記日記と殿上日記」（『平安貴族社会の研究』吉川弘文館、一九七六年。初出は一九六五年）、曽我良成「官務家成立の歴史的背景」（『王朝国家政務の研究』吉川弘文館、二〇一二年。初出は一九八三年）、河音能平「日本中世前期の官司・権門における文書群の保管と廃棄の原則について」（『世界史のなかの日本中世文書』文理閣、一九九六年。初出は一九九〇年）、中野淳之「外記局の文書保管機能と外記日記」（河音能平編『中世文書論の視座』東京堂出版、一九九六年）など。

なお太政官文殿は、太政官正庁内の南西部に位置を占める独立した建物で、内部に収蔵施設と作業空間とを併設していたと考えられるが、外記文殿は外記庁という建物の内部に所在する施設のみをさしており、規模には大きな差がある。しかし外記文殿にも作業空間が隣接して存在することは共通している。

（2）黒滝哲哉「10～11世紀前半における朝廷文書の管理について」（『古代文化』第四八巻第一〇号、一九九六年）など。

（3）田島公「中世天皇家の文庫・宝蔵の変遷」（『禁裏・公家文庫研究』第二輯、思文閣出版、二〇〇六年）、同「天皇家ゆかりの文庫・宝蔵の『目録学的研究』の成果と課題」（『説話文学研究』第四一号、二〇〇六年）、松薗斉『王朝日記論』（法政大学出版局、二〇〇六年）など。

（4）黒滝「平安後期『摂関家文殿』の機能と役割」（日本大学『史叢』第七四号、二〇〇六年）、同「平安後期の文殿および文庫研究の動向とその意義」（日本大学『史叢』第七七号、二〇〇八年）。

（5）『拾芥抄』中（院司部第八）を見てわかるように、「文殿」という名称は院と摂関家だけにしか用いられていない（後述）。それゆえ、摂関家におけるさまざまな収蔵施設をおしなべて「摂関家文殿」という概念でまとめたり、「文殿」と呼ばれたことすらない他の公卿・官人の収蔵施設を「家文殿」と呼ぶことには、賛同できない。

本章では、黒滝氏の設けた概念と混乱することを避け、摂関家における文殿をさす際は「摂関家の文殿」と記す。なお一般に「摂関家」という家格が確立するのは十二世紀に入ってからであるが、便宜的に道長以降の歴代摂関就任者をさして用いた。

(6) 中原「官方と外記方」(『中世王権と支配構造』吉川弘文館、二〇〇五年)、本郷「亀山院政」(『中世朝廷訴訟の研究』東京大学出版会、一九九五年)。

なお院文殿は、鎌倉時代中期の後嵯峨院政以降において院評定の審理機構として機能したことが指摘されている。橋本義彦「院評定制について」(『平安貴族社会の研究』前掲註1。初出は一九七〇年)、岡田智行「院評定制の成立」(『年報中世史研究』第一一号、一九八六年)など参照。

(7) 文殿は、官文殿・外記文殿のほか、主税寮(『扶桑略記』永延元年四月十二日条)、大宰府(『朝野群載』巻二十)などでも確認できる。なお、大宰府における文殿(「書殿」)については、小島憲之「海東と西域」(『文学』第五一巻一二号、一九八三年)、福田俊昭「億良の『書殿』について」(京都大学『国語国文』六〇〇号、一九八四年)も参照。

(8) 初見は『御堂関白記』寛弘四年(一〇〇七)五月三日条。道長が設けたという記述が『中外抄』下巻9条にある。

(9) 初見は寛治四年(一〇九〇)十二月十六日付「白河院告文」(石清水文書「八幡宮寺告文部類」一、『大日本史料第三編之一』九九七〜九九九頁)。白河院より前の院が、文殿を設けていた可能性は残される。

(10) 以下、院文殿と摂関家の文殿を、本章では便宜的に「両文殿」と呼ぶ。

(11) 太田『寝殿造の研究』(吉川弘文館、一九八七年)一五八〜七〇頁。

(12) 『御堂関白記』寛弘四年五月三日条。

(13) 『御堂関白記』長和五年七月廿一日条。

(14) 『御堂関白記』寛仁三年正月廿四日条。

(15) 『御堂関白記』長和五年七月廿一日条、『中外抄』下巻9条、『小右記』長和三年(一〇一四)十一月廿八日条。

(16) 『紫式部日記』寛弘五年八月中旬。

(17) 本書第四章参照。
(18) 『小右記』長和五年正月廿九日条。
(19) たとえば外記文殿には外印・駅鈴が納められている。本書第四章。
(20) それゆえ、土御門第が官衙に准じる施設と意識されたことが文殿設置につながったとも考えられ、その契機としては長保元年七月の東三条院の移徙、長保二年二月の彰子中宮冊立などが想定できる。
(21) 『御堂関白記』寛仁三年二月二日条。
(22) 『左経記』長元四年十二月三日条。
(23) 『栄華物語』巻廿三（駒競べ行幸）。万寿元年九月十九日のこと。
(24) 『左経記』長元八年五月十六日条、「賀陽院水閣歌合」（『群書類従』第十二輯）、『栄華物語』巻卅二（謌合）。太田静六『寝殿造の研究』（註11前掲）二四四〜四八頁。
(25) 高陽院文殿について記す史料には、他に『左経記』長元五年（一〇三二）正月二日条がある。なお『小右記』では「書亭」と記し、『小右記』万寿二年（一〇二五）三月十八日条、万寿四年六月二・四日条に現れる。
(26) 「行親記」長暦元年正月十四日条。
(27) 太田静六『寝殿造の研究』（註11前掲）。
(28) 『水左記』承保二年十月十五日条。
(29) 『拾芥抄』中（院司部第八）。
(30) 太田『寝殿造の研究』（註11前掲）三一八〜二三頁。
(31) （年未詳）十二月廿四日付「主計頭賀茂道言書状」（九条家本「九条殿記」裏文書、『平』補一九三号）には、「又所召暦本召寵殿文殿、雖及□于今不返給」とあり、暦本が「殿文殿」に召し籠められたという記述がある。賀茂道言が主計頭を務めたのは応徳三年（一〇八六）〜天仁元年（一一〇八）のころなので、これが東三条殿の文殿であれば、「召籠」という表現からも塗籠の存在がうかがえる。
(32) 『山槐記』元暦元年（一一八四）八月廿一日条、『玉葉』文治二年（一一八六）六月廿八日条、『猪熊関白記』建永元年（一二〇六）十一月三日条。
(33) 東三条殿には御倉町が附属しており、家政機関としても納殿がある。また頼通が宇治平等院に宝蔵を設けていることも、関係していよう。
(34) 院にも文殿の存在したことは、『拾芥抄』中（院司部第八）に記される。
(35) 寛治四年十二月十六日付「白河院告文」（石清水文書「八幡宮寺告文部類」一、『大日本史料　第三編之一』九九七〜九九頁）。
(36) 『中右記』寛治五年八月十五日条。
(37) 『中右記』大治五年九月十七日条、『長秋記』同日条。
(38) 『猪熊関白記』承元二年十月廿八日条。
(39) 工藤重矩「内御書所の文人」（『平安朝律令社会の文学』ぺりかん社、一九九三年。初出は一九八〇年）。
(40) 摂関家では東三条殿の寝殿北面に文殿があったことと、文殿が作文会を主宰したことにより、北面は作文会の場にされやすかったと考える。それゆえ、たとえそこが文殿でなくても、北面が作文の場にされていたのだろう。
(41) 井上満郎「院御所について」（御家人制研究会編『御家人制の研究』吉川弘文館、一九八一年）、平山育男「白河院御所について」（『建築史学』第一六号、一九九一年）。
(42) 田島公「中世天皇家の文庫・宝蔵の変遷」（註3前掲）。
(43) 松薗斉「文車考」（『王朝日記論』註3前掲。初出は二〇〇五年）。
(44) 黒滝哲哉氏は、このような文殿の実態を考慮することなく、「家文殿」「摂関家文殿」という概念を設定・使用されている。
(45) 『中右記』永長元年（一〇九六）七月十九日条、『長秋記』大治五年（一一三〇）九月一七日条、久安二年（一一四六）十二月付「文章生歴名」（『大間成文抄』第十・文章生）、『本朝世紀』仁平元年（一一五一）九月九日条、『兵範記』仁安二年（一一六七）十月十五日条など。
(46) 『師守記』康永四年（一三四五）二月十二日条。「後白川院已来、文殿開闔当家相続」と記すが、中原氏からは白河・鳥羽の院文殿にも五位で直している。後白河ではなく白河の誤りである可能性もあろう。なお院文殿開闔を務めたことが確認できるのは、延慶二年（一三〇九）十一月に補せられた中原師宗以降である（『地下家伝』一二）。

（47）『大間成文抄』巻四（文章生外国）。『魚魯愚抄』巻一に「候御書所、蔵人所、院文殿、北面等之輩不外国」とある（古代学協会編『史料拾遺　第八巻　魚魯愚鈔下巻之三』臨川書店、一九七七年。一二一頁）。

（48）『公卿補任』天承元年（藤原実光尻付）、康和六年正月廿六日付「藤原敦基申文」（『本朝続文粋』巻六）。

（49）『地下家伝』巻二（中原師遠・師安・師元・師尚など）。

（50）『拾芥抄』中（院司部第八）。

（51）参考のため記すと、次の五人である。平時範（康和四年七月五日補任、『殿暦』・『中右記』）、藤原家実（元暦元年八月廿一日補任、『山槐記』）、藤原親経（文治二年六月廿八日補任、『玉葉』）、藤原資実（建久八年六月廿三日補任、『猪熊関白記』）、藤原家宣（建永元年十一月三日補任、『猪熊関白記』）。

（52）『兵範記』紙背文書（『平』三三八七号）。

（53）忠実は、父師通死去の二か月後である承徳三年（一〇九九）八月に内覧となっているが、関白となったのは長治二年（一一〇五）十二月である。

（54）『山槐記』元暦元年（一一八四）八月廿一日条に「初度七人被レ召之例也」とある。

（55）『玉葉』文治二年（一一八六）六月廿八日条、七月廿一日条。

（56）『十訓抄』第一（史大夫朝親取烏帽子路上礼関白忠通事）。「朝親」とあるが、いずれも「トモチカ」であり、同一人物であろう。なお中原知親については、五味文彦「花押に見る院政期諸階層」（『院政期社会の研究』山川出版社、一九八四年）にくわしい。

（57）松薗斉「文車考」（註43前掲）。

（58）蓮華王院の宝蔵については、田島公「中世天皇家の文庫・宝蔵の変遷」（註3前掲）を参照。摂関家の場合、東三条殿の御倉には文書が納められており（『後二条師通記』応徳二年四月廿五日条）、鴨院には「累代日記」が納められていた（『玉葉』寿永二年十二月五日条）。本書第七章参照。

(59)　本書第一章参照。
(60)　『吉記』承安四年八月十三日条。
(61)　「清原重憲記」久安元年（一一四五）十月廿六日条。
(62)　『吉記』承安四年八月十三・十六日条、九月七・八・十・十三日条。
(63)　『山槐記』治承三年十一月廿八日条。
(64)　『山槐記』治承三年十二月五日条。
(65)　藤原通業は『尊卑分脈』第二篇二二九頁、源信政は『同』第三篇一一八頁。藤原季光・安成は『同』第二篇五三四・三五頁、藤原尹範・孝範は『同』四六七・六八頁。
(66)　『魚魯愚抄』巻二所引の「春玉抄」逸文では、明経・明法・算各道の得業生は、「先生」と呼ばれている。一般に「先生」といえば春宮帯刀長が想定されやすいが、それは武士の場合であり、「文書沙汰侍」という立場を考慮すれば、得業生とするのがよい。
(67)　永田和也「御書所と内御書所」（『國學院大學大学院紀要』文学研究科二〇輯、一九八九年）。内御書所に出仕した官人が紹介されている。
(68)　永田和也「御書所と内御書所」（註67前掲）によると、双方に出仕した人物として、開闔惟宗孝言を見いだせ、御書所衆平知俊の父は院文殿衆平祐俊である。
なお『大日本古記録　後二条師通記　下』索引（岩波書店、一九五八年）では、知俊を小槻姓としている。これは、祐俊を大夫史小槻祐俊の倅と誤解したためであり、永田氏も小槻姓として紹介している。しかし知俊が平姓であることは、嘉応元年（一一六九）四月十一日付藤原為業申文（「兵範記紙背文書」一九〇）より明らかであり（『尊卑分脈』第四篇四一頁）、院文殿衆祐俊と大夫史小槻祐俊とは別人である。吉田早苗「『兵範記』紙背文書にみえる官職申文（下）」（『東京大学史料編纂所紀要』一号、一九九一年）。
(69)　保元二年（一一五七）に内御書所（芸閣）に召された菅原長守は、天皇雅仁（後白河天皇）の退位にともなって保元三年に院文殿へ移っている。治承二年正月廿日付「菅原長守申文」（『大間成文抄』巻八）。

(70) 古田正男「鎌倉時代の記録所に就て」（『史潮』第八巻一号、一九三八年）、橋本義彦「院評定制について」（註6前掲）。なお本郷和人「亀山院政」（註6前掲）が、亀山院政における院文殿と記録所の比較をされている。

(71) 『中外抄』下巻9条。

(72) 外記日記については他にも橋本義彦「外記日記と殿上日記」（註1前掲）、中野淳之「外記局の文書保管機能と外記日記」（河音能平編『中世文書論の視座』東京堂出版、一九九六年）など。

(73) 『玉葉』文治二年九月十七日条。

(74) 本郷和人「亀山院政」（註6前掲）に、院文殿衆の一覧が掲載されている。

(75) 岡田「院評定制の成立」（註6前掲）。

(76) 本書第四章参照。

補註

(1) 本書への所収にあたり、二条第文殿・高陽院文殿・文殿衆についての記述を増補した。

(2) 藤原道長が土御門殿内に設けた収蔵施設を「文殿」と呼んでいる点に注目したい。というのも、内裏・官衙・神社以外で「文殿」と称すのは、管見の限りこれが初例である。道長が、自邸の文簿保管施設にこの名称を用いたことは、当時としてはきわめて特殊なのである。

土御門殿は、寛弘二年十一月から天皇懐仁（一条天皇）の里内裏となっており、その後も上東門院が住み、敦成親王（後一条）・敦良親王（後朱雀）が誕生・成長するなど、内裏に等しい扱いを受けていた。文殿という名称を用いたことも、これに関係があるように思える。長暦四年（一〇四〇）十月廿二日の大二条殿（二条東洞院殿）への遷御では、寝殿は南殿、西対は御在所（清涼殿）などと、殿内の施設を内裏の施設へなぞらえている（『春記』）。里内裏となった殿舎では、納殿・文殿などが設定されていることを考え併せると、内裏と等しい扱いを受けていた結果としてよいかもしれない。

このように考えると、この後も「文殿」という名称は、官衙・寺社・院・摂関家でしか用いないことにも確かな意味があることがわかる。一般の公卿・官人の家政機関では「文殿」という名称を使えないのであろう。一般の公卿・官人邸では、文書・記録の収蔵施設を文庫・書庫などと呼んでいる。文殿のような「〇殿」という名称には、他にも納殿・贄殿などがあるが、いずれも主に内裏で用いられた名称である。それゆえ、内裏に等しい扱いを受けた土御門殿にも、「文殿」という名称を用いてもよいと考えられたのだろう。

（3）　このような作業が必要なことは、現代でも同様である。博物館・資料館では、原史料を可能な限り痛めることなく公開・利用するため、模型・写真版などさまざまな「副本」を作成している。そういう視点から表現するならば、文殿衆は学芸員・司書（アーキビスト）でもあったといえるだろう。

第七章　摂関家における文簿保管

はじめに

　第六章では、「文殿」と呼ばれる対象が、時代によって変化していることを指摘した。文殿は、その名称から文簿・器物が収蔵されていると考えられがちだが、摂関家ではそれは十一世紀半ばまでしか該当しない。それ以後、文殿は文簿・器物を収蔵した形跡がなく、特に仁安元年（一一六六）の東三条殿焼失以後は、組織名称でしかないのである。十一世紀半ば以降、特に収蔵庫をもたなくなって以後、摂関家はどこで文簿・器物を収蔵していたのだろうか(1)。

　そこで本章では、十一世紀半ば以降の摂関家が、文簿・器物をいかに保管していたかを確かめる。ただし、文簿保管は政務の一環と位置づけられる。そのため律令的文簿保管体制は、政務とそれに付随する文書作成過程の変化にともなって変容していった（第四・五章）。それゆえ、摂関家の文殿の変化についても、同様のことが考えられるのではないだろうか。また、摂関家が発給していた文書については、符・牒から下文・御教書へという変化が既に確認されている(2)。このような変化は、摂関家の文簿保管にも変化をもたらしたのではないだろうか。本章では、このような予見に基づき、十一世紀半ば以降の摂関家における文簿保管を明らかにしていきたい。

「文殿」と称す施設・組織をもつ公卿は摂関家だけである。しかし文殿は、必ずしも文簿を保管していなかった。

文簿保管は、文殿の有無とは関係なく必要なのであり、摂関家を含めた諸家において、近似したものであったと考えるべきではないだろうか。そのため本章では、摂関家を考察の中心に据えるが、他の諸家の事例も用いながら、論述を進めていきたい。

第一節　符・牒から下文・御教書

1　印の使用

摂関家に文殿が現れるのは十一世紀初頭である。だが、もちろんそれ以前から文簿保管は必要とされていた。八～十世紀に公卿・官人の諸家・諸宅が発給していた文書は、公式令の影響を強く受けた符・牒・解だけでなく、律令制導入以前から用いられていた啓・告といった様式も引き続き使われたことが知られている(3)。これらの文書はいずれも、主に家政処理を目的としたものであり、家令・書吏・知家事らの令制・令外の家政機関職員によって作成されている(4)。

これらの家符・家牒も、文簿として保管されていたのではないだろうか。そこでまず、それらの文書における捺印に注目したい。

元来、印は延暦七年（七八八）三月四日付の五百井女王家符(5)に「以レ捺二御印一為レ験」と記され、貞観十年（八六八）六月廿八日付の太政官符(6)にも「印之為レ用、実在レ取レ信」とあるように、記載内容への信頼性を高めることが第一義であった。ただこれらの行為は、当初はいずれも各自の判断でなされていた。ところが、延暦廿三年九月廿三日付の太政官符[7]によって、親王・内親王・三位以上の家政機関に牒の発給が認められ、そこには捺印が求められた。非常に限定的ではあるが、印を捺した家政機関発給文書が公認されるようになったのである。ただ各自の判断で牒以外の文書に捺印する行為は、広く実施されていた。たとえば承和八年（八四一）の淳和院符案には、「検印十三所」とあり、符の案文に捺印数が記録されている。

しかし斉衡三年（八五六）六月に「封家調庸雑物、可レ放ニ捺印日収一」と定められたこともあり、諸封家をはじめとする「有勢諸家」は多くが印を鋳造し、私的に使用することが求められていった[8]。私的な印の使用を前提として、公的制度がつくられたのである。するとこのような状態を解消するため、貞観十年六月廿八日付の太政官符（前掲）によって、一転、親王・内親王・三位以上は皆、公印をもつことが定められた。

こうして親王・内親王・三位以上の諸家で、家政機関発給文書に印を捺すことが公認された。これは以後にも受けつがれ、十世紀の按察使藤原有実家牒や右大臣藤原忠平家牒にも捺印が確認できる。また治安三年（一〇二三）十一月、藤原実資は勧学院・施薬院へ封戸各百烟を施入しているが、その際、寄入文には実資が自ら署名したが、家司三人が署した封国文には、捺印させている[9]。家司署名のみで出された封国文には実資の署名がない。そのため、文書の信頼性を高めるために、捺印が求められたものと考えられよう。

このように、家政機関が文書を発給する際に、牒には必ず印が捺され、それ以外の様式の場合は、信頼性を高める必要がある場合には捺印するというような原則が実施されており、このような作成原則は、十一世紀でも維持されていたと考えられる。

作成者	典　拠
別当１、他３	(内閣文庫) 東大寺文書／『平』68
別当１、他３	(内閣文庫) 東大寺文書／『平』69
−	東寺百合文書 (無２) ／『平』1407
令１、他２、書吏２、知家事１	東南院文書／『平』208
令１、他２、書吏２、知家事１	東南院文書／『平』209
令１、他２、書吏２、知家事１	東南院文書／『平』210
別当６、令１、知家事４、書吏２、従２	東寺文書 (礼) ／『平』217
別当３、令１	朝野群載　巻第７
別当８、令１、知家事５、書吏１	朝野群載　巻第７
−	小右記　治安 3.11.25
別当５、令１、知家事３、書吏２、従１	朝野群載　巻第７
別当３、令１、知家事１、従１	朝野群載　巻第７
−	兵範記　保元 2. 8. 9

2　案文の作成

家政機関が文書を作成する過程では、案文も作られていた。たとえば淳和院符案には、「正符、附㆓高倉別当并使長益福㆒」とあり、「正符」つまり捺印した正文を使者に託して送り届けていることが記される。このような文言が記されるということは、この文書が、使者に託される以前に発給元で作成されたことを示唆しており、現存する淳和院符案は、恐らくは案文そのものか、少なくともそれに由来する文書であると考えられる。

年代は少し離れるが、保元二年（一一五七）八月に藤原（近衛）基実が右大臣昇任にあたって、任大臣大饗の用途として諸国召物を求める権大納言家牒が作成されている。実質的な命令文書というよりも吉書として作成されたものではあるが、その手続は「永久吉例」にしたがってなされた(10)。この「永久吉例」とは、永久三年（一一一五）四月に藤原忠通が権大納言から内大臣に進んだ時のことをさしている。そして、この忠通の任大臣大饗の際も、藤原忠実が事前に大饗雑事定を行

表7－1　平安期の家符・家牒・告一覧

年月日	文書名	宛　先
承和 8（ 841） 2.11	淳和院政所告案	越中国諸庄別当
承和 8（ 841） 2.19	淳和院政所符案	－
承和12（ 845） －.－	（右大臣橘氏公家牒）	（太神宮司か）
延喜13（ 913） 3.23	□□藤原有実家牒	（東大寺か）
延喜13（ 913） 5. 1	按察使藤原有実家牒	東大寺
延喜13（ 913） 8.29	按察使藤原有実家牒	東大寺
＊延喜20（ 920） 9.11	右大臣藤原忠平家牒	丹波国衙
＊正暦 3（ 992） 7.28	摂政藤原道隆家牒	興福寺
長和 4（1015）10.15	大皇太后宮大夫藤原公任家牒	播磨国衙
治安 3（1023）11.25	（右大臣藤原実資家牒）	「二寮」
＊永長 1（1096）10.27	関白内大臣藤原師通家符	佐保殿
＊康和 5（1103） 2.10	右大臣藤原忠実家符	尾張国富田庄
＊保元 2（1157） 8. 9	権大納言藤原基実家牒	石見国衙

註）延喜13.3.23付の藤原有実家牒は前欠であるうえ、有実の按察使補任はこの年の4月であるため、官名を省いた。

『平』は『平安遺文』。＊は摂関家のもの。文書名を（　）で囲った文書は、存在のみ知られ、本文は伝わらない。

なっている。[11]くわしくは伝わらないが、「実光書レ之」と記されることから、何らかの文書が作成されたことは間違いない。

保元二年に基実は、永久三年の例にしたがって牒を作成しているので、永久三年の忠通の際にも牒を作成していた可能性が高いだろう。そしてこれを更に遡及させるなら、永久三年四月には「康平例」を参照している。[12]これは康平三年（一〇六〇）七月の藤原師実任内大臣のことをさしており、その康平三年七月に参照している「治安例」は、治安元年七月の藤原教通任内大臣の際のことである。恐らく、これらのすべてで、家牒が作成されたのではなかろうか。そうであるとすれば、摂関家では任大臣大饗の例を文簿に残し、必要に応じて先例を確認できる体制が整えられていたのであろう。具体的にどのような形で記録されていたかまではわからず、家牒への捺印の有無も確認できない。それでも摂関家では、十世紀の家牒で捺印していることを確認でき、治安の任大臣に際して用いられた家牒が先例となって、保元まで家牒作成が受けつがれていた。機会は大幅に減少したであろうが、家牒を作成した際には捺印するという原則は、続いていた可能性がある。

律令的文簿保管体制では、捺印した文書を作成した場合、太政官の場合では長案・外記日記によって内容を記録し、外記文殿に外印とともに収納していた（第四・五章参照）。これは、いわば印の使用記録を残すことであり、後々に正文を確認する必要が生じた場合に備えるものでもあった。摂関家の文書発給でも、これと同様のことが考えられはしまいか。十一世紀初頭に摂関家に現れた文殿では、もちろん文簿も納められていたであろうが、印・朱器台盤などのさまざまな重要器物も収蔵されていた（第六章参照）。文殿は、文簿保管を主目的とするために「文殿」と呼ばれるのであろうが、そこに納められたのは、文簿だけではないのである。外記文殿で外印とともに長案・外記日記を保管したように、摂関家の文殿でも印と案文とを併せて保管していたのではないだろうか[13]。

このような案文の作成・保管は、文書を作成していた家政機関職員、具体的には家令・書吏によってなされていたであろう。家令職員令によると、家令・書吏はすべての家政機関に配置され、家令は「知二家事一」ことを、書吏は「勘二署文案一」ことを職務内容としている。このうち「勘二署文案一」は、大少外記の職務にも含まれており、書吏と外記とは、職務内容に近いところがあったことがわかる。

摂関家の場合、高陽院文殿には収蔵空間以外にも、多くの公卿・官人が詰めることもできるような広い部屋があった。このような構造は、官文殿とも共通する。官文殿は、収蔵文簿を建物の外に持ち出せないため、さまざまな作業を官文殿の中で行なわねばならなかった。そのため、収蔵空間だけでなく、大人数で一斉に書写・引勘などが行なえるような広い作業空間が併設されていたのである（第四章参照）。おそらく藤原道長・頼通期の摂関家の文殿も、同様のものであったと推測したい。

以上、推測を重ねたが、結局のところ、公式様文書を発給し捺印した場合、その発給記録を文殿が担うのである（律令的文簿保管体制）。公式様文書の場合、案文保管は印の使用・保管と連動した行為と理解できるのである。

3　新様式文書の一般化

十一世紀後半以後、摂関家が権門として権威を高めるのにともない、その家政機関も整備されていった。すると、同じころに使用が広がっていった官宣旨の影響がこれに加わり、符と告書の機能を併せもった政所下文が成立するという[14]。符・告書などの複数形態で実施されていた施行が、下文という単独様式へ整理・統合されたのである。またこれと同じくして、牒などが用いられた互通文書は、御教書へと姿を変える[15]。宣旨の変化も大きな影響を及ぼした。口頭でなされることの多かった意思決定は、それまでも主に手控えのために文字化され、それが非公式に伝達に用いられることもあった。それが定型化することによって公文書として意識されるようになる[16]。このような公文書様式の整理統合、非公式だったものの公認は、十〜十一世紀の政権・家政機関の全体を覆う動向であった。いわゆる「公家様文書」の登場は、このような変化として捉えるべきであろう。

これらの変化は、文簿保管にも影響を与える。その第一は、公家様文書の一般化によって、印の存在価値が大きく変わったことであろう。これらの文書は、印を要しない。そのため印は存在価値を失い、信頼を保証した実用品から家長権威を象徴する器物へと質的に変化することとなる。

変化の第二として、新しく用いられる様式の文書を記録・保管する体制が必要となったこともあげられる。公式様文書の案文を文殿で保管するという従来の制度では、捺印されないこれらの文書は対象外なのである。解・申文に書き添えられた宣旨・口宣は、それらが文殿へ提出されれば長案として保管されるであろう。だが、そのような宣旨・口宣そのものを申請者へ引き渡すことになれば、保管されない。実際、官文殿では、宣旨・案文が保管されないことが問題とされていた(17)。同様のことは、摂関家をはじめとする諸家でも生じたに違いない。公家様文書の流通は即、案文の保管という問題を引きおこしたであろう。

摂関家で政所下文の使用が定着した十一世紀末には、高陽院から文殿がなくなる。これは偶然ではないだろう。下文・御教書などが流通・一般化すると、求められるのはそれらの情報を整理・引勘することであろう。一方、公家様文書が定着した結果、公式様文書の必要性が薄れ、公式様文書を納める文殿で作業する機会が減ったものと類推されよう。必要性が薄れた作業空間は、高陽院文殿では歌人の詰所とされたように、本来の目的とは別の利用がなされ、更に改築を機に姿を消したのである(18)。

第二節　公家様文書の作成と保管

本節では公家様文書がどのように記録・保管されたかを確かめていく。ただそれらは、文書の様式によってさまざまであり、作成過程も、その後の保管も、同列には論じられない。そこでそれぞれについてまとめておく。

1　下　文

藤原忠実期の行事についてまとめる「執政所抄(19)」では、行事用途を調達するために政所で作成される文書にも言及している。たとえば正月三が日の節酒については、

所々三ヶ日節酒

小舎人所、御厩、御車副、牛飼

件節酒、年預下家司任二長案一給二下文一歟。

とあり、十斎会修正事では、

十斎会修正事

仏供乃米九石四斗、同薪□例米九斗四升、

已上年預下家司、以二長案一成二下文一下二知之一。

とある。下家司が長案に基づいて下文を作成していることがわかる。この長案については、正月八日に、

八省伽供事

割置御封、播磨七拾石、伊与六拾六石八斗弐升

件事任二御所宛一、兼日催二分配一、家司行事。下家司召二長案於預出納一、成二下文一、申二分配家司判一、十四日分

行レ之、書奏付二行事所一。

と預出納より召していることがわかるが、また四月御賀茂詣事では、

御前松四千把 所出御庄々召レ之。在二長案一

人夫百七十余人 山城御庄々散所野口御牧 下二知之一、在二長案一

折松三百余騎 垂水東西散所、富家殿大原□

已上例文在二政所一。任二件旨一成二上御下文一下二知之一。

と政所に例文が置いてあることがわかり、その中に長案も含まれるように読める。例文・長案は、政所・侍所など

の執務空間に保管されていた。[20] 年中行事のように、毎年内容が変わらない案件については、フォーマット的な例文を長案のようにして残しておき、下家司はそれを参照して文書を作成したのである。文書作成と文簿保管とを同一空間で行なうことが、作成・保管の双方にとって都合のよいことであることは、言うまでもないだろう。

摂関家では、「執政所抄」のような年中行事全体を把握するための記録と、各行事で用いた文書とを例文として残しておくことによって、年中行事を滞りなく実施できていたのである。それゆえ政所では、作成した文書の案文を必ずしもすべて残しておく必要はなかった。これらは、原則として先例に沿って作成するため、次年度に参照できるよう、基準となるものを最低一通残しておけばよいのである。むしろ、さまざまなものを残しておくと、どれを先例とするかで迷う恐れがある。定期的に整理を施し、必要最低限量だけを長案として残しておくというのが、恒例行事にかかわる文書の理想的な姿であったと思われる。つまり、保管する文書は限定され、収蔵スペースもきわめて少なくてよいことになる。もちろん、紛失・焼失の恐れは排除できないので、予備をも保管したであろうが、それとて分量は限られただろう。

下文は見本となるフォーマットが長案としてまとめられており、特に恒例行事の文書は、それをもとに作成された。そのため、基準となるものだけを選別して保管・記録しておくだけでよかった。古くなったものなど不要な文書は定期的に整理され、残されなかっただろう。[21]

2　御教書

一方、御教書の場合はどうだろうか。

第一に、発給側に残されたことが明らかな摂関家の御教書案の例をあげる。

陽明文庫所蔵『兵範記』仁安三年十二月巻紙背文書の中に、仁安三年九月廿二・廿六日付の摂政藤原基房御教書案が三通残されている。そのうちの一通をあげる。

大嘗会期日近々。用途未済、毎事懈怠。式数召物今明不日可レ令二弁進一者、依二摂政殿仰一、執達如レ件。

（仁安三年）九月廿二日　権右中弁（平信範）（花押）

謹上　備後守殿[22]

これらの御教書は、備後・紀伊・相模の国守宛に大嘗会用途を催促するものであり、奉者はすべて平信範である。信範は当時、大嘗会悠紀方行事弁であった[23]。行事弁としての職務は、悠紀方用途を調達することが中心であり、この摂政御教書もその中で作成されたものである。

これらの御教書正文は、各通が宛先となっている受領のもとへ届けられ、信範のもとには戻ってこないはずである。それゆえ、信範は御教書案文を作成し、手許に置いていたか、行事所に保管していたと考えられる[24]。そこで『兵範記』によってこの間の信範の行動を確かめると、次のようになる。

20日　自邸で下知などをこなす
21日　（記述なし）
22日　殿下（御教書で公卿を催す）→参内（定考）→殿下（申文始）
23日　殿下（内覧）→参内（皇太后行啓）
24日　殿下→大嘗会行事所→御禊装束司行事所
25日　所労により出仕せず
26日　所労により出仕せず

27日　殿下→御禊装束司行事所→参内

紙背文書に残された御教書案は廿二・廿六日付で作成されているが、『兵範記』にはまったくその旨は記されない。廿六日にいたっては出仕すらしていないことがわかる。前後日を見ても、御教書の「仰」「御気色」がいつ伝達されたか、また御教書の案文をどうしたかなどはわからない。もちろん信範は、全行動を『兵範記』に記したわけではないだろう。信範は、催しに応じない国々（受領）へ随時、用途納入を促していたと思われ[25]、その御教書は、行事所以外の場でも作成されたため、わざわざ行事所へ案文を持参したとも考えがたい。これらのことから、信範は御教書の案文を邸内に置いていたと考えるのが妥当であろう。そしてこれらの案文は、各受領が用途を納め、十一月廿三日に大嘗会が無事に終われば即、すべて不要となる。案文は大嘗会を終えてすぐに廃棄されたのだろう。翌月の『兵範記』を記す料紙として再利用されていることからも、それが確かめられる。

作成者側に残された案文としては、三条家本『北山抄』紙背文書もよく知られている。これには、長保元年（九九九）三月から同二年三月までの検非違使別当宣案が五通含まれている（表7―2）。いずれも、検非違使別当藤原公任の命を奉じて作成されたもので、内容も永続的なものではない。勘問・勘糺などの指示内容が実現されれば、いずれも不要となるはずであり、比較的短期間で廃棄されたものと推定しうる。ところが五通の奉者は、伴為信・安倍信行（三通）・藤原経成の三名であることから、奉者の手許に残されたものではないことがうかがえる。この文書について河音能平氏は、各奉者が正文・案文を作成し、別当公任が内容を確かめてそれぞれに署名し、案文は

表7－2　三条家本『北山抄』紙背文書の検非違使別当宣案

年月日	奉　者	指示内容	遺文 No.
長保元. 03. 29	伴　為信	勘　問	379
元. 04. 05	安倍信行	療　治	381
元. 07. 15	安倍信行	弁　申	384
元. 09. 09	藤原経成	勘　犯	386
2. 03. 02	安倍信行	捕　進	406/補7

検非違使庁に保管したと推測している。[26] 文書の袖に「案」と書されるなど、発給者側に残された文書であるという指摘は間違いないだろう。これに対し本郷恵子氏は、これらの文書は元来は正文であったもので、役割を終えた後に発給者の手許に戻り、「案」と記されて保管されたのではないかと指摘している。[27] 多くの文書を作成する際、すべてについて正文・案文の二通を作ることは確かに煩雑である。短期間に、組織内だけで役割を終えてしまう文書の場合、正文がそのまま案文にされたという指摘は、十分に首肯できる見解であろう。

ただ経緯がいずれであったにせよ、最終的に案文は検非違使庁内に保管され、公任が入手したことになる。恐らくは、河音・本郷両氏の類推通り、案文は庁屋に保管され、別当退任にしたがって庁屋が解体されると、公任がそれを再利用したのであろう。[28]

このような例から類推すると、奉書・御教書の案文は、奉者の手許、公的施設の両可能性が見いだせ、定則がないように見える。

3　日記への記入

太政官発給文書を外記局で記録する場合は、長案と外記日記とが用いられ、両者は補完関係にあった。重要なものを長案として保管し、以外は外記日記に書写したり、目録だけにしておくなどの簡略化がなされた（本書第四章参照）。これと同様のことが、諸家でもなされた可能性はないだろうか。

ためしに『兵範記』仁安三年分から、本文中に引用されている文書を抜きだすと表7—3のようになる。この年二月に憲仁親王（高倉天皇）が践祚し、平信範は大嘗会悠紀方行事弁となったため、それに関係するものが目立つが、多種多様な文書が日記中に書き込まれていることがわかる。

表7－3　『兵範記』に記される文書（仁安3年）

年月日条	文書	
02.04	02.04付	伊勢安濃津沙汰人申状
	－	大外記清原頼業勘申*
02.14裏	02.14付	薬師御読経僧名交名
02.16	02.16付	詔書（天下大赦）
02.19	02.19付	宣命（譲位）
	02.19付	勅符（応警備事）3通
02.22	02.22付	定文（即位擬侍従）
02.23	02.23付	綸旨（奉者信範）
02.28	02.28付	詔書
	02.28付	勅符（開関）3通
03.09	03.09付	帯刀労帳
04.03	03.22付	大外記先例勘申
04.30	04.30付	宣命（山陵使）
05.03	05.03付	太政官符（流人）
05.08	05.08付	日時勘申（奉幣）3通
05.21	05.21付	太政官謹奏（親王薨去）
05.28	05.28付	宣命（宇佐使）3通
	05.28付	太政官符2通
	05.28付	官宣旨
	05.28付	宇佐宮神宝目録
06.04	06.04付	宣命（22社奉幣）2通
06.13	06.12付	神祇官差文（奉幣）
	06.13付	日時勘申
	06.13付	宣命
	06.13付	官宣旨2通
06.18	06.18付	宣旨書（奉者信範）
	06.18付	院宣（奉者信範）
06.22	保元 2.12.13付	陣定文
	保元 2.12.23付	口宣（藤原俊憲奉）
	保元 2.12.23付	宣旨書（中原師業奉）
06.26	06.26付	書状（平信範→清原頼業）
06.29	06.29付	位記（贈位）・2通
	06.29付	詔書
	06.29付	宣命2通
07.05	07.05付	長者宣（源雅頼奉）
07.10	07.10付	行幸雑事定文
07.11	03.11付	上皇辞書
	07.11付	返報
07.27	07.27付	日時勘申3通
08.03	－	太政官符（信範加判）2通
08.07	08.07付	口宣（平信範奉）
08.10	08.10付	宣命
08.12	08.12付	勅書
08.17	08.17付	口宣（平信範奉）
	08.17付	書状（平信範→花山院兼雅）

年月日条	文　書	
08.27	08.27付	太政官符（信範加判）５通
	08.27付	口宣（藤原経房奉）
09.01	08.27付	勘申２通
09.07	09.07付	日時勘申
	09.07付	太政官謹奏
	07.20付	太政官符（信範加判）５通
09.13	09.13付	日時勘申９通
09.15	09.15付	日時勘申３通
	09.15付	請奏
09.18	09.18付	日時勘申
	09.18付	定文３通
09.27	09.27付	日時勘申３通
	09.27付	宣旨書（平信範→小槻隆職）
10.05	10.05付	口宣（平信範奉）
10.11	09.07付	行事所解（信範行事弁）
	10.11付	太政官符
10.12	10.12付	勘申
10.16	10.16付	神祇官卜定
10.17	10.17付	主水司注進
10.27	10.27付	日時勘申６通
11.04裏	11.04付	日時勘申
	11.04付	奉幣使定文
11.13	11.13付	除目挙状
11.22	11.20付	官宣旨（信範加判）３通
11.30	11.30付	口宣？
12.02	12.02付	定文２通
12.05	12.05付	口宣（信範奉）
12.10	12.10付	行事所注進２通
12.19	12.19付	日時勘申
	12.19付	定文
	12.19付	定文
12.20	－	口宣（信範奉）２通
12.25	12.21付	神宮奏状
	12.25付	口宣（信範奉）
12.28	12.24付	祭主解
	12.24付	太神宮司解
	12.22付	太神宮禰宜等注文
12.29	12.29付	神祇官卜申
	12.29付	宣命
	－	定文
	12.25付	祭主解
	12.25付	太神宮司解
	12.25付	太神宮禰宜等注文
12.30	12.27付	祭主解
	12.27付	太神宮司解
	12.27付	太神宮禰宜等注文

＊は日付なし

公式様文書では、たとえば二月十九日に作成された勅符がある。践祚にあたって固関を命じるものであるが、吉書的なものである上、開関までの間だけしか必要がない。本来であれば、勅符には内印が捺されていたはずであるが、その旨は全く記されず、文面のみが写されている。この勅符の場合、後に真贋などが問題となるような事態は想定しがたい。そのため、先例として文書の文面・様式は記録しておく価値があるが、捺印の数・位置までも記録する必要はないと判断されたのであろう。この他にも、公式様文書・官宣旨では、儀礼的なもの、期間の限られたものを書入している事例が多い。当時の公式様文書は、そのような場合でしか使われていないことの反映とも考えられようが、重要な儀式で用いた文書を先例として記録し、伝えようとしたものと理解できよう。

一方、綸旨・口宣・院宣を見る。ほとんどは信範が奉者となっているので、これらの案文を作成・保管できるのは信範だけであった。案文が別に保管されていた確証はないが、案文を作成していたとすれば、わざわざそれとは別に日記に記入したこととなる。記された文書の内容は、二月廿三日の綸旨は、快修・覚讃・房覚の三名を御持僧とするもの、六月十八日には、藤原師長に法勝寺御八講上卿を勤めるよう命じる宣旨書と、有弁を法勝寺住学生とする院宣、八月七日には源雅通を大嘗会検校とするものというように、人事に関するものが多くを占める。いずれも、固関勅符とは違い、後々にも確認の必要が生じる可能性があることに注意しておきたい。

仁安三年には御教書を記入した事例がないので、仁安二年三月八日条を見ておこう。

八日丙午。参二殿下一。参議成頼卿聴二直衣一由依レ仰、遣二御教書一了。其状云、

着二直衣一可下令二参内一給上者、依二摂政殿御消息一、執啓如レ件。

三月八日　　権右中弁平

謹上藤宰相殿

仁安三年九月廿二日の事例からもわかる通り、御教書を作成すれば必ず日記に記入されるわけではない。また御教書を遣わしたことを記しても、文面は記さないこともある。たとえば四月廿九日条には、

　廿九日丙申。参院奉二条々仰一。次参殿之間、殿下令二参院一給。仍於二御所一執二申雑事一。

　　最勝講僧名事

　　被レ補二蔵人所雑色一事

　　補二任賀茂社司等一事

　晩頭参内、所雑色名簿、引二裏紙一加二懸紙一下二蔵人一、蔵人給二出納一了。

　最勝講證義者聴衆等許、内々遣二御教書一了。

　　諸司事宣下新中納言忠親卿

と、御教書によって最勝講證義者聴衆等へ伝えているが、その文面は記入されない。一方、同日になされた賀茂社司補任については、口宣を記入している。この違いは何によるのだろうか。実は、この日の最勝講僧名の決定は内々であり、最勝講の證義者・講師・聴衆が正式に定められたのは、五月三日なのである。そしてその五月三日条には、最勝講僧名の定文が書き写されている。つまり、途中経過で作成された御教書は日記に記入せず、最終的な定文だけを記録していることがわかる。

　日記は、子々孫々にまで伝えることを意図している。そこに記入すれば、短期間の廃棄を前提としている案文より、後世に伝わる可能性は高い。後世に残すべきと見なされた文書が、案文作成の有無にかかわらず、日記に記入されたのではないだろうか。

第三節　保管場所

1　文　簿

前節では、十二世紀の公卿諸家が、保管する文書を選別し、さらに長案・記録・案文という三様態に区別していたと考えた。ではそれらの保管場所がどうなっていたかを整理しておこう。

まず案文であるが、これは廃棄を前提としている。廃棄されるまでの間、仮置きされているにすぎない。長期保管を目的としていないのである。[29] ゆえにその場所は、執務空間の端など、便宜的なスペースが充てられていたであろう。

これに対し長案・記録は、長期保管を前提としている。いわば現用文書として、後日の利用に備えなければならない。各自が記す日記は、各記主がそれぞれの邸内で保管しているが、それはその情報を利用するのは、彼ら自身（またはその子孫）だからでもある。家司・下家司が利用する長案・記録類は、彼らの執務空間に保管されていたと考えるのが筋だろう。それゆえ家政機関の執務空間には、長期保管を前提とする長案・記録と、一時的に置かれている案文とが収納されていたものと思われる。先に見たように、政所では長案を保管しているなど、政所・侍所で文簿を保管していたことが指摘されている。[30] それらは、唐櫃・文箱などに入れて保管され、棚なども用いられたという推測が、もっとも妥当なところではないか。

ただ問題は、政所などの執務空間では、収納量が限られることである。しかし治承三年（一一七九）十二月に藤原（松殿）基房邸から収公された文書類は、文車八両・櫃百合とあり、とても邸内の一室に納められていた分量とは思えない。[31] 邸内には、文書を納める倉のような施設があってもおかしくはない。だがたとえば摂関家の邸内には、他にも納殿・贄殿といった組織があるものの、それらは主に消費財を管理する部署であり、[32] 文書類の保管にはかかわっていないだろう。邸内で保管する場合には、塗籠・倉・執務空間などに分蔵されていたのではないだろうか。なかでも現用文書として長期保管がめざされた長案・記録など（文簿）は、整理が繰りかえされ、先例として必要なものだけを残し、必要でないと判断されたものは随時、廃棄されたものと思われる。[33] それゆえ、意外と狭くても問題はなかったのかもしれない。

これら文簿の管理は下家司の役割であった。たとえば久安六年（一一五〇）に藤原忠実が東三条殿を占拠した際には、鴨井殿の倉を開けさせようとしたが、鍵は下家司がもっているのですぐには開けられないという報告を受けている。[34] また治承三年十二月に藤原（松殿）基房の文書が押収された際、「菅先生」という人物が呼び出されているが、彼は基房家の「文書沙汰侍」であったという。[35]「菅先生」とは菅原姓の得業生であり、姓から推測すると文章得業生ではなかろうか。[36] 実名まではわからないものの、基房家でも侍身分の人物が文書を管理していたことがわかる。

下家司が鍵を持ち帰っていることから、文簿管理に携わった「文書沙汰侍」や下家司らが自邸で文簿を保管している可能性も視野に入ってくる。というのも、たとえば『栄華物語』巻三十によると、摂関家の納殿を管理する「まさのり」のもとには、「使ひ残させ給へるつや〻絹五六千疋、例の絹万疋、綾・絲・綿・さまざまの唐綾、すべて数知らず」が保管されていた。文簿の管理担当者は、邸内に納まりきらない文簿を自邸に持ち帰り、自邸を臨時保管庫としたり、整理・廃棄した案文を持ち帰ったりしていた可能性も考えられる。こうした行為が続けば、家司・下家司の職務遂行にも有利に働くことになり、彼ら自身の世襲化を後押しすることにもつながる。特に、家司らが奉じた奉書案文などは、私的に所持していたに違いない。邸内のスペースが限られたならば、下家司の私邸が執務空間を補完する役割を担ったかもしれず、更に想像をたくましくすれば、季節ごとの入れ替えなどによって、相互に補完的関係にあったかもしれない。

ところで文簿の中には、儀式の現場で必要となるものもあり、持参する必要があった場合もある。多量な場合には文車などが用いられたであろうが、そこで留意すべきは、持ち運ぶことには危険がともなう点である。すぐ近隣の邸宅ならまだしも、遠所まで持ち運ぶ際には、途中で事故に遭う危険性があった[37]。それゆえ、貴重な原本・孤本を遠くまで持ち運ぶことは避けられたのではないだろうか。そこで求められるのが、正確な写本をつくることであった。信用できる副本は、原本・弧本の保全に大きく寄与したに違いない。そのような際には、文殿衆が活躍したものと思われる。

類推に終始したが、十二世紀半ば以降の諸家邸内では、大量の文書を長期間保存しておく必要はなかったのではないだろうか。それゆえ、大きな施設がなくとも、随時整理を施せば足りたのではなかろうか。各家政機関の職員や文殿衆は、そのような要求にも応えたのではないだろうか。

とはいえ、邸外にも収納されていたことが確かな場所がある。御倉町の倉である。節を改めてまとめておきたい。

2　重　宝

御倉町の倉に納められていたことが確かなものとして、朱器台盤・印がある。前述のように印は、発給文書の変化によって、家督を象徴する宝物へと変質したものである。こうした重宝とされる器物・文書が生まれれば、それを管理する必要も生じよう。そこで摂関家の家督継承に際して重視された朱器台盤の保管に着目したい[38]。

家督継承にかかわるような重要な文書・器物は、摂関家の公的施設で保管されている。十一世紀の初頭には、朱器台盤は土御門第の文殿に納められていた。恐らくその後は、高陽院文殿に納められ、その後は東三条殿の御倉町内にあった「朱器倉」で保管されていたのだろう。摂関家における高陽院文殿の後継施設は、御倉町であった(39)。前述のようにそれらの鍵は、下家司が管理していた。下家司は、政所の現用文書とともに、倉の管理をしたのだろう。

藤原師通は、応徳二年（一〇八五）に御倉町の文書を受けつぐと(40)、嘉保元年（一〇九四）に関白となったことを受けて氏長者となり、朱器台盤・印をも受けつぐ(41)。御倉町内には「朱器倉」が確認でき(42)、重要な器物・文書はここで保管していたのであろう。「朱器倉」に納められた朱器台盤・印は、家督継承に際して東三条殿へ運ばれ、恐らくは寝殿内の文殿に安置され、儀式を終えると戻されたものと思われる。

御倉町に重宝が収められていたとするなら、永久五年（一一一七）三〜七月に実施された鴨院（鴨井殿）の大規模な改築は重要である。源（小野宮）師頼が有していた鴨院が、嘉承二年（一一〇七）四月二日夜に焼失すると(43)、藤原忠実がこの地を入手し、新しい御所を建造する(44)。この改築によってもともと一町規模であった鴨院は、南に隣接していた東三条御倉町（一町）と併せられて一区画にされ、南北二町分の鴨井殿へと拡大される(45)。この工事は、鴨井殿・御倉町の双方に利がある。工事により鴨井殿は、南方へ視界が開け、園池も南へ広がったことが推測でき、景観上も都合がよい。また御倉町にとっても、工事によって鴨井殿との間の築地がなくなれば、火災などの緊急時に鴨井殿の園池が活用できる。改築によって園池が御倉町側へ広がっていれば、それはなおさらであろう。この改築は、園池を南へ広げることによって、鴨井殿の御所としての格を高めるとともに、御倉町の防火策も整えることが目的であったのだろう。

大治五年（一一三〇）正月廿九日に鴨井殿は焼失するが、文書は一巻も焼けていない(46)。同年に源義親が匿われたのも鴨井殿南町（御倉町）であり[47]、正月の火災で北半の旧鴨院部分は焼けたものの、御倉町部分である南半は、火災以降もまだ残存・機能していた。もちろん、御倉も無事である。

この鴨井殿南町（御倉町）はその後も維持される。たとえば藤原忠実は、忠通を義絶して東三条殿を占拠した際、公験・朱器台盤を確保するため、まっ先に御倉を開けるよう命じており、鍵がないと申しでた源頼賢に対し、鍵を壊すよう命じている[48]。氏長者であることを内外に示すためにも、御倉町の確保は非常に重要であった。

東三条殿が仁安元年十二月廿四日に焼失すると（『百練抄』）、基房はそれを再建できなかった。もともと御倉町とは東三条殿に附属する施設であったのだが、本体が失われ、附属施設だけが存続する状況となる。東三条殿が焼失した後、初の氏長者交替は治承三年十一月の藤原（松殿）基房配流による藤原（近衛）基通の関白就任であるが、この時基通は、それまで住んでいた近衛室町亭から六条堀川亭に移り、そこで朱器台盤等を受けている[49]。その結果、その後の朱器台盤の授受は、東三条の例に准じ、各自の邸宅で行なうように変化している。朱器台盤は、儀礼の際だけ持ちだされ、御倉町に戻されたのであろう。御倉町は以降も、儀式で用いる倚子や累代日記など摂関家の重宝を納めておく場所として、厳重に管理・維持されていた[50]。

このように、御倉町（鴨井殿南町）が収蔵場所として重視されたことは間違いない。そこはいわば京内の摂関家の公的な収蔵庫であった。

一方、摂関家には宇治に宝蔵があったこともよく知られている。平等院の経蔵（宝蔵）は、単に寺院の収蔵庫という役割をこえ、摂関家の宝蔵という位置づけを担っていた。しかしこの蔵が所在するのは、宇治である。京中での日常的な政務には対応できない。そのため、文簿では、現用文書から外れたもののうち、保存しておいてもよいが、身近に置く必要もないものが納められたものと考える。そのため、宝蔵という名ではあるが、いちばんの重宝ではなく、スペア的またはアーカイブズ的位置づけとも評せよう。御倉町の朱器倉で、不足物がでてきた際には、宇治から取り寄せている[51]。

収蔵品としては、琵琶（渭橋井手）・横笛（水龍）・高麗笛（名黒丸）などの楽器の他、久安御賀物、蒭斤があげられる[52]。

むすびにかえて

本章では、摂関家に代表させて、諸公卿家における文簿保管策を見てきた。

摂関家における文簿保管は、文殿から文庫へというように担当組織が切り替わったわけではない。公式令の影響を強く受けたいわゆる公式様文書を中心とする環境から、下文・奉書といった新様式の文書を主体とする状態へと、文書を作成する環境が多元化したことにともない、収蔵手段も多元化したのである。

これらを総合し、摂関家に代表される諸家での文簿保管策について、その全体像を示すならば、次のようになろう。

①朱器台盤・印のような、累代重宝を含むさまざまな宝物や文簿などは、貴重なうえに使用機会もあるため、もっとも厳重に管理された場所での保管がめざされる。そのような品々の保管場所は、御倉町以外にはありえなかった。

②貴重であると認識していても、使用頻度の低いもの、骨董に類するようなものは、御倉町に置いておく必要はない。そのような品々は、平等院宝蔵のような、関連する施設の蔵で保管された。

③政所・侍所などの執務空間では、長案として下文の案文が保管されていた。家牒などの公式家様文書も、ほと

表7－4　『兵範記』と『山槐記』に記される文書
（仁安２年３～６月）

出典	文書	内容
山 03.01	申文	忠親始着陣
	陰陽卜形	
山 03.02	申文	忠親始政
兵 03.08	摂政御教書	（奉者信範）装束直衣許可
山 04.09	出車定文	（忠親与奪）
	出馬定文	（忠親与奪）
	史宣旨	忠親可奉行
	前駆定文	（忠親与奪）
山 04.14	陰陽卜形	
兵 04.29	口宣	（奉者信範）賀茂社司転任
兵 05.03	日時勘申	（信範取次）
兵 05.08	口宣	（奉者信範）日吉社別当
兵 05.10	宣旨	（奉者信範）海賊追討
兵 05.23	女院辞封戸状	（清書信季（子））
兵 05.28	勅答	摂政第２度上表
兵 06.12	口宣	（奉者信範）還任
	外記宣旨（２通）	仁平元年の先例

註）出典の「山」は『山槐記』、「兵」は『兵範記』。

んど作成されないが、吉書などとして作成する際には、同様の長案が参照されたであろう。

④奉書・御教書の案文は、政所・侍所などの執務空間で保管されたが、それは廃棄を前提としていたため、長期保管はされなかった。特に効果の限定的な後世に残す必要のない文書は、必要がなくなれば廃棄された。廃棄された文書は、公卿・下家司が私的に持ち帰ったり、融解されるなどして再利用されたであろう。

⑤公卿は、各自の選択基準に基づいて、後世に残す価値があると思われる文書を各自の日記に書き写し、自邸に保管した。ここに公式様文書・公家様文書などの区別はなく、後日参照の便宜を各自が勘案し、書き記した。

⑥文簿管理を担った下家司らは、公卿が行なったことと同様に、必要な文書を書写したり、持ち帰ったりしたであろう。また文簿管理者であるという点からは、執務空間を補う倉庫的役割を彼らの私邸が果たしていた可能性も考えられる。

このように、当時の文簿管理は、自己・子孫が後日に政務・行事で活用することを前提として行なわれ、利用の観点に基づいてなされた点が重要である。それゆえ当時の情報管理は、文書だけを対象としては不十分なのであり、文書・記録（帳簿）という文簿を、利用者の観点から区分・保管されることを想定するべきなのである。

廃棄を前提とした文書の場合、こういった日記がアーカイブズ的な役割を果たしたといえよう。家記は、各家における文書館的な役割を担っていたのである。そのため、日記に書き写される文書は、判断の最終結果や、その原因となった情報、つまりは定文・日時勘申などが多くなる。この選択基準は、当然のことではあるが、地位・立場によって異なることになる。それゆえ、同じ経験をしていても、身分・立場が異なれば、日記に書き写す内容にも差が生じるのである（表7―4）。

平安時代後期の摂関家に代表される諸家における文簿保管は、長案・日記・案文という三様態を使いわけていた。実は、これ自体は、律令的文簿保管体制と変わらない。ただし、それぞれのもつ役割に差がある。律令的文簿保管体制では、重要な文書を長案、軽い内容の文書を外記日記というように文書の内容によって区別していた。しかし平安後期には、何らかの統一的規則に基づいて分類するのではなく、利用・参照を中心に据えた各自の価値観に基づいて区別されたといえよう。

註

（1）本書第六章のもととなる文章を公表した際、「二〇一一年の歴史学会―回顧と展望―」（『史学雑誌』一二一編五号、二〇一二年）五四頁において、「文書保管収蔵施設は別にあったとするが、どこか」という指摘をいただいた（下向井龍彦・斎藤拓海・山本佳奈・尻池由佳各氏の執筆担当）。そこで本章では、それに対する私見をまとめている。

(2) 井原今朝男「摂関家政所下文の研究―院政期の家政と国政―」(『日本中世の国政と家政』校倉書房、一九九五年。初出は一九八一年)など。

(3) 尾上純一「『家牒』と家令制」(『史学研究集録』一一号、一九八六年)、川端新「荘園制的文書体系の成立まで―牒・告書・下文―」(『荘園制成立史の研究』思文閣出版、二〇〇〇年。初出は一九九九年)、佐藤宗諄「『家牒』の成立」(『平安前期政治史序説』東京大学出版会、一九七七年。初出は一九六八年)、佐藤雄基「牒と御教書」(『日本中世初期の文書と訴訟』山川出版社、二〇一二年。初出は二〇〇八年)、西別府元日「王臣家牒の成立と王臣家の動向について」(『律令国家の展開と地域社会』思文閣出版、二〇〇二年。初出は一九八〇年)、西山良平「家牒・家符・家使」(日本古文書学会編『日本古文書学論集4　古代Ⅱ』吉川弘文館、一九八八年。初出は一九八〇年)、春名宏昭「官人家の家政機関」(笹山晴生先生還暦記念会編『日本律令制論集』上、吉川弘文館、一九九三年)、山本幸男「八世紀における王臣家発給文書の検討」(『ヒストリア』八九号、一九八〇年)など。

(4) 文書の作成者は、尾上純一「『家牒』と家令制」(註3前掲)、山本幸男「八世紀における王臣家発給文書の検討」(註3前掲)が一覧を作成している。

(5) 東南院文書(『平』三号)。

(6) 『類聚三代格』巻十七。

(7) 『類聚三代格』巻十七。

(8) 貞観十年六月廿八日付「太政官符」(『類聚三代格』巻十七)。

(9) 『小右記』治安三年十一月廿五日条。

(10) 『兵範記』保元二年八月九日条。

(11) 『殿暦』永久三年四月十六日条。

(12) 康平三年七月十七日の藤原師実任内大臣の際の大饗については、「康平記」(「定家朝臣記」)を参照。

(13) 摂関家に文殿が現れるのは、十一世紀初頭からである。それまでは、印・朱器台盤などがどこに保管されていたかは、明らかでない。倉や邸内の塗籠などが想定される。

(14) 井原今朝男「摂関家政所下文の研究―院政期の家政と国政―」(註2前掲)、中野淳之「諸家政所下文の発生と機能―公家権力の一側面―」(『ヒストリア』九八号、一九八三年)。

(15) 佐藤雄基「牒と御教書」(註3前掲)。

(16) 富田正弘「古代文書様式の中世への展開①」(『国立歴史民俗博物館研究報告』一九二集、二〇一四年)、早川庄八『宣旨試論』(岩波書店、一九九〇年)。

(17) 長和四年八月一日付「宣旨」(『類聚符宣抄』第六〈文譜〉)。

(18) 太政官では、官符のような旧様式の文書と、官宣旨のような新様式の文書とが併用された。そのため、旧様式の文書を保管する官文殿も、収蔵施設としての実態をともなったまま存続した。しかし摂関家に代表される諸公卿の家政機関では、家符などの旧様式の文書は、吉書のような儀礼的なものを除きほぼ廃された。そのため、旧様式の文書の保管を主目的とする文殿は、収蔵施設としての実態を失い、名称だけが残存したと考える。
このような変化の結果、文殿・御倉町を機能別に分解・再編することが求められた。高陽院の改築は、そのような時に行なわれ、必要がなくなった文殿は廃され、御倉町へと集約されたのであろう。この再編は、藤原頼通の時期から始まってはいるが、本格的に整えられたのは、師実～忠実の時代であろう。後に述べる鴨井殿の改築は、その最終段階と考える。

(19) 『続群書類従』第十輯上。渡辺滋「『執政所抄』の成立と伝来について」(『禁裏・公家文庫研究』第三輯、思文閣出版、二〇〇九年)。

(20) 元木泰雄「摂関家政機関の拡充」(『院政期政治史研究』思文閣出版、一九九六年)、同『人物叢書　藤原忠実』(吉川弘文館、二〇〇〇年)六〇～六一頁。

(21) 八条院庁に関係する高山寺旧蔵文書群の中に、丹後守藤原長経が発した下文がある。それらは長経の知行国主継承にともなって作成された吉書と見なされるが、廃棄されている。本郷恵子「中世文書の伝来と廃棄―紙背文書と案―」(『史学雑誌』一〇七編六号、一九九八年)。

(22)『平』三四七四号。残りの二通は、三四七五・七六号で、同月廿六日付。
(23)『兵範記』仁安三年六月廿四・廿五日条。信範は廿六日が「日次不レ宜」のため行事所へ参らず、廿七日から行事弁としての職務を始めたが、初めて下知した御教書は、日記に全文を記し残している。
(24)行事所は、初め太政官東庁内に設定されたが、九月十九日に大膳職寝殿へ移された(『兵範記』同日条)。なお、催促の御教書を作成したものの、完済が確かめられたため不要となり、廃棄された可能性もある。しかし十月十日段階で信範は「諸国召物多未済、毎事不二成寄一、粗及二懈怠一」(『兵範記』)と言っているなど、そのような可能性は極めて低いと思われる。
(25)実際、紀伊守に宛てたもの(『平』三四七五号)には「重執啓如レ件」とあり、何度も催促していたことが確かめられる。
(26)河音「日本中世前期の官司・権門における文書群の保管と廃棄の原則について」(『世界史のなかの日本中世文書』文理閣、一九九六年。初出は一九九〇年)。以下、本章における河音氏の見解は、すべてこれによる。
(27)本郷「中世文書の伝来と廃棄―紙背文書と案―」(註21前掲)。
(28)検非違使庁関係の同様の文書には、九条家本『延喜式』紙背文書も知られている。鹿内浩胤「九条家本『延喜式』覚書」(『書陵部紀要』五二号、二〇〇一年)によると、これらは八つのグループに分けられるが、多くが摂関家・九条家の周辺で書写されたものであり、十一世紀中葉に書写された巻一・四・十二・三十一・三十九などの紙背文書に検非違使庁と関係のある文書が使われている(別当宣案・御教書案などは含まれない)。これらを持ち帰って『延喜式』書写に再利用した人物は、特定できていない。しかし他の文書などから、藤原頼通に仕え、その命によって『延喜式』を書写した検非違使庁の佐クラスの人物ではないかと想定されている。そうであれば、紙背文書として再利用された文書は、検非違使庁に保管されていたものを、佐クラスの人物が整理し、不要なものだけを持ち帰り、『延喜式』書写に提供されたと考えられる。
　九条家本『延喜式』紙背文書の場合、複数別当の在任期にまたがっている点が問題となるだろう。別当が交替すると庁屋の移動にともなって案文も整理されたと考えられるが、その際、要・不要の分別がなされたのではないだろうか。そのため、長期間保管される案文もあれば、すぐに廃棄された案文もあるのではないだろうか。

またそのような案文を、奉者が私的に持ち帰っていれば、複数の別当に仕えた官人の手許には、複数の別当の時代の関係文書が溜まっていたかもしれない。

(29) 当時は、現在のアーカイブズ的な、非現用文書となったものまで保管するという考えを欠いている。廃棄された案文は、紙背を再利用されるか、リサイクルされて宿紙となって雑用に用いられるなどしたであろう。

(30) 前掲註(20)に同じ。

(31) 『山槐記』治承三年十二月五日条。

(32) 佐藤健治「摂関家における『公的家』の基本構造」(『中世権門の成立と家政』吉川弘文館、二〇〇〇年)。

(33) 渡辺滋「『執政所抄』の成立と伝来について」(註19前掲)。

(34) 『兵範記』久安六年九月廿六日条。

(35) 『山槐記』治承三年十二月五日条。

(36) 『魚魯愚抄』巻二所引の「春玉抄」逸文によると、明経・明法・算の各道の得業生は、「先生」と呼ばれている。一般に、「先生」といえば春宮帯刀長が想定されるが、それに就くのは武士などが多い。文書の管理をしていたことからも、得業生とするのがよい。

(37) たとえば、文書を携帯して南都に向かった大外記清原頼業は、途中で盗賊に遭い、多くの文書を奪われている(『兵範記』仁安二年十一月廿八日条)。

(38) 朱器台盤・朱器大饗については、岩井隆次「朱器台盤考」(『古代文化』三五巻二号、一九八三年)、渡辺誠「朱器大饗と摂関」(広島大学大学院教育学研究科下向井研究室『史人』四号、二〇一二年)も参照されたい。

(39) 村井康彦「御倉町」(『古代国家解体過程の研究』岩波書店、一九六五年。初出は一九六四年)、北村優季「院御所の御倉町」(『山形大学史学論集』一〇号、一九九〇年)。

(40) 『後二条師通記』応徳二年(一〇八五)四月廿五日条。

(41) 『後二条師通記』嘉保元年(一〇九四)三月十一日条。

(42)『兵範記』保元元年（一一五六）七月十九日条、『玉葉』文治二年（一一八六）八月九日条。
(43)『中右記』嘉承二年（一一〇七）四月二日条、『永昌記』同日条。
(44)『殿暦』永久五年（一一一七）三～七月に「新所」として現れ、忠実は頻繁に現地を視察している。『百錬抄』永久五年七月二日条。
(45)便宜上、改築以前を「鴨院」、改築後を「鴨井殿」と呼ぶ。鴨井殿の南町が御倉町である。
(46)『中右記』大治五年（一一三〇）正月廿九日、『長秋記』同日条。
(47)『中右記』大治五年十一月十三日条。
(48)『兵範記』久安六年（一一五〇）九月廿六日条。
(49)『山槐記』治承三年十一月廿六・廿八日条、十二月十三日条。
(50)『玉葉』寿永二年（一一八三）十二月五日条、文治二年八月九日条、建久二年（一一九一）十一月廿六日条、『民経記』寛喜三年（一二三一）三月廿三日条、『葉黄記』寛元四年（一二四六）正月廿八日条など。
(51)『兵範記』保元元年七月十九日条。
(52)『中右記』長承元年（一一三二）九月廿四日条、『兵範記』仁平二年（一一五二）七月十九日条、保元元年七月十九日条。

第三部　文簿保管と官職の世襲

第八章　家業と官職の関係

はじめに

十二～十四世紀における朝廷実務官人に対しては、佐藤進一氏が『日本の中世国家』（岩波書店、一九八三年）において提唱した官司請負制による理解が著名である。そこにおいて氏は、特徴として「特定の氏族が特定官職に世襲的に就任し、さらには特定の氏族が特定官庁を世襲的に運営する傾向」をあげ、「職と家の結合」「官職家業化」とも表現する。(1)そして佐藤氏は、具体例を示しながら、如上のような傾向が生まれた背景に「家業」があることを述べ、「家業の論理」を展開したのである。

家業の論理とは、平安時代中期以降に明法家らが新しく編み出したと佐藤氏が主張する法理である。氏によると、当時は家業の継承を重視していたため、異姓養子を容認するなどの「家業のためならば律令を破ることも許されるとする学説」が生まれたという。そしてこれを「律令法を超える法理」とし、「王朝国家の公家法に、たとえ部分的にせよ、まちがいなく内実を与えるもの」として高く評価する。こうして佐藤氏は、中世公家社会では律令の遵守よりも「家業」の継承の方が優先されたと解し、官職の世襲はこの法理にささえられて実現していたと説いたのである。(2)

続いて曽我良成氏は、これを更に具体化した。氏は、院政期における実務官人層の編成を考察し、地方豪族出身でありながら算博士三善氏の養子となって算博士にも就いた三善為康を例にとるなどし、①地方豪族出身者が博士の養子となることによって、改姓を制限した延喜五年宣旨を空文化させた（異姓養子の黙認）、②中原・清原などの姓が急激に増加するのは、そのような養子によるものが多く、血縁者が飛躍的に増加したわけではない、③中原・清原などの博士家は、半永久的に存続することが求められていたため、実子が家業を継承できなければ能力のある異姓養子が後継者になりえたといった点を示した。(3) こうして曽我氏は、佐藤氏の主張を部分的に修正しながら、官司請負制下における朝廷実務官人の姿を明らかにしていった。こうして家業の論理と官司請負制は、十一世紀末から顕著になってくる貴族層の家格形成ともあいまって、中世前期の中下級官人層を理解する論理として多くの研究者に支持されたのである。(4)

これに対し村井章介氏は、家業の論理のみですべての事象を理解しようとすることを危ぶむ批判を加える。(5) しかしその後の関心は、律令官司制を破壊し、「特定の氏族が特定官職に世襲的に就任」していく点に集中していったためか、(6)「家業観念」や「家業の論理を中心とする新しい法理」の当否について、具体的に検討した論考はほとんどない。

そのような中、細井浩志氏は平安時代前中期における諸道博士の継承について論じ、家業の論理を批判している。(7) 氏はそこで、技能の継承が原則として血縁的な世襲によって担われていたことを明らかにするが、これに加えて、律令法に反する異姓養子が官司請負制下で認められていることにも言及・検討した。そしてその結果、「八世紀にくらべ、一二世紀に異姓養子の許容範囲が拡がった」のは事実であるが、「朝廷は、養子に対して実父子関係に准ずる実態を要求し」ており、曽我氏が地方豪族で検討した例のように簡単に改姓することは、中央貴族同士ではできないことを示した。また細井氏は、異姓養子の広がりを「子に対する父としての立場がより強くなった」ことを意味していると結論づけ、家業の継承を優先する家業の論理に対しては、「水準以下の能力しかもたない子を排斥する場合に使われ」、「父が気に入らない子を排斥する場合の口実として、援用されたのではないか」と推測し、家業の論理が通念として一般化しているとはいえないと説いた。

一方、家業と官職との関係は、因果関係が容易に推測できるためか、それを支持する見解も出されるなど、いまだ確定的とはいいがたい状況が残されているのではないだろうか。たとえば上杉和彦氏は、「特定の技能（道）を担う家が成立→その家の出身者が、技能に対応する官職につく→特定の官職を世襲する家が成立」という論理を「ほとんどすべての実務官職」で適用できると述べ、家業と官職との関係を非常に強く想定している(8)。反対に松薗斉氏は、「結果的に（明経道の）博士家が局務を独占していくのであるが、論理的にこの二つを結びつける必然性があるかについては、かなり疑問である」とし、「一度切り離して検討してみた方がよいのではないか」と、慎重な姿勢を示している(9)。

本稿では、このような研究状況に鑑み、主に村井章介氏による佐藤説への批判を受けつぎながら、十一世紀ごろにおける家業と官職との関係を分析することを目的とする。まずは家業の論理についての検討から始めよう(10)。

第一節　家業の論理

最初に家業の論理を確認しておく。佐藤氏は、家業の論理が形成されてくる状況を、次のような三段階に分けて説明している（以下、頁数は『日本の中世国家』のもの）。

①公認・普遍化　天暦期（九四七～五七）以降、除目申文の中に「家業」「箕裘」という文言が見えるようにな

ることを示し、「官職もしくはそれに直結する待遇を求める申文に『箕裘』すなわち家業を継承する身分にあることを、要求の理由に挙げているところに、家業観念の公認と普遍化を見ることができる」とする（四七頁）。

②特定業務との結びつき　十世紀末ごろに、「法家とよばれる専業集団が、司法官衙に代って公的業務を担うに至った」ことを「家業集団発展の一里程標」と評価する（五〇頁）。そしてそれが、「特定の業務を特定の氏族に結びつけて認識する、専業氏族という客観的認識」につながっていくという（四七頁）。

③新法の生産　法家は、「准的」「折中」などの手法を用いて「律令を修正解釈し、律令法を超えて新しい法を生み出」したという（五八頁）。そしてこれにより、律令は「新しい国制に適合し、これを基礎づけうるものに変わ」ったという（五〇頁）。

形成過程をこのように説いた上で、鎌倉時代の明法書である『法曹至要抄』巻下から次の史料を引用し、家業の論理を導き出す。

一、養子承分事

戸令応分条云、女子半分、養子亦同。

案レ之、養子之法、無子之人為レ継二家業一、所二収養一也。然者其養子、可レ惣二領養父之遺財一也。若有二嫡庶子一之時、収二養子一者、分財之日、同二于女子一、可レ与二庶子之半分一也矣。

養子への遺産相続は、律令では「女子の半分」と定められている（戸令応分条）。しかし『法曹至要抄』には、「家業を継がせる為に養う」場合、全遺財を相続できると記しているのである。ここから佐藤氏は、「家業継承の目的を以て迎えられた養子は、養父の遺産を単独で相続することが許され」たのであり、これは律令の規定に反するものであるから、「家業のためならば律令を破ることも許される」という学説があったと解釈し、このような学説を

「律令法を超える新しい法理」として重視するとともに、「王朝国家の公家法に、たとえ部分的にせよ、まちがいなく内実を与えるもの」として高く評価したのである。佐藤氏は他にも、『明法条々勘録』の違法養子と同居卑幼の家財使用に関する記述を引用し、これらは「家業という条件の下では、律令の定めた家族法規が、たとえ特定部分についてであれ、否定されうるという、家業優先の法理」であると位置づけた。これが「家業の論理」である(11)。

しかし、この佐藤氏の解釈が妥当でないことは、違法養子については既に細井浩志氏が説いた通りであり(12)、また遺産相続についても、次のように成立しがたいと考える。

前掲した通り、佐藤氏が用いた『法曹至要抄』巻下の記述は、「無子之人」が「収養」した養子について記している。しかし現実には、実子がいるにもかかわらず、養子が家督を継ぐケースもあるので、『法曹至要抄』でも続けて、実子がいるにもかかわらず養子をとった場合、財産分与は「庶子之半分」としているのである（佐藤氏はこの部分を引用していない）。これは律令の規定と全く同じである。仮に、何らかの事情で実子が跡を継げない場合、養子が家督を継ぐとどのようにされるのだろうか。関係する条文を確認してみよう。

『法曹至要抄』巻下には、次のような記述も含まれている。

一、処分任㆓財主意㆒事

戸令云、応分者、家人、奴婢、田宅、資財、惣計作法、嫡母、継母、及嫡子、各二分、庶子一分、女子減㆓男子之半㆒。若亡人存日処分証拠灼然、不㆑用㆓此令㆒。

喪葬令身喪戸絶無親条云、若〔亡〕人存日処分証験分明者、不㆑用㆓此令㆒。

義解云、謂、証験不㆓相須㆒也。言雖㆑無㆓証人㆒、而亡人暑〔署〕記足㆓応験拠㆒、及雖㆓暑〔署〕記不在㆒、而証人分明者、並不㆑用㆓此令㆒。

案レ之、遺財処分之道、雖レ有二分法一、財主見存之日、任二其雅意一可二処分一者也。

律令の戸令応分条は、財産の配分について示しているが、そこには「亡人存日処分証拠灼然、不レ用二此令一」とも記されている。つまり応分条での記述は原則であり、処分内容を示した「証拠（証験）」があれば、それにしたがうというのである。『法曹至要抄』でもこの解釈に変更はない。

ということは、結局のところ、律令においても、『法曹至要抄』においても、遺財の処分は「財主」の遺志（「証拠」）が最重視されたのであり、律令制下においても、家業を継がせたい養子に全遺産を与えることは可能であったのである。その旨をあらかじめ「証拠」として示しておけばよかったのである。戸令応分条に記される配分は、そのような「証拠」が存在しない場合の判断基準と解すべきであろう。『法曹至要抄』では、実子のいない者が養子をとっていたのであれば、その養子を後継者にしようとしていたという「遺志」があったことは、わざわざ明文化するまでもない、と解釈したにすぎないのではなかろうか。他に子のない者が養子を迎えるという行為そのものが、「分明」なる「証拠」だというわけである。細井氏も指摘している通り、父（財主）の立場（意向）がより強く反映されるようになった結果と理解できよう。

つまり、「家業継承の目的を以て迎えられた養子は、養父の遺産を単独で相続することが許される」のは、律令制下でも『法曹至要抄』でも同じである。違いは、律令では父の意向を証明する何らかの「証拠」を求めていたが、『法曹至要抄』では事実関係が確認できれば必ずしも「証拠」がなくてもよいという、認定基準にあった。

佐藤氏が「家業の論理」を重視するのは、「律令法の否定の上に創出されるべき王朝国家の公家法に、たとえ部分的にせよ、まちがいなく内実を与えるものであった」からであった。しかし既に述べたように、『法曹至要抄』の遺財処分に関する記述も「律令を破る」ものではなく、実質的な差はほとんどないといってよいだろう。それゆえ、これを「家業のためならば律令を破ることも許される」と解釈することはできない。

第二節　家業と官職の関係

佐藤進一氏は「家業の論理」を、律令を否定し中世公家法に内実を与えるものと評価しようと試みた。しかし既に見たように、そのような主張を導き出すことはできず、たとえ特定氏族が特定官職を世襲する傾向があったとしても、それをささえる思想として認められない。では、どのような理由で官職の世襲はなされ、維持されていったのであろうか。

この点については、本章冒頭において紹介したように上杉和彦氏と松薗斉氏の見解が相対している。上杉氏は、「特定の技能（道）を担う家が成立→その家の出身者が、技能に対応する官職につく→特定の官職を世襲する家が成立」という論理を示し、家業と官職との関係を直結させているのに対し、松薗氏は「結びつける必然性があるかについては、かなり疑問である」と懐疑的なのである。(13)

具体的な検討に入る。まず、官司請負制の「顕著な例」として佐藤進一氏が示した三例をあげる。

①算博士の小槻氏　…　弁官局の実務官人で、五位の左大史（大夫史）を世襲。

②明経博士の中原・清原氏　…　外記局の実務官人で、五位の大外記（大夫外記）を世襲。

③明法博士の中原氏　…　検非違使庁の法曹官僚で、五位の尉官を世襲。

この三例では、世襲を果たした各氏（家系）は、いずれも博士の官も世襲している。それゆえ佐藤氏は、彼らがそれぞれの「家業」によって各官職の世襲に成功したと説明している。

博士の官職とそれとは異なる特定の官職との関係について述べれば、また個々の検討は省くが、もちろんこの三例に止まらない。特に、和気氏・丹波氏に代表される医道と典薬寮、安倍氏・賀茂氏に代表される陰陽道・天文道・暦道と陰陽寮が著名だが、他にも家業と官職との密接な関係を想定できるものとして、近衛府に楽人として務めた多氏・豊原氏ら、同じく近衛府に随身として務めた秦氏・下毛野氏らなどもあげられよう。[14] このような諸氏について、家業と官職との関係を強調することには、何ら疑問はない。細井浩志氏が明らかにしたように、古代から中世に至るまで、技能継承の原則は一貫して血縁的な世襲であったのだから、[15] 特定の技能を特定の一族（家系）で継承していたことが明らかであれば、その技能を必要不可欠とする官職（職務）は当然、その一族（家系）によって継承されていくであろう。このような、いわば「技能官人」と称される人々について、家業と官職の関係をここで問題にする必要はない。[16]

問題となるのは、特殊な技能を必要としなかった部署における例である。本章では、その例として五位外記（大夫外記、局務）・五位史（大夫史、官務）をあげる。なおこの二例はいずれも、佐藤氏によって家業に基づいた官司請負制の「顕著な例」としてあげられているものである。

1　大夫外記

佐藤氏は、外記局職員が世襲されていくことについて、次のように説明する。まず、十世紀末ごろと十二世紀半ばの外記局構成員を比較し、「中原・清原両氏の外記局進出が十一世紀以降に属することは、以上によって明らかである」と述べ、両氏の詳細を説明する。そして、「この両家は、十・十一世紀代、諸家の家業化が進む中で、明経道に独占的地歩を築いた氏族である」ことを示し、「両家の一族子孫にして大小外記に任ぜられた者の大部分が、明経道の博士・助教・直講の経歴をもつことは、この両氏が明経道の家業を担いつつ、又この家業に拠って、外記の職務に当ったことを語る」と結論づけた。そして外記が明経道の技能を要した理由として、①「当時の国政関係文書の処理に当って、明経すなわち儒学の知識が一般的に必要であった」、②「除目の前提となる任官・昇任・転任の申請書たる申文・款状が、中国の古典・故事を豊富に引用した漢文で認められていたことによるものであろう」という二点をあげている（三三一〜三三五頁）。

次に、これを検討するが、中原・清原の両氏が、十世紀には十市部・十市（後の中原）・海（後の清原）を称したことは、佐藤氏も述べる通りであり、彼らの外記局とのかかわりが十世紀にさかのぼることは間違いない。また小生はこれまでに、十〜十二世紀における外記局構成員の概要を明らかにしており、一〇四〇〜五〇年の前後で、その構成が大きく変化することを明らかにしている。[17] つまり一〇五〇年代以降では、外記局の構成者の多くが中原・清原・惟宗・大江・三善という五姓に集中し、それ以外の姓が非常に少なくなっていくのである。[18] 佐藤氏は、この変化をさして中原・清原両氏が「およそ十一世紀中頃を境に、急速にかつ一族を挙げて外記局に進出するようになった」と表現し、また曽我氏は、中原・清原らのような博士の養子となった人物が増加したと理解したのである。しかし重要なことは、十一世紀半ば以降でも、外記局構成員には文章道（紀伝道）・明法道などの他分野の出身者も多く含まれており、決して外記局が明経博士の一門・門弟で埋め尽くされたわけではなければ、外記に就いたすべての中原・清原氏が明経道出身であったわけでもないのである。[19] つまり一〇五〇年代以降に生じた中原など五姓への集中は、大外記が明経博士の中原・清原両氏によって世襲されることとは別の問題と理解すべきなのである。

次に、外記が明経道の技能を必要としていたという主張については、既に松薗斉氏も再検討を提起しているが（前述）、本稿でも以下のような理由で成立しないと考える。まず第一に、儒学の知識を必要とするような国政関係文書とは、いったい何であろうか。明経において学ぶことは、主に五経（『易経』『春秋左氏伝』など）のような漢籍古典の素読とその解釈である。(20) 外記があつかうような諸文書に、そのような専門知識を不可欠とするようなものがあるのであろうか。全くの誤解と考えたい。

また具体例として中文があげられるが、「中国の古典・故事を豊富に引用した漢文」で記すような事例はきわめて少なく、多くは申請者が望む官職を記すだけであったり、記されても申請者の希望をささえるような先例であることが多い。(21) 第二に、仮に美辞麗句を連ねたものが実用的であったとしても、その作成・読解にふさわしい技能を学ぶのは文章道であり、明経道ではないのではなかろうか。(22)「官職秘抄」（『群書類従』第五輯）には、外記には文章道の出身者を必ず一人は備えていたことが見えているが、(23) これこそ美辞麗句を連ねたような中文が出された場合を考慮した対処だろう。第三に、前述した通り、確かに五位外記（局務）は明経道出身者であるが、実務にしたがう六位外記の構成は、特定の分野にかたよっていない。佐藤氏は、大夫外記である中原・清原両氏が明経博士を経歴・兼帯しており、それと同姓の者が多く見えることから、外記局の職務と明経道とを結びつけたようだが、別の理由を考える必要があるだろう（後述）。

なお実際、外記に求められた職務とは、次のようなものである。(24) 一つは、律令にも記される通り、さまざまな文書の作成である。第二は史料・記録の保存であり、国史の編纂などに活用された。そして第三は、第二から派生したものであろうが、行事参加者などの把握、出仕記録の保管。そして第四もまた、第二から派生したものであるが、政務における先例の検出である。

これらにより、前述した佐藤氏の理解のうち、「（中原・清原）両家の一族子孫にして大小外記に任ぜられた者の大部分が、明経道の博士・助教・直講の経歴をもつ」ことはほぼ認められ、「この両氏が明経道の家業を担いつつ」、

「外記の職務に当った」ことも理解できる。しかし、「この家業（明経道）に拠って、外記の職務に当った」という部分についてはしたがいがたく、外記において、家業と官職世襲との間に因果関係は見いだせないのである。

2　大夫史

佐藤氏の説明は以下の通りである。氏は橋本義彦氏の研究(25)を引きながら、小槻氏が世襲を確立させていく過程を叙述した後に、その地位確立の要因となったものを二点あげている（二九〜三二頁）。その第一は、小槻氏による太政官厨家の掌握である。これについて氏は、「大夫史のもつ算道の技能が決定的な力をもったにちがいない」と述べ、大夫史の地位確立にも「大きな意味をもったと考えられる」と推測している。要因の二点目は、「主計・主税両寮との関わり」である。氏は、小槻氏が三善氏と共に算博士を世襲するようになった結果、「国政上の経理部門である主計・主税両寮を、三善氏と共同もしくは交代に運営することとなる」といい、これが「小槻氏の発展に大きく寄与した」と考えている。

しかし、これらの説明にはしたがいがたい。まず一点目にあげられた太政官厨家の掌握についてであるが、これは大夫史としての当然の職務であり、大夫史が小槻氏であるか否かに関係なく、官厨家は大夫史が掌握していた。たとえば長保二年（一〇〇〇）には、大夫史の多米国平が、官厨家に納められている布を修理職へ渡すよう命じられている(26)。十二世紀半ば以降、大夫史を小槻一門が独占していくのに連動して、官厨家も小槻一門によって掌握されていったのである。

要因の二点目としてあげられている「主計・主税両寮との関わり」についても、それが大夫史への任官とどのような関係にあるのかは全く触れられていない。「官職秘抄」は、この二寮について「（頭）已上大外記・大夫史・諸

表8－1A　歴代の主税頭（承平～文治）

名　前	在職確認時期	典拠（初／終）
河内忠行	承平 2任～	二中歴
十市良佐	承平 3.10任～	二中歴
十市良佐	天慶 2. 2任～	二中歴
小槻糸平	～天暦10.12.19～天徳元	類聚符宣抄9／二中歴
十市以忠	天徳 2. 7任～天徳 4. 4.20～	二中歴／日本紀略
連茂	～康保 3. 9.16～	平安遺文297
車持実光	天元 5.10任～	二中歴
伴　忠陳	寛和 3. 5任～	二中歴
三善茂明	長徳 4.10任～長保 2. 7.28～	二中歴／権記
滋野善言	長保 5.正.30任～寛弘 7. 2.14～	外記補任／大間成文抄1
惟宗為忠	寛弘 7. 3.30任～長和元. 6.29～	御堂関白記／小右記
但波行衡	長和 3.正任～長和 5.正～	二中歴／大間成文抄5
菅野実国	長和 6. 8任～寛仁 4. 6. 4～	二中歴／左経記
中原貞清	寛仁 5. 3任～長元 4. 7.10～	朝野群載9／小右記
安倍時親	永承 2.10任～永承 3.10.11～	二中歴／宇治関白高野山御参詣記
巨勢孝秀	～天喜 6. 2. 5～	康平記
賀茂道平	康平 4.12任～承保 2.10.15～	二中歴／水左記
丹波雅忠	承保 3.12任～応徳 3.12. 8～	二中歴／朝野群載5
中原師平	寛治 2. 6. 5任～寛治 5.正.28	地下家伝
丹波忠康	寛治 5.正任～康和元. 6.21～	二中歴／時範記
賀茂	～康和 2.12～	朝野群載28
小槻祐俊	康和 5.正任～永久 2. 2.14歿	二中歴／中右記
賀茂光平	永久 2. 3.16任～天治 2. 2.26歿	二中歴／中右記
丹波雅康	天治 2.12任～	二中歴
丹波実康	大治 4.10.9任～長承元.正.21～	中右記
丹波重忠	～康治元. 9.18～	台記
丹波重基	～仁平 4.正.17～天養元. 2.12歿	大間成文抄7／本朝世紀
丹波知康	～保元元.11.24～承安 4. 3. 2～	兵範記紙背文書／吉記
和気定長	安元 2. 3.30任～元暦元. 8.10～	玉葉／山槐記
中原師尚	文治 2. 4. 6任～建久元.正.24	玉葉／地下家伝

註）算道出身者の名には下線を引いた。

表８－１Ｂ　歴代の主税助（承平～文治）

名　前	在職確認期間	典拠（初／終）
錦　茂明	（貞元 2. 5以前）	類聚符宣抄７
御船傳説	天徳 3. 9. 5任～康保 4	外記補任
菅野忠輔	～寛和 2. 正. 19～正. 26～	本朝世紀
大蔵弼邦	天延元. 正. 28任～天延 3. 10	外記補任
中原致時	正暦 3. 正. 20任～長徳元. 8. 19～	地下家伝／類聚符宣抄９
＊三善	～長徳 2. 正. 17～	大間成文抄３
清原頼隆	～正暦 4. 正. 26～	大間成文抄１
＊惟宗為忠	寛弘 6秋任～寛弘 7. 3. 30	大間成文抄７／御堂関白記
菅野実国	～長和 5. 正. 4～	小右記
＊清原頼隆	～万寿 2. 12. 29～万寿 3. 5. 9～	類聚符宣抄６／３
三善雅頼	～万寿 4. 6. 10～長元 5. 8. 25～	小右記
安倍時親	長暦 2. 10. 24任～長久元. 8. 10～	春記
＊中原師任	～長久 4. 11. 7～	朝野群載11
＊賀茂道平	～永承元. 12. 19～	春記
中原貞親	～天喜 4. 10. 28～	朝野群載８
＊三善為長	～天喜 4. 10. 28～永保元. 8. 6歿	朝野群載８／水左記
安倍有方	～治暦元. 12. 10～	朝野群載15
清原定俊	～承暦 2. 12. 30～康和 3. 正. 21～	平安遺文1161／朝野群載６
＊三善為吉	～承暦 4. 10. 28～	朝野群載８
＊小槻孝信	～永保 3. 6. 7～応徳 2. 5. 8～	平安遺文1200, 1234
＊三善雅仲	～康和 2. 3. 26～	朝野群載22
清原信俊	康和 5. 2. 30任～	中右記
清原信俊	永久 4. 正. 24任～保安 2. 正. 19～	大間成文抄３／７
＊惟宗盛親	～天永 2. 8. 20～	朝野群載８
中原師安	～保安 2. 正. 19～	大間成文抄７
清原信憲	～天養元. 10. 3～久安 2. 正. 23～	台記／本朝世紀
中原師業	～久安 3. 12. 21～保元 2	本朝世紀／外記補任
丹波経康	久安 6. 8. 30任～	本朝世紀
丹波重成	～応保元. 7. 11～	山槐記
安倍時晴	～仁安 2. 4. 6～養和元. 12. 4	山槐記
＊賀茂	～仁安 3. 12. 16～	兵範記紙背文書
＊三善行衡	安元 2. 正. 23任～元暦元. 8. 22～	大間成文抄３／山槐記
安倍晴光	養和元. 12. 4任～建久 2. 11. 26～	山槐記

註）算道出身者の名には下線を引き、権官の者には「＊」を付した。

表８－２Ａ　歴代の主計頭（承平～文治）

名　前	在職確認期間	典拠（初／終）
秦　維興	承平 2任～	二中歴
菅野清方	～承平 4.①.29～天慶 2. 2. 1	外記補任
十市部良佐	～天慶 8. 7.19～	本朝世紀
海　業恒	天暦 6.正任～	二中歴
小槻糸平	～康保 3. 8. 2～康保 4.10.27～	類聚符宣抄９
賀茂保憲	安和 2.12任～天延 2. 9. 7～	二中歴／朝野群載15
鴨　連量	貞元 2. 2任～	二中歴
小槻忠臣	寛和 6任～寛弘 4.11. 5～	二中歴／小右記
安倍吉平	～寛弘 8. 8.16～万寿 3. 6.17～	小右記／左経記
賀茂守道	万寿 4.正.27任～長元 2.正. 6～	二中歴／小右記
清原頼隆	長元 3.正任～長暦 2.正. 5～	朝野群載９／大間成文抄１
中原師任	天喜元.11.28任～天喜 4.正. 6歿	地下家伝
師経	～康平 4.12.27～	康平記
小槻孝信	康平 5.正任～応徳 3～	二中歴／朝野群載28
賀茂道言	応徳 3.12任～天仁元.10. 3～	二中歴／中右記
中原師遠	天永元.10.12任～大治 5. 8. 7歿	地下家伝／中右記
賀茂家栄	大治４任～長承 2. 7.14～	二中歴／中右記
小槻政重	～永治元. 8. 4～康治 2. 8.19～	平安遺文2446, 2519
中原師安	～久安 3. 8. 8～久寿元.正. 1～	本朝世紀／台記
賀茂憲栄	久寿 2.12.25任～	山槐記
小槻師経	～保元元.10.13～	兵範記
賀茂在憲	保元 2.12.17任～治承 4. 4.27～	兵範記／吉記
安倍資元	～養和 2. 4.26～建久 2.11. 4～	玉葉

註）算道出身者の名には下線を引いた。

表８－２Ｂ　歴代の主計助（承平～文治）

名　前	在職確認期間	出典（初／終）
山前義忠	（貞元 2. 5以前）	類聚符宣抄７
清用	～康保 3. 9. 16～	平安遺文297
大蔵具伝	～康保 4. 10. 27～	類聚符宣抄９
＊文　道光	～寛和 2. 5. 12～	本朝世紀
菅野忠輔	天元 4. 1任～？	外記補任
尾張元助	（長徳 3. 正以前）	大間成文抄７
小槻茂隆	（長徳 3. 正以前）	大間成文抄７
＊安倍晴明	～長徳 3. 正. 25～	大間成文抄７
豊原雅亮	～長徳 3. 正. 25～	大間成文抄７
櫟井恒清	長徳 3任～長保 6. 正. 5～	大間成文抄７／権記
＊賀茂守道	～寛仁元. 11. 1～	御堂関白記（寛仁２暦）
賀茂守道	～万寿元. 正. 7～万寿 4. 正. 27	小右記
丹生益光	～万寿 4. 正. 3～長元 2. 正. 6～	小右記
小槻貞行	～長元 2. 正. 6～ 5. 4～	小右記／類聚符宣抄８
＊佐伯	～寛徳 2. 5. 18～	平安遺文623
賀茂光平	寛徳 3. 正任～永承 4. 正～	大間成文抄５
三善為忠	天喜 4. 10任～康平 3. 正～	大間成文抄５
賀茂道平	～康平 2. 9. 26～	康平記
賀茂道言	～承保 3. 11. 1～承暦 4. 11. 1～	水左記（承保１暦／永保１暦）
三善為長	～承暦 3. 正. 5	水左記
＊賀茂道栄	～承暦 3. 11. 1～承暦 4. 11. 1～	水左記（承暦４．６暦／永保１暦）
伴	～応徳 3. 12. 29～	朝野群載27
＊紀	～応徳 3. 12. 29～	朝野群載27
＊安倍親宗	～嘉保 2. 正. 22～	朝野群載15
＊大江家国	康和元. 12. 14～	本朝世紀
＊中原師遠	～康和 3. 11. 23～天永元. 10. 12	大間成文抄７／外記補任
賀茂宗栄	～天永 2. 12. 26～	中右記
中原宗政	永久元. 9～	大間成文抄５
＊賀茂家栄	～永久元. 12. 18～保安 3. 12. 5～	朝野群載15
伴　広親	（在職期間は未確認）	大間成文抄９
中原宗房	（在職期間は未確認）	大間成文抄９
大江	～大治 4. 11. 3～	平安遺文2145
＊大江以平	～康治元. 5. 5～仁平 2. 10. 9停	本朝世紀
安倍泰親	～康治元. 10. 14～永万元. 7. 5～	台記／山槐記
＊大江	～仁平 2. 12. 20～永暦元. 2. 13～	平安遺文2774, 3052
＊中原師尚	～仁安元～寿永 2. 12. 21	外記補任
清原	～仁安 3. 正. 13～	兵範記紙背文書
中原師茂	～承安 4. 8. 13～文治 3. 12. 25～	吉記／玉葉（文治４．１．27条）
＊中原師重	寿永 2. 12. 21～承元 4. 12. 17	外記補任

註）算道出身者の名には下線を引き、権官の者には「＊」を付した

系図8—1　三善氏・小槻氏の系図

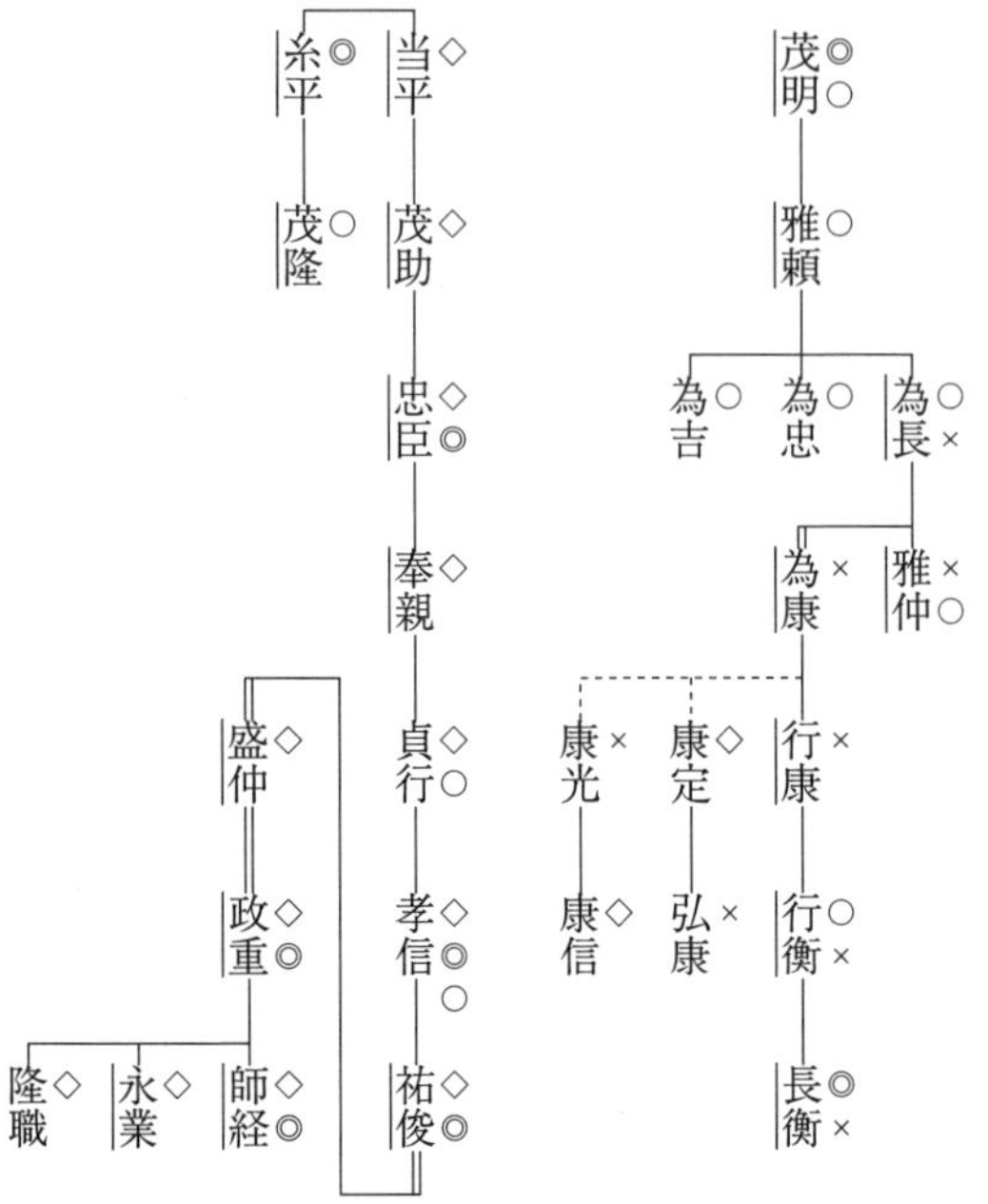

傍線：算博士
×：外記　◇：官史
◎：主税・主計頭　○：主税・主計助

道博士任レ之。就レ中、至二算博士一者必兼二頭助一」「(助)已上大外記・大夫史・諸道博士任レ之。就レ中、至二算博士一者必置レ之」と記すが、実際に十世紀半ばから十二世紀半ばまでの両寮の頭・助・権助を一覧にしてみると(表8—1A・B、表8—2A・B)、十二世紀の二寮の頭・助は、ほとんど陰陽道(賀茂・安倍)・医道(丹波)・明経道(中原・清原)の人々によって占められている。特に主税寮では永久二年(一一一四)から安元二年(一一七六)までの間、頭・助(権助)のいずれにも、算博士の在職を確認できない。

この二寮は「顕職」であったため、算道よりも比較的地位の高い者たちにその地位を奪われているのである。とても「主計・主税両寮を、三善氏と共同もしくは交代に運営」しているような状態ではない。これらの所論が成り立たないのは、明白といえよう。

これらのことは、小槻氏と並んで算博士を務めた三善氏について見ていけば、より鮮明になる。佐藤氏は小槻氏が大夫史を世襲できた要因に、算道を学んでいたことを結びつけようと試みた。しかし同じように算博士を世襲し

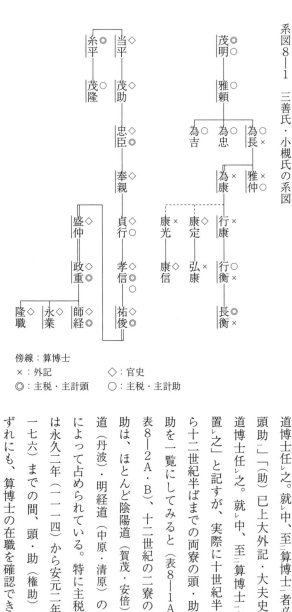

ていた三善氏は、歴代にわたって外記に就いている（系図8—1参照）。佐藤氏は外記と明経道との関係を強調するが、算博士である三善為長も大夫外記（局務）を務めている。仮に算道と官史、また明経道と外記との間に直接的な関係があるのであれば、算博士である三善氏が大夫外記を務めることはなく、反対に官史を世襲するのではないだろうか。主税・主計の二寮と深い関係を有した点は、小槻・三善の両一門に共通するものの、官史か外記かという点では正反対の様相を見せているのである。

このようなことから、家業と官職との関係については、次のような三類型を想定することが妥当ではなかろうか。

Ａ　家業と職務との間に密接な関係があるもの。特定の氏族・家系が、それにふさわしい家業（技能）を修得しているがゆえに、その官職を受けついだもの。

（例）典薬寮と医道（和気・丹波氏ら）、陰陽寮と陰陽道（安倍氏）・天文道（賀茂氏）

Ｂ　家業と職務との間に直接の関係がないもの。つまり、家業とは別の理由によって官職を受けついでいるもの。

（例）大夫史と小槻氏、大夫外記と中原氏・清原氏

Ｃ　家業をもたないが、特定の官職（地位）を世襲するもの。

（例）院庁主典代の安倍氏、主殿寮年預（主殿允）の伴氏(27)

更に、同一人物（家系）が複数の官職を受けついでいる場合、各官職が別々のパターンである可能性もある。たとえば小槻氏の場合、主税・主計の二寮に関する官職は算道とのかかわりが深いと認められるのでＡに相当するが、大夫史は算道と直接の関係はなく、Ｂとすべきだろう。佐藤・上杉両氏は家業と官職との関係をＡ類型だけで理解しようとする。しかし現実には、それに当てはまらないＢ・Ｃ類型も多数存在するのである。

第三節　大夫外記・大夫史と博士

前節までに、「家業の論理」は成立しがたいこと、局務・官務の世襲は家業と関係がないこと、家業と官職との関係は三つのパターンに分けられることを述べてきた。しかし現実に、外記局では明経博士である中原・清原氏が大夫外記となり、弁官局でも算博士である小槻氏が大夫史となっている。これらは何故なのであろうか。それを解くためには、九世紀にさかのぼる必要があるだろう。

第一章では、八～十世紀の太政官史の構成について考察し、「承和年間（八三四～四八）以後は明法博士・算博士の官史就任が顕著であり、延喜以後もこの傾向が続く」ことを指摘した。(28) 加えて中野高行氏は、外記局では紀伝道（文章道）・明経道の者が多く任官していたことを指摘している。(29) これらをまとめれば、大学四科出身の博士クラスの官人が太政官で登用される際には、文章（紀伝）・明経の両道は外記局で、明法・算の両道は弁官局で登用される傾向のあったことがうかがえる。

律令による官位相当では、外記よりも官史の方が高い。(30) しかし九世紀以降の実情を見ると、外記局には、ほぼ恒常的に五位を有した官人が置かれているのに対し、(31) 弁官局では九世紀末までそれが置かれることすらなく、常置されるのは十世紀後半に入ってからである。(32) 外記・官史を経た後の昇進先などを比較しても、十世紀半ばまで、弁官局と外記局とでは、後者の方が格上と認識されていたといってよいだろう。(33)

一方、大学四科の中では文章・明経が格上であり、明法・算は格下であった。(34) これらのことから、文章・明経という格上の博士らは、太政官の二局の内では格上の外記局へと進み、反対に明法・算という格下の博士らは、格下の弁官局へと進んだのではなかろうか。

このような傾向は九世紀半ばには生まれていたが、更に九世紀末までに次のような状況も生じることを第一章で述べた。

①文章博士は大内記・大学頭・式部大少輔などへと進み、中には参議（または非参議三位）にまで至る者も現れるようになり、太政官実務官人へと進む者は見られなくなる。

②検非違使庁が京職に代わって市中の警察権を握り、そこに法曹官僚が配備されたため、明法博士は検非違使尉に登用されるようになっていく。この結果、明法博士も太政官実務官人へ進まなくなる。

こうして十世紀初頭には、文章博士は大学頭・式部大少輔などへ昇進し、そして明経博士・助教らは大外記、明法博士は検非違使尉、算博士は大夫史へそれぞれ進むようになる。明文化されたものではないため、後には例外も現れるが[35]、明経博士からは外記へ、算博士からは史となる傾向は、十世紀には明確となったのである。

つまり、小槻氏が太政官史を世襲するようになったのは、算道出身であったからではあるが、「算」の内実に関係のあることではない。九世紀以来の、大学四科における算道の立場が、弁官局という場所（ルート）を小槻氏に割り振っていたにすぎない。こうして、算博士を務めた小槻氏は太政官史へと昇進し、明経博士を務めた中原（十市）氏・清原（海）氏らも外記へと昇進していったと考えるのが妥当ではないだろうか。

まとめにかえて

本章で述べたことをまとめておく。

①佐藤進一氏による「家業のためならば律令を破ることも許される」という解釈は成り立たず、「家業の論理」は存在しない。

②家業と官職との関係は三通りに分けられ、すべてにおいて家業が官職に直結しているわけではない。具体的には、個別事例ごとに検討する必要がある。

③大夫史（五位史）が算博士の小槻氏、大夫外記（五位外記）が明経博士の中原・清原両氏によって独占されていく前提には、算博士は弁官局（官史）、明経博士は外記局（外記）へと昇進する九世紀以来の経緯が存在する。

つまり、小槻が大夫史に、中原・清原が大夫外記となれたのは、算・明経といった家業に基づいたものではない。九世紀以来続いてきた人事システムの名残が、算道を学んだ小槻氏を官史へ、明経道を学んだ中原氏・清原氏を外記へと進ませたのである。それゆえ外記・史の世襲において、「博士」であることは非常に有利に働いたであろうが、「算」であること、「明経」であることに意味はない。以上が本章の主旨である。

これにより、佐藤進一氏が提唱した「家業の論理」と、それにささえられた官司請負制・王朝国家という構図は、成立しがたいことが明らかになっただろう。「家業の論理」自体が成立しない上、多くのケースで家業と官職世襲との間に関係を認められないからである。

ただしこれは、佐藤氏による「特定の氏族が特定官職に世襲的に就任し、さらには特定の氏族が特定官庁を世襲的に運営する傾向が生まれる」という指摘に異議をさしはさむことではない。部分的・限定的にではあるが、そのような「傾向」が生じたことは事実であろう。問題なのは、これらを一律に「家業」によって理解しようとすることであり、個々の事例について、具体的に検討することが必要だろう。(36)

註

（1）佐藤『日本の中世国家』（岩波書店、一九八三年）の第一章第二節「官司請負制」・第三節「職と家業」。
（2）佐藤「公家法の特質とその背景」（『日本思想大系22　中世政治社会思想　下』岩波書店、一九八一年）、同『日本の中世国家』（前掲）第一章第三節「職と家業」。
（3）曽我「実務官人の『家』と家業の継承」（『王朝国家政務の研究』吉川弘文館、二〇一二年。初出は一九八五年）。
（4）官司請負制と家格形成との関連を説くものとして、玉井力「『院政』支配と貴族官人層」（『平安時代の貴族と天皇』岩波書店、二〇〇〇年。初出は一九八七年）などがあり、通史・講座において言及するものとして、義江彰夫「天皇と公家身分集団」（『講座前近代の天皇　3　天皇と社会諸集団』青木書店、一九九三年）、玉井力「十一～十二世紀の日本」（『岩波講座日本通史　第6巻古代5』岩波書店、一九九五年）、大津透『日本の歴史6　道長と宮廷社会』（講談社、二〇〇一年）などがある。
（5）村井「（書評）佐藤進一著『日本の中世国家』」（『史学雑誌』九三編四号、一九八四年）は、「家業の論理のみで王朝国家の国制を特徴づけようとすること」に疑問を呈しているが、「家業の論理」そのものの当否には触れない。
（6）具体像が検討されていく中で、多くの疑義が提起された。たとえば桜井英治「三つの修理職」（『遙かなる中世』八号、一九八七年）が修理職を、今正秀「平安中・後期から鎌倉期における官司運営の特質」（『史学雑誌』九九編一号、一九九〇年）が内蔵寮を、中原俊章「年預と検非違使」（『中世王権と支配構造』吉川弘文館、二〇〇五年、初出は一九九八年）が検非違使を取りあげ、桜井・今論文は特定氏族による世襲が生じていないことを述べ、三者はともに天皇大権とのかかわりが深い官庁では官司請負制が適用されなかったのではないかと説いた。また特定氏族による世襲が生じている場合でも、松薗斉「中世の外記」（『日記の家』吉川弘文館、一九九七年）は明経博士の中原一族を分析し、中原氏が大外記を独占しているように見えても、実際には複数の家系による奪い合いであったことを明らかにした。このように、官司請負制に対しては多くの疑義が出され、当初に佐藤進一氏が提唱したような「王朝国家の主柱」といった評価はできなくなっている。
（7）細井「古代・中世における技能の継承について」（『九州史学』一〇四号、一九九二年）。

(8) 上杉「平安時代の技能官人」(『中世法体系成立史論』校倉書房、一九九六年。初出は一九九一年)。
(9) 松薗『日記の家』(註6前掲)三〇二頁。
(10) 本稿で用いる「家業」とは、特定分野の知識・技能を習得したり、それに関する経験を積むことをさす。分野については、文章・明経・算・明法の四道をはじめ、医・陰陽・天文・暦の諸道のような「~道」と呼ばれるものに限らず、楽人における演奏、随身における乗馬のように、特定の官職(地位)をえるにあたって求められたさまざまな知識・技能を想定している。
　なお佐藤進一氏は『日本の中世国家』において、これと異なる「家業」にも言及している。それは、「独占的に請負うこととなった官司の運営は、その氏族の家業であ」るという部分であり(同書四五頁)、特定の技能・経験の蓄積だけではなく、官職の世襲も「家業」と認識する。しかし本稿では、主に官職世襲が定着する以前のことを取り扱うため、このような意味では用いない。
(11) 佐藤『日本の中世国家』(註1前掲)五八~六一頁。
(12) 細井「古代・中世における技能の継承について」(註7前掲)。
(13) 上杉註(8)前掲書、松薗註(6)前掲書。
(14) 先行研究には枚挙いとまないが、中原俊章『中世公家と地下官人』(吉川弘文館、一九八七年)が総体的に取りあげている他、陰陽については高田義人「暦家賀茂氏の形成」(『国史学』一四七号、一九九二年)、山下克明『平安時代の宗教文化と陰陽道』(岩田書院、一九九六年)など、医については新村拓『古代医療官人制の研究』(法政大学出版局、一九八三年)など、随身については中原俊章「中世随身の存在形態」(『ヒストリア』六七号、一九七五年)などがある。また西村慎太郎『近世朝廷社会と地下官人』(吉川弘文館、二〇〇八年)序章が、近年の下級官人に関する研究をまとめている。
(15) 細井「古代・中世における技能の継承について」(註7前掲)。
(16) ただしこれらの場合でも、なぜその氏族がその家業を世襲でき、また定着しえたのかという点については、検討する必要があるだろう。家業として技能・知識を世襲的に継承していった氏族でも、すべてが存続していったわけではないからである。

なお、ここでいう「技能官人」とは、特定分野における一定レベル以上の知識・技能が不可欠とされた官職を想定しているが、厳密に限定することは難しい。ただし、「官職秘抄」に「諸道官」として付表のような官職があげられており、これらは「家業」と官職との間に密接な関係がある「技能官人」と解せる（付表8―1）。また、随身・楽人も「技能官人」と考えてよいだろう。

(17)　拙編著『外記補任』（続群書類従完成会、二〇〇四年）「解説」四一二～一四頁。

(18)　もちろん、曽我良成氏の指摘にもあるように（「実務官人の『家』と家業の継承」註3前掲）、同一姓であることと一族であることとはイコールとは限らない。

(19)　遠藤珠紀「官務『家』・局務『家』の成立」（『中世朝廷の官司制度』吉川弘文館、二〇一一年。初出は二〇〇二年）、拙編著『外記補任』（註17前掲）「解説」四一四頁。

(20)　養老学令によると、明経道では、『論語』・『孝経』を全員が通熟し、加えて『周易』（『易経』）・『尚書』（『書経』）・『周礼』・『儀礼』・『礼記』（この三書をまとめて『礼記』ともいう）・『春秋左氏伝』の六経の中から一～五経に通熟しなければならなかった。

(21)　申文の実例としては、『朝野群載』に収められる一〇七通をはじめ、応徳二年（一〇八五）の申文（『平安遺文』四六四四～四八号）、応徳三年の申文（『平安遺文』四六五〇～五三号）、久安六年（一一五〇）～仁安三年（一一六八）の申文（『兵範記』紙背文書、『東京大学史料編纂所報』一四号・二三号・二四号および『東京大学史料編纂所紀要』一号に吉田早苗氏が翻刻）などがある。

付表8－1　「官職秘抄」に見える諸道官

	教授官	一般官
文章	文章博士、東宮学士	大少内記、式部大少輔、大学頭
明経	明経博士、助教、直講 音博士、書博士	（なし）
明法	明法博士	大少判事
算	算博士	主税頭・助、主計頭・助 主税算師、主計算師、修理算師
医	医博士、針博士 侍医、女医博士	典薬頭・助・允・属、典薬医師 諸衛医師
陰陽	陰陽博士、暦博士 天文博士、漏刻博士	陰陽頭・助・允・属、陰陽師

(22) 美文とされる申文は、『朝野群載』『本朝文粋』などに収載されるが、それらの作者は、多くが文章博士ら文章道出身者である。なおこの点は、松薗斉氏も指摘されている（註6前掲『日記の家』三〇二頁）。
(23) 「官職秘抄」は少外記の項に「文章生一人、必被レ加二置之一。若被レ任二当職文章生一、先可レ被レ外レ闕次可二遷任一。是無官之輩不レ任之故也。文章得業生例慶滋為政・大江公資」と記す。なお官史にも文章生が任じられるが、必ず加え置くものではなかったようであり、天暦四年（九五〇）以降には文章生が官史にいない例もあったと記される。
(24) 拙編著『外記補任』（註17前掲）の「解説」や、中原俊章「官方と外記方」（『中世王権と支配構造』註6前掲、初出は一九九五年）を参照されたい。
(25) 橋本「官務家小槻氏の成立とその性格」（『平安貴族社会の研究』吉川弘文館、一九七六年。初出は一九五九年）。
(26) 『権記』長保二年（一〇〇〇）正月十一日条。なお官厨家の別当は、弁官・少納言・大外記・左大史の四人が務めたが、確認できる限り、別当となった左大史はいずれも大夫史ではない（『朝野群載』巻二十〈大宰府〉所収の「太政官厨家返抄」など）。
(27) たとえば院庁務安倍氏を取りあげた本郷（小泉）恵子「院庁務の成立と商工業統制」（『中世公家政権の研究』東京大学出版会、一九九八年。初出は一九八八年）など。
(28) 本書第一章。
(29) 中野「八・九世紀における外記の特質」（『続日本紀研究』二五一号、一九八七年）。
(30) 養老官位令では左右大史が正六位上、大外記が正七位上であったが、延暦二年（七八三）五月に大外記は正六位上へ改められた。
(31) 拙編著『外記補任』（註17前掲）。
(32) 本書第一章。
(33) たとえば、外記経験者から公卿に進んだ人物には秋篠安人・小野峰守・南淵弘貞の三名がいるが（『公卿補任』）、官史から公卿に進んだ人物は確認できない。また、六位史から六位外記へ進む者は多くいるが（『外記補任』）、反対は確認できない。

（34）養老官位令によると、大学博士（明経博士）は正六位下であるのに対し、明法博士は正七位下、算博士は従七位上である。そして文章博士は、弘仁十三年（八二二）に従五位下に位置づけられている。

（35）例外としては、算博士でありながら大夫外記にまで至った三善為康らの三善一門があげられる。三善朝臣は、もともと三善清行らのような文章道の官人として知られていた。ところが、十世紀末～十一世紀初頭に錦宿禰から改姓した一門は、算道を伝えていた。しかし三善為時（万寿元～長元元年）を皮切りに、三善為長（治暦三～延久三年）・三善雅仲（寛治元～二年）・三善為康（保安元年）らの代々が外記に就任し、為長は大夫外記にも就いている。

（36）本文中にも触れた通り、家業によって理解すべき事例もある。それゆえ、中世の公家社会を考えるにあたって、「家業」をキーワードとされた点は、十分に評価されるべき事柄である。

補論　小槻山君と小槻宿禰

はじめに

近江国栗太郡周辺は、「小槻」を称した古代氏族の本拠地とされ、現在も小槻大社（栗東市下戸山）・小槻神社（草津市青地町）にその名を遺している。彼らについては、一般的には次のように考えられている。[1]

①栗太郡を本拠地とする小槻山君は、奈良時代から平城京でも活動していた。
②平安時代に入ると、「算道」を学んで平安京へ進出し、下級官人として活動した。
③小槻山君家島は「興統公」へ、小槻山君今雄は「阿保朝臣」へと改姓した。
④今雄の子である当平は「小槻宿禰」を称し、算道を家業として算博士を世襲し、子孫は太政官史をも世襲していく。

一見、何も問題のないようにも見えるが、④における小槻山君（阿保朝臣）今雄と小槻宿禰当平との関係に注意したい。両者が親子であるとすれば、何故に今雄が「阿保朝臣」姓をえたにもかかわらず、当平の子孫は「小槻宿禰」姓となっているのであろうか。何の罪科もなく、親よりも低い階級の姓へ子が改める例は、平安期には類例がない。[2]「阿保」を嫌って「小槻」に復したのであれば、朝臣姓は引き継がれて「小槻朝臣」となるのが筋ではないだろうか。

「朝臣」と「宿禰」とでは、大きな差がある。叙爵の際、「朝臣」は内階に叙されるが、「宿禰」は一度外階に叙されてから内階に叙されることになり、昇進に差が生じるのである。そのため、外記・官史の中には在職中に「朝臣」へと改姓する者も多い(3)。小槻宿禰も、一度外階とされてから内階を与えられている。小槻宿禰当平を阿保朝臣今雄の子とすることには、疑いが生じるのである。

第一節　系図について

小槻宿禰の祖を阿保朝臣今雄とする根拠は、系図類である。現在、小槻氏の系図を示す史料としては、①「小槻系図」（『尊卑分脈』第四篇所収）、②「小槻系図（略）」（『群書類従』第五輯所収）、③「小槻系図」（『続群書類従』第七輯上所収）、④「小槻系図（別本）」（『続群書類従』第七輯上所収）、⑤「小槻氏系図」（宮内庁書陵部所蔵「諸道系図」）が知られている。これらには、今雄―当平―茂助―忠臣という直系の記述には差がないものの、それぞれに相違があるので、記しておく。

1、①〜④は、今雄の阿保朝臣改姓を記さない、特に①・②・④は、今雄の子に経覧を記さないなど、阿保朝臣との関係を全く記さない。

2、当平〜忠臣期の庶流は、①・②・④は全く記さず、③は当平弟に糸平を置き、糸平の子を茂貫とする。⑤は庶流を多く載せるが、茂貫を当平の子としており、③と異なる。

3、①〜④は比較的古いが、いずれも作られたのは十四世紀以降と推測される。⑤は十六世紀以降に①〜④の系図をもとに、さまざまな史料を参照して補訂したものと思われる。というのも、⑤に記される庶流の人名は、いず

表補―1　歴代の小槻宿禰

人名	史料上の所見期間	出　典
今雄	貞観15年（873）12. 2～元慶 3年（879）11.25	日本三代実録
経覧	昌泰 2年（899）正.11～延喜 7年（907） 2.29	古今和歌目録
当平	～延喜23年（923）正.29～	符宣抄6
糸平	天暦 6年（952）正.－～康保 4年（967）10.27	成文抄5／符宣抄9
茂助	天慶 8年（945） 4.11～天徳元年（957）12. 2	符宣抄9／東南院
陳群	天暦 8年（954） 6.19～康保 4年（967） 5.29	符宣抄9／符宣抄4

註）符宣抄は『類聚符宣抄』、成文抄は『大間成文抄』、東南院は「東南院文書」。

れも史料に現れる人物ばかりであり、系図に記載されるものの史料で確認できない者は一人もいないからである。

第二節　今雄と糸平

今雄・経覧父子と糸平・当平との関係は、系図類にしか記されない。そこで、今雄・経覧・当平・糸平・茂助の活動時期を示すと、表補―1のようになる。また『二中歴』第二には延喜以降の歴代算博士が次のように並べられていることも参考になる。

『二中歴』第二
大蔵良実　小槻当平　阿保実平　大戸忠則　小槻茂貫　大蔵礼数
凡河内良尚　小槻茂助　大蔵具伝　小槻糸平　小槻忠臣　日下部保頼
豊原実望　小槻忠信　依智厚範　小槻茂隆　三善茂明　小槻奉親

ここに現れる人々を、系図⑤に基づいて示すと、次のようになる。

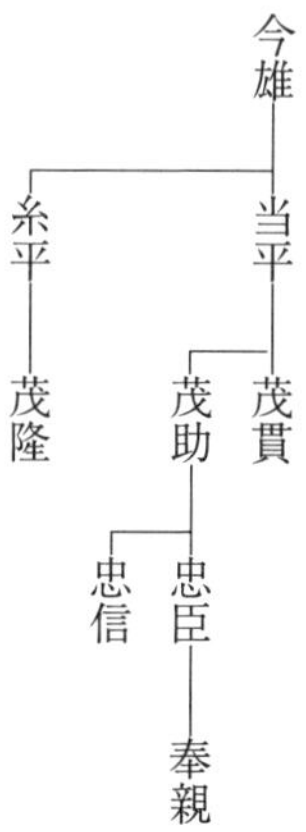

系図⑤には、各人の歿年も記されているので、参考のためそれもあげると、

今雄　元慶八年（八八四）七月歿
経覧　延喜十七年（九一七）歿
当平　延長七年（九二九）九月歿
茂貫　（記されず）
茂助　天徳二年（九五八）七月歿
糸平　天禄元年（九七〇）十一月歿、八五歳
忠臣　寛弘六年（一〇〇九）四月歿、七七歳
忠信　長徳元年（九九五）四月歿、三七歳
茂隆　寛和二年（九八六）十一月歿、七四歳
陳群　康保五年（九六八）四月歿、五〇歳
奉親　寛仁四年（一〇二〇）歿

となっている。糸平は仁和二年（八八六）の生誕となり、今雄の歿後一年以上を過ぎて生まれたことになる。更に糸平の子に位置づけられる陳群も、系図⑤には「実ハ糸平舎弟」と記され、生まれたのは延喜十九年（九一九）となる。このように系図⑤にしたがえば、糸平・陳群は今雄の子どもではありえない。系図⑤は多くの情報を含むが、それらは現存する史料から推定された希望的推測であると思われ、信頼性には疑問を呈さざるをえない。

疑問点は他にも多い。系図で兄弟とされる経覧と当平は、ともに左少史を務めた経歴をもつ(4)。だがその間は二二

年も離れており、親子ほどの年代差がある。このように、当平・糸平を今雄の子とすることは難しく、小槻宿禰一族が阿保今雄を祖とすることは後世の附会であることも視野に入れる必要がある。

第三節　「小槻宿禰今雄」の創出

ともに「小槻」を称し、また同じく算道を学んでいたがため、後世の小槻宿禰一族が「小槻山君今雄」との関係を思い描いたことは当然の成り行きであろう。ただし彼らが祖と仰いだのは、史料上で確認できる「小槻山君今雄」や「阿保朝臣今雄」ではなく、「小槻宿禰今雄」であったことは注意せねばならない。系図はもちろんのこと、「壬生家文書」（宮内庁書陵部所蔵）などでも、今雄が「阿保朝臣」姓へ改めたことは意図的に避けられ（伏せられ）、あくまでも「小槻宿禰」の祖である「小槻宿禰今雄」として認識されている(5)。

今雄は、「小槻山君」から「阿保朝臣」へ改姓したため、「宿禰」姓を称したことは一度もない。にもかかわらず小槻宿禰の子孫たちは、祖の名前を「小槻宿禰今雄」としている。小槻宿禰一族にとって、算道を学ぶことは自らのアイデンティティーでもあった。そのため故意に、算博士でもあった「阿保朝臣今雄」に基づいて「小槻宿禰今雄」という架空の人物を創りだしたのである。

官務小槻宿禰と並び称された氏族には、局務の中原朝臣（もと十市部・十市宿禰）・清原真人（もと海宿禰、後に朝臣）がいる。博士を世襲した他の氏族を数えても、陰陽博士は安倍朝臣、暦博士は賀茂朝臣、医博士は丹波朝臣・和気朝臣である。また小槻宿禰とともに算博士を務めたのは、三善朝臣（もと錦織宿禰）である。いずれも、もとは卑姓であり、直接にはつながらないとしても、古代から名の見える由緒の明確な氏族が多く、いずれも真人・

朝臣姓をもつ内階氏族である。それらにくらべると小槻宿禰は、宿禰姓の外階氏族である。コンプレックスもあっただろう。その結果、自らの系譜の中に今雄を取り込み、小槻宿禰の歴史を六国史に現れる確かなものへと格上げしたのである。

系図⑤には、次のような記述すらある。

私曰　天武天皇─舎人親王─三原王─長谷─今雄

家本系、為二垂仁天皇御後一之由注載之上者、似レ無二異論一。而彼天皇以後今雄以前中間上祖等無二所見一歟。太以不審、博可レ尋レ記哉。但彼曩祖事、如二愚推一者若為二天武天皇第八皇子舎人親王四代孫一乎。

垂仁天皇後裔とすることを「無二異論一」としつつも、不確かであることを理由に、天武天皇後裔とする説を主張している。中原朝臣は安寧天皇後裔としているが、清原真人（清原朝臣）は天武天皇後裔なのである。小槻宿禰の人々は、他の同級の氏族とくらべて、可能な限り見劣りのないよう、また少しでも明確な（途中の名前が抜けていない）出自を望んで、自らの出自・系譜を改作していこうとしたことがうかがえる。

第四節　『今昔物語集』の異説

小槻当平以降の系図にも疑問がないわけではない。『今昔物語集』巻二十四（第十八話）には、次のような記述がある。

以陰陽術殺人語第十八

今昔、主計頭ニテ小槻ノ糸平ト云者有ケリ。其子ニ算ノ先生ナル者有ケリ。名ヲバ□□トナム云ケル。主計頭忠臣ガ父、淡路守大夫ノ史泰〔奉〕親祖父也。

これによると小槻糸平―某（算先生、早世）―忠臣―奉親という関係が導き出せ、一般的な当平―茂助―忠臣―奉親という関係とは大きく異なる。これに影響を受けたためか、系図⑤には糸平女に忠臣母がおり、茂助との間に忠臣を産んだとしている。

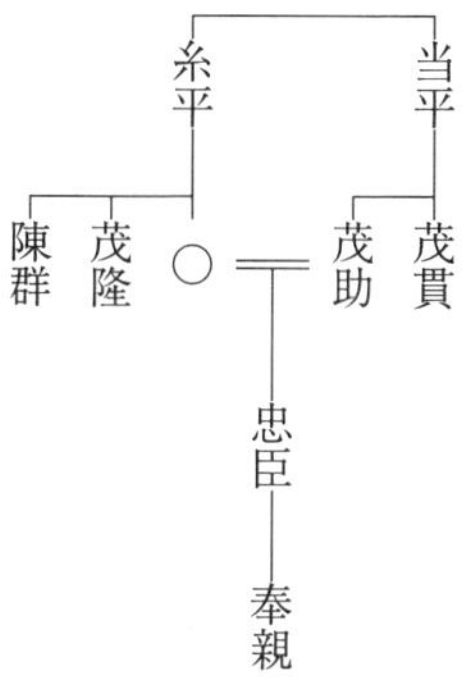

しかし諸系図類では、等しく忠臣父を茂助としているものの、茂助は算博士まで進んでおり、「算先生」（算得業生）で急死したという『今昔物語集』とは全く異なる。確かに『今昔物語集』は説話ではあるが、原因は何であれ、将来を嘱望された忠臣父が急死したことは確かではないだろうか。そうすると結局のところ、現行諸系図類はすべて、忠臣以前は信を置けないことになる。しかも小槻宿禰の大夫史・諸司長官などとしての活動を、史料で確かめられるのは、忠臣以降である。それ以前については、早くから小槻宿禰一族の人々でさえも不確かな点が多く、『二中歴』や『類聚符宣抄』に記される小槻宿禰姓の人名をつなげ、あたかも九世紀にさかのぼれそうな由緒としてまとめられたにすぎないのではなかろうか。現行諸系図類は恐らく、そのようにして作成されたものと考えたい。

小槻宿禰今雄の供養塔（法光寺）

むすびにかえて

ほとんど注目されていないが、小槻宿禰・小槻山君とは異なる「小槻」氏も存在していた。小槻臣・小槻連である[6]。古くはさまざまな「小槻」氏がいたが、小槻山君は改姓して「興統公」や「阿保朝臣」となった。想像をたくましくすれば、小槻臣・小槻連のいずれかが改姓して「小槻宿禰」となったというのが、事実に近いのではないだろうか。

忠臣の父祖を、糸平流から当平流へ改めるメリットは何だろうか。忠臣の父が早世しているため、算博士に進めていないことは、重要であろう。忠臣を茂助の子につなげ、当平の上に今雄を付け加えることによって、小槻宿禰の算博士世襲は、九世紀末から途切れることなく続いていたことになるのである。

系図は重要かつ貴重な史料である。しかし、子孫が自らの祖先について語ったものであるため、事実は取捨選択され、都合のよい虚構が潜んでいることも認めねばならない。語られている中から事実を汲みとる努力も必要だろう。しかし虚構もまた、事実ではないといって捨て去るべきではない。贋作には、それを作るために主張された強い意志が込められている。うち立てられた虚構には、作成者が直面していた不満や希望・期待が、反映されているのである。(7)

小槻宿禰は、他の博士たちに比すると、宿禰という卑姓であった上、由緒も貧弱であった。このコンプレックスを克服するために、遅くとも十四世紀までの間に、『日本三代実録』に現れる「小槻山君今雄」が、小槻宿禰一族の始祖と位置づけられたのではないだろうか。

小槻宿禰一族が領有していた近江国苗鹿庄・雄琴庄（滋賀県大津市）の故地には、氏寺である法光寺や雄琴神社が現存するが、そこには今も「小槻宿禰今雄」が祀られている。

註

（1）橋本義彦「官務家小槻氏の成立とその性格」（『平安貴族社会の研究』吉川弘文館、一九七六年。初出は一九五九年）、『栗東の歴史』一（栗東町役場、一九八八年）をはじめ、諸辞書類に差はない。

（2）宇根俊範「律令制下における改賜姓について―朝臣賜姓を中心として―」（『史学研究』一四七、一九八一年）・「律令制下における改賜姓について―宿禰賜姓を中心として―」（『ヒストリア』九九、一九八三年）など。

（3）宇根「律令制下における改賜姓について―宿禰賜姓を中心として―」（註2前掲）。

（4）今雄は、貞観十五年十二月二日に「正六位上行左少史兼博士」であった（『日本三代実録』）。

（5）たとえば、「壬生官務家所職関係文書二」の外題には「小槻今雄宿禰」、元亨二年（一三二二）六月の「小槻于宣・小槻冬直連署解状」（『図書寮叢刊壬生家文書』一二一一号）・「太政官牒」（『同』一二一二号）には、「曩祖勘解由次官今雄宿禰」と記されている。

（6）『日本後紀』延暦廿四年（八〇五）八月七日条には「小槻連浜名」があらわれ、『新撰姓氏録』左京皇別下には「小槻臣」が収録されている。

（7）網野善彦「偽文書の成立と効用」（『日本中世の非農業民と天皇』岩波書店、一九八四年。初出は一九七五年）、寶月圭吾「偽文書について」『中世日本の売券と徳政』吉川弘文館、一九九九年。初出は一九六〇年）など。

第九章　官務小槻氏の確立

はじめに　―研究史の整理―

平安時代後期から明治維新まで、官方の上首である左大史（大夫史、官務）は小槻宿禰が世襲し、「官務家」と呼ばれていたことは著名である。その小槻氏研究の基礎は橋本義彦氏によって築かれた。氏は、小槻氏が太政官弁官局内で地位を高めていく様子を官務家成立史としてまとめ、その上で官務文庫が「存立の中核」となっていること、豊富な経済基盤を備えていることを指摘し、「平安末葉乃至鎌倉初期」に官務家が成立したとしている。(1)

続いて佐藤進一氏は、律令官僚制の衰退とかかわらせて官務家の成立を論じた。氏はまず、律令法の有名無実化により家業の継承を最優先とする「家業の論理」が生み出され、「家業」に関連する官職に就いた官人は、「家業の論理」にささえられて官職を世襲していったと述べる。そして十二世紀初中期には「特定の氏族が特定官職に世襲的に就任し、さらには特定の氏族が特定官庁を世襲的に運営する傾向が生まれる」ことを指摘し、これを「官司請負制」と名付けた。(2)さらに、その典型的な例として小槻氏を提示し、小槻一門は算博士であったがゆえに、官厨家業務の把握や主税・主計両寮の頭助を兼務できたのであり、それが太政官事務局の主宰者としての地位を確立するために「大きく寄与した」のだと主張して、大夫史世襲を家業に起因するものとして論じた。このようにして佐藤氏は、家業に依拠して自力で官務家という地位を獲得した小槻氏に代表させて、(3)律令官僚制（古代）が解体し官司請負制（中世）が確立していく様を描いたのである。

古代から中世への転換の中に官務家成立を位置づける点は、曽我良成氏も同様である。曽我氏は、①小槻氏は、孝信の代に官務家として成立した、②弁官局関連文書の集積・編纂によって小槻氏が大夫史就任に有利な条件をえたという二点を指摘した上で、王朝国家論に基づいて、十一世紀半ばの後期王朝国家への移行にともなう政策転換を画期として重視する。更に氏は、これによって弁官局の重要性が増し、「文書管理に絶対の能力を誇る小槻氏」に業務を請け負わせ世襲させたと結論づけたのである。[4]曽我氏は官務の職務を検討し、文書管理者としての姿を重視する点では橋本説を継承している。しかし曽我説は、国策の転換によって小槻氏が「官務家として抜擢される」と解されており、佐藤氏のような小槻氏自身の主体性は見られず、国策によって官務家が創りだされたように論述されている点が特徴的である。

こうして官務家の成立という問題は、橋本義彦氏による研究が基礎となり、佐藤進一・曽我良成両氏によって古代から中世へという大きな変化の中に位置づけるという評価が定着した。[5]一見異なるように見える佐藤・曽我の両説だが、それは前提としている国家論に差があるためであり、十世紀末と十二世紀とを比較して差違を見いだし、それを解釈するという手法は共通する。両氏がこのような手法を用いたのは、官史の補任状況について、その変遷を詳細に知れるまとまった史料・資料がなかったことも一因であろう。そのため両氏は、変化を指摘することはできても、変化の過程は追えなかったのである。

その点を補ったのが、永井晋氏による『官史補任』の編纂である。[6]氏によって正暦元年（九九〇）から建武三年（一三三六）までの官史補任表が作成されたことにより、官務家が成立していく過程が明確にされた。そこで次には、小槻氏がこのような過程を経ていった背景を考察する必要が生じてくることになる。

ところで、官務をどのような存在と想定するか、橋本氏と佐藤・曽我・永井の諸氏との間には微妙な差が認められる。後三者は、官務を「大夫史の職を世襲する家」と想定し、小槻氏が大夫史を世襲・独占したことをもって「官務家の成立」としているように解せるが、(7)橋本氏は官務とは単に大夫史を世襲するだけではなく、六位官人を統率する「官長者」であり、附属所領を領有することも重視している。橋本氏が官務家の成立を「平安末葉乃至鎌倉初期」とするのは、この点が理由である。これにしたがうならば、佐藤・曽我・永井の諸氏が説いてきたのは「官務家の成立」ではなく、その要素の一つである「大夫史の世襲」だったのではないだろうか。その結果であろうか、佐藤氏は職の執行がそのまま収入に直結するとの見とおしを述べるが、佐藤・曽我・永井の諸氏は、官庁運営にかかわる六位官人の編成や、経済基盤の整備にはほとんど言及していない。

そこで本稿は、小槻氏が大夫史を独占していった背景に加えて、六位官人の統率や所領の開発・維持についても触れることによって、小槻氏が弁官局の業務を自己完結的に実行しえるようになる過程を位置づけていきたい。

第一節　大夫史の出現と定着

九～十二世紀に確認できる大夫史を表9―1に一覧にした。これによると大夫史は、仁和三年（八八七）を初見とするが、(8)当初はまだ常置されておらず、第二期になってようやく恒常化する。恒常化の要因には、このころに太政官文書管理システムが補強されたことをあげておきたい。(9)つまり十世紀以降、政務における申文には続文を添付することが多くなるが、(10)それを作成する官文殿は、大夫史が別当となっている。政務形態の変化により大夫史が重視されていき、その恒常化をもたらしたと推測したい。

特徴としては、大夫史の在職期間が重なることがあげられる。これは、その選抜方法と関係がある。元来官史は、初め右少史に任じられ、順に昇進して左大史に至り、叙爵後は受領などとして転出しており、一度太政官弁官局から転出していった人物は、大夫史になれなかった。それゆえ、大夫史にふさわしい人材が現れれば、叙爵した後も転出させず、そのまま左大史に留任（叙留）させていたのである。有望な人材が続くと、大夫史が二人となることもあった。

元来、官史は八人いるが、そのうち最上位の左大史は、たとえ六位であっても、「座頭」として区別されていた。[11]第一期には大夫史が常置されていないため、座頭が六位史である場合も見られたが、第二期以降は常に大夫史となった。その結果、大夫史は、座頭として、六位史と区別されるようになっていく。たとえば正暦四年（九九三）には、大夫史多米国平が「六位史之役」を務めたことが特例的事件として記されており、[12]このころまでに、大夫史と六位史との差が確定的になっていたことを確認できる。

大夫史が六位史を領導していたことは、いくつか確認できる。一例をあげれば、大夫史多米国平は、官厨家に納められた資財に関する命を伝えられているが、[13]官厨家別当は六位史の職務であるから、[14]指令は大夫史を通じて六位史へ伝達されたと考えてよいだろう。また諸行事においても、たとえば結政では、常は大夫史が申文を行なっており、六位史は座頭の許しがなければ結政で申文を務められなかった。[15]このように、第二期、遅くとも十世紀末までに、大夫史は六位史への指導的立場を確立させていたのである。

表９－１　９～12世紀の大夫史

	姓　名	在職確認期間	典拠史料(初見／終見)
	善世(宿禰) 有友	仁和 3(887).正. 7～寛平元(889)	日本三代実録／二中歴
	壬生(忌寸) 望材	寛平 7(895). 7.17～ 9(897). 4. 8	大安寺縁起／東山文庫所蔵文書[*1]
	阿刀(宿禰) 春正	延喜元(901).正. 7叙留～ 3(903).正.－転	外記補任
	菅野(朝臣) 清方	延喜17(917).11.17叙留～21(921).正.－転	外記補任
一	錦部(宿禰) 春蔭	延長 8(930). 8.15～承平 2(932). 8. 5	政事要略56／平安遺文4560
	尾張(宿禰) 言鑒	天慶 2(939). 2.15～ 6(943).10.11	政事要略55／東南院文書
期	海 (宿禰) 業恒	天暦 3(949).12. 7～ 5(951).12.27	醍醐寺要書／政事要略53
	阿蘇(宿禰) 広遠	天暦 6(952)叙留～ 7(953). 7.11	二中歴／別聚符宣抄
	我孫(宿禰) 有柯	(未詳)	二中歴
	物部(宿禰) 安国	応和 2(962). 2. 5～安和 2(969).⑤. 7	西宮記10裏書／東南院文書
	坂合部(宿禰)以方	(未詳)	二中歴
	大春日(朝臣)良辰	天延 3(975). 2. 1～正暦元(990).10. 5	類聚符宣抄８／本朝世紀
二	伴 (宿禰) 忠陳	永観 2(984). 2.23～寛和 2(986). 2.16	東南院文書／本朝世紀
	多米(朝臣) 国平	永延 2(988). 4.13～長保 2(1000). 6. 5	類聚符宣抄７／政事要略67
期	小槻(宿禰) 奉親	長徳元(995). 8.19～寛弘 8(1011).正.26出家	類聚符宣抄９／権記
	(姓未詳) 久永	寛弘 8(1011). 2. 4叙留～12.18解	小右記／権記
	但波(宿禰) 奉親	寛弘 8(1011).12.18任～治安 3(1023).正.10	権記／小右記
	小槻(宿禰) 貞行	寛仁 3(1019). 2.12～長元 6(1033). 2.20	小右記／東南院文書
	惟宗(朝臣) 義賢	長元 2(1029).②.11～寛徳 2(1045). 5.18	小右記／平安遺文623
	小槻(宿禰) 孝信	永承元(1046).11.22～承保 3(1076). 9. 3	東宮冠礼部類記／平安遺文1132
三	惟宗(朝臣) 実長	康平元(1058).⑫.－～治暦 4(1068).11.17	東南院文書／帥記
	小槻(宿禰) 祐俊	承暦元(1077). 2.20～康和 5(1103). 2.30譲	平安遺文1143／本朝世紀
期	小槻(宿禰) 盛仲	康和 5(1103). 2.30任～保安 2(1121).正.19	本朝世紀／大間成文抄
	惟宗(朝臣) 政孝	長治 2(1105). 4.10	中右記
	小槻(宿禰) 政重	保安 3(1122).正.－任～天養元(1144). 3.17歿	早稲田大学荻野研究室収集文書[*2]／台記
	小槻(宿禰) 師経	天養元(1144).12.26～保元 2(1157).10. 5歿	本朝世紀／兵範記
	惟宗(朝臣) 孝忠	久安 3(1147).12.21任～ 5(1149). 5. 7	台記／本朝世紀
	小槻(宿禰) 永業	保元 2(1157). 8.21任～長寛 2(1164).12. 8歿	兵範記／鎌倉遺文1006
四	小槻(宿禰) 隆職	永万元(1165).正.23任～文治元(1185).12.29解	鎌倉遺文1006／吉記・玉葉
	小槻(宿禰) 広房	文治元(1185).12.29任～建久 2(1191). 5. 2転	吉記／玉葉
期	小槻(宿禰) 隆職	建久 2(1191). 5. 2任～ 9(1198).10.29歿	玉葉／自暦記
	小槻(宿禰) 国宗	建久 9(1198).12. 9任～貞応 2(1223). 7.20歿	地下家伝

註）大夫史と確認できる初見と終見を示したため、実際の在任期間は表示より長くなる者が多い。

＊1　東山文庫所蔵『周易抄』紙背文書

＊2　三条西家旧蔵文書のうち「兼国例勘文」。

第二節　摂関家との関係を深める

弁官局の実務で指導的役割を果たした大夫史というポストは、政権担当者からも重視されるようになった。たとえば藤原兼家は、自らに仕える多米国平を大夫史に据えており、国平の兄弟と思われる人物も外記・検非違使となっている。[16] 大夫史の常置は兼家の時代から始まっており、兼家は重要部署の実務担当者を関係者で占めようという意図をもっていたのかもしれない。

実務レベルへの影響力を強めようという姿勢は、藤原道長にも顕著に認められる。道長は、寛弘八年（一〇一一）二月四日に自己の家司である但波奉親を大夫史に据えようとするが、藤原実資の反対により失敗する。[17] ところがその後、居貞親王（三条天皇）の受禅によって外孫である敦成親王が立太子し、道長は外戚の立場をほぼ手中にする。さらには一条院・冷泉院が死去し、王家内に有力な成人男性もいなくなったため、朝廟における道長の影響力は非常に強いものとなる。すると十二月十八日、道長は藤原行成らの反対意見を黙殺し、大夫史選抜の前例も無視して、但波奉親を大夫史に就けるのである。[18]

この経緯は曽我良成氏も分析しており、大夫史が小槻氏に独占されていないという結論が導き出されている。それももちろんのことであるが、むしろ但波奉親が現職の官史でなかったことに注目すべきだろう。奉親は、正暦二～五年（九九一～九九四）ごろに官史を務めた後、叙爵して豊後守を務めた人物であり、当時は散位であったらしい。前述のように、それまで大夫史は六位史から叙留させるのであり、受領経験者を登用したことはなかった。藤原実資・行成の反対意見も、これを第一の理由としている。

しかし道長は、それまでの先例を無視して但波奉親を大夫史とし、受領経験者を登用するという新たな方法を作った。つまりこれ以後は、大夫史の後任を現職官史に限る必要がなくなり、過去に官史を経験したすべての者が、大夫史候補になれたのである。この変化は、候補者の飛躍的増加を招いただけではない。実はこの変化は、意中の人物を大夫史に就任させやすくするものであった。あらかじめ、意中の者に六位史を経験させておけば、必要となった時にいつでも、大夫史に補任できるからである。

第二期までの大夫史は、雑多な氏族から選ばれていたが、第三期には小槻・惟宗両氏がほぼ交替で務めるようになる。それは、このような選抜基準の変化の結果なのである。

第三期にこの二氏だけが選ばれた要因は、いくつかあげられる。まず一つは、政権担当者との関係であるが、歴代の小槻氏当主が摂関家家司であったことは、既に指摘されている(19)。ただし摂関家と大夫史との関係は第二期から既に始まっており、第三期の但波奉親・惟宗義賢も大夫史就任前から摂関家の家司であった(20)。加えて、このような関係は大夫史だけではなく、同時期の大夫外記でも見いだせることも指摘するならば(21)、道長・頼通らが、太政官の実務部局の上首である大夫史・大夫外記の人事に、強い関心をもっていたことが容易に推察できよう。

それをうかがえるものとして、小槻貞行（孝信の父）が大夫史となった際の史料を見ておこう。

民部卿言語之次、故宇治殿被レ仰処、入道殿蒙二勘当一事二事也。一者惟亮子補二明法博士一、又故孝信父補二大夫史一、所レ被二責仰一也。両人者能人也。当日所レ仰、然而宇治殿無二御過失一云々(22)。

貞行は、寛仁三年（一〇一九）から大夫史として確認できるが、当時は但波奉親もまだ在職していた。この史料によると、摂政頼通は貞行（「故孝信父」）を大夫史に推挙するが、道長はそれに強く反対する。しかし貞行を「能人」と評する頼通は、それを押し切って任官させたため、道長の「勘当」を受けたという(23)。前節における但波奉親も、頼通によるこの小槻貞行の例も、いずれも反対を押し切って政権担当者が補任を実現しており、彼らが大きな抵抗をかえりみることなく、大夫史の人選にこだわったことがわかる。

　彼らが大夫史の人選を重視した要因は、大夫史・大夫外記が管理する情報に求められよう。大夫史は、太政官弁官局の記録を保存している官文殿の別当を務めており、大夫外記も外記日記などの政務に関する豊富な先例を蓄積する外記文殿を管理している(24)。それゆえ、手許に充分な記録が蓄積されていないような場合、この両文殿の情報は非常に魅力的だったのではないだろうか。いまだ先例に関する情報を充分に蓄積できていない道長は(25)、両文殿の情報を素早くかつ確実に把握できるよう、その管理責任者である大夫史・大夫外記に、自らに仕える人物を据えようと試みていたものと見なせるのである(26)。

　これに関連して想起されるのが、長和四年（一〇一五）八月一日付の宣旨である(27)。左大臣道長は、大夫史に家人を据えることで、太政官文殿の情報を把握していた。しかし当時は、宣旨などの情報は必ずしも官文殿に入らなかった。そこで道長は、長和四年八月宣旨によって大夫史が宣旨などの情報を把握することを制度化したのである。こうして道長は、弁官局がかかわる全情報を大夫史を通じて把握することができたのである。

　こうして大夫史による情報把握が強化されていった結果、先例勘申を重要な職務の一つとしていた弁官局では、大夫史が職務遂行に不可欠な存在となっていった。つまり、弁官局内における大夫史の重要度は更に高くなっていたのだが、加えて頼通は、大夫史一族と他の六位史の一族との間に、身分格差を設けようとしていた。

康治二年十月十三日。未明召。参㆓入御前㆒于時宇治殿。御語云、（中略）早旦宇治殿渡御之間、故清□定康、冠者にて取㆑籌て出来てありければ、誰そと問給ければ大殿かうかうと令㆑申御ければ、大外記・大夫史一族不㆑可㆑取㆑籌こそ仰事在ける(28)。

この回想によると、若いころの師実（大殿）は清原定康に箒を持たせていたが、頼通（宇治殿）がそれを見て「不レ可レ取レ箒」と命じたという。定康はかつて大夫外記を務めていた清原頼隆の孫である[29]。箒で掃く行為は清目にも通じ、冠者のような身分の低い者の役割であろう。しかし頼通は、十一世紀以降の大外記・大夫史の一族は、たとえ冠者相当の身分の人物でも、そのような低い身分の者としてあつかわないよう命じたのであり、彼らを優遇しようとしたことがうかがえる。

以上、第三期は大夫史の選抜基準が変化し、任意の人物を登用できるようになった結果、小槻・惟宗二氏が大夫史を世襲するようになったことを確認した。そして、この二氏が選ばれたのは、道長以降の摂関家と関係をもち続けたこと、大夫史に就いた彼ら一族は、他の六位史よりも優遇されていたことを確認できた。

第三節　小槻氏と惟宗氏

小槻貞行・惟宗義賢は、藤原頼通との関係によって大夫史となった。しかし、惟宗氏が単独で大夫史を務めたのは、惟宗義賢が在任していた十三年間だけであり、子孫の在職期間をくらべると、圧倒的に小槻氏の方が長い[30]。この差は何に基づくのであろうか。

前述のように小槻氏は、貞行以降も孝信・祐俊と摂関家の家司を務めている。しかし惟宗氏では、義賢が摂関家の家司を、政孝が摂関家と関係の深い女院の家政機関職員を務めたことを確認できるが[31]、実長は関係を認められない。摂関家との距離は、小槻氏の方が近かったのではないだろうか。加えて小槻・惟宗両氏には、日記を記している人物がいるなどの共通点も多いが[32]、それぞれの手許に蓄積されていた官文書群には差が見いだせる。小槻氏は、

系図9—1　小槻氏系図

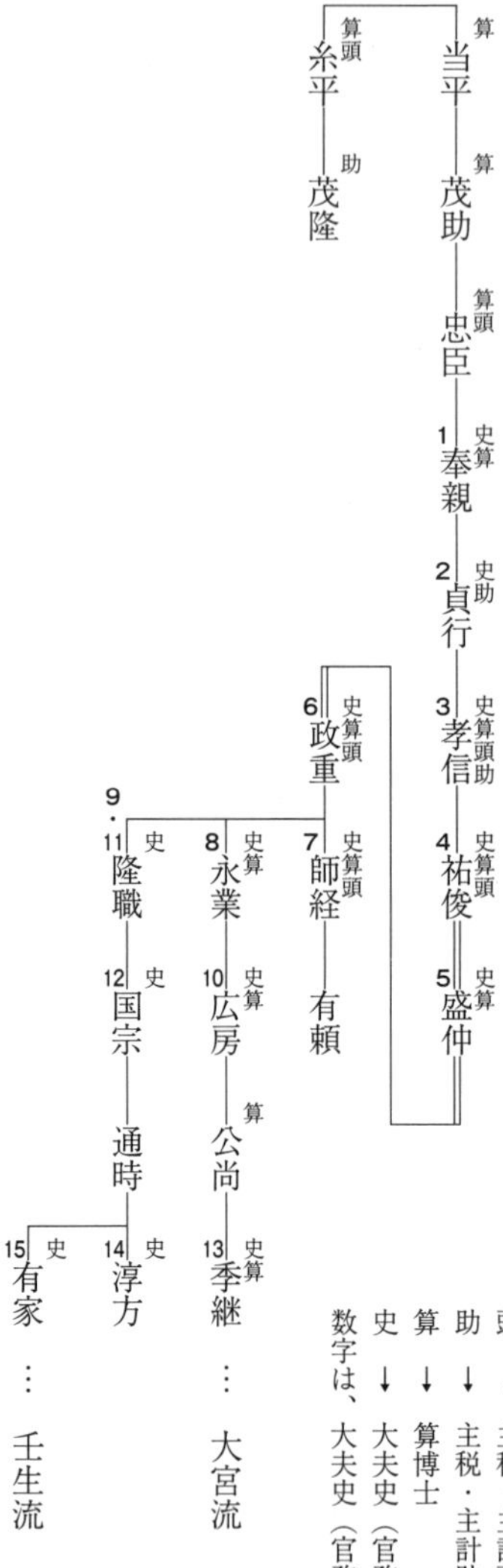

頭 → 主税・主計頭
助 → 主税・主計助（権助）
算 → 算博士
史 → 大夫史（官務のみ）
数字は、大夫史（官務）の就任順を示す。

＊「小槻氏系図」・「二中歴」などにより作成

官文書を納めた倉を建てているなど環境を整備している様子がうかがえるが、(33) 一方の惟宗氏は康和四年（一一〇二）、「我朝一本書」と評された貴重な典籍である『政事要略』を白河院に召し取られている。(34) その内情はよくわからないが、惟宗氏は文書群の維持にあまり熱心でなかったか、院との関係が良好でなかったのではないだろうか。しかも摂関家自体も、徐々に「日記の家」としての様相を整えてきており、(35) 大夫史を通じて弁官局の情報を把握する必要性も薄れはじめていた。すると摂関家側は、充分に官文書を蓄積できなかった惟宗氏を大夫史に就けることに消極的にならざるをえないだろう。それゆえ惟宗氏は、形式的に大夫史となることはあっても、単独・長期の在職は避けられるようになっていくのである。(36)

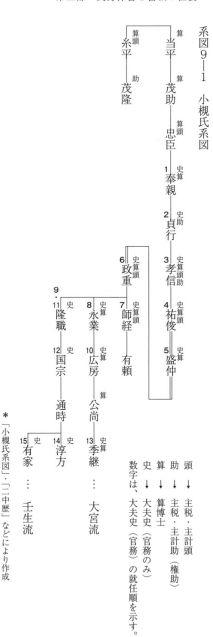

反対に小槻氏は、第三期後半になると、ますます存在感を高めていった。たとえば、承徳二年（一〇九八）十一月七日に催された官奏では、熊野詣に行って不在にしている大夫史小槻祐俊に代わって、左大史伴広親（六位史の筆頭）が座頭役を務めたが、文書の不備などを指摘され、酷評されている。しかし広親に限らずとも、官方作法の習熟度の低さは当時の六位史に共通していた[37]。確かに、六位史も行事史などとして職務を分担していた。だが、その遂行には大夫史の指導を必要としていた上、たとえ「譜代」の官史であっても、在職数年ですぐに叙爵・転出するため、習熟度は低く、経験・知識の蓄積も薄かったのである。十一世紀末には、官方の事務処理を的確に行なうためには、先例を熟知している大夫史小槻氏の存在が不可欠になっていたのである。

そのような中、康和五年（一一〇三）二月に小槻祐俊からその養子盛仲へ大夫史が譲任され、小槻氏が大夫史を世襲しはじめる[38]。曽我良成氏は、この事実から、十一世紀後半に「官務家」の確立を想定している。そのころに惟宗氏の存在意義が薄れたのは事実であり、小槻氏による大夫史独占の画期としては有効である。しかし、譲任が天皇善仁（堀河天皇）によって許可されていることを見逃してはならないだろう。当時、摂関家は急死した藤原師通の後を忠実が継いでいたが、いまだ内覧に止められたまま関白に補されておらず、天皇が白河院の発言力を抑えながら親政を試みていた時期に当たる。しかも寺社強訴が本格化しはじめており、政情は不安定であった[39]。それゆえ天皇らは、このような政情を乗り切るため意図的に、小槻氏の譲任を認めたのではないだろうか。政権の実務を安定化するため、弁官局で存在感を高めていた小槻氏を優遇するとともに、小槻氏の背後でつながっているであろう摂関家忠実への配慮も含んだ判断だったのではないだろうか。また院との関係においても、院権力が蔵人弁を通じて太政官を指揮下におこうとしていたことが指摘されているが[40]、天皇側は大夫史とのつながりを深くすることで、弁官局内の実務レベルへのバランスを弁官は院が、大夫史は天皇が影響下におくことで保つことができたとも理解

できないだろうか。(41)

第三期の始まりが、摂関家の権力安定化策の結果であったように、小槻氏による大夫史世襲も、権力安定化をめざした結果に生じたものだったのである。

この後、大夫史を世襲しはじめた小槻氏は、十二世紀半ばからは「官長者」と呼ばれるようになる。(42)そして名誉職的な就任にすぎなかった惟宗氏も、同じころを最後に大夫史とされなくなったため、「五位史ハ政重之後一人也」(43)といわれるように、小槻師経からは小槻氏が完全に大夫史を世襲独占するのである。小槻氏だけが大夫史となる第四期の始まりである。

しかし、ある官職を世襲しているからといって、その人物がその官庁を主宰しているとも限らない上、その世襲が継続されることも保証されていない。この段階では、小槻氏は大夫史を世襲しており、職務を自力で遂行している。しかし独自の経済基盤をほとんどもたず、その活動は諸国済物などの受領経済によってささえられていたと考えられる。(44)それゆえ小槻氏は、官司の経済的運営という点では十世紀段階と変わらず、職務上においてのみ指導的立場を保持していたにすぎない。官職の世襲と官司の運営とは、同一の事象ではないのである。そこで次節では、小槻氏が世襲を始めた第三期後半以後、小槻氏がいかにして局内の主導的地位から主宰者へと変化していったかを、二つの面から探っていきたい。

第四節　六位官人の編成と所領の獲得

十一世紀半ば以降、六位史が作法の疎さを露呈していくのに対し、六位史よりも下級の官人である史生・官掌には高い評価が与えられている(45)。つまり官方の職務は、作法に通じた大夫史・史生・官掌が中心となって遂行されていたのである。たとえば官方の重要な部局の一つである官文殿では、大夫史が別当であり、勘申をする職員は史生であって、六位史は全く関与していない。いずれも長期間連続して在任する大夫史・史生・官掌は、長年の勤務によって経験（作法の先例や知識）を積みつつ、相互の関係も密にしていったものと考えられる。そして十二世紀半ばになると、職務上の被管関係から家人（主従）関係へと深化していった。たとえば安元二年（一一七六）には、「厨家氷沙汰人」である史生が「大夫史雑色」として現れている(46)。

また、大夫史による家人関係の構築は、弁官局以外にも展開していく。壬生流小槻氏は、元久二年（一二〇五）ごろから官方に加えて主殿寮をも主宰するのだが(47)、ここで注意しておきたいのは、年預として主殿寮の実務を担当していたのが伴氏である点である。この伴氏は、十一〜十二世紀前半に六位史を輩出した伴氏の一族であったが、十二世紀半ばには摂関家に仕え、守方は藤原（松殿）基房家の知家事となっていた(48)。ところが、源（木曾）義仲の敗死などによって松殿家が没落すると、伴氏は松殿家から離れたらしく、元久期以降に歴代の寮頭を壬生流小槻氏が務めるようになると、十四世紀初の供仕所年預伴重方は小槻氏と「私的な関係」を結んでいた可能性が指摘されている(49)。史生・官掌と同様、長年にわたる被管関係が彼らの関係を主従関係へと導いたものと考えられるが、松殿家の没落や大夫史に指導されていた六位史の一族というのも関係していただろう(50)。

このように小槻氏は、既に述べたように彼ら自身が摂関家に奉仕する一方、十二世紀後半には、自ら独自に家人を抱え、重層的な主従関係を形成しはじめたのである。そして、そのために有効に機能したのが、所領であった。

小槻氏による主従関係構築と連動して、太政官厨家領（便補地）が設営されていることが確認できる。この独自の経済基盤をもつことによってようやく、官方は受領経済に頼らない経営を行なうことができるようになっていくのである。文永六年（一二六九）作成の「官中便補地別相伝輩幷由緒有無事」「小槻有家奏聞状案」[51]には、成立事情のわかる便補地が十六箇所あげられている（表9―2）。これによると、便補地の設営は政重の時代に始まり、長寛二年（一一六四）に小槻隆職が大夫史を受けついだ段階では、陸奥安達保・常陸吉田社々務の二つだけだったらしい。しかしその後、文治元年（一一八五）の隆職解任までの間に、若狭国富保・美作田原庄・備後世羅庄・讃岐柞原庄の四箇所を加えている。そして建久二年（一一九一）に隆職が大夫史に復帰すると、建久九年までの八年間で、常陸石崎保・加賀北嶋保・備前日笠保・安芸世能庄の四箇所を加え、国富保・細江保・世能保の三箇所を立券している。近江細江庄・土佐吉原庄が便補地となった時期は不確かだが、恐らくはこの間であろう。つまり、建久末年段階で十二ある便補地のうち、十は隆職の手によるものなのであり、その中には隆職が自ら「入開発功力」て設立し、子孫相伝を宣旨によって認められているものも多い。

また長寛二年以前から続く二つについても、隆職父子は無関係でない。陸奥安達庄は史生惟宗定兼によって仁平元年（一一五一）に便補保とされたが、その後「定兼滅亡」によって隆職が文書を伝領し、国宗が建保六年に立券している。[52]この例は同時期における小槻氏と史生との結びつき（前述）を示唆する例としても注目できるが、主に建久年間を中心に、隆職の手によって官厨家領が整備されたことは明らかである。しかも、子孫相伝を宣旨によって認められていることからは、隆職子孫による官厨家領の伝領を、王権が公認していたことも確認できよう。

注意したいのは、隆職が自力で開発したという庄園が、若狭・讃岐・土佐・備後・安芸などの諸国に分布しており、永万・仁安・安元・建久と時期も分散していることである。[53]大夫史として政務に携わる隆職が、それらの時期に現地へ下向して開発を指揮できたとは思えない。恐らく現地に下向したのは、隆職でなくその家人だったのではないだろうか。唯一、隆職に下向の可能性があるとすれば、それは文治元年末に大夫史を解任されてから建久二年

表９－２　小槻隆職・国宗がかかわった所領

名　称	経　緯
陸奥国安達庄	史生惟宗定兼が仁平年中に便補保とし、定兼滅亡により隆職が地主職を伝領。建保年中に立券。
常陸国吉田社	吉美侯氏が長承年中に政重に社務職を寄附し、隆職が承安２に子孫相伝。
石崎保	僧相慶が建久６に隆職へ寄附し、同９に便補保とする。
上総国今富保	国宗が官務の時に便補保とする。
加賀国北嶋保	隆職が建久３に便補保とした。
若狭国国富庄	隆職が自ら開発し、永万１に便補保とし、建久６に立券・子孫相伝。
近江国細江庄	隆職が綸言を奉じて便補保を建立し、建久４に立券、建暦１に子孫相伝。
美作国田原庄	三野頼延から領主職を隆職が伝領し、元暦２に子孫相伝。
備前国日笠保	藤原季景が国宗に寄附し、建久８に便補保とする。
＊備中国新見庄	大中臣孝正が開発し隆職に寄附。隆職が最勝光院領とし、領主職を子孫相伝。
山手保	国宗が官務の時に便補保とする。
備後国世羅庄	隆職が自ら開発し、安元２に立券・子孫相伝。
安芸国世能庄	隆職が自ら開発し、建久４に便補保とし、建久９に立券・子孫相伝。
讃岐国柞原庄	隆職が自ら開発し、仁安３に子孫相伝。
土佐国吉原庄	源包満より伝領し、隆職が自ら開発し、建久９に子孫相伝。
筑前国延藤名	隆職が地主職を伝領し、国宗が北野宮寺に寄進。
益永名	隆職が地主職を伝領し、国宗が建仁寺に寄進。

註）「壬生家文書」306，312，314，316号、「吉田神社文書」、「東寺百合文書」ミ函29－３、『荘園志料』1634～35頁（新見庄）などによる。
＊は私領。それ以外は官厨家領である。

五月に復帰するまでの間である。この間隆職は、ほとんど京都で姿を現さない[54]。隆職は、大夫史を離れているこの間に安芸・土佐・若狭といった各地へ赴き、家人とともに開発の指揮をとったのかもしれない。

隆職が開発したそれらの所領の経営には、家人がかかわっていたであろう。便補地の一つである常陸国吉田社に対しては、小槻氏から下文の他、下知状・袖判下文が下されているが、それらの奉者は衛門尉などの官職を有した六位クラスの官人（もしくは出家者）である[55]。彼らの中には預所を兼務している者もおり、壬生流小槻氏は、官厨家領の相伝を公認されるとともに、その経営に必要な六位官人をも編成していたのであろう。前述したように、六位官人の編成は隆職の時代から見いだせるが、これは小槻氏がこの時期から急速に庄園領主的立場を強めていったことと連動しているのである。隆職・国宗は、編成した家人で便補地の開発・経営を行ない、家人との関係をより強くしていったのである。

ところで、十二世紀半ばまでの朝廷経済は、国宛（国衙財政）によってささえられていたが、十二世紀半ばからはそれに支障が生じるようになったため便補地が設定され、国衙を経由しない用途調達ルートが出現したとされる。[56]つまり十二世紀半ばまでの大夫史は職務上の責任者ではあったが、経済的にはほぼ受領（国衙財政）に依存していたことになる。しかし十二世紀半ば以降に便補地が設営されていくと、小槻氏は官方の経営を直接に担いはじめるのであり、そのためには家人を編成していく必要があったのである。この段階に至って初めて、便補地領家である小槻氏は経済的にも官方の指導者となり、名実ともに官方を請け負うことになったといえよう。[57]

以上から、十二世紀半ばにはじまる朝廷経済システムの変化に対応した小槻氏は、十二世紀半ばから史生などの六位官人を家人化しつつ所領を開発し、文治・建久期に隆職・国宗が整備・拡大した後、家人化した六位官人を用いてその所領群を経営していったとまとめられよう。[58]このように官務は、単に大夫史を世襲するだけでなく、官方を経営するために経済基盤を確立し、更にそれらの維持・経営に従事する六位官人をも編成していたのである。[59]

このような働きを積極的に行なったのが、小槻隆職であることは明らかであろう。[60]この隆職は、大夫史就任に際して、大きな危機感を抱いていたものと推測する。というのも隆職は、長寛二年（一一六四）十二月に兄である小槻永業の死去によって大夫史とされたが、その際、天皇守仁（二条天皇）の指示によって、算博士は兄の嫡男である広房に継承されたのである。つまり天皇は、算博士を受けつぐ広房流（後の大宮流）と、大夫史を受け継ぐ隆職流（後の壬生流）とに小槻氏を分裂させたのである。[61]このことは、隆職が大夫史にあった長寛二年十二月から文治二年十二月までの間、広房の子弟が官史に全く就いていないこと、中世を通じて隆職の後裔は算博士に就任しないことからも確認できる。[62] この分裂により隆職は、算博士という小槻氏の本来の地位を継承できなかったため、新たに自力で大夫史として官方を統制できる体制を整える必要があり、それに専念していったのであろう。隆職の時代に人的・経済的基盤が急速に整備されていく背景は、そこにあったのではないだろうか。

もちろん、橋本義彦氏が指摘したように、小槻氏が大夫史の地位を世襲できた本質的理由は、所蔵した文書・記録群にあった。そしてそれは、十一世紀中、第三期前半には確立されていた。そして第三期後半から第四期にかけて所領獲得・家人編成につとめ、体制を整備したことがより一層の地位安定化を招いたことは間違いないないだろう。たとえば隆職は、安元三年（一一七七）の大火によって少々の長案類を除く大半の文書を失っているが、[63] その地位はほとんど揺らいでいない。この時点までに、既に隆職の地盤は所蔵文書・記録だけではないのである。また文治二年十二月に源頼朝の奏請によって隆職は大夫史を解任されるが、[64] 先例勘申などの命は引き続き隆職にも命ぜられており、[65] 官務文庫がなくても隆職への信頼は失われなかった。[66]

むすびにかえて

本章ではまず一～三節において大夫史が小槻氏によって世襲されていく経緯をたどり、その背景・要因を考察した。その結果、次の三段階を想定した。①十世紀末には、大夫史は六位史を指揮する立場にあり、既に官文殿を把握していた。長和四年八月宣旨によって文書行政の変化に対応し、大夫史の官方における情報的主導権を確立させた。②道長・頼通は官方の情報を把握するために、大夫史に家司・家人を置きその子孫を優遇したため、小槻・惟宗二氏が大夫史を受けついだ。③摂関家が情報を蓄積していったことにより、惟宗氏にくらべて小槻氏が優位となり、康和五年に王権によって世襲を認められる。権力者による政権安定化策が、小槻氏に大夫史を世襲させることとなったのであり、小槻氏は大夫史の家として確立し、十二世紀半ばには惟宗氏を排して独占する。

しかしこの段階ではまだ大夫史を世襲しているだけであり、職務上のリーダーではあるが、経済的には自立できていない。大夫史が官方を主宰する契機となったのが、王権による算博士と大夫史との分離であった。これによって大夫史のみを受けついだ小槻隆職は、独自の体制を新たに築く必要に迫られ、六位官人の編成も併行して進められた。そして多くの便補地を整備し、家人を使役してそれらを運営したのである。こうして壬生流小槻氏は、官文殿・官務文庫という情報面、官厨家領をはじめとする経済面、そして六位官人を編成した人事面といった多角的な方向からの主導権を掌握することによって、初めて官方主宰を実現したのである。

佐藤進一・曽我良成両氏は、大夫史世襲をもって官務家の確立としていた。しかし、小槻氏が大夫史を世襲しはじめた十二世紀半ばには、経営の多くを国宛に頼っている。そして十二世紀後半に入ると、隆職が自ら庄園開発に乗りだし、多くの便補保・庄を設置・整備した。これによって隆職は、弁官局を経営する主体へと転換したのであり、隆職こそが、弁官局の組織を中世的な機構へと変化させた張本人であったといえよう。この時期に、史生との主従関係を強固なものとし、庄・保を開発・設置することによって、弁官局は官務によって統率された中世的組織へと脱皮していったのである。

しかし注意したいのは、隆職が行なったことと同様のことに、大宮流の広房も直面していたことであろう。恐らく大宮流では、算博士という官職・地位を最大限に利用して、情報・庄園・家人という要素を整備していったのではないだろうか(67)。そのような素地があるからこそ、壬生流小槻氏が築いた官務の地位に大宮流小槻氏が座ることができるのである。

ところで大夫史の世襲については、佐藤進一氏はその源を小槻氏の家業、つまりは小槻氏の内側に求め[68]、反対に曽我良成氏は朝廷による抜擢という小槻氏の外部に求めている。大夫史の世襲という点のみに焦点を絞れば、最終的には補任されるのであるから、自力ではできない。だが任官・世襲を認めさせた要因となっている官文書の集積は、自力によるところが大きい。

同様のことは、経営基盤である官厨家領の獲得にも当てはまる。隆職は自ら私領を開発したが、その立庄・子孫相伝には、官符・宣旨等が必要であった。いずれも、自力で積みあげた既成事実を核にし、その後に何らかの権限を公認・付与されていることがわかろう。これに対して六位官人の編成は、公認・付与された官職世襲・経営基盤に連動する形で形成・強化されていったものと関係づけられる。それゆえ小槻氏は、まず官文書を蓄積し、それによって世襲を許され、その結果、長期にわたって弁官局にかかわり続け、そこで家人集団を形成し、更にそれを活用して、官方の経済基盤を開発し、それを公認されていくことによって、「官務」となったのである。小槻氏が官務として職務を務め、かつ運営していけたのは、業務を遂行するにあたって必要な①官文書を中心とする情報、②経済基盤、③実務をこなす六位官人という三者を保持できていたからであり、特に①・②については自力で築きあげていた。

小槻氏は、このようにして官務家と呼ばれるようになれたのであるが、王権とのこのような関係は、官務小槻氏のみに見られるものではない。自力によって形づくられた実績を王権が公認し、権限を与えるという関係は、他にも多くの事例があるように思える。むしろ中世公家政権は、このような実績と公認によって保証された請負関係によってかなりの部分がささえられていたと考えている。この内、請負における公認（権限付与）に焦点を絞れば、権門体制論のような考え方に、反対に自力による実績づくりに着目すれば、各組織（幕府など）の自立性を強調する考えとなりやすいのである。しかし前述したように、この両者は対立するものではなく、コインの表裏のように、いずれかだけでは機能しないのである。既に村井章介氏が、佐藤進一氏の中世国家論と権門体制論とについて「両説の距離がみかけほど大きなものではない[69]」と述べられているのは、この点を指摘したものと考えたい。

中世公家政権は、私的に形づくられた財産や能力に公的権限を与え、国家のさまざまな機能を分担・運営させていたのであり、官司請負制（知行官司制[70]）によって担当された諸官司や鎌倉幕府は、その一事例としてとらえるべきではないだろうか。

註

（1）橋本義彦「官務家小槻氏の成立とその性格」（『平安貴族社会の研究』吉川弘文館、一九七六年。初出は一九五九年）。
（2）佐藤進一『日本の中世国家』（岩波書店、一九八三年。岩波現代文庫、二〇〇七年）。
（3）佐藤氏は、他に大夫外記（中原・清原氏）・検非違使（中原氏）の例もあげている。
（4）曽我良成「官務家成立の歴史的背景」（『王朝国家政務の研究』吉川弘文館、二〇一二年。初出は一九八三年）。
（5）官務小槻氏に言及するものには、他にも中原俊章「官方と外記方」（『中世王権と支配構造』吉川弘文館、二〇〇五年。初出は一九九五年）、遠藤珠紀「官務家・局務家の分立と官司請負制」（『中世朝廷の官司制度』吉川弘文館、二〇一一年。初出は二〇〇二年）などがある。
（6）永井晋『官史補任』（続群書類従完成会、一九九八年）。なお本稿中、正暦元年以前の官史については、本書第一章による。
（7）曽我「官務家成立の歴史的背景」（註4前掲）三一頁。
（8）官史は、承和期以降のほぼ毎年、春叙位で叙爵者が出るため（巡爵）、春叙位から春除目までの短期間だけ、最上臈の官史は五位を帯びることが多い。しかし、彼らは転出することが前提となっているため、本論では大夫史と位置づけていない。本論では、故意に叙留された者だけを大夫史としてあつかった。高田淳「『巡爵』とその成立」（『國學院大學紀要』二六号、一九八八年）。
(9) 本書第四章を参照。
(10) 吉川真司「申文刺文考」（『律令官僚制の研究』塙書房、一九九八年。初出は一九九四年）、谷口昭「続文攷」（『法制史研究』二二号、一九七二年）。
(11) 『西宮記』巻七（減省奏報詞）。
(12) 『本朝世紀』正暦四年（九九三）六月十四日条。
(13) たとえば『権記』長保二年（一〇〇〇）正月十一日条。
(14) 平安時代中後期、『左経記』長元七年八月十日条、永久四年八月廿日付「官厨家返抄」（『朝野群載』巻二十）など、人名を特定できる官厨家別当はいずれも六位史である。
(15) 『西宮記』巻十（裏書）。
(16) 永延二年（九八八）から長保二年（一〇〇〇）まで大夫史であった多米国平と、正暦元年（九九〇）に検非違使から外記に転じた多米国定は、兄弟と考える。『御堂関白記』長和四年（一〇一五）九月廿日条、「外記補任」正暦元年など。佐藤堅一「封建的主従制の源流に関する一試論」（安田元久編『初期封建制の研究』吉川弘文館、一九六四年）も参照。
(17) 『小右記』寛弘八年二月四日条。
(18) 『権記』寛弘八年十二月十八日条。
(19) 玉井力「『院政』支配と貴族官人層」（『平安時代の貴族と天皇』岩波書店、二〇〇〇年。初出は一九八七年）。
(20) 惟宗義賢は寛徳二年（一〇四五）五月十八日付「関白家政所下文案」（内閣文庫所蔵文書、『平安遺文』六二三号）、寛仁三年（一〇一九）正月五日付「摂関家令栄爵申文」（『実淳卿記』延徳四年（一四九二）正月八日条、『官史補任』による）から、左大史就任前から家令であったことがわかる。また義賢が周防国弁済使を務めた際の周防守橘俊遠は、頼通の子俊綱の養父である（『小右記』万寿二年〈一〇二五〉十二月一日条）。義賢が頼通のブレーンの一人であったことをうかがわせる。
(21) 拙編著『外記補任』（続群書類従完成会、二〇〇四年）。
(22) 『後二条師通記』寛治六年（一〇九二）二月十八日条。
(23) 貞行は寛仁元年（一〇一七）八月九日の敦良親王（後朱雀天皇）立太子にともない、東宮大属を兼任している（「東宮坊官補任」）。この時の摂政も頼通であるから、頼通と貞行との関係は、このころには始まっていたのかもしれない。なお、貞行は大夫史任官の時、二十五歳であったといい（『図書寮叢刊壬生家文書』〈以下『壬』〉一二三号）、非常に若い。
(24) 本書第四章。
(25) 松薗斉「摂関家」（『日記の家』吉川弘文館、一九九七年。初出は一九九三年）。摂関家は、記録の集積が進むのは師実のころとされ、道長段階では多くの記録が所蔵されていなかったらしい。
(26) 藤原（小野宮）実資の家人であった六位外記の菅野敦頼が、叙位儀始の日に持参する小勘文の清書を、道長に見せる前に実資に「密かに」見せているように（『小右記』寛弘八年正月五日条）、大夫史・大夫外記が情報提供をしていた可能性は十分に考えられる。
(27) 『類聚符宣抄』巻六（文譜）所収。この宣旨については、本書第五章を参照。
(28) 「中外抄」上巻48話。
(29) 清原頼隆は長久二年（一〇四一）まで大夫外記を務めた。以来、清原氏で大夫外記に就いた者は、当時はまだいなかった。
(30) たとえば、『中右記』永久二年（一一一四）二月十四日条では、小槻祐俊を「譜代大夫史」と呼んでいる。
(31) 本書コラム1。
(32) 『中右記』嘉保元年（一〇九四）十月二十三日条、『春記』長久元年（一〇四〇）五月七日条。
(33) 『中右記』寛治七年（一〇九三）八月二十四日条。

(34)『中右記』康和四年（一一〇二）九月十一日条。
(35)松薗斉『日記の家』第八章「摂関家」（註25前掲）。
(36)『玉葉』建久二年四月廿三日条には、大夫史を務めた家系に生まれた者が、高齢でしかも「後栄難レ期」ような場合に、名誉職的に大夫史とすることがあったと記され、その例に惟宗政孝があげられている。本書コラム1参照。
(37)『中右記』承徳二年（一〇九八）十一月七日条。「累代史之家」の出身である広親でさえこのように評される点から、その他の六位官史の評価もうかがえよう。この他、「清原重憲記」天養元年（一一四四）四月三日条も参照。
(38)『中右記』康和五年二月卅日条。所帯の官職を息子に譲ることは、この時には、小槻祐俊・清原信俊・紀宗政が行なっている。しかし手続き上、信俊・宗政には辞表を提出させ、改めて息子が補任されるという通常の手続きがとられている。
(39)元木泰雄「院政期興福寺考」（『院政期政治史研究』思文閣出版、一九九六年。初出は一九八七年）。
(40)玉井力「『院政』支配と貴族官人層」（註19前掲）。なお、康和五年の弁官在職者は七人いるが、そのうち三人は後に白河院の公卿別当となっている。
(41)玉井力「『院政』支配と貴族官人層」（註19前掲）は、小槻氏が院権力と距離をおいていたことを指摘している。このことは、本書第六章でも確認できる。
(42)「清原重憲記」天養元年（一一四四）十二月廿六日条、『玉葉』安元三年（一一七七）正月三日条など。
(43)「中外抄」上巻5話。
(44)治承二年七月十八日新制・建久二年三月廿二日新制には、諸司が諸国からの済物を過剰に請求することを禁じる条文が含まれており、それらは「久安保元之制」にも含まれていたが、建久二年のものを最後に、以後の新制には見られない。これは、建久二年までは諸国済物が諸司の活動をささえていたが、第四節で述べたように、建久年間に急速に便補地などを整えた結果、国衙の活動が諸司経済に占める比重が低くなっていった結果ではないだろうか。水戸部正男『公家新制の研究』（創文社、一九六一年）。
(45)一臈官掌光経に対する、「官中要人也。装束使・右宮城・造八省・潔斎・法勝寺等奉行者也」という評価（『中右記』永長元年〈一〇九六〉九月廿七日条）や、外記史生安倍重宗に対する「能知ニ諸国事ー者也」という評価（『中右記』保安元年〈一一二〇〉正月廿七日条）は、前述した六位史の懈怠とは対照的である。
(46)『吉記』安元二年（一一七六）六月七日条。
(47) 小槻氏で初めて主殿頭となったのは国宗であり、初見は元久二年（一二〇五）二月廿六日付「太政官符」（『醍醐寺新要録』）。以後、壬生流の歴代が世襲する。
(48) 伴氏については、千村佳代・鳥居和之・中洞尚子「主殿寮年預伴氏と小野山供御人」（『年報中世史研究』三号、一九七八年）、永井晋「鶴岡八幡宮大伴神主系図にみえる院政期の伴氏について」（『金沢文庫研究』二八五号、一九九〇年）を参照。また守方については、『兵範記』仁安二年（一一六七）十一月廿七日条に「知家事主殿少允守方」とあることによる。
(49) 千村佳代・鳥居和之・中洞尚子「主殿寮年預伴氏と小野山供御人」（註48前掲）参照。
(50) もちろん、小槻氏が編成できたのは太政官における六位官人のすべてではない。彼らの家人となっていたのは、六位官人のごく一部であり、大多数の六位官人は職務上は小槻氏の配下となるものの、私的には別人に仕える場合が多かっただろう。十四世紀ごろになると、小槻氏の家人たちが積極的に六位官人として登用されていく（本書第十一章参照）。
(51)「官中便補地別相伝輩幷由緒注文案」（『壬』三一四号）、「小槻有家奏聞状案」（『壬』三二二号）。なお、前者史料の作成年の比定は、本郷恵子「朝廷財政の中世的展開」（『中世公家政権の研究』東京大学出版会、一九九八年、初出は一九九二年）第二節「便補保」による。
(52) 遠藤巌「官務家領陸奥国安達荘の成立」（小川清治編『中世南奥の地域権力と社会』岩田書院、二〇〇一年）。
(53) 竹内理三「小貴族の開発領主小槻隆職」（『鎌倉遺文月報』六号、一九七四年）。
(54) 隆職は、文治二年九月までは『玉葉』によく出現するが、その後は姿を見せることが激減し、文治三～五年は年に一回ずつだけ、建久元年には一度も現れない。建久二年四月に大夫史に復帰すると再び頻繁に出仕している。
(55) 吉田社社務職は、小槻政重が吉美侯部氏人から寄進され、隆職が承安二年（一一七二）に子孫相伝の宣旨を受けている（『壬』三二四号）。吉田神社文書は『茨城県史料』中世Ⅱに収録。
(56) 勝山清次『中世年貢制成立史の研究』（塙書房、一九九五年）、上島享「財政史よりみた中世国家の成立」（『歴史評論』五二五号、一九九四年）などを参照。
(57) 具体的な納物の催促手段は、本郷恵子「朝廷財政の中世的展開」（註51前掲）を参照。
(58) 従来、庄園公領制の展開を述べる際には鳥羽院政期が注目されてきたが、これは寺院や公卿の家を対象にした場合であり、諸官庁では十二世紀末の治承・寿永の内乱後と考えられる。この内乱によって国衙財政が壊滅的打撃を受けたため、文治・建久期に国衙財政に頼らない経済体制の確立（便補地の設定など）が急速に進められたと考えられる。中央諸機構は、旧来の財政基盤への依存度が大きかったため、新体制への移行が最も遅くなったのであろう。
(59) 十三～四世紀における小槻氏による官庁運営の具体像については、本書第十一章で詳述した。
(60) 曽我良成「官務小槻隆職について」（『名古屋学院大学論集』人文・自然科学篇、二六巻一号、一九八九年）。
(61) 年月日未詳「小槻隆職起請文」（谷森文書〈『鎌倉遺文』一〇〇六号〉）。
(62) 永井晋『官史補任』（註6前掲）および『地下家伝』五などによる。隆職後裔は、壬生孝亮が慶長六年（一六〇一）に兼任するまで、算博士に就かない。
(63) 『玉葉』安元三年四月廿九日・卅日条。
(64) 隆職の大夫史解任は、『吉記』文治元年（一一八五）十二月廿七日・廿九日条。それにともなう官務文庫の管理権移動については、文永十年（一二七三）七月付「小槻有家起請案」（『壬』三九号）に示される。また広房が大夫史となるとすぐ、広房の子である公尚・康信が六位史に登用されている。
(65) 文治二年（一一八六）五月八日付「小槻隆職請文案」（『壬』二二七六号）。
(66) 嘉禄二年（一二二六）に官文殿が全焼する（『明月記』嘉禄二年八月廿七日条）。これによって官務文庫は、官文書を含む唯一の文書群として重用され、「公務之明鏡」と称されるようになる（「小槻有家起請案」、『壬』三九号）。
(67) 中島善久「大宮流官務家の経済的基盤について」（『社会文化史学』三八号、一九九八年）。

(68) 佐藤氏は、「家業の論理」を根拠として、家業と官職との因果関係を広く認めている。しかし小生は本書第八章において「家業の論理」を検討し、家業の継承を最優先とするような考えが認められないこと、小槻氏による大夫史の世襲は小槻氏の家業である算道とは無関係であることなどを論じた。
(69) 村井「（書評）佐藤進一著『日本の中世国家』」（『史学雑誌』九三編四号、一九八四年）。
(70) 五味文彦・遠藤珠紀氏は、中世の官司運営について知行官司制（官司知行制）という概念を提唱する。実務官人についていえば、十三世紀半ば以降に中世的「家」が成立していった結果、それまでは個人に対して分担させていたものが、組織としての「家」に分担させるようになたため、そのような変化（違い）が生じたものと考えておきたい。このことは、既に佐藤『日本の中世国家』（註2前掲）でも考慮されている。五味文彦「花押に見る院政期諸階層」（『院政期社会の研究』山川出版社、一九八四年）、遠藤『中世朝廷の官司制度』（註5前掲）。

〔コラム３〕若狭国富庄と若狭小槻氏

国富の地

小槻隆職が「吉原安富」という仮名で若狭国国富庄を開発したことは、よく知られている（竹内理三「小貴族の開発領主小槻隆職」『鎌倉遺文月報』五号、一九七三年）。隆職は、もともと私領であった遠敷郡国富郷を永万元年（一一六五）に便補保とし（『壬生家文書』三一六号）、そこから更に「功力」を込めて「荒野」を開発し、建久六年（一一九五）に国富庄として立券した（吉川半七氏旧蔵文書、『鎌倉遺文』八二〇号）。国富庄は、田三四町一段余に犬熊野浦をも含んだが、所在地は、現在の福井県小浜市奈胡・熊野・羽賀・次吉の辺りであり、若狭国衙跡と想定されている小浜市府中とは、目と鼻の先である。

平氏と小槻氏

小槻隆職がこのような地に庄園を開発できたのは、近親者に若狭守がいたなどの縁故ではないようだ。それよりも注目したいのは、現地には十二世紀前半から、「小槻」姓を称す人物が居住・生活していたことである。

国富庄のすぐ東側には、太良庄が広がっている。いわずとも知れた東寺領庄園であり、東寺百合文書などによって優れた研究が積みあげられている。その関連史料に「小槻」姓の人物が散見される。まず最初に現れるのは十二世紀半ばで、女性である。天治二年（一一二五）に丹生太郎忠政の「母小槻氏」、仁平元年（一一五一）に出羽房雲厳の「祖母小槻氏」として現れ、これらは同一人物と思われる（東寺百合文書、ぬ函一―一・二）。この女性は丹生隆清の妻で、夫の歿後にはその所領を受けつぎ、後にそれを孫の雲厳へ譲与している。この所領が太良庄となっていくのであるが、隆清の父平師季は、京都の中級官人の家に生まれた人物で、永保二年（一〇八二）

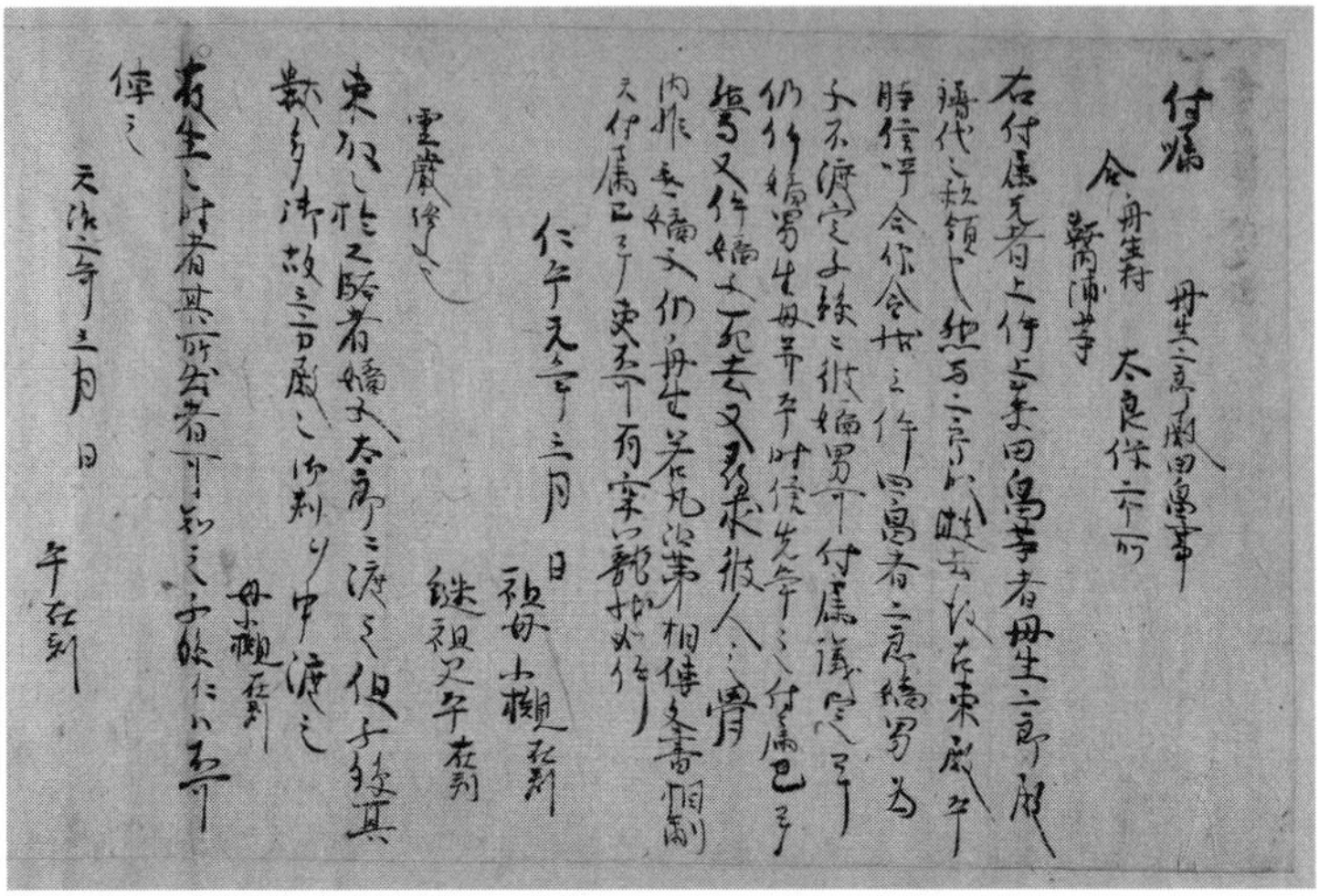

写真　「東寺百合文書」ぬ函１号・２号
（京都府立総合資料館　東寺百合文書 WEB より）

に問題をおこし、位階を剥奪されたため、官人となることを諦めて若狭へ移りすんだのであった。

かつて若狭の敦賀や西津（小浜市）は、北陸道からの物資が荷揚げされる重要な港であった。若狭で荷揚げされた物資は、琵琶湖西岸を経て京へと送られ、巨大都市の生活をささえていたのである。若狭に、都から移りすむ人物がいたことは、この地が一大流通拠点であったことと無関係ではないだろう。そのような出自をもつ平師季・隆清であれば、その妻となった小槻氏もまた、都の中下級官人の出身であったことが推測でき、算博士小槻氏の一族ではなかったかと推測する。

師季らとともに若狭へ移ったのか、何か別の理由があったのかはわからないが、的外れな推測ではないだろう。加えて十二世紀前半という時期は、小槻氏が大夫史の家系として確立していく真っただ中に当たる。国富の地が、小槻氏相伝の私領であったこと、小槻祐俊の後継者は、実子の忠兼ではなく、三善氏から養子に迎えた盛仲であったことも、参考に

表　若狭における小槻氏

年　月	西暦	史　料	名・地位等
天治 2.03	1125	「百」ぬ1－2	(丹生忠政の）母
仁平元.03	1151	「百」ぬ1－1	(出羽房雲厳の）祖母
弘安元.04	1278	「百」ゑ4	重真　観心名名主職
弘安元.05	1278	「百」イ11	重真
		「百」ト14	重真
		「教」108	重真
		「百」お1	重実（真）
嘉元 2.12	1304	「小」45（秦）	国親
建武元.02	1334	「百」リ41	頼国　末武名名主職
正平 7.②	1352	「百」フ23	国治
観応 3.04	1352	「百」ハ20	国治
		「百」ハ21	国治　地頭方所務職
		「百」り52	国治　地頭方代官職

註）「百」は「東寺百合文書」、「教」は『教王護国寺文書』、「小」は『小浜市史』諸家文書編3の番号を示す。

したい。

立庄とその背景

このように推測を進めるならば、小槻隆職は若狭に土着していた一族の協力をえて国富庄を開発したのではないかという仮説が浮かびあがる。若狭の小槻氏は、十二世紀後半から十三世紀前半には姿を現さないが、ちょうどそのころは、国富庄が開発され、経営を軌道に乗せるためにいそしまねばならぬ時期である。地頭との中分も決まり、十三世紀半ばを過ぎれば、経営も定まってきたであろう。そうすると、国富庄から外へも勢力を広げる余裕が生まれる。小槻重真が太良庄観心名の名主職を獲得するのは、まさにそのような時期である（東寺百合文書、ゑ函四）。そしてこれに続いて頼国・国治が太良庄内で名主職・代官職などを獲得していく（同、ハ函二一・リ函四一など）。

若狭小槻氏は、十四世紀半ばで姿を消してしまい、その後の経緯はわからない。ただし国富には「国富志則家」という地名を冠する武士がいたことも知られている（同、ホ函四―五）。もしかすると、これが若狭小槻氏のもう一つの姿だったのかもしれない。

痕跡は今も

ところで、国富の南西に隣接する和久里では、六年に一度（子・午年）だけ「壬生狂言」が西方寺で開かれる。この壬生狂言は、古くは小浜城下の永三小路で開かれていた。開催にあたっては、上市場から移されてきた「市の塔」（南北朝期の宝篋印塔）を中心としていたのだが、明治六年（一八七三）にこの石塔が西方寺へ移建されたため、会場も寺へと移ったのである。

国富庄を領有した小槻氏が壬生（京都市中京区）に居住したことは言うまでもないが、若狭に伝わる壬生狂言も、間違いなく京都の壬生に由来する。その伝来は近世初頭かとされるが、詳しくはわかっていない。また国富庄に属した四地区には、いずれも六斎念仏が伝わっているが、京都の壬生でも六斎念仏がさかんであり、これも小浜と共通する。

中世庄園の領有関係と、民俗芸能の伝来ルートとをつなげる確かな史料は、今のところ見いだせない。しかし小槻隆職とその子孫を介した京都と国富とのつながりが、さまざまな姿で痕跡を残しているように思えてならない。

第十章　局務中原・清原氏の確立

はじめに

太政官外記局は、明経博士の中原・清原氏によって大夫外記（局務を含む）が世襲されたことが知られており[1]、佐藤進一氏はこの現象を官司請負制という概念で説明した[2]。そして佐藤氏は、外記局で中清両氏による世襲的傾向が進展した要因として、①外記を管轄していた少納言の影響力が「減殺」され、②それによって外記局の上首である大夫外記が「外記局を主宰」するようになった、③職務遂行に明経道の知識が必要であったという三点をあげたのである。

佐藤氏の考えは、平安期以降の外記をはじめとする実務官人研究に多くの論点を与えるものであり、その功績は非常に大きい。以後、平安時代中期以降の外記局については、官司請負制を意識した議論が進められることとなるが、疑義も早くから出された。外記については松薗斉氏が「文章生の人々では何故だめなのか」などと述べ、職務遂行に明経道の知識が必要だったとする点に再考をうながし、「一度切り離して検討をしてみた方がよいのではないか」と提起した。そして、①外記日記に基づいた勘申は外記の重要な職務であり、「高度なレベル」の引勘能力を必要としたため、長期間在職する「『局務』的大外記」が発生した、②外記局の保管機能が衰退していくと、中原氏が「日記の家」化して勘申に必要な記録を独自に備えるようになり、局務を独占していったという経緯を想定している。[3] また遠藤珠紀氏は、中原師遠・清原頼業が長期間にわたって在職したこと、この二人がともに学者としての評価が高いことに注目し、それが局務家確立につながったと考えている。[4] 優れた学者であったことが、大夫外記世襲につながったとするのである。勘申・学者という視点は、本章でも検討したい。

一方小生は、「外記補任」の類推・復原を行なった。[5] そしてそれらに基づいて明経道などと太政官実務官人との関係を確認し、明経博士を世襲する中清両氏が外記局で登用されたのは、九世紀以来の人事慣例にしたがったためであり、その学問的内容とは関係がないことを明らかにした。[6]

本書第八章では、家業と官職とが必ずしも直結するものではないことを論じ、家業を基盤に据えた官司請負制理解を批判した。そのため、大夫外記世襲が明経道の学識に基づいたものでないことは論じたが、中清両氏が大夫外記を世襲した経緯・要因は未検討のままである。そこで本章は、第八章を受けつつ、中清両氏が大夫外記として定着した経緯・要因を考察する。

第一節　博士であること

さまざまな氏族によって構成されていた外記局が、十二世紀半ば以降の体制へ移行するまでには、いくつかの段階が存在する。

表10―1は十～十一世紀の大夫外記、表10―2は同時期の六位外記（姓）の一覧である。これによると、十一世紀六〇～七〇年代に大きな境界が見いだせ、人事面ではこれ以降が、「官司請負制」と呼ばれる体制といってよいだろう。

とはいえ、十一世紀六〇～七〇年代までにもいくつかの変化がある。まずあげられるのが卑姓氏族の減少である。外記は改姓が許される官職の一つであり、十世紀を通じて忌寸・宿禰姓から朝臣姓へ改姓する者が多くいた(7)。卑姓を改めたいという望みは、多くの官人が広く抱いていたものであろうが、外階氏族は内階氏族になりたいということが動機となるだろう。後に大夫外記を世襲する中原朝臣・清原真人も外階氏族としてこの時期に姿を現し、その後に内階氏族へ改姓している。

また出身分野が、特定分野にかたよらないことは注意すべきだろう。外記・官史には各分野から優れた官人が集められており、後に博士などに就くような官人が登用されることも少なくない。彼らの中には外記在任中に博士などを兼ねることもあったが、承和年間（八三四～四八）以後、大夫外記が博士などを兼ねる例はなかった(8)。しかし永祚元年（九八九）に任じた中原致時を嚆矢として、博士が大夫外記に登用されることが徐々に増えていく。だがここで求められたのは明経博士だけではない。致時以降、延久元年（一〇六九）ごろまで在任した三善為長まで、明経・明法・算の三分野の博士が、大夫外記を兼任している。後に明経博士が世襲することになるため、明経道と外記との関係を類推しがちではあるが、第八章でも述べたとおり、学問内容と外記との間には全く関係はなかったのである。

では何故、博士なのか。その答えの一つとして、博士であることにより多くの記録・典籍を有していたことが、先例の修学・調査に好条件であったことがあげられよう。松薗氏が指摘したように、これらは外記にとって重要な職務であった。それゆえ、家業の具体的内容（分野）ではなく博士という環境が、広範な知識と臨機応変の対応を求められる大外記を務めるのに好都合であったものと考えたい。

当時の大夫外記に関しては、政権担当者との関係にも留意したい。たとえば大蔵氏は、九世紀から複数の大夫外

表10－1　10世紀末から12世紀の大夫外記

人　名	経歴	期　　間	備　考
大蔵(朝臣)善行	－	仁和 3年正月　～延喜 2年 9月	旧姓大蔵伊美吉
阿刀(宿禰)春正	－	延喜 6年 3月　～16年－	
伴 (宿禰)久永	進士	延喜16年 3月　～承平 3年正月	旧姓牟久
菅野(朝臣)清方	－	承平 4年閏正月～天慶 2年 2月	
三統(宿禰)公忠	－	天慶 2年正月　～天暦 3年－	
多治(真人)実相	文	天暦 4年正月　～10年正月	
御船(宿禰)傳説	文	天暦10年正月　～康保 4年－	後に菅野朝臣
菅野(朝臣)正統	－	康保 4年 5月　～天禄 2年 3月	
大蔵(朝臣)弼邦	進士	天禄 2年 3月　～天元 3年 4月	
菅野(朝臣)忠輔	算	天元 3年 7月　～寛和 2年 7月	
大中臣(朝臣)朝明	文	寛和 2年 7月　～永祚元年正月	旧姓中臣
中原(朝臣)致時	＊経	永祚元年正月　～長徳 4年正月	父は旧姓十市宿禰
滋野(朝臣)善言	文	長徳 4年正月　～寛弘 7年－	旧姓小槻
菅野(朝臣)敦頼	－	寛弘 7年 3月　～長和 4年－	
小野(朝臣)文義	＊法	長和 4年 2月　～治安 2年正月	
清原(真人)頼隆	＊経	治安 2年正月　～長元 2年 9月	
小野(朝臣)文義	＊法	←長元 2年 4月　～ 5年12月　→	再任
清原(真人)頼隆	＊経	←長元 7年 7月　～長久 2年－	再任
中原(朝臣)師任	文	長久 2年正月　～永承 3年正月	
中原(朝臣)長国	文	永承 2年－　～ 5年－	
中原(朝臣)貞親	＊経	←永承 5年11月　～天喜 4年10月→	
中原(朝臣)師平	＊経	康平 2年 2月　～治暦 2年 2月	
三善(朝臣)為長	＊算	治暦 3年－　～延久元年 6月→	
中原(朝臣)師平	＊経	延久 3年正月　～承暦 2年正月	再任
清原(真人)定俊	＊経	←承暦 2年12月　～応徳 3年11月→	
中原(朝臣)師平	＊経	応徳 3年 2月　～寛治 5年正月	三任
清原(真人)定俊	＊経	寛治 5年 2月　～康和 3年 2月	再任
中原(朝臣)師遠	＊経	康和 3年 2月　～大治 5年正月	
清原(真人)信俊	＊経	大治 5年正月　～康治元年正月	
中原(朝臣)師安	＊経	保延 5年正月　～久安 4年10月	
中原(朝臣)師業	＊経	久安 4年10月　～永暦元年正月	
中原(朝臣)師元	＊経	永暦元年正月　～仁安元年正月	
清原(真人)頼業	＊経	仁安元年正月　～文治 5年閏 4月	
中原(朝臣)師尚	＊経	仁安元年正月　～建久元年正月	
中原(朝臣)師直	＊経	建久元年正月　～ 9年11月	
清原(真人)良業	＊経	建久 4年正月　～承元 4年正月	
中原(朝臣)師重	＊経	建久 9年12月　～承久 3年 2月→	

註）拙編著『外記補任』による（一部補訂）。「＊」は在任中に博士を兼ねていた者。

表10－2　六位外記の構成　（単位：人）

	中原	清原	惟宗	大江	三善	紀	小野	他姓	姓未詳	小計
1001～　10	1		2	1		1	2	7	2	16
11～　20	2	1	1	2			1	7	6	20
21～　30	1				1			5	6	13
31～　40	1		1			1		2	9	14
41～　50	1									1
51～　60	2			2					2	6
61～　70	2		1	1				5	2	11
71～　80	4	1	2		1	3		1	2	14
81～　90	4	3	5	1	2	1			2	18
91～　00	3	3	3	2	1			2	3	17
1101～　10	5	2	1	1	1			1	1	12
11～　20	6	1	1	6	3	1	1	3	2	24
21～　30	5	4	3	3	1	1		1	5	23
31～　40	6	2		1	1			1	2	13
41～　50	6	3	6	3	3					21
51～　60	13	2	2	3	4			1		25
61～　70	17	6	5	2	2	2		2		36
71～　80	16	3	1	2	2			3		27
81～　90	12	6	1	1	3	1		1		25
91～1200	10	4	2	1	1					18
計	117	41	37	32	26	11	4	42	44	354

註）拙編著『外記補任』による。

記・六位外記を輩出しているが、大蔵善行は藤原時平と親しい上、藤原基経・忠平の侍読にもなっていた(9)。そしてその孫と考えられる大蔵弼邦は、藤原兼通の家司である(10)。永祚元年以降はこの傾向が更に強まる。まず中原致時は、その近親者が藤原実資の家司となっている(11)。そして菅野敦頼は藤原実資の信任の厚い家人であり、その娘は源成頼妻となって後朱雀院（敦良親王）の乳母となっている(12)。小野文義も、頼通の強い後押しで天台座主となった明尊の甥に当たる(13)。そして清原頼隆は、大夫外記就任前から道長邸の文殿に出仕しており、大夫外記となった翌年には実資の家司となっている(14)。

　このことは、大夫史についても当てはまる。同時期の大夫史のうち、但波奉親は道長の強い推薦によって先例を破って強引に任じられた人物であり(15)、小槻貞行は頼通の強い推挙によって任じられている。[16] また惟宗義賢は摂関家の家令・家司であり、頼通に仕えたといってよい。[17]

このように十一世紀前半に大夫外記・大夫史となった人物は、いずれも道長・頼通・実資と結びついていた人物である上、頼通の推挙によって六位外記となった人物も確認できる。[18] また頼通は、天喜三〜四年（一〇五五〜五六）ごろに、清原定康が筹を携えて現れたのを見て大夫外記・大夫史の一族は「不レ可レ取レ筹」と命じている。[19] 定康は頼隆の孫であるが、頼隆が外記を務めたのは長久二年（一〇四一）までである。大夫外記はその後、中原師任・中原長国が就き、当時は中原貞親であった。頼通が「不レ可レ取レ筹」と命じた定康は、現職の外記ではなく、十五年ほど前に大夫外記を務めた人物の孫にすぎないのである。頼通は、少なくとも清原頼隆後裔を大夫外記一族と見なして、他の官人と区別しようとしていたのである。

ここで大江公資の事例を見ておこう。歌人として著名な公資は、文章得業生から六位外記を経て受領となった人物である。[20] 恐らくは長元二年（一〇二九）か同六〜七年のことだろうが、大夫外記となることが決定しかけた。だが右大臣藤原実資が、公資は詠歌に熱中して公事を懈怠するのではと冗談交じりにつぶやいたため、白紙になったという説話が残されている。[21] 当時、既に道長は歿している。頼通は、公事に通じた実資と協調しながら政務を進めており、[22] 実資の発言力が大きかったことをうかがえる。しかも公資は、頼通と立場を異にする藤原長家に近い立場にいた。[23] 頼通と結ぶ実資は、長家に近い公資が大夫外記となることを避けたかったことが想定される。

また頼通の政治については、「強縁」といわれるような政治体制であったことが指摘されている。[24] それは大夫外記でも当てはまり、政権担当者は自己に近い立場の人物で重要ポストを固め、掌握しようとしていたのである。当時摂関家は、いまだ記録・文書を充分に蓄積できておらず、「日記の家」として不十分であった。[25] それゆえ、豊富な記録を把握できる大夫史（官文殿を管理）・外記大夫（外記文殿を管理）に家司・家人を配して公事を行ない、かつ私的に情報をえることで、情報的優位を保とうとしたのではないだろうか。

またこの時期の外記には、大江公資に対して実資が述べたように、公事遂行が必須不可欠であった。公事では、外記日記などを用いた勘申が重視され、それは非常に信頼されていた。外記文殿に所蔵されている外記日記正本が、その信頼の裏づけとなっていたのである。そのため、勘申（引勘）などの公事を滞りなく進められる人材が求められ、諸道博士はそれに合致したのである。

第二節　外記による勘申 ―松薗説の検討―

外記にとって勘申（引勘）が重要な職務であったことは松薗斉氏が指摘した通りであるが、松薗氏はこれには「高度なレベル」の能力が必要だったと説く。勘申には、松薗氏が推測するように、「高度なレベル」の能力が必要だったのだろうか。確かに勘申は外記の重要な職務である。しかし勘申は外記以外の官人も行なっており、同様の作業は多くの部署でなされている[26]。勘申は、外記だけに求められた特殊な技術・職務ではなく、保管している文簿の情報（＝先例）と比較することによって政務を行なっていた当時の官人には、広く求められた基礎能力であったと考える。

勘申にはさまざまなものがあるが、外記による勘申の多くは先例勘申である。しかしそれにも、大きく二つのパターンがある。一つは、日数を要してもよいもの。そしてもう一つは緊急のものである。前者の例として、天元五年（九八二）正月の先例勘申をあげておこう[27]。宮中触穢が発覚した廿二日夜、蔵人頭藤原実資は少外記高丘相如に延引について先例勘申を命じたが、それが提出されたのは四日後の廿六日であった。延引を議する儀式まで日にちがあるため、十分に時間をかけて作成できるのである。一般に先例勘申という場合、このようなものが多い。

これに対し、急いで勘申結果を報告しなければならないものもある。たとえば寛和二年（九八六）五月四日の政務では、官史が誰も出仕していなかったため、上卿源重光が権少外記海広澄に先例の有無を尋ねている。海広澄は急いで外記局に戻って外記日記などを引勘し、「無二所見一」という結果を報告している。[28]外記庁や左衛門陣で行なわれる政・申文等において先例を確認する必要が生じた際は、外記が外記文殿まで赴いて調査し、すぐに復命するのである。

その日の行事を催すか否かというような、結論を急がねばならない場合、外記は短時間で先例を調べ、それに依拠した策が実施されていた。これらの勘申はいかにしてなされていたのであろうか。

外記が勘申に用いていた外記日記をはじめとする文簿は、外記庁内の外記文殿に保管されており、[29]正本を外部へ持ち出すことは禁じられていた。[30]それゆえ、数日かけて勘文を作成する場合はよいだろうが、儀式の途中で先例を問われたような返答に急を要する場合は、公卿から勘申の命を受けた外記だけが、外記文殿内でも一人だけで作業をしていたとは考えがたい。外記局には、大夫外記・六位外記以外に、多くの史生たちも勤務している。勘申の命を受けた外記だけでなく、その場に詰めている他の下僚たちも作業を分担したと考えるのが妥当だろう。実際、弁官局が管理した官文殿では、作成した勘文に四人の史生が署名しており、引勘は彼らにも可能だったことがわかる。[31]また十二世紀以降になれば、外記局で「外記文殿」と呼ばれた官人も確認できる。[32]恐らくは、儀式の場で公卿から勘申の命を受けたり、結果を報告することは外記の勤めであったが、実際に文簿を引勘する作業は史生らも分担していたものと考えたい。

勘申の命が大夫外記に対して下されている事例が多いのは、陣座などに控えているのが大夫外記であることが多いためではないだろうか。庁に戻った大夫外記は、六位外記・史生らとともに引勘を行ない、結果は再び大夫外記が報告したのである。報告（勘申）と作業（引勘）とを混同すべきではないと思われる。先にも見たように、引勘に基づいた勘申は実務官人の基礎能力というべきであり、また、外記日記などの外記文殿に保管されている文簿は、外記局職員であれば取り扱うことができたであろう。十世紀における外記局の勘申作業は、局に直したすべての人材によってささえられていたのである。

では何故、外記局の勘申が重視・尊重されたのであろうか。それは、外記局が有していた文簿の性格と関係しているものと考えられる。つまり外記局は、太政官というもっとも重要な部署であるゆえ、その文殿ではもっとも信頼できる「正本」を保管していた(33)。それゆえ、それを用いた勘申、つまり外記の行なう勘申は正確だという信頼があったのではないだろうか。

第三節　外記日記の盗難

十一世紀の後半に入ると、外記文殿の信頼を傷つける事件がおこる。治暦二年（一〇六六）二月に中原師平が大外記を辞した直後の七月、外記日記二百巻の紛失が発覚したのである(34)。師平の後任大外記である三善為長が補任されたのは治暦三年であるから(35)、発覚時には大夫外記が不在であったことも関係しているかもしれない。

失われた外記日記は、補充が決定する。辞任した中原師平の父師任が、大夫外記在任中にすべての外記日記を写し取っていたのである。そこで師平所蔵本の写本をつくり、それを外記文殿に納めることとなった。こうして、原本は失われてしまったが、原本から直接に写した一次コピー（准正本）を師平が所持することになった。

十世紀までの原則であれば、最上質のものを外記文殿に提出させ、保管することになっていたであろう[36]。だが治暦三年四月に外記文殿に納められたのは、この准正本ではなく、更にその写本（二次コピー）であった。比較しているとはいえ、最上質でないことは明らかである。もっとも信頼できる外記日記は中原師平の手許に置かれ、外記文殿のものはそれに次ぐという順位になったのだ。

なぜ中原師平の所持している外記日記は召し上げられなかったのだろうか。それを理解するためには、十一世紀以降、官文書の保管システムが変化していることに言及する必要がある。官衙附属の文殿を核としていた律令的文簿保管体制では、公式様文書の案文保管を中心にしていた。ところが、いわゆる公家様文書の効力が高まってくると、その案文も保管しておく必要が生じ、やがてその方が重要になってくる。だが、公家様文書の案文を官衙内で保管する規則は旧来のシステムの中には存在しなかった。その結果、発給者（もしくは奉者）が各自の手許で案文を保管することが十一世紀初頭から流例となっていく[37]。こうした、重要な記録を官衙ではなく公卿・官人が私的に保管する慣例が定着していたことにより、外記日記の最善本という本来は外記文殿で保管すべきものでさえ、私有物であるがゆえに師平邸で保管することにされたのであろう。もちろん、最善本でない外記日記であれば、それを私有することに何ら問題はない[38]。問題は、正本が失なわれてしまったことにより、それまで最善本でなかったものが最善本へ繰り上がったにもかかわらず、保管者が変更されなかったことにあった。

こうして中原氏は、外記日記の最善本を所有する家系となった。これが、大夫外記の世襲・保持に有利であることは、いうまでもないだろう。勘申は、さまざまな判断の根拠とされたため、信頼のおける根拠が必要であった。従来の外記文殿では外記日記がその中心であったが、この事件によって、中原氏の手許にある外記日記がそれに替わったのである。この変更は、中原氏の公家社会における地位に、大きな影響を与えただろう。外記文殿に対する信頼よりも、中原氏の私文庫への信頼が勝るようになったのである。

実際、外記文殿の位置づけも変化している。この事件の後も外記日記は書き継がれていたらしいが、承徳元年（一〇九七）ごろに廃絶している。(39) その上、治暦三年の補塡も完璧ではなかった可能性があり、また所蔵物を持ち出しているなど、管理面での規制が緩和されていることもうかがわせる。(40) 外記文殿の位置づけが低下した結果、その所蔵物の管理も緩くなったのではないだろうか。

信頼という点では、中原師任・師平父子への評価は高い。(41) それゆえ遠藤珠紀氏は、中原氏に師平・師遠という優れた人材が現れたことが、大夫外記世襲の地盤を整えたと類推されている。(42) 確かに、二人が優れた才能を有していたことは諸書に見える。(43) しかしいずれも後世に讃えられたものであり、ある程度は彼らの評価も割り引かねばならないともいえよう。無関係とまで否定するわけではないが、大夫外記という重要なポストの世襲は、個人の才能だけで説明できる問題ではないのではないか。むしろ、中原氏は外記日記の准正本を所有する家系として信頼を高めることとなり、大夫外記の地位世襲に大きく踏み出したと考えたい。

十二世紀半ばになると、外記文殿の外記日記よりも中原氏の所有する外記日記の方が信頼できるためか、中原氏の私邸で引勘作業を行なっているが、(44) その基底にあるのは中原氏の勘申の技術への期待ではなく、所蔵史料への信頼なのである。

依頼する側にとっては、勘申は意志決定に不可欠な参考資料であり、そこに確たる根拠が示されていることが必要だった。治暦二年までは、外記文殿の外記日記がその役割を担ったのだが、事件によって、外記文殿の外記日記よりも中原氏が所有する外記日記の方が信頼されるようになった。信頼できる史料が、組織所有であれば勘申作業も組織で行なうこととなるが、個人所有であれば個人で行なうこととなる。

外記文殿は、外記局職員であれば誰でも利用できるため、勘申の命は大夫外記が受けることが多いものの、実際の引勘作業は、局職員で共同して行なえた。それゆえ、大外記が誰であろうとも大差はなく、個人の能力はプラスアルファとして勘定されただろう。

しかし治暦二年以後は、状況が変化する。多くの外記日記を失った外記文殿は副本しか所蔵しておらず、もっとも確実性を期待されたのは中原氏が所有するものであった。そのため、中原氏の許諾があれば、信頼性の高い写本を利用できるが、その協力がえられなければ、外記文殿の副本でしか引勘できない。大外記が中原氏か、それ以外かによって、勘申の信頼性に大きな差が生じることとなったのである。こうして、中原氏の大外記世襲が、公家社会全体にとって大きなメリットと捉えられていくのである。これは、中原氏の私的所有物が、社会全体の不可欠な要素として認識されはじめたことを意味している。

こうして、大夫外記に中原氏が在任することへの要望が強くなり、結果として長期にわたって在任することとなるのである。

松薗斉氏は、「日記の家」という概念を用いているが、本論に引き寄せて考えるなら、周囲から信頼される史料を豊富に所有した家系が、そのような呼称で呼ばれたのではないだろうか。松薗氏が強調される「家記」というものも、結局は子孫が判断するにあたって確たる根拠となりうる信頼できる史料だから重視されたのである。物理的な量だけでなく、質も問われたのである。

では、清原氏はなぜ残留できていたのであろうか。

第四節　清原氏の衰退と中原氏の世襲

清原頼隆が、藤原道長・実資と結びついていたことは、前述の通りである。そして頼隆子息の清原定隆・定滋については明確ではないが、孫世代の定俊（定隆の子）は藤原師実の家司になっており(45)、定康（定滋の子、頼業祖父）も師実に仕えていた(46)。そして定俊の長男である家俊は源顕房の許へ伺候していることが伝えられ(47)、次男の信俊も藤原忠実のもとに伺候している(48)。このように清原氏の歴代は、摂関家の家司にはあまりなっておらず、文殿にも参じていないものの、中原氏と同様に摂関家（またはその周辺の人物）に奉仕していた。ただし、中原氏よりは接近の度合いが明らかに低い。

とはいえ、他の大夫外記の子孫では、摂関家への奉仕が確認できないことを考え併せると、十一世紀半ばまでに大外記となっていた人々のうち、摂関家との関係を世代をこえて保持し続けられた中清両氏が、十一世紀七〇年代後半以降にも大外記の地位を維持していったと見なせよう。

ところが、十二世紀に入り宗仁親王（鳥羽天皇）の即位によって白河院政が本格化すると、中原氏はそれにも従属し、院文殿への出仕を始める(49)。しかし清原氏は、院との接点を見いだせない。つまり十二世紀以降、中原氏は院・摂関家の双方に対し、清原氏よりも深い関係を結んでいるのである。この差が、中原師遠による長期在任へとつながり、清原氏を大外記の座から遠ざけてしまったのではないだろうか。

その上、摂関家も「日記の家」としての様相を整えつつあった(50)。治暦二〜三年の事件の影響もあるだろうが、十二世紀に入ると、そもそも外記文殿・官文殿の情報源としての魅力自体が低減していたのである。そうすると摂関家は、大夫外記に家人を据える必要性を欠くこととなる。この結果、大夫史では惟宗氏が消えていった。

これまで清原氏については、定俊が除目下名の遅れや内裏での礼法を誤ったために関白藤原師実から勘発されたり、信俊が出家時に「雖レ覚二本経一、平生不レ学二末文一、因レ之不レ通二義理一」と評されたことなどが指摘されている[51]。先学は、「義理」を先例・故実のことと解しているが、これは本経（経の本文）を読むばかりで末文（末書、解釈書のこと）を学ばないため、義理（明経の考えのすじみち）の理解が不十分であると批判しているのであり、明経博士としての能力を批判しているものの、大外記に求められる先例・故実の知識とは関係ない。更に、清原氏が一定度以上の家記を収蔵していたことや[52]、先例勘申を務めることも確認できる[53]。特に禁忌・忌についてはその具中を多く見いだせ[54]、得意分野であった可能性が高い。信俊が古事を語ることもあり[55]、故実に疎かったことを大外記から遠のいた理由とすることは疑問である。ただあまり信頼されていない様子もうかがえ[56]、注意が必要であろう。

遠藤珠紀氏は、中原師遠らの長期にわたる大夫外記在任の理由を、学者としての評価が高かったことに求めている。しかし学者としての評価が高いことは、彼らに限ったことではない。信俊も「累代之名儒、当世学者多出二其門一」などと評され、決して低くないからである[57]。加えて、学者として優れている人物が、公事を立派にこなせるとも限らない。それゆえ、清原氏が大外記から遠のいた理由をここだけに求めることも無理があるように思える。

信俊が大外記在職中の後半に中原師安が大夫外記に添え補されたことは、信俊には充分な出仕ができないという理由があったのではないか[58]。頼隆も長期にわたって中風を患って出仕できない時期があったが[59]、解任されてはいない。頼隆のころは、大夫外記が不在でも他の六位外記が対応できたが、十一世紀半ば以降はそれができなくなったため、補う必要が生じたのだろう。

そのような中、永治二年（一一四二）正月一日、鳥羽院のもとへ勘文を持参した清原信俊は、権中納言藤原公能

系図10－1　中原・清原氏の系図（大夫外記には波線を添えた）

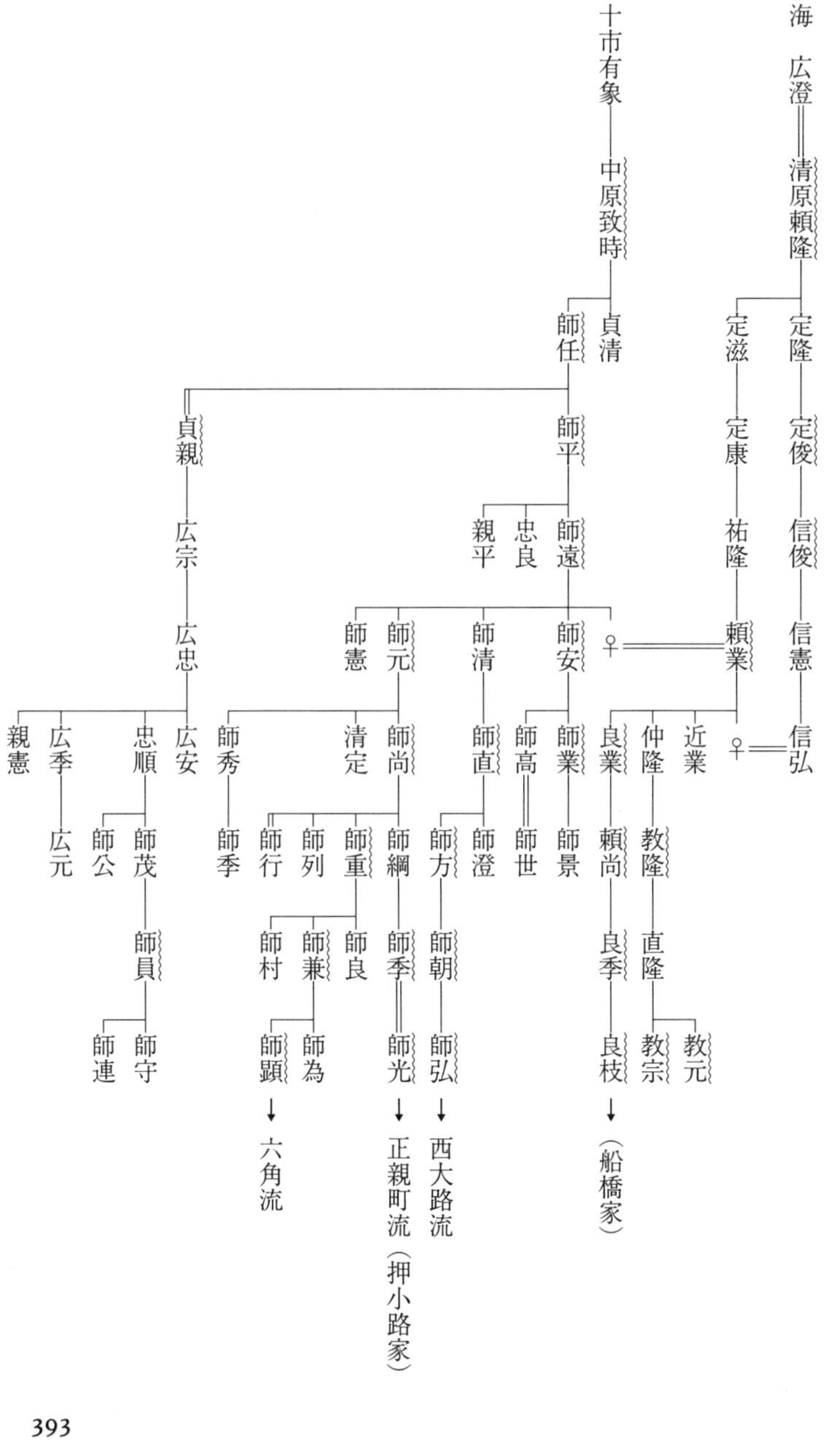

に車を破却されている。詳細はわからないが、何か無礼な振る舞いを行なったのであろう。しかも信俊は、勘文を作成できないという失態も続けて犯し、中原師安に代作してもらっている。(60)この時信俊は自ら「不レ力及レ」と吐露するような状況であり、公事を務める力を失っていた。その結果だろう。同月内の除目で信俊は、大外記から肥後守へ転任されてしまう。しかもこの除目の執筆は公能である。信俊は、軋轢と失態が重なり、事実上解任されたのだろう。加えて、院・摂関家との関係が比較的薄かったことが、次世代の復権を困難にしたのではないだろうか。更に信俊嫡男の信憲も、藤原頼長に『周礼疏』摺本を譲り渡すなど(61)、学業に熱心だったとはいいがたく、父の辞官申任で穀倉院別当にはなるものの、博士にすらなれなかった。

こうして、清原頼隆から続いた大外記清原氏の嫡流が排除され、中原師安だけが大外記に残った。もちろん、外記日記の准正本を所蔵していることも、いまだ魅力的であり、新たなコネクションを形成・維持するのに有利に働いただろう。

表10－3　中原氏の歴代とその記録

名前	日記	著　作	編　纂
師遠	○	師遠年中行事	－
師安	－	－	諸道勘文
師業	－	－	－
師元	○	師元年中行事	中外抄・「除目抄物」（註）
師尚	○	－	－

註）「除目抄物」は、『師郷記』文安５．５．21条による。

中原氏は、外記日記の准正本を所蔵していたこと、院・摂関との関係を深めたことに加えて、勘申の要求に応えられるよう、情報の蓄積・整理も恒常的に続けられていた。表10―3のように中原氏の歴代は、幾つもの著作・編纂物があるが、清原氏の歴代には全く見られない。また明経博士を世襲しているということによって、学生らを使役しえる環境にあったことも有利に働いただろう。実際、大外記の「相伝家人」と自称するような人物も存在しており、召使の助正は、大外記師安の私的な従者としても活動している。(62)大夫史が史生と結びついたのと同様、彼らの登用によって、勘申に代表されるような外記局に求められたさまざまな職務を滞りなく遂行できたのである。

これらを通じて外記局における中原氏の優位が確定し、清原一門からも中原氏にしたがうような人々が現れていった。縁戚となった清原頼業や、日記を残した清原重憲らは、いち早くそのような判断を下したのであろう。こうして中原氏の周辺に、知的・人的資源が蓄積されていったのである。

中原師安は、天養元年（一一四四）十二月には嫡男師長（師業）への大外記譲任を求めた。しかしそれは許されず、久安四年（一一四八）十月になって初めて許されている。[63] この譲任を考える際、見逃せない事件がある。それは久安三年に指示された、外記日記の復活である。内大臣藤原頼長は、久安三年六月に外記日記の復活を中原師安へ指示した。[64] この政策は、外記日記写本（最善本）を有する師安の優位を脅かすものであり、実際、実行されたかどうかは確認できない。そこで頼長は、師安が大外記の地位を師業に譲ることを願っていたことを利用し、大外記の地位を保証することで政策を実施させる意図があったのではないだろうか。外記日記が復活し、中原氏の所有する外記日記の価値が相対的に下がっても、大外記の地位を保証するという取り引きである。しかし譲任を実現するには、勅許が必要であった。当時、天皇体仁（近衛天皇）はまだ幼いため、実際には鳥羽院や摂政忠通の内諾が必要だっただろう。久安四年は、忠実・頼長と忠通との間で本格的な対立が始まる直前である。[65] しかし師安は、実権を握る鳥羽院の院文殿に候した経験をもち、安芸国吉田郡の師業所領は、鳥羽院領となっている。また頼長の学問の師であるとともに、忠通の家司も務めていた。師安は、すべての有力者と等しくパイプを有しており、いずれかの勢力に癒着・依存することなく、固有の特長によって譲任を勝ち取ったといえよう。

こうして中原師安は、その地位を子孫に伝えることを認められたのである。

むすびにかえて　―大夫外記二人体制へ―

永暦元年（一一六〇）正月、中原師業が罷免され、代わって中原師元が大夫外記に登用される。師業の罷免は、表向きは平治の乱において藤原信頼の命にしたがって平清盛追討宣旨を奉じたことが理由とされ、新しく大夫外記に据えられた師元の許には、師業の有していた文書も伝領されている。(66)

元来、中原師安をはじめとする一族は、保元の乱まで院、藤原忠実・頼長、藤原忠通に等しく仕えていた。(67)しかし乱後には、師安弟の師元が、平清盛との関係を深めたようであり、子の一人を清盛の養子とし、(68)忠通の家司ともなっている。師安の姉妹を妻にしている頼業も、乱前から藤原頼長・信西らと親しかったが、もともと師元と近い上に、(69)二条親政期に力を振るった藤原経宗と親しかったことが知られている。(70)いずれも清盛とは良好な関係を築いていたのである。一方、師業は院・摂関家の文殿に参じた痕跡はなく、(71)有力な後ろ盾をもたなかったようである。師業の排除は、このような環境の中で行なわれた。師業は、近親者である師元・頼業らによって、大夫外記の地位を奪い取られたものと考えられる。

しかし大夫外記となった中原師元も、さして優遇されていたわけではない。師元嫡男である師尚は従五位下・直講のまま据え置かれ、応保二年（一一六二）二月の昇叙も父師元の賞を譲られたものである。長寛元年（一一六三）正月には周防権介、翌二年十一月には主計権助を拝任するものの、卑官であることに変わりはない。そのころに詠んだと思われる和歌がある。(72)

右大将実房中将に侍ける時、十五首歌よませ

侍けるに述懐の歌とてよみ侍りける　　　　　　　　　　　　　中原師尚
数ならぬ　身を浮雲の　晴れぬかな　さすがにいゐの　風は吹けども

藤原（三条）実房が中将であったのは、保元三年（一一五八）三月から永万二年（一一六六）六月までであり、また師尚が「いゐの風は吹けども」と結んでいることから、平治元年（一一五九）正月の任直講以後の詠草と思われる。師尚の自負とは裏腹に、低い官位に止まっているさまを訴えている。

しかし師安が勝ち取った譲任の例は適用され、師尚は永万元年七月に大炊頭、翌二年正月には大夫外記を父から譲られる。これだけなら、中原氏による大外記譲任が定着したと考えられる。しかし実際には、清原頼業も同時に大夫外記（局務）へ任じられ、年齢・位階で上まわる頼業が上位（局務）を占めたのである。

清原頼業の妻は、師安の姉妹であり、妹は師安嫡男である師業に嫁いでいた。つまり頼業は、師安・師業父子の双方と義兄弟の関係を結んでいる。また六位外記に任じられたのは師安が大夫外記であった時である。加えて清原祐隆・頼業父子も、師安もともに太秦に別邸を有している[73]。これらから頼業は、清原氏といっても嫡流の定俊・信俊に連なる者ではなく、大夫外記を独占した中原師安の准一門として大夫外記に抜擢されたものと考えられよう[74]。閲閲・年齢から考えると、当初は一〇年程在任して、若い師尚が経験を積むまでの中継ぎ役に擬せられていたと考えてよいだろう。ただ、頼業の評判が高くなり、それにしたがって在任も長期化し、その間に頼業も官文書を蓄えていった結果、清原氏もまた大夫外記を務めるにふさわしい記録・文書を備えていると見なされたのではないだろうか[75]。

後に頼業は、中原氏とは異なる例（作法）を採用している[76]。九条兼実は、その行為を意図的なものと考えているが、このことからは、頼業が中原氏の後見という立場に甘んじることなく、個性を主張して中原氏からの独立を意図していたことがうかがえる。

大夫外記が中原・清原両氏によって世襲されるようになった経緯は以上の通りである。その過程では、時代ごとの政治的要因によってさまざまな篩いがかけられた。まず大前提となるものは、公事を務められることであり、先例勘申はその中核であった。そのため、十世紀後半からは勘申に慣れた博士が大外記とされやすくなり、中でも藤原道長・頼通のような政権担当者と結んだ人々が登用され、彼らによる政権を情報面でささえていた。それらの人々の中で、世代をこえて摂関家に奉仕し続けた中原・清原両氏が大夫外記を受けつぐが、治暦二年に外記日記盗難事件がおこり、中原氏が優位となる。しかも中原氏は、十二世紀以降には院へも出仕を始め、清原氏との差を大きくした。そのため清原氏は、信俊が解任されると復権できず、遂に中原師安によって譲任が実現し、その一門によって大外記が担われることとなった。こうして十一世紀から続いた収斂過程は、十二世紀半ばには究極にまで進み、中原氏による独占となる。そして、仁安元年の清原頼業登用は、収斂を続けていたベクトルが逆向きになり、分裂の過程が始まったことを示している。

このように大夫外記は、「雑多な氏族から中清両氏へ」という変化ではなく、雑多な氏族から、博士の人々、中清両氏、中原氏単独、中原氏の分裂という過程を経たのである。複数の家系の中原氏と、清原頼業後裔とは、いずれも中原師安から分裂してきた、その一門と評すべき家系なのである。

そして忘れてはならないのが、官職世襲の最大の要因となったのが、私的所有物だという点である。私的に所有していた外記日記が、周囲から必要不可欠なものとして認識され、その保存・活用が期待された結果、中原氏は大夫外記という地位を確保できたのであり、それを名目として、経済基盤や人材が整えられていったのである。

註

（1）本書では、五位以上を有す大外記を「大夫外記」と呼んだ。「局務」という場合、複数人いる大夫外記の最上位をさす。また同じ「中原朝臣」姓をもつ官人でも、必ずしも一族（同じ家系）とは限らないが（曽我良成「実務官人の『家』と家業の継承」『王朝国家政務の研究』吉川弘文館、二〇一二年。初出は一九八五年）、本章では原則として中原氏は中原致時後裔を、清原氏は清原頼隆後裔をさす。また両者を併せて「中清両氏」とも記した。

（2）佐藤『日本の中世国家』（岩波書店、一九八三年）。

（3）松薗「外記局の変質と外記日記」、「中世の外記」（『日記の家』吉川弘文館、一九九七年）三〇二頁など。

（4）遠藤「官務『家』・局務『家』の成分」（『中世朝廷の官司制度』吉川弘文館、二〇一一年。初出は二〇〇二年）、同「外記局における中世的体制の成立」（同書。初出は二〇〇八年）。

（5）拙編著『外記補任』（続群書類従完成会、二〇〇四年）。なお同時期の官史については、永井晋編著『官史補任』（続群書類従完成会、一九九八年）および本書第一章を参照。以下、本章における外記・史の補任状況は、いずれもこれらによる。

（6）本書第八章。

（7）改姓については、拙編著『外記補任』（前掲）四一一～一二頁を参照。なお貞元二年五月十日付「太政官符」（『類聚符宣抄』第七）によると、延喜五年十二月に、外記・史・諸道博士ら以外は改姓の申請を受け付けない旨の宣旨が出されている。

（8）本書第一章。承和元年以降十世紀末までで、該当する外記は付表の通り。この他、博士の兄弟子孫も多い。

（9）『日本紀略』延喜元年九月十五日条、「二中歴」第二摂関

付表10－1

人　名	官	時　期	外記就任
清内御薗	音博士	前	承和02
善淵愛成	大博士	後	貞観04
三統理平	文章博士	後	寛平08
紀長谷雄	文章博士	後	仁和02
中原連岳	直講	前兼	昌泰03
大蔵良実	算博士	兼	延喜10
十市有象	直講	前	天慶05
賀茂連量	直講	兼	安和02
慶滋保章	文章博士	後	天禄03
海　広澄	直講博士	前兼後	寛和元
中原致時	大博士	兼	永祚元
慶滋為政	文章博士	後	長徳04

註）「前」「後」はそれぞれ外記在職前・後に、「兼」は在職中に就いていたことを示す。

侍読（『改定史籍集覧』第廿三）。
(10)「外記補任」（『続群書類従』第四輯上）貞元二年。
(11) 以下、藤原実資の家司・家人については、渡辺直彦「藤原実資家『家司』の研究」（『日本古代官位制度の基礎的研究 増訂版』吉川弘文館、一九七八年）を参照。
(12)『尊卑分脈』第四篇。成頼姉妹には上東門院（後朱雀院母）の女房がいる。
(13)「小野氏系図」（『続群書類従』第七輯上所収）、『春記』長暦二年十月十二日条など。
(14)『中外抄』下巻9話。
(15)『小右記』寛弘八年二月四日条、『権記』同年十二月十八日条。
(16)『後二条師通記』寛治六年（一〇九二）二月十八日条。
(17)『実淳卿記』延徳四年（一四九二）正月八日条所引寛仁三年（一〇一九）正月五日付「摂関家令栄爵申文」（『官史補任』寛仁三年）、寛徳二年（一〇四五）五月十八日付「関白家政所下文案」（内閣文庫所蔵文書、『平安遺文』六二三号）。
(18)「本朝高僧伝」巻七十（僧道寂）。
(19)『中外抄』上巻48話。
(20) 福田以久生「大江公資とその妻」（『日本歴史』三三四号、一九七六年）。
(21)『十訓抄』十の七八、「中古歌仙三十六人伝」。
(22) 坂本賞三『藤原頼通の時代』（平凡社、一九九一年）八一～九〇頁。
(23)『御堂関白記』寛仁二年（一〇一八）二月十六日条および、村井康彦「公家領荘園の形成」（『古代国家解体過程の研究』岩波書店、一九六五年）を参照。
(24) 槇道雄「藤原頼通政権論」（『院政時代史論集』続群書類従完成会、一九九三年。初出は一九八五年）。
(25) 松薗斉「摂関家」（『日記の家』註3前掲。初出は一九九三年）。
(26) たとえば『延喜式』には、太政官・民部省・主計寮・勘解由使に「勘申」が見え、大宰府雑掌や国雑掌も勘申をすることになっている。また『続日本後紀』承和十三年十一月十四日条では諸道博士が勘申をし、神祇官（『村上天皇記』天徳四年五月十三日条）、式部省（『村上天皇記』天暦八年四月九日条）も勘申を行なっている。

(27)『小右記』天元五年正月廿二・廿六日条。

(28)『本朝世紀』寛和二年五月四日条。

(29)平安時代前期から中期にかけての文殿については、本書第四章で検討した。

(30)延喜太政官式。

(31)嘉禄二年（一二二六）までの官文殿勘文は、本書第四章に掲げた。

(32)「外記文殿」と呼ばれた官人は、守里（『吉記』承安四年九月廿二日条）、助行（『吉記』養和元年六月八日条）らが確認できる。

(33)本書第四章。

(34)「十三代要略」。この事件については、他に『水左記』治暦三年四月廿七日条、「江談抄」第二第16話、『扶桑略記』治暦三年四月廿七日条を参照されたい。

(35)「二中歴」第二大外記。

(36)本書第五章。

(37)本書第五章。

(38)たとえば藤原実資も外記日記を所蔵していることが、『小右記』寛弘二年三月廿日条に見える。また「貫首秘抄」（『群書類従』第七輯所収）には、蔵人が「必可レ持之文」の一つとして「仁和以後外記日記」があげられている。

(39)『台記』久安三年六月十七日条によると、大江通景が六位外記に在任していたころまでは六位外記が外記日記を書き継いでいたという。通景の在任は、嘉保三年（一〇九六）～承徳元年（一〇九七）ごろ。

(40)『後二条師通記』寛治六年十月二日条・四日条。

(41)「江談抄」第二第16話では「殊有二寛仁之心一、強無二貪欲一」と評される。

(42)遠藤「中世前期朝廷社会における身分秩序の形成」（『中世朝廷の官司制度』註4前掲）。

(43) 中原師遠については、「江談抄」第二第19話、「古事談」巻二第66話に逸話が語られる他、「大外記中原師遠記（鯨珠記）」があり、院からの諮問に答える様が伝えられている。
(44) 「清原重憲記」康治三年正月十七日条。
(45) 承保三年（一〇七六）九月三日付「関白左大臣家政所下文案」（東大寺文書、『平遺』一一三二号）。
(46) 「中外抄」上巻48話。
(47) 「古事談」巻六56話。応徳元年（一〇八四）の話。
(48) 「中外抄」上巻16話。
(49) 本書第六章。
(50) 松薗斉『日記の家』（註3前掲）。
(51) 「大記」承暦三年二月五日条、『台記』久安元年九月廿四日条。
(52) 『後二条師通記』寛治六年（一〇九二）十月一日条、寛治七年十月廿八日条など。
(53) たとえば『水左記』永保元年十月廿一日条では、大外記定俊に先例勘申させる旨の命を、少外記兼孝が伝えている。
(54) 『水左記』承暦四年十月九日条、『後二条師通記』寛治六年四月十五日条、寛治七年二月廿八日条など。清原氏は、明経博士ではあるが禁忌・忌も学んでいたらしく、定俊だけでなく頼隆（『小右記』寛仁三年十二月十六日条）や俊安（『兵範記』仁安三年六月廿二日条）など、禁忌・忌についての勘申・具申がよく見られる。信俊も、大外記罷免後も禁忌の勘申を命じられている（「清原重憲記」康治三年二月十四日条）。
(55) 『中右記』大治四年正月五日条。
(56) たとえば『台記』保延二年十月十二日条。
(57) 「本朝新往生伝」（『日本思想大系7　往生伝　法華験記』岩波書店、一九七四年）。
(58) 信俊は熱心な浄土信仰をもっており、鞍馬寺などに埋経を行なっていることも、関係があるのかもしれない。関秀夫『経塚遺文』（東京堂出版、一九八五年）八七・一〇四号、三宅敏之「平安時代埋経供養の一形態―清原信俊の埋経を中心として―」(『日本歴史』一八一号、一九六三年)。
(59)『春記』長久元年四月十八日条。
(60)『本朝世紀』康治元年正月一日条・九日条、『台記』同年同月十六日条。
(61)『台記』久安二年三月十一日条。
(62)助正は「清原重憲記」に頻出(久安元年十月九日条など)。承安四年十月一日付「中原業長譲状案」(厳島神社文書、『平遺』三六六一号)では、成孝が「相伝家人」と自称している。
(63)「清原重憲記」天養元年十二月十八日条、『台記』久安四年十月十七日条。
(64)『台記』同年六月十七日条。
(65)元木泰雄『藤原忠実』(吉川弘文館、二〇〇〇年)一二九～三一頁。
(66)「中原系図」(『続群書類従』第七輯下)、『尊卑分脈』四篇。
(67)中原師安は藤原頼長の学匠であり、師元は忠実に近侍して「中外抄」を著したことで知られている。
(68)名は清定(清貞)。仁安二年正月卅日に右馬允とされている(『兵範記』)。
(69)頼業弟の祐安は師元の養子となっており、仁平三年から久寿二年の間に六位外記となっている。くわしくは、拙稿「外記考証・補遺」(『季刊ぐんしょ』六八号、二〇〇五年)。
(70)『古今著聞集』巻一八、六三一話。
(71)本書第六章。
(72)『千載和歌集』巻一七・雑歌中。
(73)両足院所蔵『礼記鄭注』奥書、「清原重憲記」康治三年二月十四日条。なお京都西郊には、現在も清原頼業を祭神として祀る車折神社があり(右京区嵯峨朝日町)、神社は頼業の別邸跡地と伝えている。近世までは、頼業後裔の船橋氏の菩提寺も所在していた。『車折神社御祭神記』(車折神社御祭神八百年祭奉賛会、一九八八年)参照。
(74)この点は、拙稿「外記補任(稿)」(『立命館文学』五五九号、一九九九年)などで述べている。
(75)頼業は、十二世紀前半に大夫外記を務めている清原信俊の嫡孫・信弘を婿にしている。これによって、信俊系の家系に所蔵されていた記録・文書を入手できたかもしれない。

(76) 『玉葉』安元三年正月廿九日条。また遠藤基郎「『外記の家』の年中行事書」(『国史談話会雑誌』五〇号、二〇一〇年)も参照。

第十一章　「官司請負制」の内実

はじめに

「官司請負制」とは、佐藤進一氏が『日本の中世国家』（岩波書店、一九八三年）において提唱した、中世国家の構成原理を示す概念である。氏の論点は次のようにまとめられる。①十から十一世紀の間に令制官庁相互間で分合が進み、蔵人所や検非違使庁のような「自己完結的な官庁」が出現した。②これらの官庁では「令制・令外の別なく、特定の氏族が特定官職に世襲的に就任し、更には特定の氏族が特定官庁を世襲的に運営する傾向が生まれる」。いわば「職と家の結合であり、官職・官庁の世襲請負である」。③官庁運営においては、「運営を支えるための収益源が設定され」、「職務の執行すなわち業務活動の結果として収益がもたらされる」。いわば「収益を前提とした職務の執行」、または「官職それ自体に一定の収益が内包される」ともいえる。佐藤氏は、官司請負制をこのように説明し、また「中世国家の主柱」と評価するのである[1]。

この説は、黒田俊雄氏の「権門体制論」のような中世統一国家論とは異なる立場に立つ佐藤氏が、中世複数国家論の立場から朝廷をどのようにとらえるかを明確に示したものであり、多くの論者がこれに言及している[2]。もちろん、以後の研究によって部分的な反論・修正は出されているが、「官司請負制」そのものは現在でも通説的な理解として認められており、かつ、深められてきているといってよいだろう[3]。

たとえば、官司請負制下の官庁運営について、玉井力氏は鎌倉後期の外記局における少外記の検討の中で次の二点を述べている。①局務管下の大炊寮などにおいて、局務一族や青侍（門生・門弟）が助以上の官や目代などを占め、相応の得分をえていた。②彼らは局務（家君）の強い主従制的統制下にあり、局務家での勤務を奉公と意識し、目代職なども局務の意志によって解任される。また玉井氏は「官務・局務・蔵人方の出納の家などは、その職掌に関わる諸寮司・所々・寮務・司務・所務をも吸収し、その内部に門生あるいは家司的な、これまた世襲的な家を支配して、文字どおり蔵人所・太政官の機能を丸抱えするかたちで請け負うに至る」とも述べており、官務や局務のような典型的な官司請負の氏族の官庁運営が、一門家人による官職独占と、家君による一門家人の主従制的統制によってささえられていたとしている。(4) しかしいずれも、文章の性格上、概略を述べるに止まっており、「請負」についての詳細な検討は行なわれていない。

一方、非官司請負制的な官庁においては、長官と年預による集権的な官庁運営形態が指摘されている。(5) それらの研究によると、官庁における「年預」そのものは十世紀から見いだせるが、十一世紀以降になると長官と長官に任命された年預の二者に指揮系統が集中し、実務はほとんど年預によって担われるようになるという。これは事実上、年預による請負ともいえるものであり、検討対象に官司請負の有無という差異はあるが、官司運営における共通点もあるのではないだろうか。

そこで本稿では、十三世紀後半から十四世紀前半の官務（小槻氏）に焦点を当て、その業務遂行と官庁経営から、「請負」の具体像を構築してみたい。

第一節　大夫史の業務遂行

本節では、官司請負制下において官務（大夫史）が請け負ったとされる官方業務の遂行の様子を検討し、その具体像を提示する。検討の対象となる官務の職務については、曽我良成・中原俊章両氏の研究によって、①宣旨の発給、②文書管理と前例勘申、③諸行事の用途調達という三点にまとめられている[(6)]。本節では、このうち②と③を取りあげ、検討を加える。

1　文書管理と先例勘申

小槻氏の先例勘申・文書管理について曽我氏は、①小槻隆職の勘申は「官之故実」と「家之口伝」に基づいてなされていた、②小槻氏は文書を集積・整備し、「諸国申請雑事」などの先例集を編集していたことも指摘している[(7)]。つまり、先例勘申の素材は、勘申する各官人・組織が保管している「文簿」や「口伝」であり、先例勘申は文書管理に基づいて実現しているのである。ゆえにここでは両者を一括して取り扱いたい。

通例、公卿による勘申命令は、「勘宣旨」によって当事者に伝達される[(8)]。それゆえ、官方に対する勘申命令の返答であれば、官務の名による勘文がもっとも一般的であろう。しかし中には次のような場合もある。

〈光厳上皇院宣案〉

（端裏）「院宣案　矢野庄役夫工米事」

東寺領播磨国矢野庄例名役夫工米事、賢俊僧正状副二申状具書一如レ此。載二元亨進符一否可レ被二注進一之由、被二仰下一之
状、如レ件。

十月廿一日　　中弁判

大夫史殿

〈院宣施行状案〉

東寺領播磨国矢野庄例名役夫工米入二元亨進符一哉否事、御教書如レ此。急可レ被二注進一候。恐々謹言。

十月廿二日　　■■（ヨメズ）

前左大史殿

〈左史生中原職有請文案〉

東寺領播磨国矢野庄例名役夫工米事、謹承了。当名彼度進符内無二所見一候。以二此旨一可レ有二御披露一候。職有
恐惶謹言。

十月廿三日　　左史生中原職有

〈大史小槻匡遠請文案〉

東寺領播磨国矢野庄例名役夫工米入二元亨進符一否事、相尋候処、職有請文如レ此。仍進上如レ件。

十月廿四日　　大史小槻匡遠(9)

表11－1 官文殿勘文一覧

勘文の年記	作成者	典 拠
応徳２(1085)09.11	左右史生３名	『朝野群載』巻第６（太政官）
応徳４(1087)03.06	左右史生３名	『朝野群載』巻第６（太政官）
天養元(1144)10.21	左右史生３名	「清原重憲記」同年同月16日条
嘉応２(1170)02.－	左右史生４名	狩野亨吉蒐集文書
治承２(1178)05.11	左右史生４名	『続左丞抄』第１
正治元(1199)05.15	左右史生４名	「小熊神社神鏡沙汰文」
寛元２(1244)10.10	左右史生４名	『平戸記』同年同月14日条
建長５(1253)12.30	右史生１名	『続左丞抄』第２
文応元(1260)05.25	左史生２名他	『続左丞抄』第２
文応元(1260)10.－	記載なし	『妙槐記抄』宣旨案
文応元(1260)10.－	記載なし	『妙槐記抄』宣旨案
文応元(1260)10.－	記載なし	『妙槐記抄』宣旨案
応長元(1311)08.28	左右史生２名	「伝宣抄」下（下弁官部）

註）官文殿の焼失以前・以後を点線で分けた。

十月廿一日に光厳院より勘申命令を受けた小槻（壬生）匡遠は、廿二日に前左大史に院宣の内容を伝達する。そして廿三日には左史生中原職有が、廿四日には匡遠も請文を提出している。匡遠の請文には勘申の内容は記されておらず、それは左史生中原職有の請文に記されているという。つまり実際に調査を行なったのは職有であり、匡遠は職有の結果報告書をそのまま返答として提出したのである。では、職有はいずれの情報に拠って請文を作成したのであろうか。恐らくそれは官務文庫であろう。匡遠が直接職有に命令を伝達せず、一度「前左大史」に伝達していることも、そのためであろう。恐らくは「前左大史」は、官務家における官務文庫の別当的立場の人物であったものと考えられよう。

官方から提出される勘文には、官文殿勘文もある。官文殿は弁官局内の一組織であり、大夫史が別当を、四人の官史生が預を務める他、使部も勤務している(10)。ここでは官符などの公式様文書の案文を保管しており、それに関する疑義が生じた場合に問い合わせを受ける他、先例調査を要する政務の時には、官文殿で勘文が作成される[11]。表11―1は、十一世紀以降の官文殿勘文の一覧である。いずれも作成者は左右史生であり、官文殿における実務職員が彼らであったことは明確である。官文殿は嘉禄二年（一二二六）に焼失し、それ以後は官務文庫が重視されるが、勘文は官文殿焼失以後にも左右史生によって作成されており、組織自体は建造物焼失以後も存続していた。ただし、焼失以後の勘文の中には官務交替期のものもあり、官方の実務責任者の不在期に官務署名勘文の代替手段として使われていた可能性もある[12]。前述したように、官務の自署勘文が史生の調査結果に依拠していた可能性があるならば、このような責任者不在期には、史生が自らの責任で出せる官文殿勘文によって、勘申結果を報告していたものと理解できるのではないだろうか[13]。

以上より、官務業務の内、先例勘申については、ほとんどのケースは官務による直接受命・回答として理解できるが、実際には、史生が勘申の実務（先例調査・文書保管）を担っていたと考えられる。

2　行事用途の調達

諸行事の遂行においては、官方は準備にかかわる用途調達などの物的事務の中枢であり、当日参加者の管理などの人的事務の中枢であった外記方とともに重要な役割を担っていたとされる[14]。それゆえ、官方の上首である官務にとっては、諸行事における用途調達も重要な職務であった。そこで中世朝廷経済を一瞥すると、主要な財源は①国宛や一国平均役のような受領による支弁であるが、それを補うものとして②成功・③便補地・④訪などの臨時収入などがあげられる。元来、成功は国宛を補う補助的なものにすぎなかったが、十二世紀中葉に財政上必要不可欠なものとなり[15]、以後も用途調達における必要性を高め、十三世紀半ばには用途調達基盤に重要な位置を占めるようになる[16]。そこでここでは、①と②について述べる。③については次節でも触れることになる。

国宛や一国平均役によって各国に徴収が求められた各種用途は、その国の受領に調達が求められる。ところが院政期以降、国衙においては専業化した目代・国雑掌が国務を掌握しており、国衙は受領の家産機構とは異なる自律的な運営を行なっていたことが明らかにされている。[17]いわば受領→目代という「重層的な請負」が、成立していたのである。しかも彼らのような専業的な目代・国雑掌は、院政期には史生やそれと同クラスの人物であることが多い。たとえば『医心方』紙背文書に現れる「善大夫」は、五位の位階をもつ三善氏であり、同様の条件の人物は、官史・外記の中に多く見いだせる。また「備中・土佐両国雑掌」であった紀頼兼は、太政官官掌でもある。[18]鎌倉期の目代等は、必ずしも中央官人とは認められないが、院政期以降において、官務が受領から用途調達を試みるには、このような専業的目代・国雑掌へも働き掛ける必要があったであろう。

次に成功であるが、成功によって用途調達を行なうことが決定すると、すぐに成功希望者を募る必要がある。本郷恵子氏の研究によると、史生・出納・小舎人クラスの官人は、常時複数の成功希望者を確保しており、成功による用途調達が決定すると、彼らによって推挙されるという。[19]確かに、寛元三年（一二四五）の斎宮野宮用途の調達に際しては、史生菅野忠国・史生紀盛親・職員・少史中原国継・中原康種・尚国・尚憲・史生紀光朝・助資らが任人を推挙している。これらを検討した本郷氏は、「大夫史の統括のもとで、各行事官に任官功の枠と、その任料に相応した調度品の調達がわりふられた」のであり、「集金や調達の実務は各行事官が個々に請け負っていた」とまとめている。[20]つまり、中には吉田為経のような公卿が推挙している例もあるが、多くは官史・史生クラスの行事官の推挙によって任人が決定しているのである。成功の候補者となるのが未叙爵者が多いこともあってか、菅野忠国のような六位官人クラスの者が成功希望者を募る際に重要な役割を果たしていることがうかがえる。

このように、国宛や成功といった朝廷の主要な用途調達手段は、六位官人の活躍によってささえられていた部分が少なくないのである。

以上本節では、官方上首としての官務の業務遂行を見てきた。結果、先例勘申などは、主に官務自らの責任によって行なわれていたが、実際には史生による調査に基づいていたと思われる。一方の行事用途の調進は、国宛などの主要な徴収方法においては、太政官下僚が深く関与していた。このように、官務をささえた者の多くは、史生や官掌のような太政官下僚であるが、中には「前左大史」のように散位の者もおり、官職上の上下関係だけで説明できない場合もある。そこで、このような六位官人と官務との関係が問題となってくるが、それについては第三節で触れることとし、次に小槻氏による官庁経営について見ておきたい。

第二節　官庁の運営

本節では、官務のもとで「請負」われていた官庁（組織）について述べるが、ここでは官務が管理していた摂津国能勢郡の採銅所と、壬生流小槻氏に支配されていた主殿寮を中心に考察を進める。また、知行の対象という共通点をもつ庄園の領有についても、本節で述べる。

宛　所	出典
進上下野前司殿	82
—	90
中府生殿	95
—	391

宛　所	出典
進上史左衛門尉殿	963
進上下野前司殿	997
主殿大夫殿	995
下野前司殿	967
進上下野前司殿	679
主殿大夫殿	574
主殿大夫殿	577-3
主殿大夫殿	580
主殿大夫殿	581
豊前権守主殿大夫両殿	689

表11－2 採銅所別当に関する文書の一覧

年月日	文書名	差 出
永仁３(1295)04.17	前壱岐守中原俊秀書状	前壱岐守中原俊秀上
文和３(1354)06.01	摂津国採銅所奉行案主職等契約状案	別当右衛門府生中□
延文３(1358)03.26	官務壬生匡遠下知状案	＊大夫安生
応永20(1413)09.14	主殿頭下知状案	別当能登守中原

註）出典の数字は、『図書寮叢刊壬生家文書』の番号。差出欄の「＊」は、御判のあることを示す。

表11－3 主殿寮の寮頭・年預間の文書

年月日	文書名	差 出
（年未詳） 05.16	伴守時請文	主殿少允伴守時
永仁２(1294)08.27	伴守時書状	少允伴守時
徳治２(1307)08.20	主殿頭家奉書案	＊前下野守□家
徳治２(1307)10.07	伴守時請文添状	守国 上
元亨２(1322)03.08	主殿少允伴重方申状案	主殿少允伴重方
康永元(1342)08.12	梅原山々守職補任状	＊散位重職
貞治５(1366)04.22	主殿頭家施行状案	右大史家連 奉
貞治５(1366)12.23	主殿頭家奉書案	＊右大史家連
応安２(1369)04.04	主殿頭家奉書案	＊右大史家連
応安４(1371)08.26	主殿頭家奉書案	＊右大史

註）出典の数字は、『図書寮叢刊壬生家文書』の番号。差出欄の「＊」は、御判のあることを示す。

1 経営の構造

官務の下で管理されていた採銅所については、本郷恵子氏によって、官務―別当―預という支配組織が指摘されている。院政期以来の現地責任者である預大江氏は、目代的立場にある別当を通じて官務に支配されていたとされ、その別当は、出納・史生・官史を兼ねた中原俊秀のように、天皇や院など諸方に通じた人物が任じられたとされている(21)。本稿では、このような支配構造そのものには異論はない。しかし官務・別当・預間の関係については、先行研究に付け加える余地が残されていると考える。

その第一は官務と別当との間に位置する、官務の家司的人物の存在である。表11―2は、採銅所別当にかかわる文書のリストである。これによると、永仁三年（一二九五）には、別当は「下野前司」に宛てて書状を出しており、また延文三年（一三五八）には官務から別当への下知に、官務袖判のある「大夫安生」の発給した下知状が用いられている。彼らの実名を知ることはできないが、「大夫安生」は大史安倍の誤写の可能性があり、十三世紀後半以後に六位史を務めるようになる安倍氏の一員と推察できる。[22]もう一人の「下野前司」は永仁から元亨の間に現れる人物であり、[23]「前下野守□家」（『図書寮叢刊壬生家文書』九九五号）と実名の一部がわかるものの、正確な姓名はわからない。だが、彼らはともに六位史クラスの者と考えられ、官務の家司的人物と判断できよう。

官庁支配における家司的人物の存在は、主殿寮支配においても指摘できる。ここでも採銅所と同様に、主殿頭小槻氏（壬生家）と年預伴氏の間で交わされた文書の宛所を一覧にした表11―3を掲げてみる。これによると、十三・四世紀の伴氏からの上申の場合、宛所は「史左衛門尉」「下野前司」となっており、いずれも小槻氏ではなく、六位史クラスの家司的人物である。また反対に小槻氏から伴氏への下知は、多くの場合は官務の袖判が据えられた奉書である。つまり、いずれにせよ、六位史クラスの家司的人物が奉者として介在しており、しかも現職・前職にかかわらず関与していることから、これらの行為は六位史の職務でないことも明らかである。この点からも彼らが小槻氏の家司的人物であると判断できよう。

このような家司的人物の存在に注目して、官庁の経営構造を見ていくと、十四世紀半ば前後に支配構造の変化が認められる。つまり、十三世紀末に採銅所別当であった中原俊秀は、史生・蔵人所出納・官史を兼ね、院とも近い人物であったとされているように、必ずしも小槻氏の家人のような人物ではない（前述）。鎌倉時代の採銅所経営は、小槻氏による直接支配ではなく、重層的な請負の構造を示していたのである。しかし十四世紀半ばには、小槻氏の家人である中原氏が別当になっており、[24]このころまでに小槻氏が採銅所の支配を家人による直務支配へと強化させたことがうかがえる。また採銅所では元来は、貢納物以外の銅は預（大江氏）が販売し、その収益となっていたようであるが[25]、室町時代後期までには、「銅問職」を有する複数の商人が販売し、小槻氏には「銅問公事銭」が納められている[26]。銅販売の収益という点でも、小槻氏が預大江氏を排除し、直務支配へと移行させたことがうかがえる。

また十三世紀まで主殿寮年預を務めていた伴氏でも、事情は同様である。立明や帷の設置に携わる主殿寮は、年預が実務を掌握していたとされており、①十二世紀末までは一人の年預、②十二世紀末に帷所年預と供仕所年預の二流に分裂、③十四世紀初頭ごろに両年預、という体制の変遷が指摘されている[27]。この間、同寮では職務遂行のために小野山供御人を組織しており、そのため院政期には年預による小野山執行は、蔵人所によって補任されていた[28]。しかし元久二年ごろに小槻国宗が寮頭に就任し、続く正治二年には帷所年預を寮頭の進止とする後鳥羽上皇院宣が出されるなど、十三世紀前半に壬生流小槻氏の影響力が強くなっていく[29]。そして十四世紀半ばには供仕所年預が中原氏に交替する[30]。この中原氏は採銅所で現れた者と同じく小槻氏の家人であり、帷所年預の伴氏とも縁戚関係を有していた。つまり十四世紀前半までは、伴氏は年預として小野山供御人を差配し、小槻氏からも独自性を保っていたが、徐々に小槻氏の影響下に入るようになり、十四世紀半ばには家人として編成されてしまうのである。

このように、小槻氏による官庁経営には、彼の家人である六位官人が深くかかわっている。十四世紀半ば以後、院政期以来の世襲的な別当・年預を排除して、小槻氏が家人によって直接支配を行なうようになるのである。公卿による官庁の運営について、網野善彦氏は「知行官司」という表現を用い、鎌倉時代後期に官庁が庄園と同様に知行の対象として把握されるようになることを指摘している[31]。同様のことは修理職においても指摘されているが[32]、ここに主殿寮における事例を加えることができたことによって、「官司請負制」の枠組みをこえた、中世の官庁経営

表11－4　文永年間の官中便補地の概要

便補地名	設置年	設置者	当時の知行者	備考
陸奥国安達保	仁平元(1151)	惟宗定兼	小槻有家	
常陸国吉田社	承安２(1172)	小槻隆職	小槻淳方後家尼	＊
石崎保	建久９(1198)	小槻隆職	隆資朝臣	
上総国今富保	—	小槻国宗	小槻朝治	
加賀国北嶋保	建久３(1192)	小槻隆職	小槻朝治	
越前国池上庄	—	—	小槻秀氏	
若狭国国富庄	建久６(1195)	小槻隆職	草河上人	＊
近江国細江庄	建久４(1193)	小槻隆職	（押領）	
紀伊国且来庄	—	—	小槻順任	
備前国日笠保	建久８(1197)	小槻国宗	小槻有家	
備中国山手保	—	小槻国宗	小槻秀治	＊
備後国世良西条神崎庄	安元２(1176)	小槻隆職	長井判官代泰茂	＊
美作国田原庄	元暦元(1184)	小槻隆職	少納言輔兼入道	＊
安芸国世能庄	建久９(1198)	小槻隆職	（押領）	
河上熊野保	—	—	仙舜	＊
讃岐国柞原庄	仁安４(1169)	小槻隆職	按察使有資卿	＊
土佐国吉原庄	建久９(1198)	小槻隆職	右大臣法印良勝	
筑前国延藤名	—	小槻隆職	北野宮寺へ寄進	
久原・益永名	—	小槻隆職	建仁寺へ寄進	

註）『図書寮叢刊壬生家文書』312・313号による。備考欄の「＊」は、子孫相伝宣旨を獲得を示す。

に共通する傾向を見いだせるのではないだろうか。

2　庄園の領有

小槻氏が領有していた庄園は、近江国雄琴庄などの私領、若狭国国富庄などの太政官厨家領、主殿寮領の三種に大別される(33)。ここでは、後二者について述べる。

①太政官厨家領

表11―4は、文永年中における官中便補地の概略をまとめたものである。これによると、六か所が非一門の者に、七か所が一門の他人に知行され、二か所は押領されており、官務小槻（壬生）有家が知行しているのはわずか二か所である。有家は、文永十年（一二七三）、所領は「縦雖レ譲二子孫一、雖レ渡二他人一、得レ譲之人一期之後、皆可レ返二

表11－5 「吉田神社文書」に見える小槻家の家人

官位など	預所	姓　名	年月日	文書番号
散位		紀朝臣	承元元(1207)12. －	5
造東大寺次官	△	三善朝臣(清信)	建久6(1195)03.20	7
同	△	三善朝臣(清信)	建久7(1196)02.14	8
同	△	—	(年未詳) 11.18	9
同	△	三善(清信)	正治2(1200)12.22	10
同	△	三善(清信)	正治3(1201)正.22	11
—	○	—(三善清信)	建仁2(1202)⑩.29	12
修理進	○	藤原	承久元(1219)05.26	19
造東大寺次官		—	承久3(1221)⑩.24	21
同		三善朝臣	嘉禄3(1227)06.28	23
右馬允		藤原	同	23
右衛門府生		菅野	同	23
—	○	紀	安貞2(1228)11. －	24
—	○	沙弥	寛喜元(1229)07.09	26
僧	○	—	文暦2(1235)04.11	28
散位	○	三善朝臣	建長2(1251)07. －	33
散位	○	三善朝臣	建長4(1253)05. －	34
—	○	沙弥	弘長2(1262)11.15	35
右衛門尉		三善	(年未詳) 04.07	36
前大和守		有能	文永7(1270)07.23	40
同		有能	(年未詳) 04.19	41
左衛門尉		三善	文永8(1271)11. －	43
大法師	○	源賀	弘安元(1278)10. －	44
大仏判官		安倍	弘安6(1283)07. －	46
左兵衛尉		重□	弘安6(1283)11.13	47
大仏判官		安倍	弘安8(1285)06. －	48
左兵衛尉	○	三善	正応4(1291)正.20	54
同		—	延慶2(1309)02.24	61
左(右)衛門尉		—	同	61
左衛門尉		親重	正和5(1316)08.18	63

註）文書番号は、『茨城県史料』中世Ⅱのものを示した。⑩は閏10月である。

付家」旨を起請しているが、[34] これは表11―4に現れたような異姓他人や親族への所領の散在を防ごうとしたものであった。

常陸国吉田社は、文永年間には淳方後家の知行地であり、以後は壬生流小槻氏によって支配されていた官中便補地の一つであるが、元来は長承年中に吉美侯部氏から小槻政重に寄進され、承安二年（一一七二）に隆職が便補地として成立させたものである。[35] 当社に関する小槻氏の知行については、吉田神社文書が残されており、表11―5はその中に見える小槻氏下知状の奉者一覧である。[36] これによると、下知状の奉者には、三善清信のような十二世紀代の六位史、[37] 安倍・中原といった十三世紀半ば以降に小槻氏の家司的人物として見える者と同姓の者らが現われ、壬生流小槻氏による庄園知行が彼らによって担われていた可能性をうかがうことができる。

また紀伊国且来庄は、大宮流の庶流である小槻氏に知行されていた官中便補地の一つである。[38] この庄の知行については、且来八幡神社文書の中に応長元年（一三一一）と正和元年（一三一二）の「且来庄沙汰人等中」宛の奉書がある。これらの奉者は、「左衛門尉秀（季）清」であるが、彼がどのような人物であるかはわからない。だが「左衛門尉」という官職からは、六位クラスの「門生」的な人物との共通点がうかがえる。

これらにより十三世紀後半から十四世紀初頭の官中便補地の知行では、各流の小槻氏がその家人を預所などに補任していたものと考えられよう。

②主殿寮領

文治六年（一一九〇）四月に主殿寮年預伴守方が作成した注進状によると、主殿寮の経済基盤の大半は国宛によるものであり、便補保は五か所しか有していない。[39] これは、小槻氏が寮頭として支配に乗りだす以前のものであり、このころには年預が経済状況も掌握していたものと見られる。

ところが正治二年（一二〇〇）の帷所年預進止権の寮頭小槻氏の掌握（前述）が影響したのであろうか、鎌倉時代中期以降に見られる寮領知行には年預伴氏の関与はうかがえず、いずれにも官務の家人が関与している。[40]寮務に直接かかわる山城国小野山のみは年預によって知行されているようであるが、その他の寮領においては、年預が何らかの権益を有していた証左はないのである。

つまり総合すると、小野山以外の寮領便補地の知行に年預は関与できず、彼らは業務内容に関することのみを担当した。反対に官務は寮頭として寮領を知行し、業務内容は原則として年預に一任しており、便補地からの収益を業務用途に宛てるか否かは、長官の判断に左右されたものと考えられる。このような役割分担は他官司においても同様と考えられ、たとえば大蔵省では寛元四年（一二四六）、卿葉室定嗣は便補保を省の財源として活用しているが、彼自身はこれを「報国之忠」と述べている。[41]また寛喜三年（一二三一）には、卿菅原（五条）為長が先例の無いことを理由に、便補保を省の財源として用いず、そのため年預が私費で不足分を補塡している。[42]このように、便補保の活用には年預は関与できず、頭・卿といった長官の判断に左右されている。大蔵省は「官司請負制」ではなく、前述したような年預・寮頭間の役割分担は、「官司請負制」という枠組みにはとらわれない官庁運営形態の一端を示していると考えている。このような役割分担は、前節で述べたように、十四世紀半ばに長官がその家人を年預に据えることによって統一され、解消するのである。

以上二節にわたる検討より、①表面的には官務（大夫史）が請け負っているとされている官方業務・採銅所・主殿寮も、運営面ではそれぞれ異なっているが、十四世紀半ばに長官による一元的支配へと変貌していく、②これらの請負は、六位クラスの家司的人物の活躍によってささえられ実現している、という二点を指摘できよう。そこで次には、彼らのような六位官人について、もう少しくわしく見ていくことにする。

第三節　六位官人の編成

1　大夫史による指揮

大夫史による六位官人の指揮は十世紀から確認でき、大夫史という地位の本質的要素とも考えられる。たとえば、大夫史は官文殿別当を務め、預（史生）や使部を指揮・監督していたのみならず、朝廷経済の事務中枢を担っていたことは前述した通りである。また政務においても「座頭史」と呼ばれ、結政所における申文などにおいて下臈史を指揮していた(43)。

このような大夫史の本来的性格に、十一世紀後半における小槻氏の大夫史世襲が加わった結果、次のような状況が生じている。承徳二年（一〇九八）十一月七日の官奏において、左大臣源俊房は黄勘文のない理由を左大弁藤原季仲に尋ねたが、はっきりした回答がえられず、小槻祐俊の不在により座頭を務めていた伴広親が召された。広親は「今度存㆘無㆓黄勘文㆒由㆖兼不㆑儲也」と答えたが、頭弁藤原宗忠から「尤黄勘文可㆑有也。史広親之案可㆑云㆓至愚㆒。（中略）史広親者累代史之家也。所㆓渋申㆒尤不学也」と反論されている。この事件について宗忠は、「黄勘文尤可㆑具也。史広親所㆑申奇也怪也」、「末代之事誠不可思議也。大夫史祐俊宿禰参㆓熊野㆒之間、官中之事無㆓尋習史㆒也」と日記に記している(44)。もはや、小槻氏以外には官中の作法・故実を伝え習う者がいなくなっているのである。官方における小槻氏の影響力は、絶大なものとなっていたであろう。寛治五年（一〇九一）正月の除目では、中原義経が小槻忠兼に叙爵を譲っているが、それは義経が忠兼に「有㆓私礼㆒者」であるためであるという[45]。これにより、既にこのころから六位史クラスの中にも小槻氏に従属している者がいることを示しており、注目される。

十二世紀前半には、「近代外記史皆有若亡」など、六位史の評価は低いことが多い[46]。そして注目すべきことに、同時期における史生・官掌に対しては、比較的高い評価が目立つ。たとえば一臈官掌光経に対しては「件光経補㆓官掌㆒已及㆓卅年㆒、官中要人也。装束使・右宮城・造八省・潔斎・法勝寺等奉行者也」といわれ、外記史生重宗に対しては「能知㆓諸国事㆒者也」と評価されている[47]。官文殿における大夫史・史生・使部という構造や、元暦元年（一一八四）七月四日の弁官の諮問における六位史と官掌の活動を見ると[48]、当時の官方の実務は、長期間在職する大夫史と史生・官掌・使部の三者の連携によって遂行されており、六位史は大夫史の代理として、その意向をうかがいながら、いわば公卿との連絡係として従事していたと見なせよう。

2　門弟の出現と官史構成の変化

長寛二年（一一六四）十二月に小槻永業が歿すると、翌年正月に算博士は子の広房、大夫史は弟の隆職に継承される[49]。ここに算博士を伝える大宮流と、大夫史を伝える壬生流とに小槻氏は分裂するのである。これを家人編成という視点から見るならば、算博士である広房は、その地位を利用して「門弟」を編成できたであろうが、大夫史である壬生流ではそのような家人編成手段はとれない。

そこで注目されるのが、前節で見た大夫史による官方指揮である。十一世紀末以来培ってきた官方下僚に対する指導力が、小槻氏の分裂を契機に急速に家人編成力へと移行していくのである。実際、安元二年（一一七六）には「（官）厨家氷沙汰人」である史生が「大夫史雑色」として現れる[50]。また官掌為継も私宅を貸し出すよう隆職に命

表11－6　姓別に見た六位史の構成　（単位：人）

西暦	中原	三善	大江	惟宗	紀	高橋	安倍	小槻	他	未詳	総計
1200-19	11	8	4	3	2			2			30
1220-39	13	2	3		3			3	2	4	30
1240-59	14	2			4	1	1	1		1	24
1260-79	5	1					1	1		5	13
1280-99	8	1			2		2	2		2	17
1300-19	3	1			1	2	2	3		1	13
1320-36		1			2	2	1	1	1	1	9

註）永井晋編著『官史補任』による。

じられるなど、(51)十二世紀後半には史生・官掌が隆職によって編成されていったと思われる。

そしてこの傾向は、十三世紀半ばに官史の構成にも変化をもたらした。表11―6は、十二世紀から十四世紀半ばまでの官史の構成を示したものである。これによると、十三世紀二〇～三〇年代を境に、はっきりとした変化が見いだせる。まず第一に、それまでは継続的に就任していた大江・惟宗両氏がこの時期を境に姿を消し、三善氏も急減する。そして第二に一時期見られなかった紀氏に加え、新たに安倍氏・高橋氏の三氏が登場する。さらに第三に、表からはわからないが、続いているかに見える中原氏にも変化が生じている。十二世紀以来続いていた、成兼・成挙・成弘・成村など「成」を名前の一字に含む家系や、国貞・国元・国経など「国」の字を名前にもつ家系が途切れ、それに代わって「景」や「俊」の字を含む名を名乗る中原氏が現れ、彼らが長期間在任するようになるのである。(52)

このような官史構成氏族の大幅な交替が、十二世紀後半以来進められてきた小槻氏による家人編成の賜物であることは間違いない。たとえば、再登場した紀氏の中には史生出身者が含まれているなど、史生の一族と判断される者が多い。(53)また衛門尉を兼ねることや長期間在職することなど、玉井力氏が十三〜十四世紀の外記局の構成において指摘した「門弟」との共通点も多いのである。

しかし史生との関係に更に注目すると、十二世紀段階の史生と十三世紀半ば以降の史生との間には、系譜的連続性は見いだせない。たとえば、十二世紀半ばには、史生出身の六位史は幾人か見いだせるが、いずれも他の官史と同様に一定年月を経ると叙爵・転出しており、しかも彼らの家系は前述した交替によって官史から消えてしまう。つまり、十三世紀二〇〜三〇年代の変化によって、史生と六位史の両方に大幅な氏族構成の変換があり、その後新たに現れた官史層は、一門から官史・史生を輩出（独占）していることになるのである。

玉井力氏は、大外記の交替とその門生である少外記の交替との連動を指摘されている。[54]それゆえ官方においては、大宮流の算博士季継による貞応二年（一二二三）の官務就任の影響も考慮する必要がある。可能性としては、十三世紀二〇〜三〇年代の変化が大宮流季継の官務就任による変化、十三世紀四〇年代からの安倍・高橋両氏の登場を寛元二年（一二四四）以降の壬生流淳方・有家の官務復帰による変化と理解すれば、官史・史生の変化を合理的に理解できるのである。しかし小槻両流と彼ら諸氏との関係には不明な点もあり、ここでは可能性を唱えるのみに止めたい。[55]

このように、壬生流における家司的な六位官人グループの形成は隆職の代から確認できる。そして前節で見たように、壬生流小槻氏による便補地の獲得状況は、この家人編成の進行状況と全く一致している。これは単なる偶然ではなく、家司的な六位官人の編成と所領経営の拡大とが、隆職・国宗親子の時代に車の両輪のように相互作用を及ぼしながら進展していった結果であろう。

むすびにかえて

本章における課題は、業務遂行と官庁経営の実態の解明によって、「請負」の具体像を探ることにあった。そこで本章では、官務による先例勘申・公事用途調達・官庁運営・庄園経営の様子を検討した。その結果、いずれにおいても官務の業務をささえる家司的人物（六位官人）の存在を指摘できたが、彼らによる「請負」にも複数の類型が存することも指摘できよう。

第一の類型は、官方業務のように、請け負った内容を官務とその家司的人物が遂行する場合であり、この場合、それに要する所領も彼らの手によって経営されている。

第二の類型は、鎌倉期の採銅所のように、「重層的な請負」構造を示すものである。この場合、請け負ったとはいえ実際の経営は預のような（現地の）人物に任されており、さらに別当のような中間的請負者も存在する。経済的収益も実際に経営に携わる預には見いだせるが、それ以外の請負者には見いだせない。

そして第三の類型が、鎌倉期の主殿寮のように分担するものであり、前二者の折衷である。つまり、鎌倉期の主殿寮では、寮務に直接かかわる小野山の支配権は年預伴氏が有していたが、それ以外の諸庄園の領有権は寮頭小槻氏が有していた。寮の業務と寮領支配とが分断されているのである。

鎌倉期にはこのような三類型が併存していたが、これらは十四世紀半ばまでに第一類型へと変更されていく。その時に重要な役割を果たすのが家司的人物である。小槻氏は、新たに彼らを別当や年預に据えることによって、重層的な請負構造を小槻氏による直務へと単純化させたのである。これらは、佐藤氏が述べるような業務運営と収益とが一体化した状況を、さらに色濃くするものであり、同じ官司請負制といっても、十四世紀半ばを境に段階差を設ける必要があるのではなかろうか。

このように、「官司請負制」といっても、十四世紀半ば頃を境にして質的変化が指摘できる。荘園制が十四世紀初頭を境に転換していくのと同様、「官司請負制」においても、請負の様態に変化を見いだせるのではないだろうか。もちろん、これは官方（小槻氏）のみを対象にしたものであり、他の例の場合とは異なるかもしれない。ただし、荘園制における膝下庄園の経営強化策と重なるものでもあり、官庁が庄園と同じような収益源と認識されているならば、庄園と同様、十四世紀前半に領有（経営形態）について何らかの整理・変更がなされた場合も多かったものと考えられよう。

註

（1）佐藤著書第一章。引用部は、一八頁・二五頁・四三頁・二一一頁。

（2）たとえば書評では村井章介「書評　佐藤進一著『日本の中世国家』」（『史学雑誌』九三編四号、一九八四年）、福島正樹「書評　佐藤進一『日本の中世国家』」（『歴史学研究』五三七号、一九八四年）などがあげられる。

（3）官司請負制が通説的理解として受け入れられていることは、佐藤氏の著書が出されて以後、棚橋光男「中世国家の成立」（『後白河法皇』講談社選書メチエ、一九九五年。初出は一九八四年）や玉井力「『院政』支配と貴族官人層」・「一〇〜一一世紀の日本」（『平安時代の貴族と天皇』岩波書店、二〇〇〇年。初出は一九八七年・九五年）など、いわゆる講座物では必ず取りあげられていることからうかがえよう。

（4）玉井「一〇〜一一世紀の日本」（註3前掲）二二三〜二二四頁。および同氏「官司請負制」（『朝日百科日本の歴史別冊　歴史を読み直す3　天武・後白河・後醍醐』朝日新聞社、一九九四年）。

（5）桜井英治「三つの修理職―非官司請負制的体系と天皇支配―」（『遙かなる中世』八号、一九八七年）、今正秀「平安中・後期から鎌倉期における官司運営の特質―内蔵寮を中心に―」（『史学雑誌』九九編一号、一九九〇年）、本郷恵子「公家政権の経済的変質」（『中世公家政権の研究』東京大学出版会、一九九八年）、中原俊章「年預と検非違使」（『中世王権と支配構造』吉川弘文館、二〇〇五年。初出は一九九八年）など。

(6) 曽我「官務家成立の歴史的背景」（『王朝国家政務の研究』吉川弘文館、二〇一二年。初出は一九八三年）、中原「官方と外記方」（『中世王権と支配構造』註5前掲。初出は一九九五年）。

(7) 曽我「官務家成立の歴史的背景」（註6前掲）。

(8) 佐々木恵介「『小右記』にみえる「勘宣旨」について」（山中裕編『摂関時代と古記録』吉川弘文館、一九九一年）。

(9) 東寺百合文書、ヨ函一八五の1〜4号。これらは一紙に書かれた案文であり、目録では貞和二年（一三四六）のものと推測されている。一・二通目の文書名は、目録ではそれぞれ「中弁某奉書案」「某奉書案」とされているが、端裏書によって本文のように解釈できると考えた。なお、二通目の発給者は写真で確認したかぎり、「主遠」と読めるが、これは「主殿」か「匡遠」を写し誤ったもの、もしくは「主殿頭匡遠」の略かと思われるが、断定は避けたい。賢察を乞う。

(10) 本書第四章。

(11) このような勘文は、解文・申文に貼り継がれ、「続文」と呼ばれる。くわしくは谷口昭「続文攷」（『法制史研究』二二号、一九七二年）を参照。

(12) たとえば寛元二年（一二四四）九月廿七日に官務小槻季継が歿した後、十月四日には小槻淳方が後任に据えられている（『平戸記』など）。しかし淳方が官文殿別当に任じられたのは十一月七日であるから（『図書寮叢刊壬生家文書』〈以下『壬』と略す〉三号）、同年十月十日に出された文殿勘文は、官務がいまだ官文殿別当に任じられていない時のものであるとわかる。

(13) 官方における責任者不在期は、官務交替期だけではない。たとえば「清原重憲記」天養元年（一一四四）正月十日条によると、局務中原師安の触穢により、権少外記清原重憲が勘申結果のみを代筆している。触穢のような突発的事件の際には、官務に代わる勘申者（組織）が必要であっただろう。

(14) 中原俊章「官方と外記方」（註6前掲）など。

(15) 上島享「財政史よりみた中世国家の成立」（『歴史評論』五二五号、一九九四年）など。

(16) 『葉黄記』宝治元年（一二四七）三月十一日条に記されている「夏間蔵人方恒例公事用途事」によると、たとえば四月一日敷設の御座の場合、正治・建仁のころには千疋程度しか必要としなかった成功が、嘉禎には三万疋になり、「此両三年」には十三万疋になっている。

(17) 川端新「中世初期の国衙と荘園」（『日本史研究』四五二号、二〇〇〇年）。なお鎌倉時代の国衙の機能については、白川哲郎「鎌倉時代の国衙と王朝国家」（『ヒストリア』一四九号、一九九五年）にくわしく、一国平均役の徴収なども国衙機能の一部であったことが明らかにされている。

(18) 紀頼兼は、承安二年（一一七二）九月廿二日付「土佐国雑掌紀頼兼・主殿寮沙汰人伴守方問注記」（『壬』六四三号）には国雑掌として現れるが、『兵範記』永万元年（一一六五）十月十七日条や『吉記』治承四年（一一八〇）四月八日条など、永万から治承までの間、継続して官掌として見える。

(19) 本郷「公事用途の調達」（註5前掲）。

(20) 本郷『中世公家政権の研究』（註5前掲）一八四頁。

(21) 本郷恵子「院庁務の成立と商工業統制」（註5前掲、初出は一九八八年）。

(22) 安倍氏であるならば、候補としては、盛宣や盛久があげられる。

(23) 「前下野守」は、『壬』八二号・三七九号・三八四号・六七七～九号・九六七号・九九七号・一六七四号などに現れる。

(24) 延文三年（一三五八）三月廿六日付「官務壬生匡遠下知状案」（『壬』九五号）で採銅所別当に補任された「中府生」は、中原姓の府生であるが、彼は文和三年（一三五四）六月一日に別当であった「右衛門府生中□」（『壬』九〇号）であろう。この右衛門府生中原氏は、応永廿年の別当「能登守中原（職業か）」（『壬』三九一号）の先祖職村と考えられ、「被㆑申㆓補検非違使㆒、朝夕召仕者」であり、子孫は「代々家人異㆓自余㆒也」（『壬』五五八号）と言われている。

(25) 永仁三年（一二九五）四月五日付「採銅所奉行益資書状案」（『壬』八三号）には、「銅紺青緑青者、為二採銅所三種土貢一候間、於二彼余残得分一者、奉行令二進退一之条、先規流例也」とある。

(26) 永正十七年（一五二〇）十二月六日付「銅問公事銭請文案」（『壬』一〇八号）によると、公事銭は「壱間別毎月晦日定十疋宛」である。また、採銅所からは年貢収益もある（『壬』九九・一〇〇・一一六号）。

(27) 千村佳代・鳥居和之・中洞尚子「主殿寮年預伴氏と小野山供御人」（『年報中世史研究』三号、一九七八年）。

(28) 久安五年十一月十五日付「蔵人所下文案」（『壬』六一七号）。

(29) 国宗の確実な主殿頭初見は、元久二年二月廿六日付「太政官符」（『醍醐寺新要録』）であり、帷所年預の進止は正治二年十一月十三日付「後鳥羽上皇院宣案」（『壬』五六二号）に見える。

(30) 初見は、応安四年八月廿六日付「主殿頭家奉書案」（『壬』六八九号）の「豊前権守」であろう。

(31) 網野「西園寺家とその所領」（『国史学』一四六号、一九九二年）。

(32) 本郷恵子『中世公家政権の研究』（註5前掲）第二部第二章。

(33) 詳細は、『図書寮叢刊壬生家文書』第二巻解説を参照。

(34) 文永十年七月付「小槻有家起請案」（『壬』三九号）。

(35) 「官中便補地別相伝輩幷由緒注文案」（『壬』三一四号）による。

(36) 『茨城県資料』中世Ⅱ収録。

(37) 三善清信は、承安元年（一一七一）から安元二年（一一七六）の間に六位史として活躍している（永井晋編『官史補任』）。

(38) 紀伊国且来庄については、中島善久「大宮流官務家の経済的基盤について」（『社会文化史学』三八号、一九九八年）において検討されている。

(39) 文治六年四月付「主殿寮年預伴守方注進状案」（『壬』六四六号）。

(40) たとえば鎌倉時代後期の近江国押立保の年貢送状（『壬』三七九号・六七七号・六七八号）の宛所は、いずれも「下野（下総）前司」であるが、彼は官務の家司的人物である。「下野前司」は安芸国入江保の経営にも参画しており（『壬』三八四号）、十三世紀末から十四世紀初頭にかけての官務家における重要人物であろう。
(41)『葉黄記』寛元四年四月十七日条。
(42)『民経記』寛喜三年八月四日条。
(43)『西宮記』巻七（減省奏報詞）には「其儀可レ候史近代当座第二者候レ之。或以下之者亦候レ之。至二第一一者有二座頭一之故不レ候（下略）」とあり、同書巻十（裏書）には「於二結政所一申文、偏是座頭史所為也。若下臈有二可レ申之文一、請二益座頭一申レ之。座頭不許之ト臈敢不レ可レ申レ文」とある。
(44)『中右記』承徳二年十一月七日条。
(45)「柳原家記録」所収「江記」寛治五年正月廿八日条（『大日本史料』第三編之二、九六頁）。
(46)「清原重憲記」天養元年（一一四四）四月三日条。
(47)『中右記』永長元年（一〇九六）九月廿七日条、保安元年（一一二〇）正月廿七日条。
(48)『壬』一四三五～三九号。
(49)（年月日未詳）「小槻隆職起請文」（谷森文書、『鎌』一〇〇六号）。
(50)『吉記』安元二年（一一七六）六月七日条。
(51)（年不詳）正月二日付「小槻隆職書状案」（『壬』一八六九号）。
(52)このような官史構成の変化については、永井晋編『官史補任』（続群書類従完成会、一九九八年）を参照されたい。
(53)明らかに史生出身であることを確認できるのは、紀忠直のみであるが、国直・定直・職直らはその一族であろうし、史生としても紀康直・紀景直がいる。また官史紀職直・紀職幸（『師守記』暦応四年二月廿二日条に嘉暦四年の六位史とある）の場合、一族と思われる史生には紀職光・紀職秀・紀職政・紀職仲・紀職宣らがあげられる。
(54)玉井「官司請負制」（註4前掲）。
(55)右大史安倍盛宣が城南社社務職を望んだ際、小槻匡遠がそれを推挙している（『壬』二五一二～一三号）。小槻氏の代々家人である中原職村は検非違使に申任されており（『壬』五五八号）、このような推挙がある場合、両者間に主従関係を想定してよいのではなかろうか。

終章

経済基盤・人事編成・文簿保管の推移

本書では、十〜十三世紀の太政官実務官人について分析してきた。終章では、それらのまとめを示すとともに、新たな私見を述べておきたい。

第一部では外記・官史の職務・経歴と経済制度に、第二部では文簿保管制度に注目し、それぞれがどのように移りかわったかを述べ、関係を考察した。それらをまとめると、次のⅠ〜Ⅵ期に整理できる。

Ⅰ期（八世紀初頭〜後半）は、律令官僚制のオリジナル期といえる。太政官実務官人は、多くを渡来系氏族が占めていた。太政官内での位置づけは外記局の方が高く、大夫外記はほぼ常置されていた。一方、官史には五位を帯びる者は在任していなかった。

Ⅱ期（八世紀後半〜十世紀初頭）は、律令官僚制の改良期である。まず渡来系が多くを占めていた出身基盤が改まり、人的基盤が拡大される。次いで、不規則であった人事が巡爵の定着によって規則的なものへと改良された。また受領支配が確立されたことにともなって、巡任も定着する。こうして中央で下級官人として経験を積んだ後に、地方行政に携わるという昇進コースが形成される。

こうして生み出されたⅢ期（十世紀初頭〜半ば）は、いわば律令官僚制の日本における到達点とも評価できよう。経済面では受領によってささえられ、人事面では、学生・史生から下級官人へ進み、そこから五位官人が抜擢され地方行政を担うという体制が、実現していた。しかしⅢ期末になると禄制の改変、外記方・官方の確立、公家様文書の活用などの改革が進められていく。到達は同時に、新たな時代への出発でもあった。

Ⅳ期（十世紀半ば〜十一世紀末）に入ると、制度的には大きな変化がもたらされ、大夫史常置などの変化も生じる。だが、下級官人の構成に大きな変化は見られず、引き続き巡爵・巡任後に地方行政へ関与し、その働きによって朝廷の儀式運営をささえていた。

ただしⅣ期後半に入ると、個々のできごとは連動していないものの、結果としてそれまでにない一つの傾向が下級官人層に現れる。それは、地方と中央の乖離であり、地方出身者が減少していく。これによって、広い人的基盤にささえられた律令官僚制は、変容していくこととなる。都市官僚化ともいえよう。この背景には、地方在住有力者が開発を進め、在地領主化していくことがあげられる。こうして、十一世紀の七〇年代ごろには、六位外記・官史の姓が中原・清原・大江・惟宗・三善という主要五姓へ集中化しはじめる。もちろん以後も地方出身者はいるものの、多くはこれらの姓へ改め活動する。

都市官僚化は、Ⅴ期（十一世紀末〜十三世紀半ば）に入るとより顕著になる。加えて私有官文書の蓄積と先例重視の政治方針にささえられ、十二世紀に入ると大夫外記・大夫史の世襲傾向が強まる。下級官人の出身母体も学生出身者へ統一され、太政官に限らず多くの部署で世襲傾向が広まった。また経済的にも荘園公領制が広まっていく。実務官人の多くは、権門によって編成されるようになり、主従関係も浸透していった。この都市官僚化こそ、佐藤進一氏によって官司請負制と評されたものである。

そして治承・寿永の内乱後、荘園公領制は朝廷官司にも及ぶ。官司の経済基盤が、受領による地方支配を前提としたものから、庄園経営を核とするものへと移行したのである。この傾向は、承久の乱によって決定的となり、年中行事の経済基盤も移行していったため、巡爵・巡任という三百年以上続いた人事制度が意味を失って崩壊した。

結果として、十三世紀三〇～四〇年代ごろ、太政官実務官人の新たな体制が生まれる。

こうして生まれたⅥ期（十三世紀半ば以降）は、経済的には荘園公領制にささえられ、五位官人を中心とした一族・門弟によって長期的在任が実現された。これを公家官僚制と呼んでおきたい。


このような実務官人編成の推移に対し、文簿保管体制はⅣ期に大きな転機を迎える。いわゆる公式様文書が機能していたⅠ～Ⅲ期には、公文書の控案は文殿などの公的施設で保管・記録され、そこでの保管を要しない文書・記録が私有されていた（律令的文簿保管体制）。そして十世紀半ばから、本来文殿で保管を求められていなかった文書・記録が、いわゆる公家様文書として機能しはじめるようになる。Ⅳ期になるとその控案の保管が問題となるが、各作成担当者らが私的に保有・管理するという従来の慣例がそのまま定着し、官文書の私有が広がる。こうして、公式様文書は文殿で、公家様文書は発給者が手許で保管するという二重の制度が発生した。文簿保管体制が変化した要因は、公文書の多様化にあったのである。

官文書の私有が通例となった結果、実務官人の中に公文書の控案・記録を私有する者としない者という差が現れることになる。すると、先例を重視する価値観にささえられて、多くの文書・記録を私有する官人が、任官で有利な立場に立つこととなった。

こうして、Ⅳ期の末になると、公文書制度の変化に起因して、実務官人の中に世襲傾向を強めていった者が現れる。大夫外記中原氏・大夫史小槻氏は、その典型といえよう。文簿保管は太政官に限らず多くの官衙で求められた。文簿保管体制が変化すれば、その影響は多くの部署へ及んだのである。Ⅳ期末に始まる実務官人の世襲傾向は、このようにして急速に広がっていった。

一方、公式様文書はⅣ期以降、作成機会や政務（勘申）での必要性が減少していった結果、公文書としての存在価値を低めたに違いない。すると、その控案を保管する文殿も、現状維持を強いられることとなる。文殿は院・摂関家にも設置されたが、以前よりも規模が縮小され、遂には組織名称として残されるにすぎなくなった。文殿の盛衰は、公式様文書の盛衰と連動していたのである。

このような人事制度・経済基盤・文簿保管策の推移という視点からは、古代から中世への変化をどのように跡づけられるだろうか。近年の律令官僚制研究を参照すると、十世紀半ばの季禄廃止を重視している点は見逃せない。[1]中・下級官人は、経済基盤であった禄制が崩れたことによって、有力者の庇護下や官司経済への依存を強めていくとされており、看過しえない見解である。確かに、既述のとおり、十世紀半ばから後半にかけては、まず外記方と官方とが分立し、官方にも大夫史が常置されることによって、外記の方が高かった位置づけが是正される。官方では、官厨家をはじめとする諸職掌が大夫史によって把握されていく。また外記方でも、文殿の再整備を大夫外記が求めるが、そこで求められたのは史生の待遇改善であった。禄制の転換によって官司経済の整備が求められ、外記方・官方が確立し、大夫外記・大夫史による主導権も確立されていったのである。

また本書で注目してきた世襲という観点では、律令官僚制が世襲を許容していた点を忘れてはならない。佐藤進一氏は、官司請負制を論じるにあたって、このような、律令の二元性をまったく考慮しなかった。[2]しかし日本の律令制度が発足当初から律令前代の影響を色濃く残していることは、早くから指摘されている。[3]Ⅳ期からⅤ期にかけて世襲傾向が強まるが、世襲への志向は既に律令官僚制期から存在した。重要なのは世襲か否かではなく、世襲できる人物・家系がⅣ期には限定されていくことである。直接的には、官文書を私有・蓄積できた者であるが、大夫外記・大夫史という重要な官職であったため、権力中枢との関係が大きな影響をもった。この点においても、前述した禄廃止にともなう下級官人の権門への依存という影響が考慮されなければならないだろう。

このように、禄廃止の影響は多岐にわたり、制度面では大きな変化をもたらした。しかし既に見てきたように、十世紀半ばから十一世紀前半には、構成員の変化は乏しい。構成員に大きな変化が現れるのは、十一世紀半ばから後半にかけてである。制度面での変化と人的構成の変化は、直結していない。恐らくは、禄の廃止は非常に重要な問題であるため、対策も講じられたであろう。そのため、人的基盤が激変するようなことはおこらず、緩やかな変化に止まったのではないだろうか。

これらのことを考慮しながら、太政官実務官人の編成をあえて分類するとすれば、次のようにとらえるのが妥当ではなかろうか。

まずⅠ～Ⅲ期をもって律令官僚制とする。Ⅰ・Ⅱ期には不規則な人事が続き、それを改善しようと試みた結果、Ⅲ期には定期的な除目が実現され、地方行政の改革と相まって、安定した制度施行が実現した。十世紀初頭から半ばまでのこの短期間こそ、律令官僚制の到達点ではないだろうか。ここで定着した巡爵・巡任はこの後も引き継がれ、地方行政との関係を重視するⅣ・Ⅴ期でも、重要な制度となった。

Ⅳ・Ⅴ期は官僚制の移行期である(4)。Ⅲ期末に生じた禄制改革によって、律令官僚制の経済的根幹が失われると、内包されていた二元性が顕わになる。大夫外記・大夫史は、摂関家と結びついた少数の家系によって寡占され、Ⅴ期にはほぼ独占へと進展する。下級官人は権門によって編成され、次々と叙爵していく。一方で大夫外記・大夫史は、昇進ルートから外れた史生を率いて家人化を進め、官衙経営で指導的立場を盤石なものとした。こうして、荘園公領制と主従制とが、官僚制の中へ取り込まれはじめ、それは二度の内乱を契機として、顕在化していく。治承・寿永の内乱によって経済基盤の再整備が求められ、庄園などの経済基盤が次々と設立されていく。続いて、承久の乱によって受領の地位が低下し、巡爵・巡任が途絶え、大夫外記・大夫史の子弟・門弟によって六位官人が占められていった。こうして荘園公領制・主従制に基づいたⅥ期の制度を、公家官僚制と呼んでおきたい。

請負の構造

第三部では、前項で示したような推移が、特定の家系にどのような具体像として現れたかを論じた。

まず第一に、佐藤進一氏が提唱した「家業の論理」をはじめ、家業と官職との関係など、官職世襲の前提とされている要素に疑問を呈し、再考を促した。その結果、十二世紀後半から世襲化が強まることは正しいが、その背景・要因を一律に家業と見なすのは誤りであること、家業を継ぐためなら律令に背いてもよいという「家業の論理」は存在せず、中世国家の第一の国家像―国家・法理・人的編成という三者によって示した王朝国家・「家業の論理」・官司請負制というセット―は、成立しないことを明らかにした。

小槻・中原氏といった特定氏族が、それぞれ官史・外記という分野へ進んだ理由は、その学問内容ではなく、律令制における学問の格づけと関係があったと見なすべきである。

このように、外記局と中原・清原氏、弁官局と小槻氏との関係を明らかにした後、それぞれが局務・官務へと変化していく様子を取りあげた。ここで注意すべきは、職務上の主導、地位の世襲、経済基盤の維持という三点である。

大夫外記・史による職務上の主導体制は、十世紀中に成立している。十世紀半ば以降に生じた公文書制度の変化によって、十一世紀に入ると文書を私有・集積する家系が現れ、先例を重視する政策方針にしたがって十一世紀末には世襲的傾向が生まれ、ほぼ同時に大夫外記中原氏・大夫史小槻氏が世襲傾向を強め、十二世紀には世襲が始まる。ただしこれは官職世襲ではあるが、運営請負ではなかった。

治承・寿永の内乱によって経済基盤に大きな変化がおこる。すると、新たな体制への移行に迫られ、庄園をはじめとする新たな経済基盤を整備する。加えて、承久の乱によって受領の地位が低下した結果、十三世紀三〇～四〇年代ごろには荘園公領制に立脚し、庄園などを知行する五位官人によって下級官人が主導される体制へと生まれ変わっていく。ここにいたってようやく、世襲・請負という体制が整うのである。

このように、主従関係・経済基盤・情報管理という三点を軸とした考察を行ない、大夫外記・大夫史が、この三点を媒介にして、六位官人を編成していたことを明らかにした。公家官僚制とは、荘園公領制と主従制とに立脚した官僚制なのである。

そして最後に、王権とのかかわりについても附言するならば、このような大夫外記・大夫史の地位は、王権によって補任されるものの、それは王権による既成事実の追認という一面をもっていたと考える。大夫外記中原氏・大夫史小槻氏が職務に堪えるのは、大量かつ良質の文簿を私有しているからであり、また運営に必要な庄園などの財源も、私的な開発に由来していた。各々の私的所有物が、朝廷行事の遂行や社会の安定に不可欠な要素として認められたのである。とはいえ、中原氏を大夫外記に、小槻氏を大夫史に補任するのは王権であり、また私的開発を庄園化することにも王権の力が欠かせない。

つまり王権は、必要な財産・能力を私的に蓄えていることを前提に、国家のさまざまな機能を分担・運営させていたのである。こうして形作られたのが公家官僚制であると考えるが、分担する人々も、荘園公領制や主従制に基づいて財産・能力を所有しており、各自が王権から相応の自立性を備える、特殊な形態の官僚制であったといえよう。

展望と課題

本書では、八世紀以降の実務官人の編成を俯瞰し、承久の乱後、十三世紀三〇～四〇年代に中世的な実務官人制度が確立するまでを主にあつかった。

この公家官僚制の確立は、承久の乱後の九条道家政権期とほぼ合致する。同時期には、鎌倉でも北条泰時が中心となりさまざまな制度が整えられていった。つまり承久の乱後、京都では中世的な公家官僚制が道家政権のもとで誕生し、鎌倉では執権・連署制・評定衆が北条泰時のもとで整えられていった。道家と泰時は、東西で呼応するかのごとく、それぞれが新たな中世的組織を完成させたのである(5)。それゆえ、道家政権の確立をもって中世公家政権の確立と考え、後嵯峨院政期を中世公家政権の到達点と考えておきたい。

この公家政権がどのような展開を見せるかは、今後の課題であるが、一つ附言しておくならば、ここで誕生した公家官僚制は、マイナーな変化を積み重ねながら存続し、大枠としては戦国末期まで継続すると考えている。この体制を変更させるのは、織豊政権による知行地の改替と、十七世紀に入ってから急速に進められた主従関係の整理であり、これらによって中世的な官方・外記方は、近世的体制へと組み替えられたのである(6)。

本書では、律令国家の中枢組織であった太政官の実務官人を取りあげ、考察を進めた。そのため他分野の実務官人にはほとんど触れていない。だがもちろん、そこでも多くの研究が蓄積されている(7)。仮に、本書で述べたような諸論点が、太政官に特有の事象であれば、全体像はまったく違ったものとなろう。それらにおいてもこうした事象が該当するか否かは、今後の検討課題として残しておきたい。

註

(1) 吉川真司『律令官僚制の研究』(塙書房、一九九八年)。

(2) 佐藤進一『日本の中世国家』序章は、きわめて理念的な律令国家像を説く。恐らく佐藤氏にとって律令国家とは、律令の理念によって一貫されたものとして説明しなければいけなかったのではないかと推測する。というのも、そうでなければ、王朝国家期に現れる「家業の論理」が、律令を部分的に否定するということの意義が失われるからである。律令国家段階で既に「非律令的」面を含んでいたならば、律令を否定する「家業の論理」の画期性が薄れ、その存在意義もなくなってしまうからではないだろうか。

そのような視点で同書を見ると、同様の記述をいくつも見いだせる。たとえば同書第一章第一節では、律令国家を維持できなくなった九世紀に、宣旨職の官職が拡充されたと説く。これは、律令に抵触しない手法での変質を重視したのであろう。この段階における変化は、あくまで律令に反してはいないということである。このように位置づけることによって、公然と律令を否定した「家業の論理」の存在意義を高め、その画期性を強調しようとしたのではないだろうか。

このように、同書における律令国家の叙述からは、「家業の論理」が律令を否定する画期的なものであることを強調しようという意図が読みとれる。なお「家業の論理」は、本書八章で述べたとおり、きわめて成立しがたい。

(3) 坂本太郎「郡司の非律令的性格」(『歴史地理』五三の一、一九二九年)、石母田正『日本の古代国家』(岩波書店、一九七一年)、井上光貞「律令国家群の形成」(『井上光貞著作集』五、岩波書店、一九八六年。初出は一九七一年)など。

(4) 政治史的には、Ⅳ期は初期権門体制に、Ⅴ期は権門体制に相当するだろう。

（5）北条泰時については、上横手雅敬『北条泰時』（吉川弘文館、一九五八年）が簡便であり、九条道家については、拙稿「九条道家政権の政策」（『立命館文学』六〇五号、二〇〇八年）・「九条道家—院政を布いた大殿—」（平雅行編『中世の人物　京・鎌倉の時代編3　公武権力の変容と仏教界』清文堂、二〇一四年）を参照。もちろん、泰時・道家の二人がすべてを創りあげたわけではない。それぞれの前提については、上横手雅敬『鎌倉時代政治史研究』（吉川弘文館、一九九一年）、杉橋隆夫「執権・連署制の起源」（『立命館文学』四二四～二六号合併号、一九八〇年）なども参照されたい。

（6）拙編著『外記補任』「解説」（続群書類従完成会、二〇〇四年）。

（7）代表的なものは本書第八章の註（14）にあげたが、ほかにも医療官人に対する服部敏良『平安時代医学史の研究』（吉川弘文館、一九五五年）、陰陽道・暦道に関する村山修一『陰陽道史総説』（塙書房、一九八一年）、高田義人「官職家業化の進展と下級技能官人—陰陽寮を中心に—」（林陸朗編『日本古代の国家と祭儀』雄山閣、一九九六年）、遠藤珠紀「暦道賀茂氏の変遷」（『中世朝廷の官司制度』吉川弘文館、二〇一一年。初出は二〇〇五年）など、その他にも今江広道「法家中原氏系図考証」（『書陵部紀要』二七号、一九七五年）、永井晋「平安・鎌倉時代の南家儒流」（國學院大學栃木短期大學『栃木史学』九号、一九九五年）、中原俊章「年預と検非違使」（『中世王権と支配構造』吉川弘文館、二〇〇五年。初出は一九九八年）、細谷勘資「内麿流（日野流）藤原氏の形成過程」（『中世宮廷儀礼書成立史の研究』勉誠出版、二〇〇七年。初出は一九八八年）、本郷恵子「院庁務の成立と商工業統制」（『中世公家政権の研究』東京大学出版会、一九九八年。初出は一九八八年）など、枚挙にいとまがない。

あとがき

本書は、二〇〇〇年三月に立命館大学大学院へ提出した博士論文「十から十二世紀における国家構造の転換過程—官司請負制の再検討—」の第一・二・四章、および一九九六年一月に提出した修士論文「中世前期の実務官人の存在形態」を中心に、その後に発表した関連する論考を併せて一書としたものである。両論文を審査いただき、的確なご指導・ご助言をいただいた主査の杉橋隆夫先生をはじめ、副査をつとめていただいた山尾幸久・川嶋將生・和田晴吾の各先生には、改めて深くお礼申しあげたい。

本書に収めた論考は、補任・文簿保管・官司請負制という三つのテーマにかかわるものである。各論考では、その都度、研究史・用語について説いたため、同様の記述が何回も現れることがある。煩雑に感じられるため、整理することも考えたが、そのままとなっていることをお断りしておきたい。

初出一覧は別に掲げているが、そこからもわかる通り、発表年代は一九九九〜二〇〇〇年と二〇〇九年以降とに大きく二分されている。成稿・発表より十年以上経過したものも多いため、いずれも加筆・修正を加えている。

特に、第二・三章のもととなった修士論文は、当初は収録を見合わせるつもりであった。しかし全体の構成を考慮した結果、思いきって収録することとした。ただし改めて見直すと、稚拙なところが目につき、訂正を要すところも多く現れた。そのような二〇年前の至らない姿を見せつけられるたびに愕然としながら訂正をほどこし、まるで過去との対話をしているように感じられた。いまだに満足しえるものではないが、自戒の意も込め収載することにした。
なお一章とするには長すぎるため、分割して二章とした。また第二章のうち、所充・兼官に関する記述は大幅に書き改め、提出時には「新しい制度」としか表現していなかったものに対して、新たに「公家官僚制」という命名を行なっている。その他については、主旨に大きな変更はない。

立命館大学へ入学したのは、一九九〇年四月であった。中世公家政権、なかでも地下官人（官僚組織）について研究しようという意志は、入学後の早い段階で固まり、変わらなかった。佐藤進一氏による「官司請負制」の再検討は、そのころからの課題であった。

専門知識も、史料の読解能力にも乏しい当時、唯一考えだした作業は、正確な補任表の作成であった。単純に、史料中に現れるものを並べればいいぐらいに安直に考えていたのである。とりあえず片っ端から史料に目を通し、史料読解の練習と思いながら、外記・官史らをリストアップしていった。

まだ小さな液晶画面のワープロが使われていた時代である。データ化するなどまったく考えられず、大学の文献資料室や図書館でメモしてきた情報を、家に帰って整理するのが日課のようになっていた。当時つかっていたB4ファイルは、今も本棚の隅に積んである。B4用紙一枚を一年分とし、延喜元年（九〇一）から建武元年（一三三四）までの四三四年分、四三四枚のざら紙を準備して、外記・官史らを見出した年の紙に、官職・名前・典拠を書き連ねていった。この紙束から、本書第一章・コラム1・『外記補任』（続群書類従完成会、二〇〇四年）が生まれたといってよいだろう。

在学中、師友にはたいへん恵まれたと思っている。林屋辰三郎「顕微と望遠の眼」（『日本の歴史別巻　日本史研究事典』集英社、一九九三年）には、「日本史研究はもちろん、学問にはひろく、御師にあたるような先生（師）、先達をしてくれる友人が必要だ」と書かれている。私は、その点は非常に幸運であったといえよう。

学部三回生以来の指導教員である杉橋隆夫先生には、時には厳しく、また時には温かいご指導をいただいた。杉橋先生を中心として活動していた『兵範記』輪読会には、大学院進学後に参加させていただいた。輪読会では、ゼミの先輩である西村隆氏をはじめ、学部生の時に講義を受けて以来お世話いただいている元木泰雄先生、卒業論文の副査をつとめていただいた美川圭先生をはじめ、立命館以外の大学からも多くの方々が参加されていた。そのような諸先輩方と交わる機会をえられたことだけでなく、他の方々が読まれる時には史料の読み方を漏らさぬように聞いて学ぶとともに、自分が担当する時には間違いのないよう、細心の準備をもって臨んだが、これらのことは、史料としての古記録読解について大いに学べる貴重な機会であった。

そして当時の大学院には、宮田敬三氏をはじめ前川佳代・山本崇・上島理恵子・佐古愛己・土屋光裕の各氏のような、平安～鎌倉期を学ぶ院生がまとまって在籍していたことは、他に替えがたい幸運であったといえよう。また、そのような先輩方・同期・後輩たちと学んだ、中世史料研究会・町触れ研究会といった場でも、多くの刺激を受けた。中世史料研究会では、史料の読み方を基礎から教わるとともに、合宿では現地を訪れることの重要さを学んだ。また町触れ研究会では、中世公家政権とはまったく異なる時代・分野の知識を与えられた。他分野・他時代史へのまなざしを忘れない点は、その後の研究に大きな影響を及ぼしている。加えて史料調査の楽しみ、特に大人数で泊まりがけで調査することの楽しさを知ったことは、私生活にも大きく影響したといえよう。

史料調査という点では、学部三回生の時、川嶋将生先生のご紹介で志賀町史編さん室でアルバイトを始めたことは忘れられない。三年余のアルバイト期間には、古文書の中にしかないと思っていた近世社会の断片が、当たり前のように生きつづけている光景を、何度も目の当たりにした。そこでお世話になった故水戸政満氏に本書をお見せできないのは、残念でならない。

冒頭に記した通り、本書に収めた論考は大きく二期に分かれている。問題関心は、一貫して中世公家政権の地下官人（官僚組織）であり、それを明らかにする一手段として補任作成作業も進めていた。そして博士課程後期課程に入ったころにようやく文簿保管という切り口をえ、博士論文はそれを核として作成した。このように本書は、第三部が本来の目的であったが、そのためには先に第一・二部を明らかにする必要が生じた。それゆえ、一九九九～二〇〇〇年の諸論考は、多くが第一・二部に属する。しかしその後すぐ、現在も続く非常勤講師・資料館嘱託員の職をえ、さらに二〇〇四年に『外記補任』を刊行してからは、関心が他にも広がったことなどもあり、しばらくは関連のものをまとめることができなかった。

二〇〇九年以降に本書後半の諸論考を順次まとめていたところ、『外記補任』以来交誼をいただいている柴田充朗氏を通じ、幸いにも八木書店より出版していただけることになった。このような経緯であるため、初出より長い年月を重ねてしまったが、それについては、ひとえに本人の目移りのしやすい、かつ怠け癖のある性格のためであり、まったく弁解の余地はない。

昨今、文系への風あたりは厳しさを増している。加えて、紙媒体による出版も同様の逆風である。このような二重の厳しさの中、八木書店より出版を快諾していただけた。ご担当の恋塚嘉氏には、丁寧かつスピーディーなお仕事に感謝している。学問には、師・友も必要であるが、理解ある公表の場もまた不可欠であろう。

最後に、なかなか就職できない出来損ないの私に、好きなことをさせてくれる家族の面々へ、深甚より感謝の言葉を伝えたい。

丙申年二月吉日

井上幸治

初出一覧

いずれも、本書掲載にあたって加筆・修正を加えている。

序　章　新稿

第一部

第一章　「太政官弁官局の実務職員の変遷とその背景」『立命館文学』五六四号、二〇〇〇年三月

コラム1　「大夫史惟宗政孝について」『季刊ぐんしょ』四九号、二〇〇〇年七月

第二・三章　「中世前期の実務官人の存在形態」（修士論文、一九九六年一月提出）

第二部

第四章　「平安時代前中期における文簿保管策の展開―外記文殿から官文殿、そして官文庫へ―」『古文書研究』五〇号、一九九九年十一月

第五章　「私有官文書群の形成―一〇～一一世紀における太政官発給文書の記録―」『古代文化』五二巻五号、二〇〇〇年五月

コラム2　新稿

第六章　「平安時代中後期における文殿について—院文殿と摂関家の文殿—」『京都市歴史資料館紀要』二三号、二〇一一年三月

第七章　新稿

第三部

第八章　「中世前期における家業と官職の関係について—「家業の論理」の再検討—」『京都市歴史資料館紀要』二二号、二〇〇九年三月

第九章　「官務小槻氏の確立—太政官弁官局（官方）の中世化—」『立命館文学』六二四号、二〇一二年一月

コラム3　新稿

第十章　新稿

第十一章　「官司請負制の内実—小槻氏に見る業務遂行と官庁運営—」『立命館史学』二一号、二〇〇〇年十一月

終　章　新稿

【著者】
井上 幸治（いのうえ こうじ）

1971年　京都市に生まれる
1994年　立命館大学文学部卒業
2000年　立命館大学大学院文学研究科博士課程後期課程修了
　　　　博士（文学）
現　在，立命館大学非常勤講師・京都市歴史資料館嘱託職員

〔主な著作〕
『外記補任』（続群書類従完成会，2004年）
「承久の乱後の京都と近衛家実」（『年報中世史研究』39，2014年）
「九条道家政権の政策」（『立命館文学』605，2008年）
「戦国期の朝廷下級官人」（『戦国史研究』54，2007年）

古《こ》代《だい》中《ちゅう》世《せい》の文書管理《もんじょかんり》と官人《かんじん》

2016年2月25日　初版第一刷発行　　定価（本体9,000円＋税）

著　者　井　上　幸　治

発行所　株式会社　八　木　書　店　古書出版部
代表　八　木　乾　二

〒101-0052 東京都千代田区神田小川町3-8
電話 03-3291-2969（編集）-6300（FAX）

発売元　株式会社　八　木　書　店
〒101-0052 東京都千代田区神田小川町3-8
電話 03-3291-2961（営業）-6300（FAX）
http://www.books-yagi.co.jp/pub/
E-mail pub@books-yagi.co.jp

印　刷　上毛印刷
製　本　牧製本印刷
用　紙　中性紙使用

ISBN978-4-8406-2213-4

索　引

一，本索引は，事項，人名，研究者名からなる。
一，表記が異なっても、同意の事項・人名は、同一項目としている場合もある。
一，配列は50音順とした。人名索引で同姓者の場合は，諱の音読みに配列した。

事　項

【あ-お】

【か-こ】

【さ–そ】

【た–と】

【な―の】

【は―ほ】

【ま―も】

【や―ろ】

人　名（姓）

【あ】

【い・う】

【お】

【か】

【き】

【く・け】

【こ】

【さ】

【し】

【す】

【ほ】

【み・め】

研 究 者

【まーも】

【やーよ】

【らーわ】